의사소통장애 진단 및 재활 실습

강은희 · 김선희 · 김수형 · 김시영 · 김영은 · 김유경 · 김효정 · 박은실
신명선 · 신혜정 · 유재연 · 이옥분 · 장현진 · 허도련 · 황상심 · 황하정 공저

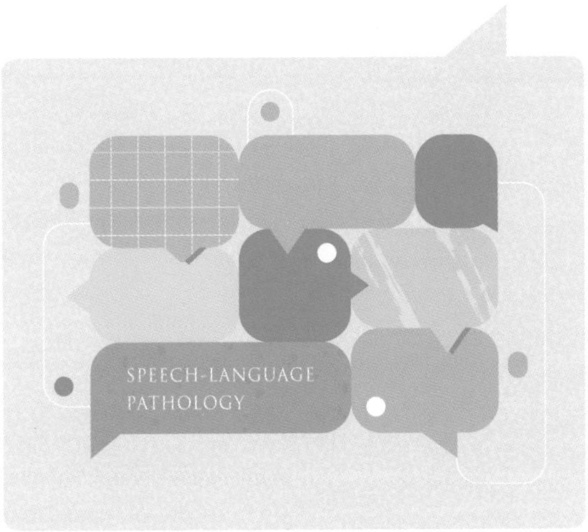

학지사

머리말

언어치료를 공부하는 학생들이 배우는 교과목은 매우 다양합니다.

한국어문법을 접할 때는 중 · 고등학교 시절을 떠올리고, 청각학에서 귀 구조를 보고는 반가운 마음이 들었을 것입니다. 어떤 교과목을 공부할 때는 새로운 배움의 열정이 샘솟기도 하고 또 다른 교과목에서는 언어치료를 금방이라도 진행할 수 있을 것 같은 자신감이 생겼을 것입니다. 그러나 언어치료 임상실습을 시작하고는 낮아지는 자신감과 그만두고 싶을 만큼 힘들다는 느낌도 맛볼 것으로 생각합니다.

저자들은 언어치료를 공부하는 학생들이 언어재활 관찰, 진단 및 치료 실습 시기를 무사히 마치고 훌륭한 언어재활사가 되길 소망합니다. 언어치료 임상실습은 언어치료 학문의 열매를 맺게 하는 중요한 과정입니다. 실습을 진행하다 보면 계획했던 것만큼 치료가 그대로 진행되지도 않고 쉽지도 않지만, 변화를 보이는 실습대상자를 보며 좋은 언어재활사가 될 수도 있을 것이라는 생각도 들 것입니다. 이렇게 새로운 경험을 통해 배우고 느끼면서 학생들은 성장해 갈 것입니다. 이에 여러 대학의 선생님들이 모여 학생들이 언어치료 임상실습이라는 관문을 잘 통과하도록 도움을 주고자 책을 집필하게 되었습니다.

이 책은 각 장마다 크게 세 부분으로 이루어져 있습니다. 첫 단원에서는 언어치료 실습에 관한 개관과 기초 지식들을 설명하였습니다. 둘째 단원에서는 언어치료 전통 분류에 따른 진단 및 치료 실습이 이루어지도록 설계하였습니다. 마지막 단원은 각 장애 분류별로 진단 및 치료 실습이 이루어지도록 하였습니다. 각 장에서는 치료기법과 보고서 예시를 넣어 학생들이 충분히 활용할 수 있도록 하였습니다. 그렇지만 여러 저자가 참여하는 협업으로 인해 용어를 혼용해서 사용하거나, 서로 유용하다고 생각하는 치료법은 상이할 수도 있습니다. 그리고 그 외에도 여러 부족한 면이 발견될 수 있다고 생각합니다. 이러한 부분은 독자 여러분께 너그러이 이해를 바라며, 수정에 대한 피드백을 주기를 부탁드립니다. 그러면 다음 개정판에서 의견을 수렴하여 반드시 더 나은 임상실습서가 될 수 있도록 지속적으로 노력하겠습니다.

이 책이 나오기까지 집필진들의 바쁜 일정에도 불구하고 언제나 묵묵히 기다리며 사랑으로 지켜준 가족, 바른 길로 안내하며 격려하고 살펴주신 은사님, 자극을 받도록 선한 영향을 주 동료, 현장의 언어재활사님들께 깊은 감사를 전합니다.

마지막으로 책이 완성되기까지 도움을 주신 학지사, 특히 진형한 대리님께 감사드립니다.

2024년 2월

저자들을 대표하여

김시영

차례

제16장 다문화아동 임상실습 • 448

황상심

제1장

언어치료 임상실습 개관

허 도 련

이 장의 학습목표

- 언어재활사 국가자격증 응시에 필요한 언어재활관찰, 언어진단실습 및 언어재활실습 이수 시간을 설명할 수 있다.
- 언어치료 실습에 적용되는 행동수정 기법들의 종류와 특징에 관하여 설명할 수 있다.
- 언어치료 임상에서 행동수정 모형이 어떻게 적용되고 진행되는지 사례로 설명할 수 있다.
- 언어치료 임상 기법을 대상자에게 적합하게 프로그래밍할 수 있다.

핵심 용어

- 구조화된 프로그래밍(structured programming) 과제를 기능적 단위(units)나 구조(module)로 나누고 이러한 구조들을 위계화하여 프로그램을 구성하는 방법. top-down programming이라고도 한다.
- 놀이 연습(drill play) 반복 연습과 유사하나, 그 형태를 놀이로 활용하는 것. 아동의 동기를 유발하고 치료에 흥미를 이끌어 낼 수 있다는 장점이 있다.
- 단서(cue) 대상자가 치료에서 정반응할 수 있도록 촉진시키는 보조적인 방법. 제스처 등을 활용한 신호적 단서, 단어의 의미를 제공하는 의미적 단서, 정반응의 첫 음을 제시하는 음운적 단서, 정확한 반응에 대한 입모양이나 자료를 시각적으로 제시하는 시각적 단서, 치료사의 행동을 따라하도록 하는 모델링이 그 종류이다.
- 브랜칭 단계(branching step) 행동수정 프로그램에서 해당 단계를 수행하지 못할 때 실시하는 하위 단계. 브랜칭 단계에서 성공하면 실시하던 단계로 되돌아간다.
- 반복 연습(drill) 치료사가 자극물을 제시하는 선행사건과 아동이 반응하는 방식이 반복적으로 이루어지며 학습되는 것. 주어진 시간에 많은 분량을 학습할 수 있다.
- 비계(scaffolding) 대상자가 학습 과제를 독립적으로 수행하기 어렵지만 교사의 지도하에서는 달성할 수 있는 잠재적 수준을 근접발달영역(zone of proximal development)라고 하는데, 이 수준의 학습을 돕는 전략 및 방법이다.
- 일반화(generalization) 개인이 훈련받은 목표 행동을 다양한 환경과 여러 언어적 맥락에서 지속적으로 사용할 수 있도록 하는 과정이다.
- 용암법(fading) 대상자가 정반응하도록 하는 데 주어졌던 촉구를 감소 또는 제거시켜 나가는 과정을 통해 대상자 스스로 정반응을 할 수 있도록 하는 행동수정 기법이다.
- 전이(transfer) 어떤 상황에서 학습한 내용을 새로운 상황에 적용하거나 사용하는 것이다.
- 촉구(prompt) 대상자가 정반응하여 강화를 얻을 수 있도록 돕기 위해 치료사가 제시하는 보조적 자극이다.
- 행동 형성(shaping) 최종적인 목표행동에 난이도가 낮은 수준에서부터 점차적으로 가까이 접근하도록 하여 새로운 행동을 가르치는 행동수정 기법이다.
- 행동 연쇄(chaining) 단순한 행동들이 결합되어서 특정 행동이 이루어질 때, 그 세부 행동들을 나열하여 하나씩 학습하도록 하는 행동수정 기법이다.

언어치료학 분야에서 전문가로서 자격을 받으려면, 두 가지 과정을 이수해야 한다. 하나는 학문적인 전공 교과목을 이수하는 과정이고, 다른 하나는 학문적 지식을 실제 언어치료 대상자에게 적용해 보는 임상실습 과정이다. 임상실습은 교과목에 배운 학문적 지식을 실제로 적용하고 경험을 확장시키는 과정으로, 임상관찰실습과 임상실습으로 나누어진다. 이 장에서는 우리나라의 언어재활사 양성대학에서 실시하는 언어치료 임상실습의 현재와 미국언어청각협회(American Speech-Language-Hearing Association: ASHA)에서 요구하는 임상실습의 요구조건 사이에 어떠한 차이가 있는지 살펴보고, 이후 각 장애영역의 세부 내용에 들어가기에 앞서 언어치료 임상의 기반이 되는 행동수정 중재 이론과 프로그래밍에 관하여 다루어 보고자 한다.

1. 임상관찰실습

임상관찰실습은 임상실습에 들어가기 전 한 학기 동안에 이수한다. 우리나라의 4년제 양성대학들에서는 보통 3학년 1학기에 실시한다. 언어장애인과 직접 대면한 경험이 없는 학생들이 임상에 대한 두려움을 가지는 것은 자연스러운 일이다. 이 두려움은 학문적 지식이 부족하다고 생각하는 점에서 올 수도 있고, 직접적인 대상자와의 경험이 없는 데서도 기인할 수 있다. 이러한 초보학생 임상가들이 임상에 들어가기 전에 경험 있는 임상가들이 실시하는 임상활동을 관찰하고, 학부 과목에서 배운 지식이 임상현장에서 어떻게 적용되는가를 배울 수 있는 기회를 통해 임상실습을 준비하는 자세를 가지게 된다.

임상관찰실습에서 관찰하는 사항, 관찰보고서의 내용 및 형식, 학생관찰자들이 지켜야 할 사항 등의 관찰하는 학생들이 기본적으로 지켜야 할 사항들을 잘 지킴으로써 관찰당하는 사람(일반적으로 선배)과 관찰하는 사람의 원만한 관계가 형성되어야 할 것이다. 임상가와 관찰자와의 소통(시간 약속 등)하에 직접관찰, 간접관찰이 진행되고, 이후 관찰자는 관찰보고서를 작성하게 된다. 관찰보고서는 지정된 양식을 준수하고, 오탈자가 없도록 하며, 관찰자의 견해를 밝히는 부분을 제외하고는 직접 관찰한 행동에 기반하여 서술하여야 한다(제3장 참조).

2. 임상실습

임상실습은 임상 감독자의 지도하에 이루어지는 과정으로, 언어재활사가 되기 위한 필수과정이다. 현재 우리나라 대부분의 대학교에서는 3학년 2학기와 4학년 1학기까지는 필수적인 학점이수에 의한 실습으로 이루어지고, 방학 중에도 자발적으로 참여하여 실제로는 1년에 걸쳐서 임상실습이 이루어지고 있다.

1) 임상실습 요구조건

우리나라와 ASHA가 다른 점은 학점제와 시간제라는 점이다. 학점제는 학기만 지나면 되는 것이고, 시간제란 요구되는 시간수를 갖추어야 된다는 점이다. 이 점이 우리들이 임상실습에서 크게 부족한 면이다. 부족한 점이 무엇인가를 알게 되면 그 점을 채우는 방향으로 가기 위해 ASHA에서 요구하는 임상실습 조건들을 제시한다. 이러한 기준에 의하면, 학생임상가들은 다음과 같은 것을 포함하여 최소한 375시간을 이수하여야 한다.

① 최소한 25시간은 감독하의 임상관찰 시간이어야 한다.
② 최소한 전체 350시간의 임상실습시간 중 250시간은 자격증을 추구하는(청능학 혹은 언어치료학) 분야의 대학원 수준에서 이수하여야 한다.
③ 최소한 50시간은 세 가지 형태의 임상세팅에서 이수하여야 한다. 임상세팅은 분명하게 다른 임상경험을 제공해야 한다. 그러나 세 가지 임상세팅은 동일한 기관 내에 있을 수도 있고, 있지 않을 수도 있다. 예를 들면, 대학 임상실은 특수한 음성 및 보조 의사소통 임상실을 갖고 있을 수 있다. 이러한 임상실은 비록 동일한 주소 내에 위치하고 있더라도, 독특한 임상경험들을 제공한다. 초등학교와 병원들도 단일 임상경험 이상을 제공할 수 있다. 학생임상가들 또한 세 개 이상의 다른 장소에서 실습에 참여할 수 있다. 예를 들면, 학생임상가의 실습은 치료병원, 초등학교, 학생 임상가들이 다니는 대학 임상실 등에서의 과제를 포함할 수 있다
④ 다음과 같은 범주, 즉 아동의 구어장애, 성인의 구어장애, 아동의 언어장애, 성인의 언어장애 각각에서 최소한 20시간의 평가 시간을 이수한다.

⑤ 청능학에서 최소한 35시간을 이수한다. 이러한 35시간 중에서 15시간은 청각장애의 평가 혹은 선별에서 이수하여야 한다. 15시간은 청각장애자의 하비리테이션(habilitation)이나 재활에서 요구된다. 나머지 5시간은 청각장애자의 하비리테이션 혹은 재활 영역에서 혹은 청각장애의 평가에서 이수한다.

2023년 기준 국내에서 '언어재활사 2급' 국가자격증을 취득하기 위해서는 양성된 학교의 가장 마지막 학기(대학의 경우 4학년 2학기, 전문대학의 경우 3학년 2학기)에 한국보건의료인국가시험원에서 주관하는 국가시험을 치르게 된다. 해당 시험을 치르기 위해서는 관련 학과 졸업이 예정되어야 하고 언어재활관찰 교과목에서 30시간 이상, 언어진단실습 및 언어재활실습 교과목에서 교내수업 45시간 이상을 포함하여 총 90시간 이상 실습을 이수하여야 한다. ASHA 기준과 비교하여 비교적 부족한 시간이므로, 이러한 부분은 차후 발전해 나갈 필요가 있을 것이다.

2) 임상실습 장소 및 과업

임상장소는 교내와 교외로 나누어 볼 수 있는데, 교외에서 임상실습은 최소한의 임상시간 이수 후 학교, 병원, 복지관, 사설기관 등의 장소에서 이루어질 수 있고, 다양한 종류의 대상자를 대상으로 실습을 할 수 있다는 장점이 있다. 그러나 학기 중에는 과목을 이수하기 위한 수업시간에 출석해야 하는 점과 임상장소와 학교와의 거리 및 교통편이 등이 우선 고려되어야 한다. 교외 임상실습도 치료 계획, 평가, 치료 등에서 교내보다 더 많은 책임을 부여받게 된다. 이때는 교외 기관의 임상감독자로부터 도움을 받는 것이 필수적이다.

3) 임상감독자의 자격

과거 한국언어재활사협회의 자격규정에 의하면, 임상감독자는 1급 언어재활사 자격증을 소지하고, 5년 이상의 임상경험을 가진 사람이어야 한다고 규정하고 있다. 현재 언어재활사 1급 자격을 취득하기 위해서는 학사 학위를 취득한 후 관련 기관에 3년 이상 근무하거나, 석사 학위 이상을 취득한 후 관련 기관에 1년 이상 근무해야 하는 조건이 있다. 또한 해당 기관에 상근 언어재활사가 1명 이상 근무하여야 하는데, 상근 언어재활사는 직장 4대보험 중 2대 보험 이상 가입하였고, 월 60시간 이상 근무하고 있으며, 2급 언어재활사 자격증을 취득한 사람이어야 한다는 조건이 있다. 그러나 아직까지 임상실습을 할 수 있는 기관에 대한 규정은 없다. 앞으로는 협회에서 기관 및 임상가 모두에 대한 자격규정이 만들어져야 할 것이다.

4) 임상서비스에 대한 지불

교내 언어임상실에서 행해지는 언어치료서비스에 대한 비용은 수입을 목적으로 하는 것이 아니다. 학생들의 임상실습에 필요한 경비로 사용되어야 하는 것이 원칙이다. ASHA 지침에 의하면, 임상실습을 하고 있는 학생임상가들이 제공하는 서비스에 대해서 학생임상가에게 대가를 지불하는 것은 허용되지 않는다.

5) 학습 경험으로서의 임상실습

다양한 심한 정도와 원인을 가지고 있는 유창성, 음성, 언어, 조음 등의 언어장애인들을 대상으로 평가 및 진단하고 치료하는 것은 기본이다. 이러한 경험들을 다양한 기관, 즉 병원, 개원언어치료센터, 가족센터, 복지관, 영유아교육기관, 학교 관련 서비스 기관 등에서 경험하는 것은 훌륭한 언어재활사가 될 수 있는 기초를 튼튼히 하는 일이다. 교육기관의 시간과 교통편 등이 허용되는 대로 학생들에게 경험의 폭을 넓히도록 하는 것이 바람직하다.

6) 임상실습의 제한점

임상관찰실습과 임상실습 모두에서 현재 우리나라 언어재활사 양성기관이 직면하고 있는 문제점과 앞으로 극복해야 할 점들이 있다. 앞의 관찰실습에서도 언급하였듯이, 임상실습에서도 동일한 문제점들에 직면한다. 이러한 문제점은 최소 학력을 인정하는 기준과 실습을 요구하는 학점제와 시간제라는 제도의 차이로 인한 것이다. 1993년도부터 ASHA에서는 대학원 졸업 이상이어야 언어재활사 자격을 얻을 수 있는 반면에, 우리나라는 전문대학, 학부, 대학원 양성 프로그램이 병존하고 있다. 또한 요구하는 조건도 학점이란 점에서 문제점을 찾을 수 있다. 학점제는 학기만 보내면 되는 것이고, 시간제란 학기와는 상관없이 요구되는 시간수를 맞추어야 한다는 점이다. 이러한 점에서 시간제가 더 철저한 관리라는 측면이 있고, 자격시험을 치르기 위한 조건으로 실습 이수 시간제가 도입되었으나 그 시간적인 측면에서 부족한 면이 있다. 다음은 앞으로 우리나라의 양성 프로그램에서 극복하고 참고해야 할 문제점들이다.

(1) 시기

현재 대부분의 한국 4년제 대학교에서는 임상실습을 3학년 2학기에서 4학년 1학기 동안에 실시한다. 이때는 아직 전체 교육과정 중 언어치료에 대한 교과목을 모두 이수하지 못하여 충분하지 않은 학문적 지식을 가지고 임상에 임하게 된다. 그러한 교육과정을 실행하는 가장 큰 이유가 4학년 2학기까지 임상실습을 할 경우, 졸업반으로서 취업에 필요한 여러 절차들을 거치다 보면 임상에 집중하지 못하는 현실적인 측면이 있기 때문이다. 이런 점을 감안하여 임상실습을 하는 학생은 담당하는 대상자가 아직 교과목에서 배우지 못한 종류의 장애일 경우, 선행학습을 통하거나 선배 및 임상감독자와의 적극적인 도움과 학생임상가 자신의 학문적 호기심을 가지고 보완하는 것이 바람직하다.

(2) 대상자 종류의 다양성

보통 교내에서 실시하는 임상실습에서 직면하는 문제는 다양한 대상자를 만날 수 없다는 제한점이 있다. 일반적으로 교내 임상실습의 경우, 대부분이 아동 대상자들이고, 장애유형으로는 발달장애가 가장 많다. 특히 농촌지역에 소재하는 대학일 경우, 대상자 수 자체가 제한되어 한 학생당 담당하는 대상자도 제한될 수 있을 것이다.

(3) 임상실습 장소

임상실습 장소는 교내 혹은 교외에서 실시될 수 있다. 그러나 현재 우리나라의 현실로 교외시설에서 임상실습을 하는 데는 다음과 같은 문제점들이 있으며, 자격 규정에 따르면 실습 중 절반 이상은 반드시 교내에서 실습이 이루어져야 한다.

① 다른 교과목 수업시간과의 문제

임상실습은 개별 학생들이 월요일에서 금요일까지, 오전 9시에서 오후 6시까지 일상의 근무시간 내에 각자가 다른 시간대에 흩어져서 실시되는 특성이 있다. 그러나 교과목 수업은 동일한 시간에 수강 학생들이 출석하고 들어야 하는 특성이 있다. 이러한 두 과목의 특성을 맞추기 위해서, 한 대학에서는 임상실습을 하는 학년의 교과목 수업은 수요일에 모아서 실시하고, 부족한 시간은 5시 이후에 강의를 개설하여 이러한 부분을 보완하고 있다. 이는 실습장소가 교내에 있을 경우인데, 교외에 있는 여러 곳의 임상장소에서 실시할 경우에는 오고가는 교통편 및 소요시간을 감안하여야 할 것이다.

② 동일한 시간에 가능한 대상자 수와 임상가의 문제

수업은 동일한 시간에 많은 학생을 대상으로 할 수 있으나, 임상은 모든 학생이 동일한 시간이나 대상자에게 실시할 수 없는 특성이 있다. 일반적으로 교내 임상실습실이 마련된 대학의 경우, 실습실 수가 5~7개 정도이고, 학생수는 기본적으로 입학정원이 40명인 대학이 대부분이다. 1명의 임상가에게 1명의 대상자를 배치한다고 해도 40명의 대상자가 골고루 시간대에 펴져 있을 필요가 있다.

③ 외부기관이 가지는 문제

외부기관에서 임상실습을 할 경우, 다음과 같은 문제점을 생각할 수 있다.

- 다수 학생을 포용할 수 있는 시설의 문제: 대부분의 대학들이 40명 정원을 유지하고, 특별전형, 학사편입, 부전공 및 복수전공 등을 고려하면 학생수는 60명 이상이 될 수 있다. 이러한 많은 학생을 수용할 다수의 기관이 필요하다.
- 학생임상가의 역할문제: 외부기관은 그 기관의 명성에 따라 특정한 종류의 대상자가 찾아오고, 거기에 상응하는 치료비용을 지불하며, 명망 있는 치료사가 치료하는 것으로 대상자는 기대하고 있다. 이런 외부기관이 가지는 그 기관의 명성과 임상가의 책임감을 믿고 대상자가 왔는데, 학생임상가에게 대상자를 맡기려고 하는지에 대한 의문이 생기고, 직접 대상자를 치료해 봐야 하는 실습학생은 결국 관찰자로서의 역할에 그치게 될 것이다.
- 외부기관의 임상실 구조의 제한: 교내 임상실은 면적도 클 뿐만 아니라, 관찰 가능한 one-way mirror 및 마이크, 녹음 · 녹화 시설이 되어 있다. 이와는 달리, 외부 시설들은 이런 시설을 갖춘 곳이 드물고, 임상실의 수도 제한되어 있으며, 대상자와 임상가가 있는 좁은 장소에 학생임상가가 동석하게 된다. 이때 대상자와 임상가 모두에게 일어날 수 있는 불편함을 감내하는 대상자와 기관을 만나게 되는 것은 쉬운 일이 아닐 것이다.

(4) 학점제와 시간제의 차이

ASHA에서는 다양한 대상자들의 진단 및 치료에 대한 관찰을 25시간, 임상실습을 375시간 요구한다. 그러나 현재 우리나라는 학점제로서, 언어진단 및 재활 임상실습에 4학점 이상, 시간수로는 90시간 정도이다. 이런 차이점은 우리가 극복해야 할 문제점이다.

3. 언어치료 임상실습을 위한 행동수정 기초

언어치료 임상실습을 시작하는 학생들에게는 다양한 기초지식이 필요하다. 그중 행동수정은 치료목표를 선정하거나 치료를 계획하고 운영하는 데 기초가 된다. 치료목표 선정에 관한 내용은 제4장에서 기술하였으며, 여기에서는 강화 및 행동수정에서 치료에 활용할 수 있는 다양한 기법, 행동관찰 기록방법 등을 살펴보기로 한다. 구체적으로, 행동수정의 일반적인 모형을 소개하고, 아동의 행동에 영향을 미칠 수 있는 강화에 관하여 다루며, 이후 행동형성법, 행동연쇄법, 용암법과 소멸법, 그리고 언어치료 기법을 대상자에게 적용할 때 필요한 프로그래밍에 관하여 살펴보고, 마지막으로 일반화와 전이에 관하여 알아본다.

1) 행동수정

행동수정이란 대상자의 행동을 변화시키기 위한 과학적인 학문 영역이다. 이때의 행동은 관찰과 측정, 그리고 조작(操作)이 가능하다는 특징이 있다(이성진, 2001). 행동을 객관적으로 관찰하여 행동 간에 나타나는 인과관계를 체계적으로 기록하고, 이 행동을 다른 바람직한 행동으로 바꾸거나, 좀 더 바람직한 빈도로 나타날 수 있도록 조작하는 데 관심을 둔다. 언어치료 영역에서는 일반적으로 아동의 언어 행동을 새롭게 가르치거나 혹은 발달 연령에서 기대할 수 없는 문제행동을 중재하기 위해 사용된다.

[그림 1-1]에서 우리가 관심을 가질 부분은 S^D와 R, 그리고 S^+, S^0, 그리고 SSc이다. 언어치료실에서 아동에게 '과일' 범주어휘를 가르친다고 해 보자. 먼저, 수업 시작 전 아동의 연령과 신체 크기에 맞는 책상과 의자 혹은 매트가 필요할 것이다. 그리고 아동의 어휘 학습에 주의를 방해할 수 있는 여타의 물건들을 정리해 두는 것이 필요하다. 이러한 학습이 일어나는 주변 환경을 정리하는 것이 SSc에 해당한다. 다음으로, 언어재활

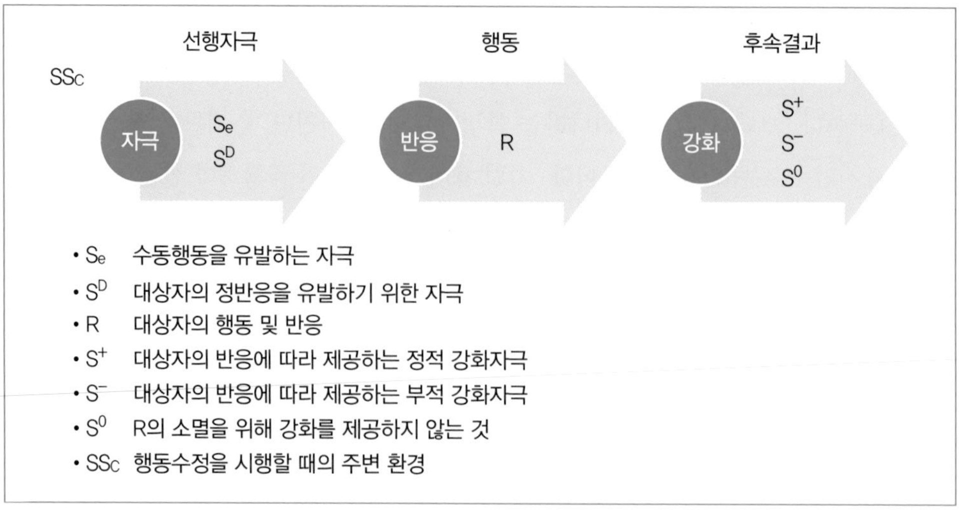

[그림 1-1] **행동수정의 일반적인 모형**

사가 아동에게 '사과' 그림카드를 제공하며 "이거 이름이 뭐니?"라고 질문한다(S^D). 이때 아동의 반응(R)은 크게 "사과."라고 대답하거나, "몰라요."라고 대답하는 등 둘 중 하나에 속할 것이다. 만약 "사과."라고 대답하며 정반응하였으면, 언어재활사는 "맞아요. 아주 잘했어요."라고 칭찬하는 등, 아동의 정반응률을 높일 수 있는 정적 강화자극(S^+)을 제공하여야 한다. 아동이 "몰라요."라고 대답하며 오반응하였다면, 언어재활사는 "이건 '사'로 시작해."라고 말해 주며 단서(cue)를 제공하여 아동이 정반응할 수 있도록 비계(scaffolding)를 제공해 준다. 이후 아동이 정반응하면, 치료사는 정적 강화자극을 제공해 주는 방식으로 [그림 1-1]의 모형이 적용된다.

앞에서 다루지 않은 S_e는 정서적 반응을 학습하는 것과 관련이 있다. 언어치료 분야에서는 말더듬 경험에 따른 부정적 정서를 학습하여, 도피 및 회피행동과 같은 이차 행동이 발달하는 메커니즘과 연관이 있고, S^0는 아동의 문제행동을 중재하기 위한 소멸 프로그램과 연관이 있다.

2) 강화

(1) 강화물

강화물(reinforcer)은 대상자가 바람직한 행동(정반응)을 했을 때 언어재활사가 그 행동에 따른 후속자극으로 제공할 수 있는 것이다. 강화(reinforcement)의 종류에는 정적 강화와 부적 강화가 있다. 정적 강화는 대상자의 바람직한 행동 다음에 대상자가 원하는 자극을 제공해 주는 것이고, 부적 강화는 대상자의 바람직한 행동 다음에 대상자가 싫어하는 자극을 제거해 주는 것이다. 즉, 정적 강화와 부적 강화는 모두 대상자의 특정 행동의 비율을 높이기 위해 사용된다. 일반적으로 언어치료실에는 정적 강화물이 주로 사용되고, 학교 환경에서는 정적 강화와 더불어 "○○이가 '참 잘했어요' 스티커를 3개 모았으니, 이번 주 청소 당번은 빼 줄게."와 같은 방식으로 부적 강화도 사용될 수 있다.

〈표 1-1〉 **정적 강화의 종류**

소모 강화	과자, 사탕, 초콜릿, 아이스크림, 콜라 등 소모할 수 있는 것
활동 강화	그림책 보기, 보드게임 하기, 색칠 놀이하기, 스케이트 타기 등 활동할 수 있는 것
조작 강화	스마트폰 게임, 퍼즐 맞추기, 레고 쌓기 등 조작할 수 있는 것
소유 강화	그림책, 장난감, 퍼즐, 스마트폰 등의 가질 수 있는 것
사회적 강화	칭찬하기, 안아주기, 미소 띠기 등 사회적으로 선호하는 자극

정적 강화물의 종류는 〈표 1-1〉에 제시하였다. 강화물을 제공할 때 주의할 점으로는 대상자의 개인적 선호를 고려하여 강화물의 종류와 크기 등을 고려하여야 한다는 점이다. 대부분의 아동에게 사탕, 과자 등은 강화물로서 효과가 있지만, 그 효과는 개인마다 차이가 있고, 심지어 어떤 아동은 사탕이 강화물로서 효과가 없는 경우도 있기 때문이다. 또한 강화는 바람직한 행동이 발생한 즉시, 필요한 만큼의 크기로 일관성 있게 제공하여야 하며, 그 행동이 학습되고 난 다음에는 점차적으로 제공 빈도를 줄여나가야 한다. 만약 대상자가 아동이라면, 그 아동에게 적합한 강화물을 알아보기 위해 직접 관찰하거나, 부모 등 대상자와 인터뷰를 진행할 수 있다. 직접 관찰은 자연스러운 상황에서 대상자가 선호하는 대상이 무엇인지 관찰하는 것이고, 인터뷰를 통하여 물건, 음식, 활동, 음악, 사람 등의 범주에서 질문하여 아동이 선호하는 대상을 목록화할 수 있다. 강화물을 목록화하였다면, 대상 아동에게 해당 강화물을 제시하였을 때 아동의 반응을 관찰하여 강화물 목록을 서열화해서 정리해 볼 수 있다.

이 외에도 토큰을 사용하여 강화하는 방법이 있다. 대상자의 바람직한 행동 다음에 토큰을 제시하고, 토큰을 일정량 모으면 아동이 원하는 강화물과 교환하도록 하는 것이다. 토큰 강화의 장점은 바람직한 행동 후 즉시 제공할 수 없는 강화물(1시간 동안 스마트폰 게임하기 등)을 대상자의 행동과 연계할 수 있고, 강화물의 종류와 크기를 대상자와 상의하여 결정하는 과정을 통해 대상자에게 적합한 강화물을 사용할 수 있다는 점이다. 그러나 적어도 대상자의 연령과 인지적 수준이 토큰과 강화물을 연관지을 수 있을 경우에만 사용을 고려할 수 있다.

(2) 강화 빈도

처음 대상자에게 언어행동을 학습시킬 때는 정반응 후에 매번 강화를 제공하게 된다(습득 단계). 그러나 대상자가 해당 언어행동을 학습한 다음에는 일반화를 위해 강화의 빈도와 양을 점차적으로 줄여 나가(유지 단계), 추후 타인에 의한 특별한 강화 없이도 해당 언어행동을 사용할 수 있도록 지도할 필요가 있다. 이러한 강화 계획을 간헐 강화 계획이라고 한다. 간헐 강화는 특정 행동을 지속적으로 유지시키기 위해 사용한다. 낚싯대를 던지자 마자 물고기가 낚이는 경우는 드물다. 낚싯대를 던진 후 어느 정도의 시간이 지나서야 물고기가 낚싯대를 물 것이다. 그러나 어느 정도의 시간이 필요한지는 알 수 없으므로, 물고기를 낚기 위해서는 계속해서 낚싯대를 드리우는 행동을 유지해야만 한다. 도박이나 슬롯 머신, 복권을 구매하는 것도 마찬가지이다. 계속 강화에서 간헐 강화로의 전환을 통해 아동의 바람직한 행동을 지속적으로 유지시키도록 지도할 필요가 있을 것이다. 간헐 강화 계획에도 많은 종류가 있지만, 여기서는 다음 네 가지로 나누어 소개하고자 한다.

- 고정비율 강화계획(fixed-ratio reinforcement schedule, FR): 대상자의 정반응이 고정된 빈도가 나타난 후 강화를 제공하는 것이다. FR 3과 같이 표기하며, 이 경우 대상자의 행동이 3번 나타난 후에 강화를 제공한다는 뜻이다. 카페에서 차를 마실 때 쿠폰을 제공하는 경우가 있는데, 쿠폰을 10회 모으면 커피 한 잔이 무료인 경우는 FR 10에 해당될 것이다.
- 변동비율 강화계획(variable-ratio reinforcement schedule, VR): 대상자의 정반응이 변동된 빈도가 나타난 후 강화를 제공하되, 그 빈도는 평균적으로 고정된 것이다. VR 5의 경우, 대상자의 행동이 평균적으로 5번 나타난 후에 강화를 제공하지만, 4번 나타난 후에 제공될지, 6번 나타난 후에 제공될지 대상자는 알 수 없다. 복권의 당첨 확률이 1/1000이라고 하자. 이 복권을 당첨될 때까지 구매한다면 VR 1000에 해당될 것이다. 확률로는 1/1000이지만, 몇 번을 구매해야 당첨될지 구매자는 당첨(강화)되기 전에는 알 수 없다. 또한 FR에서는 강화 후 행동의 휴식이 존재할 위험이 있는데, VR은 강화 후에 행동의 휴식이 거의 없다는 장점이 있다.

- 고정간격 강회계획(fixed-interval reinforcement schedule, FI): 일정한 시간이 흐른 뒤에 대상자의 첫 번째 정반응이 나타나면 강화를 제공하는 것이다. FI 3분의 경우 3분이 지난 후 대상자의 정반응이 나타나면 강화를 제공한다. 아동이 40분 동안 지속적으로 착석하는 것이 목표라면, 매 10분마다 아동을 관찰하여 착석하고 있다면 강화를 제공해 줄 수 있을 것이다. 이때의 강화 스케줄을 FI 10분이라고 한다.
- 변동간격 강화계획(variable-interval reinforcement schedule, VI)는 정해지지 않은 시간이 흐른 뒤에 나타나는 첫 번째 정반응에 강화를 제공하는 것이다. VR과 마찬가지로 그 시간은 평균적으로 고정되어 있다. VI 5분의 경우 평균적으로 5분이 지난 뒤에 나타나는 행동을 강화하지만, 강화가 3분 뒤에 제공될지 7분 뒤에 제공될지 알 수 없다. 낚시를 할 때 평균적으로 15분마다 한 번씩 물고기가 잡힌다고 하면, VI 15분이라 할 수 있다.

일반적으로 언어치료실에서 강화를 제공할 때는 고정비율 혹은 변동비율 강화계획이 주로 사용된다. 아동이 '사과'라는 단어를 처음 습득할 때는 정반응 시 계속 강화를 제공하다가, "이게 뭐야?"라는 치료사의 질문에 "사과."라고 정반응하는 비율이 100%에 도달하게 되면, "○○이가 이제 잘하니까 3번 맞출 때마다 과자 줄게."와 같이 FR 3, VR 3, FR 5 등으로 강화의 간격을 늘려나간다. 추후에는 강화의 종류를 사회적 강화로 바꾸고, 다른 상황에서도 해당 어휘에 관하여 정반응할 수 있도록 전이를 지도하는 방식으로 간헐 강화 계획이 적용된다.

3) 행동 형성법

행동 형성(shaping)은 새로운 행동을 학습시킬 때 사용할 수 있는 행동수정의 한 기법이다. 목표로 하는 행동에 가까운 행동을 취할 때마다 강화를 제공하는 방식이다. 자전거 타기를 예로 들면, 처음에는 '네 발로 된 자전거를 타고 혼자서 100m를 이동할 수 있다.' 정도가 목표가 되는데, 이 첫 단계를 달성하고 난 후에는 '타인의 도움하에 두 발로 된 자전거를 타고 100m를 이동할 수 있다.' '혼자서 두 발로 된 자전거를 타고 10m를 이동할 수 있다.'와 같은 방식으로 점차 단계의 난이도를 높인다. 최종적으로는 '혼자서 두 발로 된 자전거를 타고 500m를 이동할 수 있다.'가 달성되면 자전거 타기를 습득했다고 이야기할 수 있을 것이다.

/ㅅ/ 음소의 조음 오류를 보이는 학령기 아동이 있다고 해 보자. 처음에는 '치료사가 제시하는 모델과 비계에 따라 음소 /ㅅ/을 1초간 연장할 수 있다.'를 목표로 하다가, 이후 3초, 5초로 연장한 후 무의미 음절 /스/, /시/의 정조음, 다양한 모음과 결합된 무의미 음절 /ㅅ/의 정조음, 단어, 문장 수준에서 /ㅅ/ 음소 정조음으로 차츰 언어학적 난이도를 높여 나간다. 최종적으로는 자발화뿐만 아니라 집, 학교 등에서도 /ㅅ/ 음소를 100% 정조음 할 수 있게 된다면 치료를 종결해도 될 것이다.

형성법을 적용할 때 유의할 점으로, 목표행동을 관찰과 측정이 가능하도록 구체화하여 계수할 수 있어야 한다. 또한 대상자의 수준에 맞도록 적절한 형성 단계와 진행 속도를 유지하여야 한다. 만약 계단이 너무 높다면, 그 계단 사이에 디딤돌을 놓아두듯 중간 단계(branching step)를 삽입할 필요가 있다. 그렇지 않으면 대상자는 강화를 얻기가 어렵다고 느끼기 때문에, 언어 학습에 흥미를 금새 잃어버리게 될 것이다.

4) 행동 연쇄법

행동 연쇄(chaining)는 여러 작은 행동들이 결합된 행동을 학습시킬 때 사용할 수 있다. 예를 들면, '셔츠 갈아입기'와 같은 자조 기술(self-help skill)을 가르칠 때, '셔츠 단추 빼기' '우측 팔을 셔츠에서 빼기' '좌측 팔을 셔츠에서 빼기' '벗은 셔츠를 옷걸이에 걸어 놓기' '갈아입을 셔츠에 우측 팔을 넣기' 등으로 행동들을 단순화하여 나열할 수 있다. 복잡한 행동을 단순한 행동들로 나열하면 하나의 행동이 완료될 때마다 대상자에게 강화를 제공할 수 있다는 장점이 있다. 궁극적으로, 해당 행동들을 연쇄적으로 하나씩 지도하여 세수하기, 옷 갈아입기, 화장실 다녀오기 등의 복잡한 행동을 할 수 있도록 가르칠 수 있게 된다. 행동을 단순화하여 연쇄적으로 나열하는 것은 앞선 행동이 다음 행동을 하도록 하는 신호가 된다. 우측 팔을 셔츠에서 빼낸 행동은 그다음 행동인 좌측 팔을 셔츠에서 빼는 행동으로 연결된다. 이 과정에서 중재자는 행동 간의 연결고리가 약한 부분을 중재하며, 그 행동이 달성되면 강화를 제공할 수 있게 된다. 행동 연쇄는 주로 자조 기술 및 사회적 기술을 가르칠 때 적용할 수 있는데, 중재자는 대상자의 수준에 맞게 행동을 세분화하고 세부 행동들을 충분히 숙달시킬 필요가 있다.

5) 용암법

용암법(fading)은 행동 형성법과 마찬가지로 어떠한 행동을 가르칠 때 활용할 수 있다. 그러나 형성법은 점차적으로 목표행동에 다가가도록 지도하는 데 반해, 용암법은 대상자가 정반응이 가능하도록 처음에는 촉구(prompt)를 제공하여 수행하다가, 해당 촉구를 점차적으로 감소해 나가 궁극적으로 혼자서도 목표로 한 행동을 수행할 수 있도록 하는 행동수정 기법이다. 글자 쓰기, 한자 쓰기 등의 학습 자료들을 살펴보면, 일반적으로 앞부분에는 진하게 글자가 쓰여 있지만, 뒷장으로 넘길수록 점점 글자가 연해지며, 최종적으로 빈칸만 제공되고 학습자는 빈칸 안에 해당 글자 또는 한자를 넣도록 구성되어 있는 경우가 많다. 이러한 방법이 용암법의 한 예이다.

용암법은 행동을 전이시킬 때 강점을 가진다. 만약 어떤 자폐증 아동이 치료사의 모델을 따라 할 수 있다면, “사과.”라는 말을 단순히 따라하도록 지도하는 것에서부터 시작하여 치료사의 “사과.”라는 목소리 크기를 점차적으로 감소시키며, 이후 “이게 뭐야?”라는 질문에 “사과.”라고 답변할 수 있도록 용암법을 사용할 수 있을 것이다. 보완대체의사소통에서의 그림 교환 의사소통체계(picture exchange communication system)를 사용할 때에도 용암법을 적용할 수 있다. ‘요구하기’를 언어가 아닌 몸짓으로 표현하는 대상자라면, 대상자가 자신이 원하는 사물의 그림카드를 손으로 잡은 후 언어재활사의 손 위에 그림카드를 놓는 행동을 하는 것이 목표행동이 된다. 해당 그림카드가 언어재활사의 손 위에 올라가면 그 그림카드에 해당하는 사물을 대상자에게 제공해 준다. 앞의 과정을 언어재활사가 대상자의 손을 잡고, 대상자의 손으로 반복하여 아동이 “치료사의 손 위에 그림카드가 올라가면, 그 카드가 상징하는 사물을 얻을 수 있구나.”라고 이해하게 된다면, 치료사의 촉구 없이도 아동이 스스로 원하는 사물이 그려진 그림카드를 치료사의 손 위에 올릴 수 있게 될 것이다.

6) 소멸

소멸(extinction)은 문제행동을 줄이거나 없애고 싶을 때 사용할 수 있는 방법이다. 대상자의 문제행동을 강화하는 요인을 찾고, 그 강화를 중단하는 것이다. 예를 들면, 아동이 언어치료실에서 떼쓰며 손에 잡히는 물건을 집어 던지는 경우가 있다. 아마도 배가 고프거나, 수업이 지루하고 재미없어서 그럴 수도 있을 것이다. 이때 아동의 떼쓰는 행동 다음에 아동이 원하는 강화가 제공된다면, 아동의 문제행동은 앞으로 더욱 심해질 것이다. 이때 소멸법에 의한 중재를 적용하면, 떼쓰는 행동이 잘못된 행동이고 그렇게 해도 원하는 것을 얻을 수 없다는 점을 알려준 후, 아동이 원하는 것을 얻으려면 보다 바람직한 행동("배가 고파요." "수업이 재미 없어요."라고 언어로 표현하기)을 취해야 한다는 점을 알려준다. 이후 아동이 떼쓰는 행동 대신에 적절한 언어 행동을 취하면, 아동이 원하는 강화(간식과 스마트폰을 활용한 언어지도 등)에 접근하도록 한다.

주의할 점으로, 일반화를 위해 '밀수 강화'가 없도록 부모 상담을 진행할 필요가 있다. 밀수 강화는 문제행동을 무심코 강화하고 있는 요인을 말한다. 아동의 떼쓰는 행동이 심하게 나타나는 경우, 부모의 간헐 강화(떼쓰는 것을 고치려고 야단도 치고, 무시하는 등의 노력을 했지만 결국 아동이 원하는 대로 해 주는)에 의해 형성된 경우가 있다. 이 경우 아동의 문제행동을 강화하는 메커니즘과 중재 과정에 관하여 부모와 충분히 상담한 다음, 가정에서 밀수 강화가 이루어지지 않도록 소통하에 문제행동의 중재를 진행해야 한다.

7) 행동의 관찰과 기록

대상자의 언어행동을 중재할 때, 행동을 계수하고 기록한 결과를 토대로 진전을 점검하는 등 체계적이고 과학적인 절차하에 중재 프로그램들을 시행할 필요가 있다. 이를 위해 먼저 중재하고자 하는 행동을 관찰과 측정이 가능한 형태로 명확히 정의한다(예: 치료실에서 대상자는 치료사의 지시에 따라 0.5 SW/M 이하로 유창하게 5분간 읽을 수 있다). 이후 다음과 같은 관찰기록법을 활용한다.

- 빈도기록법: 일정한 시간 동안 특정 행동이 몇 번 발생하였는지 관찰하여 기록하는 방법. 말더듬을 겪는 성인을 중재할 때 1분 동안 독백 시 도피 행동이 몇 번 나타났는지 계수하거나, 아동이 "싫어!"라고 하는 말을 1회기의 중재 동안 몇 번 나타나는지 계수하는 방식이다.
- 지속시간 기록법: 특정 행동이 얼마나 오랫동안 지속되었는지 측정하는 방법. 아동이 울며 떼쓰는 문제행동을 보이는 등 특정 행동이 시간적으로 오래 지속되는 경우, 그 빈도보다는 지속시간을 측정하는 것이 더 바람직하다.
- 동간격 기록법: 시간을 동일한 간격으로 나누어, 그 시간 동안 특정 행동이 나타나면 기록하는 방법. 30분 동안 아동이 자리를 이탈하는 행동을 측정하겠다면, 1분의 단

위시간으로 나눈 후 해당 단위시간 동안 이탈하는 행동이 나타나는지 여부를 관찰한 후 나타났다면 + 기호로 표기한다.

- 시간 표집법: 시간을 동일한 간격으로 나눈 후, 그 시간이 지난 직후 대상자를 관찰하였을 때 특정 행동이 나타나고 있는지 여부를 기록하는 방법. 동간격 기록법은 계속하여 대상자를 관찰하고 있어야 하는 데 반해, 시간 표집법은 시간 경과 후 그 순간만을 관찰하여 기록하기 때문에 시간적 측면에서 효율적이다.

8) 프로그래밍

구조화된 프로그래밍(structured programming)이란 과제를 기능적 단위와 구조로 나눈 후, 이러한 구조들을 단계화하여 프로그램을 만드는 것이다(권도하, 김시영, 2019). 언어치료 임상에서는 언어학적 접근법, 인지적 접근법, 화용적 접근법과 함께 행동주의적 접근으로 적용된다. 주로 대상자에게 언어행동을 습득시키거나 문제행동을 없앨 때 대상자에게 적합하도록 프로그래밍을 실시하는데, 프로그래밍에는 각 단계를 통과하기 위한 준거 기준(정반응의 시간과 수, 비율 등)이 필요하고 자극과 후속 자극(정적 강화 혹은 혐오 자극), 그리고 단계를 통과하지 못했을 때의 브랜칭 단계들(branching steps)을 설정해 둔다(Ryan, 2001). 일반적으로 프로그램은 강화에 대한 접근을 쉽게 하고 과제에 대한 자신감을 가질 수 있도록 처음에는 대상자가 쉽게 성공할 수 있는 낮은 난이도로 구성한다. 이후 단계가 올라갈수록 최종적인 목표행동에 가깝게 난이도를 높여 나가는 방식으로 진행한다. 이러한 프로그래밍은 대상자의 능력과 특성을 고려하여 설정할 필요가 있고, 그 과정은 대상자에게서 최대한 성공적인 반응을 유발해 내도록 촉진시킨다.

프로그래밍에서 가장 먼저 설정해야 할 것은 기초선 측정 및 최종적인 목표행동의 설정이다. 대상자를 표준화/비표준화 언어검사를 통하여 기초선을 설정한 후, 생활연령과 인지 수준, 대상자의 특성, 대상자 및 부모의 요구사항 등을 고려한 후 목표행동을 다음과 같은 관찰과 측정이 가능한 형태로 정의한다.

- 대상 아동은 치료실 안에서 치료사의 지시에 따라 범주 어휘(탈것, 직업, 주방, 음식, 감정 20개씩)를 이해하고 표현할 수 있다.
- 대상 아동은 치료실 안에서 치료사의 지시에 따라 문장 수준에서 /ㅅ/음소를 정조음할 수 있다.

- 대상자는 치료실 안에서 치료사와 함께 읽기, 독백, 대화 과업에서 각 5분간 말더듬 없이 유창하게 말할 수 있다.

다음으로 목표행동을 달성하기 위한 단계를 설정한다. 단계의 크기는 대상자의 수준에 맞게 설정할 필요가 있다. 일반적으로 대상자가 80% 정도의 정반응을 보일 수 있는 수준으로 크기를 정한다. 이보다 정반응률이 크다면 프로그램이 길어지고 학습량이 너무 적다는 단점이 있고, 이보다 작다면 아동의 경우 수업에 흥미를 잃어버리고 하기 싫어할 가능성이 있다. 처음 임상을 하는 치료사가 하는 실수 중 하나가 수업의 난이도를 조절하지 않는다는 점이다. 만약 아동에게 범주 어휘 10개를 가르친다면, 80% 정반응을 유도하기 위해서는 아동이 이미 알고 있는 어휘 그림카드 8개, 모르는 그림 카드를 2개 준비하여 수업한다. 만약 아동이 모르는 그림카드를 10개 준비하여 수업한다면, 아동이 학습 난이도가 어렵다고 느끼고 하기 싫어할 가능성이 높다. 만약 범주 어휘를 가르친다면 다음과 같은 예시로 주차별로 단계를 구성할 수 있을 것이다. 최종적인 단계는 설정했던 목표행동을 달성하는 형태로 구성한다.

- 1주차: 대상 아동은 치료실 안에서 치료사가 제시하는 '탈 것' 그림카드 5개를 이해하고 표현할 수 있다.
- 2주차: 대상 아동은 치료실 안에서 치료사가 제시하는 '탈 것' 그림카드 10개를 이해하고 표현할 수 있다.

⋮

- 20주차: 대상 아동은 치료실 안에서 치료사의 지시에 따라 범주 어휘(탈것, 직업, 주방, 음식, 감정 20개씩)를 이해하고 표현할 수 있다.

단계를 설정했다면, 각 단계를 통과하지 못했을 경우 실시할 브랜칭 단계를 설정한다. 브랜칭 단계는 통과하지 못한 단계와 통과한 단계 사이의 난이도로 설정하거나(1주차와 2주차 사이에 '8개'의 그림 카드로), 치료사의 단서(cue)하에 실시("이건 '사'로 시작해. 이게 뭐라고?")하는 등의 방법으로 설정하여, 대상자가 브랜칭 단계를 통과하면 통과하지 못한 단계를 재실시하는 형태로 진행할 수 있다.

이후 중재 접근 방식에 관하여 결정한다. 범주 어휘를 가르친다면, 그림카드를 이용한 반복 연습(drill)으로 접근할지, '어휘 보물찾기 활동'과 같이 놀이 형태와 결합하는 놀이 연습(drill play)으로 접근할지 등을 결정한다. 만약 아동이 학습에 있어서 적극적인 태도(치료사 및 부모의 강화를 얻기위해)를 보인다면 반복 연습이 더 적절하고, 연령이 어리고 수업에 집중하기 어려워한다면 놀이 형태로 접근하는 것이 바람직하다.

이후 정반응을 보일 시 제공할 후속 자극(강화)의 종류와 크기, 스케줄을 결정한다. 일반적으로 사회적 강화(칭찬)가 많이 사용되지만, 대상자의 특성에 따라 소모 강화, 활동 강화 및 토큰 강화 체제 또한 사용을 고려할 수 있다. 이는 강화물 파트에서 설명하였듯 대상자 평가에 의하여 서열화해서 활용하고, 강화 스케줄은 계속 강화에서 간헐 강화로 점차 변경하는 형태로 실시한다. 〈표 1-2〉의 예시에서 강화란에 '100'이라면 계속 강화, '50'이라면 두 번에 걸쳐 한 번으로 간헐 강화를 제공한다는 의미이다. 〈표 1-2〉는 말더듬 대상자에게 메트로놈을 이용한 리드미컬한 구어 연습을 프로그래밍한 예시이다.

〈표 1-2〉 **리드미컬한 구어 연습 프로그램 예시**

단계	활동	준거 기준	강화 스케줄
1	치료사는 대상자에게 60SPM의 속도로 읽는 모델을 5분간 제시한다.		
2	대상자는 60SPM으로 세팅된 메트로놈에 맞춰 읽기, 독백, 대화 과업을 각 5분씩 실시한다.	0 SW/M	100
3	대상자는 90SPM으로 세팅된 메트로놈에 맞춰 읽기, 독백, 대화 과업을 각 5분씩 실시한다.	0 SW/M	80
4	대상자는 120SPM으로 세팅된 메트로놈에 맞춰 읽기, 독백, 대화 과업을 각 5분씩 실시한다.	0 SW/M	80
5	대상자는 150SPM으로 세팅된 메트로놈에 맞춰 읽기, 독백, 대화 과업을 각 5분씩 실시한다.	0 SW/M	50
6	대상자는 180SPM으로 세팅된 메트로놈에 맞춰 읽기, 독백, 대화 과업을 각 5분씩 실시한다.	0 SW/M	50
7	대상자는 210SPM으로 세팅된 메트로놈에 맞춰 읽기, 독백, 대화 과업을 각 5분씩 실시한다.	0 SW/M	50
8	대상자는 메트로놈 없이 읽기, 독백, 대화 과업을 각 5분씩 실시한다.	0 SW/M	30

9) 일반화와 전이

일반화(generalization) 및 전이(transfer)는 대상자가 새롭게 습득한 행동을 일상의 다양한 환경에서 유지하도록 실시하는 절차이다. 중재 종결 전에 실시하는 단계로, 물리적인 환경을 다양화하여 실시한다. 언어치료 임상 환경에서는 또래 아동을 참여시키는 그룹 중재, 아동의 형제 및 부모, 동료 언어재활사 등을 참여시켜 진행할 수 있다. 〈표 1-2〉의 중재 프로그램 이후에 일반화 및 전이 단계를 프로그래밍한다면 〈표 1-3〉과 같은 예시로 적용해 볼 수 있다.

〈표 1-3〉 **일반화 및 전이 프로그램 예시**

단계	활동	준거 기준	강화 스케줄
1	대상자는 치료실 안에서 치료사를 포함한 2명 앞에서 읽기, 독백, 대화 과업을 3분씩 실시한다.	0 SW/M	20
2	대상자는 치료실 안에서 치료사를 포함한 3명 앞에서 읽기, 독백, 대화 과업을 3분씩 실시한다.	0 SW/M	20
3	대상자는 치료실 안에서 치료사를 포함한 3명 앞에서 읽기, 독백, 대화 과업을 5분씩 실시한다.	0 SW/M	20
4	대상자는 치료사가 제시하는 전화 목록(학원, 헬스장 등)에 전화를 걸어 1분간 통화할 수 있다.	0 SW/M	10
5	대상자는 치료사가 제시하는 전화 목록(학원, 헬스장 등)에 전화를 걸어 2분간 통화할 수 있다.	0 SW/M	10
6	대상자는 치료사가 제시하는 전화 목록(학원, 헬스장 등)에 전화를 걸어 3분간 통화할 수 있다.	0 SW/M	10

• 요약 •

이 장에서는 언어치료 임상실습에 대한 개괄적 내용과 언어치료에서 요구하는 기초 및 행동수정을 다루었다. 그 내용을 요약하자면 다음과 같다.

1. 언어재활사 국가자격증시험에 응시하기 위해서는 관련학과의 졸업 예정자이거나 졸업자여야만 한다. 또한 재학 중 관찰실습 30시간 이상, 임상실습 90시간 이상을 수행해야 한다.
2. 행동수정의 모형은 자극-반응-후속자극으로 분류된다. 언어치료에서 자극은 치료사가 대상자와 치료활동을 하며 질문하는 것이고, 반응은 대상자의 행동이며, 후속자극은 앞선 반응이 정반응이었으면 강화, 오반응이었으면 단서를 제공하여 정반응이 나타나도록 유도하는 것이다. 이때 대상자가 정반응하면 강화를 제공한다.
3. 대상자의 앞선 반응이 정반응이었을 때 해당 행동의 발생 빈도를 높이기 위해 사용되는 강화물의 종류는 정적 강화와 부적 강화이다. 정적 강화의 종류는 소모 강화, 활동 강화, 조작 강화, 소유 강화, 사회적 강화가 있다. 강화의 빈도는 계속 강화에서 점차 제공 빈도를 줄여나가는 간헐 강화로 전환한다.
4. 행동 형성법과 용암법은 새로운 행동을 학습시킬 때 사용하고, 행동 연쇄법은 작은 행동들이 결합된 행동을 학습시킬 때 사용하며, 소멸은 어떠한 행동을 줄이거나 없애고 싶을 때 사용한다.
5. 프로그래밍을 할 때 먼저 기초선 측정과 최종적인 목표행동을 설정하고 이후 단계의 크기, 브랜칭 단계 설정, 강화 종류와 스케줄, 일반화 및 전이를 고려하여 대상자에게 적합하도록 개발한다.

연습문제

1. 언어재활사 2급을 취득하기 위해서는 언어재활관찰과 언어진단실습, 언어재활실습을 몇 시간 이상 이수해야 하는가?

2. 대상자가 정/오반응할 시 언어재활사는 각 후속 자극으로 무엇을 제공할 수 있는가?

3. 특정 행동을 가르치고 싶을 때 사용할 수 있는 행동수정 기법은 무엇인가?

4. 강화 스케줄은 어떠한 방식으로 제공해 나가야 하는가?

5. 강화 스케줄에서 'FR 5'는 무엇을 뜻하는가?

6. 브랜칭 단계는 필수적으로 시행되어야 하는가? 만약 아니라면, 어떠한 상황에서 사용하는가?

7. 언어행동 중재에서 프로그래밍 절차는 어떻게 이루어지는가?

참고문헌

권도하, 김시영 (2019). 언어치료학사전(3판). 경북: 물과길.

이성진 (2010). 행동수정. 경기: 교육과학사.

Ryan, B. P. (2001). *Programmed therapy for stuttering in children and adults*. Charles C Thomas Publisher. 권도하 역(2011). 말더듬 치료 프로그램. 경북:물과길.

제2장

언어 임상실습에서 학생임상가와 임상감독자의 역할

신 명 선

이 장의 학습목표

- 언어 임상실습의 전반적인 과정을 이해할 수 있다.
- 학생임상가의 역할을 이해하고 임상실습에 접목할 수 있다.
- 임상감독자의 역할을 이해하고 효율적인 임상실습을 위해 전문가적 관계를 유지할 수 있다.

핵심 용어

- 언어재활사(speech-language pathologists)　생애 전반에 걸쳐 나타날 수 있는 말, 언어, 의사소통 문제를 진단평가, 중재, 예방하는 전문가로서, 부모나 보호자 및 관련 전문가와의 협력을 통해 개별화된 언어치료 서비스를 제공하는 전문인이다.
- 한국언어재활사협회(the korean association of speech-language pathologists)　언어장애인의 의사소통능력 향상을 위해 언어재활사의 권익보호, 질적 관리, 교육 프로그램을 개발하고, 일반인의 언어장애 인식 개선 사업 등을 수행함으로써 우리나라 언어장애인과 그 가족의 삶의 질을 향상시키고 사회적 권익 및 복지 증진에 기여하는 것을 목적으로 「장애인복지법」 제80조의 2에 근거해서 설립된 법정단체이다.
- 임상실습(clinical practice)　학생들이 이론으로 배운 지식과 개념들을 실제 상황에 적용함으로써 전문교육의 실천적 지식, 기술 및 가치관을 학습하는 기회를 제공하는 기본적인 교과과정이다.
- 학생임상가(student clinician)　언어재활사를 준비하기 위해 이론적 지식을 실제 임상 사례에 적용하는 과정을 배우는 언어치료 실습학생이다.
- 임상감독자(clinical supervision)　학생임상가의 임상 능력을 향상시키고 궁극적으로 치료 대상자에 대한 치료 효과를 최대화하기 위하여 학생임상가의 행동을 모니터링하고 적절한 피드백을 제공하는 언어임상전문가이다.

1. 들어가는 글

언어재활사가 되기 위해서는 의사소통과 의사소통장애에 대한 학문적 지식을 기초로 의사소통장애를 평가 및 치료하는 임상방법을 습득하고 이를 실제 의사소통장애인에게 접목할 수 있어야 한다(Hedge & Kuyumjian, 2020). 언어 임상실습을 준비하는 학생이 학문적인 기초를 갖추었다 하더라도 실제 언어치료를 실시할 때 어디서부터 무엇을 어떻게 해야 할지 막막하고, 자신이 알고 있는 지식만으로는 매우 부족하다는 느낌을 받을 것이다. 보호자 상담을 어떻게 할지, 어떤 진단 도구를 선택할지, 치료 목표는 어떻게 결정할지, 보고서는 어떻게 작성할지, 치료 활동은 어떻게 구상할지 결정하는 것이 부담이 될 수 있다. 그러므로 임상실습은 실제적인 언어 임상 과정에서 부담을 가진 학생임상가가 점차 독립적인 언어재활사가 되도록 돕는 필수적인 과정이다(김시영, 신명선, 2015). 언어 임상실습 과정은 임상감독자의 지도하에서 자격을 갖춘 언어재활사나 대학에서 언어 임상실습 과정을 수행하고 있는 학생임상가의 치료 활동을 관찰하는 언어 임상 관찰실습과 현장에서와 같이 직접 의사소통장애인 및 보호자 상담과 언어치료를 수행하는 언어 임상 재활실습으로 이루어진다. 그러므로 임상실습은 학생임상가, 의사소통장애인, 임상감독자가 함께 최적의 의사소통을 만들어가는 과정이다(권도하 외, 2014). 임상실습 과정에서 학생임상가는 자신이 알고 있는 전문적인 지식을 바탕으로 첫 면담, 상담, 평가 및 진단, 치료, 다양한 보고서 작성을 실시하면서 언어재활사의 역할을 습득한다. 임상감독자는 학생임상가가 실습을 하는 일련의 과정에서 언어재활사의 역할을 잘 수행할 수 있도록 도와주는 역할을 하게 된다. 임상실습의 효용성과 가치는 학생임상가와 임상감독자 간의 관계와 교류가 매우 중요하므로 이 장에서는 학생임상가의 역할 및 임무와 임상감독자의 역할에 대해 다루고자 한다.

2. 학생임상가의 역할

학생임상가는 의사소통장애인, 보호자, 언어치료 관련 전문가, 지역사회의 관련 기관 등과 상호작용을 하게 되므로 전문가적 행동을 갖추어야 한다. 전문가적 행동에는 임상 약속 시간 및 임상보고서에 관한 마감일을 지키는 것, 임상감독자, 임상 담당 행정 직원,

다른 학생임상가 등과 협력적으로 일하는 것, 임상 장비 및 임상 자료 사용 등에 대한 책임을 지는 것, 임상 세션을 잘 준비하는 것, 단정한 복장과 용모를 유지하는 것 등이 포함된다.

학생임상가는 일반적으로 대학 내 언어임상실습실에서 첫 언어치료 대상자를 만난다. 언어치료 대상자와 학생임상가의 첫 면담은 대상자의 동기유발과 치료 방향에 매우 중요한 영향을 미칠 수 있다. 학생임상가가 대상자와 보호자에게 최적의 임상서비스를 제공할 수 있는 준비된 임상가로 보여지는 것은 매우 중요하다.

대학 외의 임상실에서 실습을 하는 학생임상가는 그 대학을 대표하는 학생으로서 더욱 전문가적 행동이 필요하다. 실습 기관과 약속한 시간 지키기, 기관의 직원들과 협력적으로 일하기, 임상실습과 관련된 지침들을 숙지해야 한다.

학생임상가가 전반적으로 임상실습 과정을 성공적으로 마스터하기 위해서는 언어재활사의 역할, 임무 및 윤리를 잘 준수해야 한다. 대상자에게 효과적인 서비스를 제공하기 위하여 기초 지식과 전공 지식을 근거로 대상자와 가족들을 상담 및 평가하고, 전문적으로 치료하고 보고서를 작성하기 위한 준비가 되어 있어야 한다. 전문가다운 태도를 유지하면서 대상자 중심으로 평가 및 치료를 준비하고 임상적 질문을 통해 문제를 해결함으로써 스스로 임상 능력을 신장할 수 있어야 한다. 실습 기관과 감독자에 따라서 다소 차이가 있을 수 있지만 일반적으로 학생임상가가 갖추어야 할 역할과 임무는 다음과 같다.

1) 윤리 규정 및 임상 규정 준수

언어재활사는 의사소통에 어려움이 있는 사람과 보호자를 대상으로 언어치료 서비스를 제공하는 전문 직업인이다. 그러므로 학생임상가들은 한국언어재활사협회의 윤리 규정(〈표 2-1〉)과 실습 기관의 임상 규정을 준수해야 한다. 언어치료 임상의 질적 향상을 위하여 언어치료 현장에 종사하는 전문가뿐만 아니라 언어치료학을 공부하는 모든 학생에게도 윤리강령을 숙지하고 규범으로 삼도록 하고 있다. 실습 기관의 임상 규정은 기관마다 다소 차이가 있지만 임상실습실에 등록하기, 대상자와 치료 일정 계획하기, 대상자의 사생활을 보호하기, 치료 도구와 장비를 깨끗하게 사용하고 보존하기, 보고서를 작성하고 보관하기, 임상관련 전화 통화하기, 복장 규정 따르기 등에 대한 규정을 준수해야 한다. 만일 학생임상가가 특정한 절차나 규정에 대하여 의문이 있다면 언제든 임상 직원이나 임상감독자에게 정보를 구해야 한다.

〈표 2-1〉 (사)한국언어재활사협회 윤리강령

언어재활사는 의사소통장애인의 기본권과 존엄성을 옹호하고 능력을 증진시키기 위한 노력에 최선을 다하여야 한다. 이에 언어재활사협회는 국민의 건강과 안녕에 이바지하는 장애인복지 전문인력으로서 언어재활사의 위상과 긍지를 높이고, 윤리의식의 제고와 사회적 책무를 다하기 위하여 이 윤리강령을 제정한다.

1. (평등권) 언어재활사는 대상자의 국적, 인종, 사상, 종교, 연령, 성별, 정치적, 경제적, 사회적 지위 및 장애의 종류와 정도에 차별 없이 언어재활 서비스를 제공한다.
2. (품위 유지) 언어재활사는 장애인복지전문인력으로서의 권위와 품위를 유지・향상시키는 일에 최선을 다하여야 한다.
3. (대상자를 위한 전문적 활동 및 자기계발) 언어재활사는 대상자의 의사소통능력 개선을 위하여 최신 학문적 지식과 임상 기술을 증진시키기 위해 최선을 다한다.
4. (대상자의 사생활 보호 및 비밀 유지) 언어재활사는 직무상 알게 된 대상자의 비밀과 사생활을 보호하며 임의로 타인에게 공개하여서는 안 된다.
5. (대상자의 권익) 언어재활사는 대상자 및 보호자의 권익과 자기결정권을 존중하며 판정결과에 준거하여 언어재활 서비스를 제공한다.
6. (대상자를 위한 협력) 언어재활사는 대상자의 의사소통능력 향상을 위하여 관련 전문인력과 상호협력을 적극적으로 하여야 한다.
7. (대상자에 대한 서비스 비용의 청구) 언어재활사는 정당한 언어재활 서비스 이외의 부당한 비용 또는 대가를 청구하거나 취득하여서는 안 된다.
8. (공동체 의식 고취) 언어재활사는 회원 상호 간에 친목을 도모하며 본 협회의 무궁한 번영과 발전을 위하여 이바지하여야 한다.
9. (법의 준수) 언어재활사는 장애인복지법 및 관계법을 준수하여야 한다.

출처: (사)한국언어재활사협회(https://www.kslp.org/infomation/article.php)

2) 기초지식 및 전문지식

학생임상가가 언어 임상실습을 하기 위해서는 정상적인 의사소통 과정과 의사소통장애와 관련된 기초지식 및 전문지식을 갖추어야 한다. 구어 산출에 관여하는 해부생리학적 지식은 의사소통장애인을 이해하는 데 기초가 된다. 호흡, 발성, 공명, 조음 및 신경계에 대한 이해와 정상적인 음성과 언어발달, 청각, 언어를 구성하는 음운, 구문, 의미, 화용 등에 대한 지식을 바탕으로 의사소통장애를 이해해야 한다. 또한 임상실습을 하기 전에 의사소통장애 증상을 범주로 한 음성장애, 조음・음운장애, 언어발달장애, 유창성장애와 원인을 범주로 한 뇌병변장애, 청각장애, 지적장애 등에 대한 다양한 원인, 증상, 특성, 평가 및 진단, 치료방법에 대한 전문지식을 반드시 갖추어야 한다. 학생임상가는 최소한 대상자를 담당하기 전에 그 장애에 대한 학문적인 지식을 가져야 하고 최적의 서비스를 제공하기 위하여 부가적인 지식과 정보를 살펴볼 필요가 있다. 사례에 따른 평가결과 분석, 장·단기 치료계획, 진전사항 기록, 사례에 적합한 최근 연구를 치료 프로그램에 반영할 수 있어야 한다.

3) 효율적 임상 서비스 제공

학생임상가는 서비스를 받는 대상자에게 어떤 것이 최적의 서비스인지를 결정하는 것이 어려울 수 있다. 대상자에게 필요한 평가나 치료 목표 설정, 치료 활동 및 치료 방법 등의 합리성이나 효용성에 관하여 의문이 든다면 언제든 임상감독자와 논의해야 한다. 치료의 효용성 측면에서 언어치료를 통한 진전을 기대할 수 없는 대상자에게 치료를 계속해서는 안 되며, 최소의 치료 기간으로 최대의 의사소통 향상을 가져올 수 있도록 해야 한다. 치료의 효용성을 평가하기 위해서는 주관적인 판단과 기억보다는 대상자의 목표행동을 정확하게 기록할 수 있어야 한다. 학생임상가는 치료 세션이 진행되면서 나타난 목표행동의 변화를 있는 그대로 기록하여야 한다. 대상자의 행동에 변화가 나타나지 않는다면 치료 절차나 방법을 변경할 수 있어야 한다. 학생임상가가 대상자를 평가하고 치료 방향과 프로그램을 결정하도록 노력해야 하지만 대상자를 의뢰하거나 치료를 종결할 때는 반드시 임상감독자와 먼저 논의가 이루어져야 한다.

4) 대상자에 대한 의무

(1) 대상자의 예후에 대한 확언

학생임상가는 대상자를 진단 후 치료 효과나 예후에 대한 질문에 치료 결과를 확언해서는 안 된다. 예를 들면, "8주 정도 치료를 하면 아동은 말을 더듬지 않을 것입니다."라고 말하기보다는 "아동과 유사한 문제를 가진 많은 아동들이 회복되었습니다. 진단 결과 말더듬 심한 정도가 경도이며, 아동이 변화하려는 동기가 높은 것으로 보아서 예후가 좋습니다."라고 말할 수는 있다. 예후에 관한 진술은 타당하고 신뢰성 있는 정보를 근거로 진술하여야 한다. 학생임상가는 대상자 및 보호자에게 예후를 알리기 전에 임상감독자와 대상자의 예후에 관하여 충분히 토의해야 한다.

(2) 대상자의 개인 정보 공개

학생임상가는 임상감독자, 임상담당 직원, 다른 학생임상가와 임상 미팅 등 임상실습 목적 외에는 대상자의 이름과 사생활에 대해서 공개해서는 안 된다. 대상자에 대하여 토의를 할 경우에는 이름보다는 "제가 담당하는 아동은"이라고 말하며, 대상자의 정보가 있는 보고서 및 문서를 부주의하게 방치해서도 안 된다. 학생임상가 및 대상자를 관찰하는 관찰실습생에게도 대상자의 사생활을 보호해야 한다는 것을 주지시켜야 한다.

(3) 대상자의 차별대우

학생임상가가 언어 임상실습을 위하여 대상자를 선정하거나 서비스를 제공할 때 인종, 성별, 연령, 종교, 국적, 장애유형, 심한 정도 등에 따라 차별대우를 해서는 안 된다. 언어 임상실습실에서 이루어지는 모든 임상적인 결정과 권고는 임상적 자료에 근거해서 이루어져야 한다.

5) 전문가적 관계 유지

학생임상가는 임상감독자와 효과적인 의사소통을 유지할 수 있어야 한다. 임상실습 과정에서 학생임상가가 어떤 도움이 필요한가를 항상 감독자가 알 수는 없다. 그러므로 학생임상가가 어떠한 임상적 의문점이나 갈등이 있다면 감독자에게 상담을 요청하고 해결할 수 있도록 임상감독자와 전문가적 관계를 유지할 수 있어야 한다. 또한 임상감독자뿐만 아니라 다른 학생임상가나 관련 전문가에게 맡은 사례에 대한 지식과 임상기술에 대한 다양한 질문을 통하여 정보를 공유할 수 있어야 한다. 임상실습을 하면서 대상자에 따른 임상 절차, 치료 목표, 자료, 치료 활동 및 도구, 중재 방법 등을 토의하는 임상미팅을 통하여 초보학생임상가로서 범할 수 있는 실수들을 줄일 수 있다. 또한 대상자에 따라 필요한 경우 다른 전문가에게 의뢰할 수 있어야 한다. 학생임상가는 대상자에게 언어치료 외에도 특별한 서비스나 검사가 필요하다고 판단되면 청능사, 이비인후과의사, 신경과의사, 치과의사, 특수교사 등과 같은 다른 전문가에게 의뢰하기 전에 임상감독자와 의뢰처 및 의뢰 목적에 대한 토의를 하고 의뢰를 결정해야 한다.

6) 보고서 작성

언어재활사는 일반적으로 한 명의 대상자에 대하여 평가계획서, 진단보고서, 장·단기 치료계획서, 회기별 치료계획서, 진전보고서, 최종치료요약보고서 등을 작성해야 한다. 이것은 언어치료가 이루어지는 모든 기관에서 반드시 이루어지는 언어재활사의 중요한 임무 중 하나이다. 학생임상가가 대상자에 대한 정보를 각 보고서의 목적에 맞게 기록하는 것이 어려울 수 있고 글을 쓴다는 것 자체가 부담이 될 수 있지만, 보고서는 대상자와 관련된 정보를 전달하는 가장 중요한 근거가 된다. 그러므로 학생임상가가 보고서를 바르게 작성하는 것과 제출 마감일과 마감시간을 지키는 것은 매우 중요하다. 대상자의 의사소통문제에 대한 평가 및 진단의 적절성과 결과해석, 치료 방향, 목표에 적절한 치료활동, 진전 정도 등에 대한 임상감독자의 피드백을 통해 보고서 작성 능력을 신장할 수 있다.

7) 전문가적 품위 유지

(1) 전문가다운 복장

학생임상가들이 모든 임상 장소에서 따라야 할 일반적인 복장 규정은 없지만 모든 임상실에서는 적당한 전문가적 품위를 지켜야 한다. 만일 어떤 옷을 입기 전에 전문가적 품위에 적당한가, 그렇지 않은가 갈등이 생긴다면 그 옷은 입지 않는 것이 좋다. 대학 임상실 밖의 임상실습 장소에서의 복장은 대학 내 임상실보다 더 공식적일 수 있다. 임상실습을 나가기 전에 각 기관에 복장 규정 지침에 관한 정보를 알고 있어야 한다. 기관에서 "어떤 복장이라도 괜찮다."라고 하더라도 단정한 복장을 하는 것이 바람직하다. 단정하면서 전문가다운 복장은 대상자 및 보호자가 학생임상가를 전문가로 보도록 도울 수 있으며, 또한 학생임상가 스스로도 자신이 학생인 동시에 임상가라는 것을 상기시켜 전문가답게 행동하도록 한다.

(2) 건강과 위생 관리

학생임상가는 대상자와 책상을 사이에 두고 매우 가까이서 치료를 하게 되므로 건강과 위생에 대한 관리를 철저하게 해야 한다. 학생임상가는 여러 사람들을 접하기 때문에 전염성 있는 질병으로부터 자신과 대상자를 보호해야 한다. 치료를 하기 전후에는 손을 깨끗이 씻어야 하는데 이는 질병을 전염시키는 것을 예방하는 최선의 방법이다. 또한 치료할 때 대상자의 입, 눈, 혹은 코 등에 학생임상가의 손을 접촉하는 것을 가급적 피해야 한다. 구강구조검사나 구강훈련을 하는 경우에는 일회용 설압자나 장갑을 사용해야 한다. 검사에 필요한 장비 또한 깨끗하게 소독하거나 살균해야 하며, 어린 아동에게 사용하는 치료 도구들은 규칙적으로 살균을 해야 한다. 학생임상가가 전염성이 있는 질병으로 아프다면 임상감독자에게 보고하고 임상 약속 시간을 연기하는 것이 좋다. 몸이 아픈 학생임상가는 효과적인 치료를 이끌기가 어려울 수 있고 대상자에게 질병을 전염시킬 수 있다. 최적의 컨디션으로 임상실습을 할 수 있도록 무엇보다 평소에 철저하게 건강관리를 하는 것이 필요하다.

3. 임상감독자의 역할

임상감독자의 일차적인 역할은 임상실습을 통하여 학생임상가가 임상기술을 학습하도록 돕는 것이다. 대학 내의 임상감독자는 학생임상가가 대상자에게 최적의 임상 서비스를 제공하고 성공적인 임상 경험을 하도록 직·간접적인 임상감독을 해야 한다(Hedge & Davis, 2009). 또한 감독자는 필요에 따라 임상실습에 필요한 행정적 관리와 학문적 책무도 다하여야 한다. 학생임상가가 이전에 교과과정에서 학습한 전공 지식을 임상실습에 접목하도록 돕고, 임상실습에 관한 지침을 분명하게 전달하여야 한다. 임상감독자는 임상 방법의 직·간접적인 교수, 자기평가, 임상적인 분석, 문제 해결 기술 등을 통하여 다양한 임상 방법을 경험하게 한다. 기관과 임상감독자에 따라 다소 차이가 있지만 다음은 일반적으로 학생임상가들이 임상감독자에게 기대할 수 있는 임상감독자의 역할이다.

1) 임상 미팅 시간과 환경 제공

임상감독자와 학생임상가는 임상실습 경험을 높이고 대상자에게 질적인 서비스를 제공하기 위하여 협력적인 관계를 유지해야 한다. 학생임상가가 치료를 시작하기 전이나, 치료 중 또는 치료 후에 대상자에 대한 토의를 할 수 있는 임상 미팅 시간과 환경을 제공하는 것은 임상감독자의 중요한 책무이다. 그러나 학생임상가도 이러한 책임을 나누어 가진다. 학생임상가가 두려움이나 불편함으로 임상감독자와 미팅하는 것을 소홀히 해서는 안 되며 항상 조언을 구할 준비가 되어 있어야 한다. 이러한 임상 미팅은 다른 학생임상가들과 함께 치료 활동을 공유하고 토의함으로써 직·간접적인 치료 경험이 될 수 있다. 대상자의 수준에 적합한 언어적 자극이 이루어지고 있는지, 치료 목표에 대한 치료 활동이 적절한지, 아동의 반응에 대한 강화가 적절한지 등에 대한 임상적 토의를 통해 학생임상가들이 어려워하는 문제를 효율적으로 해결할 수 있도록 돕는다.

2) 임상실습 규정 숙지

임상감독자는 학생임상가에게 임상실습 조직 및 과정에 관한 전반적인 지침을 숙지시켜야 한다. 예를 들면, 임상감독자는 부모 상담, 치료 일정 계획하기, 임상 미팅 및 치료 시간 출석, 보고서 작성 방법 및 제출 기한, 검사 도구 및 치료 도구 사용 등에 대한 규정을 명확하게 전달하여야 한다. 또한 임상감독자는 임상실습 동안 학생임상가를 언제, 무엇에 근거해서 어떻게 평가할 것인지를 설명해야 한다. 학생임상가가 임상과제를 수행할 때 혹은 임상실습을 하면서 궁금한 사항이나 결정하기 어려운 것에 관해서 언제든 임상감독자와 토의할 수 있다는 것을 숙지하게 한다.

3) 임상 활동 전반에 대한 지속적인 피드백

학생임상가의 전반적인 임상실습 활동에 대한 임상감독자의 피드백은 학생임상가의 임상 능력 신장에 매우 중요하다. 피드백을 제공하는 방법이나 시기는 임상감독자에 따라 다를 수 있다. 치료가 끝난 뒤에 구두나 글로 피드백을 줄 수 있고, 치료가 진행되는 동안에 구두적 피드백이나 모델링을 제공할 수도 있다. 임상감독자는 실습 초기에 학생임상가에게 어떻게 피드백을 제공할 것인지에 대하여 전달해야 한다.

일반적으로 임상감독자는 학생임상가가 맡은 대상자의 사례지, 평가계획서, 평가 및 진단 결과를 고찰하고 구두 및 문서로 피드백을 제공할 수 있다. 학생임상가가 전반적 진단 결과를 근거로 대상자의 장·단기 목표와 목표에 따른 세부 치료 활동을 계획하게 해야 한다. 학생임상가가 직·간접 임상경험이 적을수록 목표를 설정하는 데 임상감독자의 도움이 더 필요할 것이다. 임상감독자는 학생임상가가 대상자의 구어 및 언어 행동을 정확하게 평가하는 것과 측정 가능한 임상 목표를 설정하도록 피드백을 주어야 한다. 또한 학생임상가가 설정한 치료 목표 중에서 우선적으로 해야 할 목표가 무엇인지, 어떤 기법과 활동으로 지도할 것인지를 선택하도록 도와야 한다. 학생임상가가 가끔 다양한 치료 기법과 원리를 적용하는 데 어려움을 나타내면 임상감독자가 치료 기법에 대하여 설명하고 필요한 경우 시범을 보여서 학생임상가가 수행하도록 할 수 있다. 실제 학교 임상실습실에서 학생임상가가 치료 하는 도중에 피드백을 제공하는 것은 어려움이 있다. 그러므로 대상자가 치료실에 들어오는 시점부터 치료를 마치고 보호자 상담까지 임상실습 전반을 녹화하도록 하여 임상 미팅 시간에 사례 발표를 하게 한다. 이를 통해 잘하고 있는 부분과 개선해야 할 부분, 궁금하거나 해결해야 하는 부분에 대한 피드백을 제공함으로써 임상 능력을 강화할 수 있다.

4) 임상적 결정력 신장

학생임상가가 임상실습을 하는 전반적 과정, 즉 대상자 및 보호자 상담에서 치료를 마무리하기까지 많은 임상적 결정들이 필요하다. 임상감독자와의 토의를 통해 대상자에게 필요한 검사, 실시 방법, 결과 해석 등을 결정해야 한다. 필요하다면 임상감독자는 검사 실시 절차 및 방법에 대하여 시범을 보일 수도 있다. 또한 비공식적인 관찰 절차와 분석 방법 및 결과 해석에 대하여 학생임상가에게 조언할 수 있고, 표준화된 검사와 표준화되지 않은 관찰 결과를 통합적으로 해석하는 것을 도와야 한다.

임상감독자는 학생임상가가 맡고 있는 대상자의 치료 목표와 성취 정도에 관한 정확한 정보를 가지고 있어야 한다. 또한 대상자의 반응을 차트로 기록하고 유지하는 여러 가지 방법들을 제시할 수 있다. 임상감독자는 학생임상가들에게 독립적인 문제해결 기술과 자기 분석력을 지도해야 한다. 대상자의 성취도를 분석하는 것과 더불어, 임상감독자는 학생임상가의 행동들이 대상자의 반응에 어떤 영향을 미치는가에 관해서 분석하도록 요구할 수 있다. 임상 세션들을 녹화하여 학생임상가와 임상감독자와 또는 임상미팅에서 다른 학생임상가들과 임상감독자가 함께 치료 활동을 보고 토의하면서 최상의 임상적 결정을 할 수 있도록 한다.

학생임상가가 수동적으로 임상감독자의 지시나 지도를 받으려고 기다리게 하기보다는 그들 스스로가 정보를 찾도록 격려해야 한다. 또한 학생임상가의 임상 능력 및 성취도를 점검하면서 이들이 점점 더 독립적으로 임상적 결정을 하게 한다. 그리고 임상감독자는 학생임상가가 자신의 임상 행동뿐만 아니라 대상자의 행동을 분석함으로써 최상의 임상적 결정을 할 수 있도록 도와야 한다.

5) 구두나 문서를 통한 임상적 보고 기술

실습기관이나 감독자에 따라서 학생임상가의 임상 보고 양식과 내용이 다를 수 있다. 임상감독자는 학생임상가가 맡은 사례에 대하여 구두나 문서로 분명하고 논리적인 보고를 할 수 있도록 해야 한다. 임상감독자는 학생임상가의 보고서나 구두 발표에 대해서 수정을 요구하거나 피드백을 제공할 수 있다. 또한 학생임상가가 대상자 및 보호자에게 임상적 내용이나 정보를 전달하는 기술을 증진해 갈 수 있도록 해야 한다.

6) 최적의 임상 정보 제공

의사소통장애 분야에서 정보는 빠르게 변화하고 있으며, 계속해서 새로운 평가 및 치료 방법, 치료 도구들이 개발되고 있다. 임상감독자는 최신의 정보, 도구, 절차, 기법 등에 관심을 갖고 탐구함으로써 학생임상가들이 최적의 정보를 임상에 적용하도록 도와야 한다.

임상감독자와 학생임상가 사이의 상호작용은 임상실습 과정에서 매우 중요하다. 학생임상가가 최선의 임상실습을 통해 대상자에게 최적의 서비스를 제공하도록 임상감독자와 학생임상가는 상호 신뢰 속에서 각자의 역할에 책임을 다하여야 한다.

• 요약 •

이 장에서는 임상실습의 전반적 과정과 학생임상가 및 임상감독자의 역할에 대하여 다루었다.

1. 언어재활사가 되기 위해서는 의사소통과 의사소통장애에 대한 학문적 지식을 기초로 의사소통장애를 평가 및 치료하는 임상방법을 습득하고 이를 실제 의사소통장애인에게 접목할 수 있어야 한다.
2. 임상실습 과정에서 학생임상가는 자신이 알고 있는 전문적인 지식을 바탕으로 첫 면담, 상담, 평가 및 진단, 치료, 다양한 보고서 작성을 실시하면서 언어재활사의 역할을 습득한다.
3. 학생임상가는 의사소통장애인, 보호자, 언어치료 관련 전문가, 지역사회의 관련 기관 등과 상호작용을 하게 되므로 전문가적 행동을 학습해야 한다. 이를 위해 윤리 규정 및 임상 규정 준수, 기초지식 및 전문지식 함양, 효율적 임상 서비스 제공, 대상자에 대한 의무, 전문가적 관계 유지, 보고서 작성 능력, 전문가적 품위 유지 등을 갖추어야 한다.
4. 임상감독자는 임상실습을 통하여 학생임상가가 임상기술을 학습하도록 지도해야 한다. 학생임상가가 대상자에게 최적의 임상 서비스를 제공하고 성공적인 임상 경험을 하도록 직 · 간접적인 임상 지도를 해야 한다. 이를 위해 임상 미팅 시간과 환경 제공, 임상 실습 규정 숙지, 임상 활동 전반에 대한 지속적인 피드백, 임상적 결정력 신장, 구두나 문서를 통한 임상적 보고 기술, 최적의 임상 정보 제공 등이 이루어져야 한다.

연습문제

1. 학생임상가가 언어재활사가 되기 위하여 갖추어야 할 역할은 무엇인가?

2. 학생임상가의 역할 중에서 대상자에 대한 의무는 무엇인가?

3. 보고서 작성의 중요성과 보고서를 통한 임상 능력 신장 방법은 무엇이 있는가?

4. 임상 실습에서 임상감독자의 역할은 무엇인가?

5. 임상감독자가 학생임상가에게 제공할 수 있는 피드백의 내용과 방법은 무엇인가?

6. 임상감독자가 학생임상가의 임상적 결정력을 돕는 방법은 무엇인가?

참고문헌

권도하, 신명선, 김효정, 장현진, 박은실, 장현진, 신혜정, 황하정, 김수형, 이무경, 황보명, 박상희, 강은희, 손은남, 김영은, 이명순, 이옥분, 김선희, 황영진, 황상심(2014). 언어치료 임상방법. 대구: 물과길.

김시영, 신명선(2015). 언어치료 전공학생의 임상실습만족도 및 교수효율성 연구. 언어치료연구, 24(4), 17-31.

Hedge, M. N., & Davis, D. (2009). *Clinical methods and practicum in speech-language pathology* (5th ed.). New York: Thomson Delmar Learning.

Hedge, M. N., & Kuyumjian, K. (2020). *Clinical methods and practicum in speech-language pathology* (6th ed.). Plural Publishing.

(사)한국언어재활사협회, https://www.kslp.org/infomation/article.php.

제3장

언어치료 임상관찰

김효정

이 장의 학습목표

- 관찰의 목적을 설명할 수 있다.
- 관찰의 절차에 따라 관찰을 준비할 수 있다.
- 임상관찰자의 요건을 갖출 수 있다.
- 치료 요소에 따라 관찰 내용을 정리할 수 있다.

핵심 용어

- 관찰학습(observational learning) 타인의 행동을 관찰함으로써 그 사람의 행동과 같은 행동을 학습하는 것, 모방학습이라고도 한다.
- 직접 관찰(direct observation) 언어치료 현장에서 실시간으로 관찰하는 것이다.
- 간접 관찰(indirect observation) 언어치료 현장에서의 관찰이 아니라 영상 등의 방법으로 치료의 현장이 아닌 곳에서 관찰하는 것이다.
- 행동주의적 접근법(behavioral therapy approach) 행동의 변화를 위하여 강화, 벌, 형성절차 등을 활용하는 중재 접근법이다.
- 의사소통 중심 접근법(communication-focused treatment approach) 언어의 의사소통적 측면을 강조한 중재 접근법이다.

1. 임상관찰의 정의와 목적

1) 실습의 입문으로서의 임상관찰

언어치료 임상관찰은 언어재활사의 전문적인 행동과 기술과 태도를 간접적으로 학습하기 위한 언어치료 분야 실습과정 중 하나이다(Hedge, 1980). 언어재활사 국가시험에 응시하기 위한 필수 실습 과정 중 하나이며, 30시간 이상의 관찰이 필요하다. 관찰은 주로 언어치료 임상실습에 선행하여 이루어지며 관찰을 통해서 실습을 간접적으로 충분히 학습한 후 실제 임상실습을 실시한다. 관찰은 언어치료 임상실습 중에도 계속 이어진다. 자신 또는 다른 학생임상가의 임상실습을 관찰하며 언어치료 과정을 모니터링하고 학습하게 된다. 즉, 관찰은 언어치료 관찰실습 과정뿐만 아니라 언어치료 임상실습 전 과정에서 지속적으로 실행되는 중요한 학습활동이라 할 수 있다.

관찰(觀察)이라는 말은 사물이나 현상을 주의하여 자세히 살펴본다는 의미를 갖고 있다. 관찰은 학문의 여러 분야에서 이루어지고 있는데, 과학적 관점에서 관찰은 특정 시기 동안 특정 방법으로 대상을 관찰하여 수량화하거나 그 결과를 일반화하고자 하는 행위를 말한다. 교육학적 관점에서는 과학적 관찰과는 달리 관찰학습(observational learning)이라고 말할 수 있는데, 관찰학습은 타인의 행동을 관찰함으로써 그 사람의 행동과 같은 행동을 학습하는 것을 말하며 '모방학습'이라고도 한다. 관찰학습은 학습자가 관찰하거나 모방하는 대상인 모델이 있으며, 그 모델의 행동을 관찰하는 경험을 포함한다.

언어치료 임상관찰은 과학적 관점에서의 관찰처럼 대상에 대해 파악하고자 하는 목적으로 이루어지기도 하지만 대부분은 전문 언어재활사의 치료활동을 관찰함으로써 실제 언어치료의 과정에서 일어날 수 있는 여러 가지 상황에 대하여 전문적으로 대처하는 행동을 간접 경험 및 간접 학습하는 교육학적 관점의 관찰에 해당된다고 할 수 있다(권도하, 2012).

어떠한 입장에서의 관찰이건 언어치료 임상관찰에 임하는 사람은 관찰의 목적을 분명히 알고, 관찰하려는 행동을 사전에 명확히 정의하고 접근할 때 가장 큰 효과를 볼 수 있다. 언어치료 임상관찰은 언어치료의 임상에 입문하기 위한 첫 단계로 언어치료 이론적인 내용과 언어치료 임상실습의 연결고리 역할을 한다. 이전에 배웠던 이론적 내용을 언어치료 임상실습에 적용하기 위한 중간 과정으로서 언어치료 임상관찰을 이수하도록 하고 있다. 즉, '언어치료 임상관찰'이라는 과목 또는 과정은 자격 획득과정에서 필수 과정이며, 또한 이론에서 실습으로 나아가는 다리 역할을 하는 중간 과정이기도 하다(권도하, 2009). 이 장에서는 보다 효과적인 언어치료 임상관찰을 위해 언어치료 임상관찰의 목적, 방법 등을 자세히 살펴보고자 한다.

2) 임상관찰의 목적

언어치료 임상관찰은 학생임상가가 이전에 학습한 이론과 실기를 통합하여 실제 사례에 적용하는 것을 간접적으로 학습하는 과정이다. 언어치료는 이론이나 실기를 통해 배운 치료기법을 단순히 적용하는 과정, 그 이상이다. 똑같은 기법이라 하더라도 적용대상에 따라 달라지고 상황에 따라 발생할 수 있는 경우의 수가 많기 때문에 풍부한 현장 경험이 필요한 분야이다. 실제 언어치료에서 발생할 수 있는 여러 가지 상황에 대한 대처기술들을 전문적인 기술과 함께 간접 학습하여야 한다. 언어치료 임상관찰의 보다 구체적인 목적은 다음과 같다.

첫째, 숙련된 언어재활사가 평가 및 치료 회기를 전반적으로 운영하는 방법을 관찰자가 간접적으로 학습하기 위한 것이다. 언어치료 임상실제는 이론이나 설명을 듣고 이해하는 것만으로 익힐 수 없다. 실제 치료에서는 다양한 변수들이 작용하므로 계획한 대로 치료를 진행하는 것이 어려울 수 있다. 진단평가 과정에 대한 관찰에서는 언어치료 평가를 위해 표준화된 검사도구나 또는 비표준화된 검사도구를 이용하여 대상자의 언어수준을 파악하는 전체 과정에 대하여 간접 경험을 할 수 있다. 치료과정에 대한 관찰에서는 치료의 도입, 전개, 정리의 전체 세션을 운영하는 방법을 배울 수 있다. 진단평가나 치료세션에서 발생할 수 있는 여러 가지 변수들에 대하여 적절하게 대처하며 치료활동으로 융화시켜 나가는 기술 등을 학습하기 위하여 관찰을 실시한다고 할 수 있다.

둘째, 숙련된 언어재활사의 평가 및 치료 행동기술을 배우기 위한 것이다. 진단평가 관찰에서는 이전에 학습한 진단도구의 실시방법을 토대로 진단평가를 실시하는 것, 진단평가를 거부하거나 주의가 산만한 대상자에게 검사나 평가를 진행하는 방법, 행동관찰이나 자발화 샘플 수집과 같은 비표준화 검사를 실시하는 절차 등을 간접학습 할 수 있다. 숙련된 언어재활사는 치료 목적에 맞게 치료 활동을 구성하고 진행한다. 활동을 어떻게 시작하고 어떠한 자료를 어떻게 제시하며 대상자에게 목표 반응을 유도하기 위해 어떤 질문을 하는지를 관찰한다. 목표반응이 나오지 않을 때 어떻게 목표반응을 형성해가는지 강화와 벌과 같은 후속자극은 어떻게 사용하는지, 또 경우에 따라서 치료 상황이 계획과 달리 전개될 때 그 상황에 어떻게 유연하게 대처하는지 숙련된 언어재활사의 치료 행동기술들을 관찰하고 배울 수 있다.

셋째, 연령, 장애유형, 개인별 특성이 각기 다른 치료 대상자의 특성을 배운다. 특정한 유형의 대상자의 구어, 언어, 행동 특성을 간접 경험할 수 있고 그러한 특성에 대처하는 방법을 관찰하여 배울 수 있다. 특히 책을 통해 이론적으로 학습했던 장애유형에 따른 언어특성을 실제로 경험해 볼 수 있다는 것이 관찰학습에 매우 유용한 점 중 하나이다. 그러나 많은 경우 대상자들은 단일한 문제만을 가지고 있기보다 여러 가지 문제점들이 복합적으로 나타나는 경우가 많고, 이러한 경우 치료의 우선순위를 어떻게 해야 하는지 결정하는 것이나 같은 목표라도 대상자의 특성에 맞게 접근방법을 어떻게 선택해야 하는지 등에 대하여 관찰을 통한 간접학습이 목적이 될 수 있다.

넷째, 특정 치료기법을 적용하는 방법을 관찰을 통해 배운다. 장애 유형에 따라 대상자의 특성에 따라 각기 다른 치료기법을 적용할 수 있다. 이러한 치료기법은 책을 통해서만 익힐 수 없는 것으로 실제 사례에 특정 치료기법을 어떻게 적용하는지를 보고 배울 수 있다.

마지막으로 숙련된 언어재활사의 치료기술과 운영기술을 배우기 위한 목적 이외에 치료를 점검하고 분석하여 잘못된 점을 찾아 개선하고자 하는 목적으로 자신의 또는 타인의 치료를 관찰하는 경우도 있다.

3) 임상관찰의 유형

언어치료 임상관찰은 먼저 관찰의 방법이 직접적인가 간접적인가에 따라 유형을 나눌 수 있다. 직접관찰의 경우는 언어치료 과정을 현장에서 실시간으로 관찰하는 것으로 현장관찰을 말한다. 직접관찰에서도 치료실 내에 들어가서 관찰하는 경우와 치료실 밖에서 일방경(one-way mirror)과 헤드폰을 통해 관찰하는 경우로 나눌 수 있다. 직접관찰은 치료를 실제 현장에서 관찰하게 되므로 보다 생동감 있는 치료의 관찰이 가능하고 치료현장에서 분위기를 느낄 수 있다는 측면이 장점인 반면, 관찰이 치료를 방해할 수 있다는 점과 한번 놓친 부분에 대해서 다시 보기를 할 수 없다는 단점이 있다. 직접관찰 중에서도 치료실 내 관찰은 가장 밀접한 거리에서 치료를 관찰한다는 큰 장점이 있지만, 관찰자가 치료에 영향을 주어 방해를 줄 수 있다는 단점이 있다. 일방경을 통해서 치료실 밖에서 관찰하는 경우는 치료에 미치는 영향은 적으나 경우에 따라서는 창밖에서 관찰한다는 사실을 대상자가 알아차리기도 하여 치료에 영향을 미치기도 한다. 치료실 밖에서 관찰을 하기 위해서는 음향시설이나 일방경과 같은 시설이 갖추어지지 않은 환경에서는 실시할 수 없거나 매우 제한적이라는 단점이 있다.

간접관찰은 기기를 통해 보이는 영상과 소리로 관찰하는 영상관찰을 말한다. 이 관찰 유형도 관찰실에서 모니터를 통해 실시간으로 관찰하는 경우와 저장매체에 저장되어 있는 영상을 사후에 관찰하는 경우로 나눌 수 있다. 간접관찰은 직접 치료현장에서 관찰하는 것이 아니므로 치료를 방해하지 않는다는 점과, 기기를 통해 녹화한 경우 언제든 다시 보기로 확인할 수 있다는 장점이 있다. 그러나 한 각도에서 녹화된 화면과 녹음된 음성만을 보고 듣기 때문에 화면에 잡히지 않아 놓치는 부분이 있을 수 있으며, 기기의 성능에 따라 영상과 음향의 기술적 문제가 있을 수 있다. 최근 영상과 음향 기술의 발달로 고해상도의 영상으로 관찰할 수 있고, 대용량 저장이 가능하여 간접관찰을 보다 쉽게 수행할 수 있게 되었다.

현장관찰의 경우 교내 실습실을 이용하는 경우와 외부 치료기관을 이용하는 경우로 나눌 수 있다. 교내 임상실습실의 경우는 임상관찰을 위한 기기와 설비가 되어 있어 관찰이 용이할 수 있다. 그러나 실습실의 특성상 다양한 사례를 접하기 어려운 점, 경우에 따라서 숙련된 치료사보다는 실습생들이 다수여서 수준 높은 언어치료를 관찰하기 어려운 점 등의 단점이 있다. 외부기관에서 관찰을 하는 경우는 관찰을 위한 장비나 여건이 마련되어 있지 않은 경우가 대부분이다. 따라서 관찰의 불편함이 있고, 때로는 원활한 관찰이 어려울 수 있다. 기기를 이용한 간접관찰보다 직접관찰을 주로 하게 되고 그로 인해 치료에 영향을 줄 수밖에 없다. 따라서 관찰자는 최대한 치료기관과 치료에 방해가 되지 않도록 주의하며 관찰하는 것이 필요하다.

동일 대상에 대한 관찰 기간 또는 횟수에 따라 일회성 관찰과 종단적 관찰로 나눌 수 있다. 대체로 일회성 관찰은 대상자 사례를 1회기씩 관찰하고 다른 대상자를 관찰하는 것으로, 많은 사례를 접할 수 있다는 장점이 있다. 그에 반해, 종단적 관찰은 특정 대상에 대해 일정 기간 동안 지속적으로 관찰하는 형태를 말하는데, 해당 사례에 대하여 깊이 있게 이해할 수 있다는 점과 치료에 따른 변화를 관찰할 수 있다는 점이 장점이다. 주로 연구 목적으로 많이 이용되는 관찰 유형이다.

관찰 주체에 따라 타인관찰과 자기관찰로 나눌 수 있다. 대체로 언어치료 임상관찰은 능숙하고 숙련된 치료사를 관찰하는 것이지만 임상실습과정 중에는 자신의 치료를 스스로 관찰하고 치료의 문제점이나 개선할 점을 발견하기도 한다. 배우는 과정에 있는 예비 치료사들뿐만 아니라 경력 있는 치료사들도 자신의 치료를 관찰하며 점검하는 것이 때때로 필요하다.

관찰의 목적에 따라 언어치료 임상실습의 선수과정으로서의 임상관찰, 언어치료 임상실습 과정 중 치료 분석 및 피드백을 위한 임상관찰, 특정 사례의 언어 및 행동 특성 연구를 위한 사례중심 임상관찰, 특정 치료기법을 학습하기 위한 과정으로 치료기법중심 임상관찰, 자기관찰 등으로 관찰을 구분할 수도 있다.

- 언어치료 임상실습의 선수과정으로서의 임상관찰
- 언어치료 임상실습 과정 중 치료 분석 및 피드백을 위한 임상관찰
- 사례에 대한 연구, 보고 목적의 사례중심 임상관찰
- 특정 치료기법 학습을 위한 치료기법중심 임상관찰

마지막으로 언어치료 임상관찰은 관찰의 내용에 따라 첫면담 관찰, 진단평가 관찰, 치료관찰, 부모면담 관찰, 그룹치료 관찰, 간접치료 관찰 등으로 구분할 수도 있다.

이상과 같이 다양한 기준에 따라 언어치료 임상관찰의 유형을 구분할 수 있다. 임상관찰의 유형에 따라 관찰의 초점이나 내용이 달라질 수 있고, 또한 각각의 장단점이 있으므로 필요에 따라 관찰의 유형을 선택하여 적용한다면 보다 효과적일 것이다.

언어치료학과 대학원 석사과정의 언어재활관찰실습 현황에 대한 연구에서 간접관찰보다 직접관찰의 비율이 대체로 높았다고 보고하고 있으며, 관찰실습 기관은 사설 치료실, 병원 부속 치료실, 장애인종합복지관 등에서 이루어지고 있었으며, 관찰실습을 제공하는 언어재활사는 2급 자격증 소지자보다는 1급 소지가가 많았고, 경력은 5~10년 사이가 가장 많았다고 한다. 관찰실습에 장애영역은 언어발달장애, 조음음운장애, 유창성장애 등이 많았고, 관찰실습의 어려운 점으로 기관 섭외와 일정수립의 어려움을 지적하였다고 한다(표화영, 2017).

2. 언어치료 임상관찰 절차

언어치료 임상관찰의 절차는 관찰 유형에 따라 차이가 있을 수 있다. 언어치료 임상을

직접 관찰하려는 경우라면 먼저 담당치료사와 대상자(또는 보호자)의 동의가 있어야 한다. 간접관찰은 치료사를 직접 만날 수 없는 경우가 있으므로 이럴 때는 임상관찰 지도자로부터 대상자 및 치료에 대한 정보를 얻어야 한다. 녹화된 치료 영상을 관찰하는 경우라면 관찰 중 놓친 부분이나 대상자의 반응이 애매한 경우 다시 되돌려 볼 수 있다. 또한 관찰 중 궁금한 내용 역시 임상관찰 지도자에게 질문하는 점이 직접관찰과 다른 점이라 할 수 있다.

직접관찰의 과정을 관찰 전, 중, 후로 나누어 자세히 살펴보면 다음과 같다.

1) 관찰 전 절차

(1) 관찰 일정 정하기

언어치료 임상관찰이 관찰을 하는 예비언어재활사에게는 필수적인 과정이긴 하나 치료사나 대상자의 입장에선 불필요하고 번거로운 일일 수 있다. 관찰을 하도록 허락한 것에 대한 감사를 표하고, 정해진 일정과 약속은 미리 확인하고 반드시 지켜야 한다.

(2) 대상자 및 치료 정보 얻기

언어치료 임상관찰은 관찰자가 사전에 준비한 만큼 보고 배울 수 있다. 준비 없이 임상관찰에 임한다면 그만큼 보고 배울 수 있는 것도 제한적일 수밖에 없다. 먼저 관찰하려고 하는 대상자에 대한 사례 정보와 진단평가 정보를 알아야 한다. 언어치료는 기본적으로 개별치료의 형태로 진행된다. 동일한 목표나 활동이라도 대상자 개개인의 특성에 따라 치료 활동은 다르게 전개될 수 있다. 따라서 대상자의 기본 정보를 알고 관찰에 임하는 것이 대상자의 반응 행동을 예측하고, 판단할 수 있다는 점에서 유리하다. 경우에 따라서 문서화된 사례 정보, 진단평가 정보, 치료목표나 활동에 대한 정보가 없는 경우도 있다. 이러한 경우에도 치료사를 통해 대상자와 치료정보를 구두로 간단하게라도 얻는 것이 좋다. 치료의 목표와 활동을 미리 알지 못한 채 관찰에 임해서는 관찰의 목적을 충분히 달성하기 어렵다.

- 사례 정보는 평가나 치료 중에 나타내는 아동의 행동을 이해하는 데 도움이 된다.
- 진단평가 정보는 치료의 목표나 활동을 이해하는 데 도움이 된다.
- 치료(목표와 활동)에 대한 정보는 치료과정을 예측하며 관찰에 임할 수 있게 한다.

이상과 같은 관찰 전의 철저한 준비는 관찰의 효과를 높일 뿐 아니라 관찰자가 대상자에 따라 목표를 세우고 활동을 구성하는 것에 대한 간접 학습의 효과를 증대시킨다.

2) 관찰 중 절차

(1) 시간에 맞게 관찰 장소에 도착하기

관찰을 하기 위한 사전 준비를 마치고 관찰을 시작할 때는 약속시간을 잘 지켜야 한다. 약속된 시간보다 조금 일찍 도착하여 관찰을 준비하는 것이 바람직하겠다.

(2) 치료 내용을 기록하며 관찰하기

관찰을 시작하게 되면 중요한 내용을 기록하며 관찰한다. 어떤 관찰자들은 치료가 진행되는 동안의 치료사와 대상자의 말과 행동을 하나도 놓치지 않고 다 기억하려 하거나 기록해야 한다고 생각하는 경우가 있다. 이는 많은 시간이 소요되고 실제로 모든 면을 놓치지 않고 관찰한다는 것은 불가능할 뿐 아니라 굳이 그럴 필요도 없다. 관찰을 위한 가이드라인을 갖고 꼭 봐야 할 것을 관찰하도록 한다면 관찰자의 부담을 줄이면서도 중요한 요소를 놓치지 않을 수 있을 것이다. 관찰의 가이드라인으로 관찰기록지를 활용할 수 있다. 관찰기록지에 포함된 관찰 내용은 이 장의 후반부에서 자세히 설명하겠다. 관찰기록지를 활용하여 치료의 각 활동마다 어떤 자료를 어떻게 제시하고, 대상자의 반응을 어떻게 유도했으며, 후속자극은 어떻게 제시했는지를 관찰한다. 치료활동과 관련없이 나타난 대상자의 행동들에 대해서도 기록하고, 또 그러한 행동에 대한 치료사의 대처 반응을 기록할 수 있다.

2) 관찰 후 절차

(1) 의문 사항을 질문하기

관찰을 마치고 나면 관찰한 내용 중에 궁금했던 사항을 치료사가 편한 시간에 질문한다. 회기를 마치고 질문할 수 있는 시간이 허락되면 그때 질문하고, 치료사의 다음 치료가 이어서 있다면 치료사가 가능한 시간에 다시 연락하여 질문을 하도록 한다.

(2) 관찰보고서 작성하기

관찰 후 가능하면 바로 관찰보고서를 작성하고 늦어도 그날 중에 관찰보고서를 작성하는 것이 좋다. 시간이 지날수록 기억이 희미해지기 때문이다. 관찰기록지를 작성한 경우라면 보다 쉽게 보고서를 작성할 수 있다. 관찰보고서는 관찰을 확인하는 서류이기도 하지만, 관찰자가 관찰을 통해 배우고 느낀 점을 스스로 정리함으로써 간접학습이라는 관찰의 목적에 도달하기 위한 과정이기도 하다.

관찰보고서는 관찰의 가장 마지막 과정으로 작성하여 제출한 관찰보고서를 바탕으로 임상감독자로부터 지도를 받게 된다. 또한 언어재활사 자격 취득을 위한 필수 과정인 언어치료 임상관찰의 증빙자료가 되기도 한다.

관찰보고서 작성방법은 시간의 흐름에 따라 관찰 내용을 기록하면 된다. 모든 보고서가 그렇듯이 객관적 사실에 입각하여 기록하여야 하고 관찰자의 예측이나 추측 등이 포함되어서는 안 된다. 단, 관찰보고서의 마지막에 관찰자의 주관적 견해를 기록할 수 있다. 관찰보고서의 양식이 정해져 있는 것은 아니기 때문에 어떠한 양식을 써도 무방하다.

관찰보고서에 포함될 수 있는 내용으로 사례 정보, 진단 정보, 치료목표는 치료사나 임상관찰 지도자로부터 얻은 정보를 기록한다. 관찰보고서에 필수적인 내용은 아니나 언어치료 임상실습의 선수 과정으로 임상관찰을 하고 있는 학생들이라면 이러한 내용들을 알고 관찰하는 것이 더 많은 것을 배울 수 있다는 점에서 유익하다. 다음으로 관찰 내용을 순서대로 기록하고, 마지막에는 관찰자의 느낌이나 배운 점 등 주관적인 견해를 간단히 기록한다.

3. 언어치료 임상관찰자의 요건

언어치료 임상관찰에서 관찰의 효과를 제대로 얻기 위해서 관찰자들은 최소한의 선수과목을 이수하여 언어치료에 대한 기본적인 지식은 갖고 있어야 한다. 언어치료 관찰에 대한 선수과목으로 언어진단실습, 언어발달, 언어발달장애, 조음음운장애, 의사소통장애개론 등의 과목이 필요하다는 의견이 높았다(김선희, 이지윤, 2015). 언어치료의 내용적 측면을 알고 있다면 관찰할 때 치료의 활동을 이해할 수 있고, 관찰의 목적에 따라 초점을 맞추어야 하는 부분도 더 쉽게 알 수 있기 때문이다.

관찰자는 언어치료의 목표가 되는 언어, 구어, 의사소통이 무엇인지 알아야 한다. 언어에는 어떠한 요소가 있고, 구어산출을 위하여 어떤 과정을 거쳐야 하는지, 의사소통의 요소는 무엇인지 등을 알아야 관찰하는 치료의 목표와 활동을 이해할 수 있을 것이다.

진단평가 관찰을 위해서 관찰자는 언어진단에 관하여 진단도구의 목적, 실시방법, 결과해석 방법 등을 알아야 진단이나 평가 회기를 제대로 관찰할 수 있을 것이다.

치료관찰을 위해서 관찰자는 행동수정이나 언어치료 임상방법론과 같은 과목에서 목표하는 행동 변화를 일으키기 위해 치료사가 선행자극으로 어떤 자료와 지시를 하는지, 대상자의 반응은 어떠한지, 치료사의 후속자극은 무엇인지를 보는 눈이 있어야 한다. 또한 선행자극의 위계를 알아서 활동을 보다 쉽게 또는 어렵게 난이도를 조절하며 치료를 진행할 수 있다는 사실도 알아야 한다. 후속자극으로 강화나 벌을 어떻게 사용하는지, 이러한 후속자극의 효과가 무엇인지, 치료사가 어떤 의도로 후속자극을 사용하는지 등을 관찰할 수 있어야 한다.

또한 치료 방법 중 행동주의적 접근 외에 아동 중심 또는 의사소통 중심 기법에 대해서도 선행지식을 갖고 있어야 치료사의 치료접근을 이해할 수 있게 된다.

예비언어재활사인 관찰자가 갖춰야 할 태도로는 관찰 과정에서의 성실한 태도와 배우고자 하는 열의라고 할 수 있다. 특히 언어치료실에서 직접 관찰하는 경우에는 더욱 더 관찰자의 언행을 주의할 필요가 있다. 관찰의 모든 일정이 약속으로 이루어지기 때문에 성실하게 약속을 지켜야 하고, 만약 관찰 일정을 변경해야 하는 경우라면 담당치료사에게 사전에 연락을 해서 사유를 이야기하고 다시 일정을 잡아야 한다. 최근 휴대전화의 문자가 편리한 연락수단이긴 하나 이러한 경우에 문자만 보내는 것은 예의에 어긋나는 행동이 될 수 있다. 치료사와 연락이 닿지 않아 문자를 먼저 보내더라도 반드시 다시 연락드려 확인할 필요가 있다. 관찰 현장에서 대상자나 보호자를 직접 대면하는 경우에도 자신을 누구인지 소개하고 관찰을 허락한 것에 대하여 간단한 고마움을 표현하는 것이 좋겠다.

임상관찰을 하면서 기록할 메모지나 필기구를 챙겨가는 것도 잊지 말아야 한다. 관찰자는 치료활동을 보며 배우고자 하는 것이지 치료를 비판하거나 피드백하기 위한 것이 아님을 명심해야 한다. 관찰자도 관찰 후 자신의 견해를 치료사에게 전할 수 있고, 관찰 보고서에 기록할 수도 있다. 그러나 치료사의 치료를 비판하기 위한 관찰이 아니므로 치료의 티를 찾으려 하기보다 배우려는 긍정적이고 적극적인 자세로 관찰하는 것이 중요하다.

4. 언어치료 임상관찰의 내용

언어치료 임상관찰은 전문가로서 언어재활사의 행동을 배우기 위한 학습의 한 과정이다. 관찰을 통해 전문가의 행동을 간접 학습하기 위하여 어떤 것들을 관찰해야 하는지 관찰의 내용을 다루고자 한다.

1) 치료 요소별 관찰 내용

다음과 같은 치료 요소에 따라 관찰할 내용들을 숙지하고 관찰하는 안목을 길러야 한다.

(1) 치료목표

치료는 목표설정에서 시작된다. 물론 목표설정을 위해서는 대상자의 현재 수준에 대한 진단과 평가가 선행되어야 한다. 여러 사례를 관찰하면서 대상자의 언어수준에 따라 목표설정하는 것을 배울 수 있게 된다. 대상에 따라 구어, 언어, 의사소통의 어떤 측면을 우선적으로 목표로 잡아야 할지, 어느 수준의 목표설정이 적절한지 등을 관찰을 통해 배울 수 있다. 목표수준이 너무 높으면 대상자는 좌절하거나 포기하게 되어 치료의 동기유발이 되지 않으며, 목표수준이 너무 낮아도 치료활동을 지겨워하거나 역시 흥미를 유발하기가 어려워질 수 있다. 어떤 목표가 대상자에게 적절한지를 간접적으로 배우게 된다.

(2) 치료도구

치료활동에서 이용하는 치료도구로는 그림, 사물, 모형, 게임판, 컴퓨터, 스마트폰, 색종이, 크레파스 등이 있다. 목표와 활동에 따라 어떤 도구를 어떠한 방법으로 치료에 이용할 수 있는지를 관찰할 수 있다. 또한 치료에 이용하는 도구들이 위험하지 않은지, 위생적인지, 어떤 위치에 어떻게 배치하는지, 다 사용한 도구들은 어떻게 정리하는지 등 치료에 도구를 활용하는 부분을 관찰하고 배울 수 있다.

(3) 치료활동

목표를 위해 치료활동을 어떻게 구성할 수 있는지 관찰을 통해 배울 수 있다. 같은 치료도구를 가지고도 목표에 따라 다른 치료활동을 할 수 있다. 치료활동은 특성에 따라 정적인 활동도 있고 동적인 활동도 있다. 계속 정적인 활동으로만 구성되거나 동적인 활동으로만 구성되는 것보다 정적인 활동과 동적인 활동을 적당히 섞어서 치료를 구성하면 대상자의 동기유발과 주의집중을 높일 수 있다. 또한 치료활동에 대상자가 참여할 수 있도록 유도하는 방법을 관찰한다. 치료사만 치료도구들을 다루고, 대상자는 대답만 하게 하기보다는 대상자의 참여를 높이는 치료활동이 좋은 치료활동이라 할 수 있는데 이러한 활동 구성을 어떻게 하는지 등을 관찰하도록 한다.

(4) 치료사 선행자극

치료활동 중 치료사의 행동은 선행자극과 후속자극이다. 치료사가 이용하는 선행자극은 치료도구와 치료사의 지시나 유도하는 말이 된다. 같은 치료도구를 가지고 치료사가 질문을 어떻게 하느냐에 따라 표현언어 치료가 되기도 하고 수용언어 치료가 되기도 한다. 또한 치료사의 질문이나 유도방법에 따라 치료활동의 난이도가 높아지기도 하고 낮아지기도 한다. 질문의 유형에는 '이거 뭐니?'와 같은 개방형 질문부터 '이게 공이야? 바나나야?'와 같은 폐쇄형 질문도 있다. 문법형태소나 구문구조를 지도할 때도 질문을 잘 활용하면 목표하는 언어를 유도할 수 있다. 관찰을 통해 숙련된 치료사의 질문, 지시, 유도구, 단서, 촉구 등을 관찰하고 배울 수 있다.

(5) 대상자의 반응

치료사가 원하는 목표반응이 나오면 쉽게 목표달성이 된 것이지만 대상자들은 목표하지 않았던 오반응을 보이거나 목표와 관련없는 행동들을 보이는 경우가 많다. 대상자가 오반응을 보일 때 치료사는 어떻게 재시도를 하는지, 난이도를 낮추거나 단서나 촉구를 제시하는지 등 정반응을 유도하는 치료사의 행동을 관찰한다. 또 대상자의 관련없는 반응 또는 행동으로 재미없어 하거나, 몸을 비틀고, 자리에서 이탈하거나 책상 밑으로 들어가는 등의 행동을 보이거나 자꾸 다른 이야기를 하거나, 치료사가 제시하는 치료활동을 하지 않으려 한다거나 특정 활동이나 자료에 집착하거나, 소리를 지르거나 울거나 물거나 던지거나 때리는 등의 문제행동을 보일 때 치료사가 어떻게 대처하는지 배울 수 있다. 문제행동에 따라 대상자가 원하는 바가 다르기 때문에 치료사의 대처행동은 달라야 한다. 경우에 따라서는 무시하고 치료를 진행하는 경우도 있을 것이며, 주의를 환기시키는 활동을 적절하게 배치하여 대상자의 주의를 다른 곳으로 돌리기도 할 것이다.

(6) 치료사의 후속자극

치료활동 중 선행자극 제시 후 대상자의 반응에 대해 치료사는 후속자극을 제시한다. 바람직한 행동의 빈도를 증가시키기 위한 강화와 바람직하지 않은 행동의 빈도를 감소시키는 벌이 있다. 이러한 후속자극을 어떻게 사용하는지, 강화의 종류는 어떤 강화를 어떤 시기에 어떠한 스케줄로 제시하는지를 관찰해야 한다. 강화와 마찬가지로 부적절한 행동에 대해서는 벌을 주게 되는데 어떤 종류의 벌을 사용하는지, 어떤 시기에 어느 정도로 사용하는지에 대해서도 관찰하고 배울 수 있다(최선영 외, 2012).

여기까지 치료의 각 요소별 관찰해야 할 내용들을 살펴보았다. 이러한 내용들을 놓치지 않고 살핀다면 유익한 관찰을 수행할 수 있다.

2) 치료 순서에 따른 관찰 내용

관찰을 할 때 시간의 흐름에 따라 관찰해야 할 내용은 다음과 같다. 관찰은 실제로 시간의 흐름에 따라 일어나고 관찰 기록지나 보고서 작성 시에도 시간순으로 작성하게 되기 때문이다. 관찰 내용을 치료회기의 전체적인 관찰 내용과 하위활동별 관찰 내용으로 나누어 정리해 볼 수 있다.

(1) 치료회기 전체 관찰

치료사는 회기의 시간을 적절히 배분하여 활동과 활동 사이의 시간이나 활동량을 조절하며 사전에 세운 치료목표를 달성하기 위해 치료회기를 전체적으로 운영한다. 이때 치료의 전체적 측면에서 관찰할 점은 다음과 같다.

- 치료의 도입은 어떻게 하는가?
- 치료 대상자의 흥미 유발을 위해서 어떤 자료를 이용하는가?
- 한 활동에서 다음 활동으로 자연스럽게 넘어가는가?
- 치료의 정리는 어떻게 하는가?
- 다음 회기를 기대하도록 하기 위해 어떻게 하는가?
- 회기 종료 후 보호자면담은 어떻게 하는가?

(2) 하위치료활동 관찰

회기의 목표나 계획에 따라 하나 이상의 치료활동으로 구성될 것이다. 각각의 하위치료활동에 대해 다음과 같은 질문을 하면서 관찰을 하도록 한다.

- 치료활동을 어떻게 시작하는가?
- 목표에 맞추어 어떤 자료를 이용하는가?
- 자료를 어떻게 제시하며 지시나 질문은 어떠한 방식으로 하는가?
- 대상자가 정반응을 했을 때 치료사가 후속자극을 어떻게 제시하는가?
- 대상자가 정반응을 보이지 않을 때 정반응을 촉구하기 위하여 어떤 단서나 질문을 사용하는가?
- 대상자가 오반응을 보일 때 오반응에 대해 어떻게 교정해 주는가?
- 한 치료활동 내에 질문이나 반응유도를 몇 차례 시도하며 정반응률은 어떠한가?
- 활동 중 대상자가 문제행동이나 거부행동을 보일 때 치료사는 어떻게 대응하는가?

이상과 같은 측면에서 관찰을 진행해 나간다면 크게 놓치는 것 없이 충분히 관찰할 수 있다. 제시한 관찰 내용들에 익숙하지 않는 관찰자라면 관찰기록지를 이용하여 연습할 수 있을 것이다. 치료목표를 아는 경우라면 관찰기록지에 치료목표를 쓰고 해당 활동을 관찰하며, 치료사와 대상자가 목표반응을 목표수준까지 달성하는지 여부를 기록하는 것이 필요하다.

(3) 기타 관찰 내용

관찰목적에 따라 치료사의 치료행동이 아닌 대상자나 치료기법에 초점을 맞춰 관찰하는 경우도 있다.

사례중심 임상관찰에서는 대상자의 언어특성, 구어특성 관찰, 행동 특성 관찰, 치료활동에 대한 대상자의 반응 등을 관찰하여 사례의 특성에 대한 이해를 목적으로 한다. 치료기법중심 임상관찰에서는 특정 치료기법의 준비는 어떻게 하는지, 진행은 어떻게 하는지 등을 중심으로 관찰할 수도 있다. 이러한 경우에도 앞에서 제시한 기본적인 관찰 내용들을 추가적으로 살펴볼 수 있겠다.

이 장에서는 언어치료 임상관찰에 관한 여러 가지를 이야기하였다. 언어치료 임상관찰은 언어재활사 자격요건에 필수적인 과정이기도 하며, 언어치료 임상실습의 선수과정으로 중요한 과정이라 할 수 있다. 예비언어재활사들이 임상실제에 투입되기 전에 언어치료 임상관찰을 통해 지식과 기술적 측면뿐만 아니라 태도적 측면을 함께 연마할 수 있어야겠다. 언어치료 임상관찰은 숙련된 치료사의 언어치료 장면을 수동적으로 보기만 하는 과정이 아니다. 관찰 이전에 충분한 사전 준비를 하고 관찰 요소들을 빠뜨리지 않고 관찰하여 간접경험을 자신의 지식으로 만든다면 효과적인 관찰이 될 것이다. 이를 위해 적극적이고 능동적인 자세가 필요하며, 사전 준비를 얼마나 하느냐가 관찰 효과를 결정짓는다고 해도 과언이 아니다. 또한 관찰 후 궁금한 점을 질문하고, 관찰한 내용을 정리하여 관찰보고서를 작성하는 일련의 과정을 통해 관찰이 완성된다고 할 수 있다.

관찰은 기존의 언어재활사들에게도 자신의 또는 타인의 언어치료를 모니터링하며 부족한 점을 개선할 수 있는 점검과정이 될 수 있으므로 이를 잘 활용한다면 끊임없는 자기 발전을 이룰 수 있을 것이다.

• 요약 •

이 장에서는 언어치료 실습의 시작 단계로 언어치료 관찰의 정의, 목적, 유형에 대하여 알아보았다. 언어치료 관찰은 목적이나 방법에 따라 여러 가지 유형으로 나뉘는데 이 장에서는 다음과 같이 관찰의 절차와 내용을 알아보았다.

1. 관찰은 언어치료의 과정을 직접 또는 간접으로 관찰함으로써 언어재활사의 전문적인 행동을 간접 경험 및 학습하는 과정이다.
2. 관찰의 목적인 치료회기의 전반적인 운영 방법, 평가나 치료의 행동 기술, 대상자의 특성, 특정 치료기법의 적용 방법 등을 학습하는 것이다.
3. 언어치료 관찰에는 직접관찰과 간접관찰, 교내 실습실 관찰과 외부 기관 관찰, 일회성 관찰과 종단적 관찰, 타인 관찰과 자기 관찰, 관찰의 목적에 따른 분류와 관찰 내용에 따른 분류가 있다.
4. 관찰의 전, 중, 후에 절차를 숙지하고 이에 따라 관찰을 진행할 수 있어야 한다.
5. 관찰자의 요건으로는 언어치료의 목표, 진단도구, 치료 방법론 등에 대한 지식과 관찰에 임하는 성실한 태도와 배우려는 자세가 필요하다.
6. 관찰의 내용에는 치료의 목표, 치료도구, 치료활동, 선행자극, 반응, 후속자극 등이 있다.
7. 관찰기록지를 활용하여 관찰을 하는 훈련을 한다면 치료의 중요한 요소를 빠트리지 않고 관찰하는 데 도움이 된다.

연습문제

1. 언어치료 실습과정에서 관찰의 목적은 무엇인가?

2. 언어재활사 자격 획득을 위한 필수 관찰 시간은 무엇인가?

3. 언어치료 관찰의 목적은 무엇인가?

4. 관찰 전, 중, 후에 관찰자가 해야 할 사항은 무엇인가?

5. 관찰자의 요건은 무엇인가?

6. 치료과정을 관찰할 때 주로 관찰해야 할 내용은 무엇인가?

7. 관찰기록지에 포함된 사항은 무엇인가?

참고문헌

권도하(2009). 언어치료학개론. 대구: 한국언어치료학회.

권도하(2012). 언어치료학 사전. 대구: 물과길.

김선희, 이지윤(2015). 언어재활전공 학생들과 임상감독자들 간의 언어임상관찰 선수교과에 대한 필요도 비교 연구. 언어치료연구, 24(4), 9-16.

최선영, 황하정, 김시영, 이무경(2012). 언어치료 임상 관찰 및 치료 실습에 대한 재학생 및 졸업생의 요구도 조사. 한국언어치료학회 2012년도 학술발표대회 논문집, 359-364.

표화영(2017). 언어치료학과 대학원 석사과정의 언어재활관찰실습 현황 연구. *Communication Sciences and Disorders, 22*(2), 421-433.

Hedge, M. N., & Davis, D. (1980). *Clinical methods and practicum in speech-language pathology* (2nd ed.). 권도하 역(1990). 언어치료임상방법. 대구: 태영출판사.

제4장

보고서 작성

박 은 실

이 장의 학습목표

- 언어치료 임상관찰보고서에 포함되어야 하는 내용과 작성방법에 대해 설명할 수 있다.
- 진단보고서에 포함되어야 하는 내용과 작성방법에 대해 설명할 수 있다.
- 치료계획서에 포함되어야 하는 내용과 작성방법에 대해 설명할 수 있다.
- 진전(치료요약, 치료종결)보고서에 포함되어야 하는 내용과 작성방법에 대해 설명할 수 있다.

핵심 용어

- 언어임상관찰(clinical observation in speech-language pathology) 임상 감독자의 감독하에 언어치료 실습학생이 말 · 언어 진단평가, 언어치료, 상담, 회의가 이루어지는 동안 언어치료 대상자, 언어장애전문가, 그리고 진단 · 치료 활동을 주의하여 바라보는 것이다.
- 임상실습(clinical practice) 언어재활사가 되기 위한 필수과정으로 임상감독자의 지도 아래 이루어지는 실습 과정을 말한다. 임상관찰실습, 언어진단실습, 언어재활실습으로 구성된다.
- 의사소통장애(communication disorder) 자신의 생각을 표현하거나 다른 사람의 언어를 이해하는 데 있어 구어나 문어를 사용하는 능력의 손상으로, 조음, 유창성, 음성, 언어의 결함을 말한다. 일반적으로 말하는 언어(speech+language) 장애에 청각장애를 합하여 보다 포괄적인 의미로 사용한다.
- 장기목표(long-term goals) 언어치료 중재 과정에서 언어평가를 실시한 다음, 그 결과를 바탕으로 대상자에게 최적화된 중재 프로그램을 계획할 때의 장기목표이다. 일반적으로 3개월~1년으로 계획한다.
- 단기목표(short-term goals) 장기목표를 달성하기 위한 중간과정으로, 언어치료 전반에 걸쳐 구체적인 계획을 수립하고 구현하는 데 장기목표와 함께 필요하다.

언어재활사는 언어치료 서비스를 제공함에 있어 언어재활이 필요한 대상자를 처음으로 대면한 순간부터 치료를 종결할 때까지 진단 · 평가 및 치료과정 등 여러 복잡한 과정을 거치게 된다. 이러한 과정에서 언어재활사가 작성하게 되는 보고서의 종류와 그 양식의 형태는 매우 다양하다(권도하 외, 2012).

진단 · 평가 및 치료과정에서 언어재활사들은 진단보고서, 치료계획서, 진전보고서, 치료요약보고서, 치료종결보고서 등 많은 문서들을 작성하게 된다. 이러한 문서들은 다른 전문가들과 정보를 교환하거나 혹은 언어재활 대상자 및 보호자들에게 정보를 전달하는 수단이 되기도 한다. 이에 보고서에 대한 이해와 작성방법 등을 철저히 준비하고 숙지하여야 한다. 각종 보고서 작성과 관련하여 보고서의 양식은 일하고 있는 기관, 실습 장소, 슈퍼바이저에 따라 다를 수 있다. 어떠한 양식을 사용하든지 간에 정보를 쉽게 볼 수 있도록 작성해야 하며 전문적인 기준을 따르는 양식으로 준비해야 한다(강은희 외 2019; 권도하 외, 2014).

학생임상가들이 실습교과목을 이수하는 과정에서 언어재활 대상자의 진단 · 평가 및 치료내용 등에 관한 보고서를 잘 작성한다는 것은 결코 쉬운 일은 아니다. 하지만 언어치료 서비스 과정에서의 모든 내용들이 보고서라는 문서에 남게 되므로 보고서를 잘 작성해야 하는 것은 학생임상가 및 언어재활사들의 중요한 역할이라 할 수 있다(권도하 외, 2014). 보고서 작성 시 언어재활 대상자와 보호자를 존중하고 개인정보를 보호하려는 윤리적인 태도 역시 중요하다고 하겠다. 보고서의 기록 및 그 내용의 중요성과 관련하여 한국언어재활사협회의 윤리강령 규정에서는 다음과 같이 명시하고 있다.

> 8. 언어재활사는 개별 대상자에게 제공한 전문직 봉사의 내용을 정확하게 기록 · 유지하여야 하며, 관계 법령 또는 규정에 따라 합법적인 요청이 있을 경우에는 이를 제시할 수 있어야 한다. 전문직 봉사에 대한 기록은 작성된 날로부터 20년 이상 보관하여야 한다.
>
> 9. 언어재활사는 개별 대상자에 대한 전문직 봉사의 내용과 대상자에 대하여 알게 된 사적인 정보를 공개하거나 의도적 또는 비의도적으로 누설하여서는 안 된다. 다만, 관계 법령 또는 복지를 결정적으로 보호할 수 있다는 확신이 서는 경우는 예외로 한다.
>
> 10. 언어재활사는 제공되지 않은 전문직 봉사에 대한 보상 또는 보수를 부과해서는 안 된다. 또한 제공된 전문직 봉사의 내용을 왜곡시켜서도 안 된다(여기서 '왜곡'이라 함은 사실과 다르거나 오해를 일으킬 수 있는 진술 또는 기록을 의미하며, 중요한 정보의 진술 또는 기록의 누락도 포함한다).

이 장에서는 학생임상가들이 실습교과목을 이수하는 동안에 작성해야 하는 보고서의 종류와 보고서의 내용 및 작성방법에 대해 알아보고 그 예시에 대해 살펴보고자 한다. 일반적인 보고서 작성 순서에 대한 개요를 [그림 4-1]에 제시하였다.

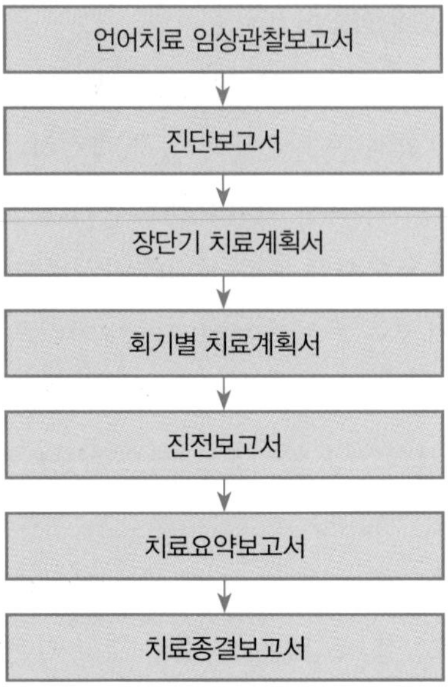

[그림 4-1] **보고서 작성 순서 개요**

1. 언어치료 임상관찰보고서

우리는 제3장에서 언어치료 임상관찰에 대한 내용을 자세히 살펴보았다. 언어치료 임상관찰은 임상지도교수의 감독하에 언어재활 대상자 혹은 부모(보호자)와의 첫 면담, 진단 · 평가, 언어치료 장면을 학생임상가들이 관찰함으로써(이윤경 외, 2012) 임상실무능력을 함양하는 과정 중 하나이다. 언어치료 임상관찰은 언어재활사나 보다 경험이 많은 선배들의 진단 · 평가 및 언어치료 장면을 관찰하는 과정이며, 이는 학생임상가들의 언어치료 실습을 위한 준비를 시작하도록 돕는다. 언어치료 임상관찰은 학생임상가들이 두려움을 느끼지 않고 언어치료 실습에 참여할 수 있도록 하며, 교과목을 통해서 배운 내용이 치료 장면에서 어떻게 적용되는가를 발견하는 기회인 것이다(권도하 외, 2014). 다른 언어재활사들(혹은 선배)의 언어치료 장면을 관찰함으로써 학생임상가들은 진단 · 평가 및 치료과정들을 이해하는 데 도움을 받을 수 있을 것이다.

언어치료 임상관찰의 시간과 내용들은 언어치료 임상관찰 시간 누적표와 언어치료 임상관찰보고서에 기록하며, 특히 시간 누적표는 언어치료 임상관찰 시간을 실증하기 위하여 이용될 것이다. 언어치료 임상관찰을 하는 동안 학생임상가들이 작성하게 되는 양식을 '5. 보고서 작성 예시'에 제시하였다.

1) 언어치료 임상관찰보고서의 내용 및 작성방법

일반적으로 언어치료 임상관찰보고서에 포함되어야 하는 내용으로는 다음과 같은 것들이 있다.

〈표 4-1〉 언어치료 임상관찰보고서에 포함되어야 할 내용

① 일반적인 정보	② 배경정보
③ 치료영역	④ 치료목표
⑤ 치료자료	⑥ 목표에 따른 활동 및 대상자의 반응
⑦ 느낀 점 / 배운 점	⑧ 임상지도교수 코멘트

(1) 일반적인 정보

일반적인 정보에는 언어재활 대상자의 개인적인 신상 정보와 관찰일시 등을 기록한다. 언어재활 대상자의 성명, 성별, 생년월일, 장애유형, 그리고 언어재활사(혹은 선배), 관찰자(관찰하는 학생임상가), 관찰일, 관찰기관 등을 정확히 기록한다.

(2) 배경정보

배경정보에는 의사소통 문제를 야기할 만한 원인에 대한 정보, 현재 행동이나 인지발달 등 사전 인터뷰 및 상담지 작성을 통해 수집한 언어재활 대상자의 배경정보를 기록한다. 학생임상가는 일반적인 정보와 배경정보에 대한 내용을 언어재활사(혹은 선배)를 통해 내용을 전달받을 수 있다. 이 과정에서 언어재활 대상자와 보호자를 존중하고 개인정보를 보호하려는 윤리적인 태도가 무엇보다 중요하다.

(3) 치료영역

언어치료 임상관찰 당시 해당 치료영역에 체크를 한다.

(4) 치료목표

관찰한 회기가 진단 · 평가과정인지 치료과정인지에 따라 내용을 달리 작성한다. 예를 들면, 진단 · 평가과정의 경우 'PRES 검사를 실시한다.'로 치료목표를 작성한다. 치료과정의 경우 언어재활사의 설명을 들은 후 치료목표를 작성하거나, 치료 장면을 관찰하면서 발견한 목표를 쓰기도 한다. 치료목표는 상황, 준거, 목표반응형태를 분명하게 기술하여야 한다. 예를 들면, '스크립트 상황에서 10회 중 7회 이상 [행위자-행위] 의미관계 문장을 자발발화할 수 있다.'로 치료목표를 작성한다.

(5) 치료자료

치료목표를 달성하기 위해 사용된 치료자료에 대해 작성한다.

(6) 치료목표에 따른 활동 및 대상자의 반응

치료목표에 따른 활동을 구체적으로 쓰고, 특히 대상자의 반응에 대해 자세히 작성한다. 대상자의 반응은 치료목표에서 설정한 목표반응형태에 대한 객관적인 분석결과와 주관적인 분석결과로 작성할 수 있다. 예를 들면, 객관적인 분석결과로 작성하는 경우, '어두 초성에 /ㅈ/가 포함된 낱말(자두, 제비, 주걱, 지구, 조개)에서 5개 낱말 중 4개 낱말을 정조음하였으나, /조개/는 /도개/로 대치하였다.'로 작성할 수 있다. 주관적인 분석결과로 작성하는 경우, '어두 초성에 /ㅈ/가 포함된 낱말(자두, 제비, 주걱, 지구, 조개)에서 5개 낱말 모두 자발발화 시 정조음할 수 없었다.'로 작성할 수 있다. 대상자의 반응은 치료목표 및 치료자료에 따라 번호를 부여하거나 단락을 나누어 작성한다.

(7) 느낀 점 / 배운 점

언어치료 임상관찰을 통해 학생임상가의 입장에서 느낀 점과 배운 점을 작성한다. 의사소통 행동에 대한 내용을 중심으로 언어치료 장면을 통해 느낀 점을 작성하며, '어떠한 부분이? 왜?'와 같은 구체적인 질문을 스스로 하며 임상실무능력 및 치료기법을 함양하는 데 도움이 되었는지를 생각하며 작성한다.

(8) 임상지도교수 코멘트

이곳은 학생임상가가 작성하지 않고 비워둔다. 임상지도교수는 학생임상가의 보고서를 검토한 후 코멘트를 작성한다. 임상지도교수는 학생임상가의 보고서에 대한 전반적인 논평을 하거나 수정해야 할 사항에 대해 작성한다.

2. 진단보고서

진단보고서는 언어재활 대상자의 진단 · 평가 후에 작성하게 되는 문서이다. 진단보고서에는 진단 · 평가 당시 언어재활 대상자의 의사소통능력에 대한 분명하고 정확한 정보를 담고 있어야 한다. 진단보고서는 다른 전문가들과 의사소통하기 위한 토론의 장을 제공하며 연구용으로도 이용될 수 있다. 그러므로 진단보고서는 주관적 진술과 객관적 자료 사이의 분명하고 구별된 정보를 실증하는 것이 중요하다(권도하 외, 2014).

진단보고서 작성 양식은 다양하며, 보고서 요구 조건은 각 실습 장소에 따라 다를 수 있다. 형식적인 측면에서 요구 조건이 다소 다를지라도 진단보고서에 포함되어야 하는 일반적인 내용을 중심으로 각 개인의 의사소통 문제의 특성에 따라 내용을 기록하여 보고서를 완성한다. 어떠한 양식을 사용하든지 간에 보고서는 정보를 쉽게 볼 수 있도록 작성하여야 하며, 전문적인 기준을 따른 양식으로 준비하여야 한다.

1) 진단보고서의 내용 및 작성방법

일반적으로 진단보고서에 포함되어야 하는 내용으로는 다음과 같은 것들이 있다. 보고서의 내용들은 진단 · 평가 과정을 통해 얻은 정보들로 언어재활전문가가 의사소통 장애인에 대한 완벽한 평가 및 결론 도출을 위해 꼭 필요한 내용들이다.

〈표 4-2〉 **진단보고서에 포함되어야 할 내용**

① 일반적인 정보	② 배경정보
③ 행동관찰 및 평가 시 대상자의 태도	④ 실시한 검사
⑤ 평가결과	⑥ 요약 및 권고사항
⑦ 보고서 작성자 서명	

(1) 일반적인 정보

일반적인 정보에는 언어재활 대상자의 개인적인 신상 정보와 평가일 등을 기록한다. 언어재활 대상자의 성명, 성별, 생년월일, 장애유형, 주소, 전화번호, 진단명, 그리고 평가자의 성명, 정보제공자 및 의뢰처, 진단 · 평가 날짜 등을 기록한다. 진단보고서의 첫 부분에 정확성을 기하기 위하여 꼼꼼한 주의를 기울여야 한다.

대상자: 김○○ (성별: 남/여)	평가자: 박○○
생년월일: 2018년 10월 01일	평가기간: 2023년 03월 06~17일
장애유형: 언어발달지체	작성일: 2023년 03월 18일
정보제공자: 아동의 어머니	

(2) 문제의 진술 및 배경정보

[문제의 진술] 언어재활 대상자가 호소하는 어려움에 대해 기록하고 대상자가 호소하는 어려움은 진단 · 평가과정 중에서 확인한다. 대상자의 말 그대로 인용부호를 사용하여 기록하기도 하고, 대상자 이외의 다른 사람(보호자, 부모)에게서 얻은 정보를 기록하기도 한다.

[배경정보] 배경정보는 언어재활 대상자의 사례사, 첫 면담, 다른 전문가들의 보고서 등에서 정보를 얻어 작성한다. 대상자의 발달사, 병력, 현재 수준, 교육력 등을 이 부분에 포함한다. 배경정보의 내용들은 대상자의 특성에 따라 단지 특정 영역을, 또는 실증할 필요성이 있는 모든 영역을 보고할 필요가 있다. 예를 들면, 의사소통 문제를 가진 학령기 아동의 경우 교육적인 배경이 자세하게 서술되어야 하나 목쉰 음성을 가진 성인 남자의 경우에는 자세한 교육력이 필요하지 않을 수 있다. 만일 보고된 병력에서 구어 및 언어발달에 대하여 주목할 만한 것이 없다면, '주목할 만한 사항이 없었다.'라고 작성한다. 그러나 여러 가지 질병을 보고하였거나 여러 가지 약이 처방되었거나 아직도 처방을 받고 있다면 이러한 내용을 보고서에 작성한다. 대상자가 이전에 언어치료 서비스나 진단을 받은 경험 등을 기록하며, 만일 다른 전문가(다른 언어재활사, 청각사, 특수교사 등)의 보고서에서 얻은 정보를 요약한다면 그 전문가의 성명, 자격, 보고 날짜 등을 함께 기록한다.

> 아동(김○○, 4세 5개월)은 또래 아동에 비해 말이 늦다는 점을 주 호소로 본 기관을 방문하였다. 어머니는 아동의 현재 문제가 다른 사람의 말을 조금밖에 이해하지 못한다는 점과 또래 아동의 수준만큼 언어를 표현하지 못하는 점이 가장 어려운 부분이라고 보고하였다.
>
> 어머니의 보고에 의하면, 임신 전이나 임신기간 동안 어머니의 일반적인 건강상태는 양호한 편이었으며, 아동은 정상 임신기간을 거쳐 자연분만으로 태어났으며 출산 시 몸무게는 3.51kg이었다

고 한다. 병력사항을 살펴보면, 현재까지 아동이 성장하는 동안 앓은 질병은 잦은 감기로 인하여 중이염을 앓은 적이 있었으나, 그 외에 다른 병력사항은 없었다고 한다. 신체발달을 살펴보면, 일반 또래 아동과 유사한 발달을 보였으며 건강상태도 양호한 편이었다고 한다. 구어 및 언어발달을 살펴보면, 10개월경에 음절성 옹알이를 시작하였고, 18개월경에 "엄마"라는 첫 낱말을 말하였다고 한다. 단어를 결합한 시기는 25개월경이었다고 한다. 현재는 2~3낱말을 연결하여 발화할 수 있다고 한다. 교육력 및 치료력을 살펴보면, 2022년 1월부터 현재까지 사설 언어치료실에서 주 3회의 언어치료를 받고 있으며, 현재 아동은 일반 유치원에 다니고 있다고 한다.

(3) 행동관찰 및 평가 시 대상자의 태도

라포형성 과정에서 관찰한 내용이나 진단·평가 시 대상자의 태도 등에 대한 내용을 작성한다. 라포형성이나 진단·평가과정에서 언어재활 대상자가 과제에 접근하는 태도 등을 작성한다. 대상자가 불안해하는지, 귀찮게 생각하고 피곤해하는지 혹은 협력적인지 등을 알아보며, 이러한 과정에서 대상자의 의사소통 기술에 대해서도 그 내용을 구체적으로 작성해야 한다. 이러한 내용들은 치료목표를 선정하거나 치료활동을 구상할 시 도움이 될 수 있는 부분이다.

대상자의 구어, 언어 및 의사소통 특성에 대해 기록할 때는 객관적이고 대상자의 의사소통능력을 대표할 수 있는 특성을 써야 한다. 대상자가 나타내는 구어, 언어, 그리고 전반적인 의사소통 특성들을 영역별로 구분하여 작성한다.

구어 특성에는 조음음운, 음성, 유창성 영역에서 특이한 사항을 나타내었는지를 기록한다. 예를 들면, '음성과 유창성 영역에서는 특이한 점이 관찰되지 않았으나, 조음음운 영역에서 ㄷ/ㅈ(I, M) 오류 형태가 관찰되었다.' 등으로 작성한다.

언어 특성에는 대상자의 언어 이해 및 표현 수준을 기록한다. 예를 들면, '언어표현은 주로 2~3낱말을 연결하여 발화하였으며, 복문 산출의 경우에는 연결어미 '-고'와 같은 일부 연결어미만 사용 가능하였다.' 등으로 작성한다.

의사소통 특성에는 의사소통 기능이나 대화기술 등 언어의 화용적인 측면에서 대상자가 나타내는 특성을 기록한다. 예를 들면, '대상자는 의사소통 기능에서 주로 몸짓을 동반한 '요구하기(주세요)' 기능을 사용하였으며, 하나의 주제에 대한 주제 유지하기는 주의집중 부족으로 어려움을 나타내었다.' 등으로 작성한다.

> 평가 시, 아동은 호기심이 많고 활동 시 질문을 많이 하는 편이었다. 언어재활사의 질문을 되묻는 형태가 많이 나타났으며, 이러한 형태는 특히 질문에 대한 대답하기가 곤란하거나 질문을 이해하지 못하였거나 활동이 지루할 때 더 자주 나타났다. 평가를 하는 동안 자리를 이탈하는 행동은 나타나지 않았다.
>
> 아동은 자동차 놀이와 블록 쌓기 활동을 특히 좋아하였으며, 활동적인 편이었다. 그러나 게임의 규칙을 잘 이해하지 못하여 자연스러운 놀이가 이루어지지 않는 편이었다. 간단한 주고받기 규칙은 이해하나, '가위바위보'나 좀 더 복잡한 규칙에 대한 이해는 어려워하였다. 색깔, 숫자, 크기 등을 인지하지 못하였다. 연필을 쥐고 일반 사물을 비슷하게 따라 그리는 형태는 가능하였으나 글자 형태를 쓰지는 못하였다.

(4) 실시한 검사

규준참조 검사(norm-referenced tests), 기준참조 검사(criterion-referenced tests), 실제(authentic) 평가 접근법 등 언어재활 대상자의 의사소통 능력을 진단·평가하기 위해 사용된 평가방법 혹은 검사도구명을 작성한다.

> 4. 실시한 검사
> (1) 취학 전 아동의 수용언어 및 표현언어 발달 척도(Preschool Receptive-Expressive Language Scale: PRES, 김영태 외, 2003)
> (2) 수용·표현 어휘력 검사(Receptive & Expressive Vocabulary Test: REVT, 김영태 외, 2009)
> (3) 자발화 분석(자유놀이, 블록장난감, 그림 그리기 활동을 이용한 상호작용 40분)

(5) 평가결과

언어재활사는 표준화된 검사, 비공식적 자발화 분석, 행동관찰 등에 대한 결과를 보고하여야 한다. 언어재활 대상자의 구어, 언어, 의사소통, 기타 측면들에 대한 내용들을 각각 다른 문단에서 서술하여 독자들이 혼란되지 않도록 작성한다. 즉, 종합적인 평가결과를 구어(speech)능력, 언어(language)능력, 전반적인 의사소통(communication)능력, 기타 등으로 구분하여 작성한다.

구어능력은 조음기관의 구조 및 기능에서의 이상 유무, 조음음운, 음성 및 유창성으로 구분하여 검사결과를 분석하여 작성한다. 언어능력은 수용언어와 표현언어로 구분하여 검사결과를 분석하여 작성한다. 의사소통능력은 언어의 사용적인 측면, 주로 의사소통 기능이나 대화능력에 대한 결과들을 분석하여 작성한다. 기타 부분에는 동반 장애나 청력에 대한 내용을 언급한다. 의사소통 문제를 평가함에 있어 청력을 평가하는 것 또한 반드시 포함되어야 하는 부분이다. 언어재활사는 구어 및 언어평가의 일부분으로서 청력에 대한 선별검사를 실시할 수 있다. 선별검사에서 청력 문제가 의심이 된다면 보다 구체적인 청력 평가를 받을 수 있도록 다른 전문가에게 의뢰할 필요가 있다. 또한 다른 전문가들을 통해 수집한 정보에 대한 내용들도 여기에 추가하여 작성한다.

평가결과의 내용은 다음에 계속되는 평가에서 기준선으로 이용될 수 있도록 언어재활 대상자의 구강구조 및 기능, 청력, 언어, 조음음운, 음성, 유창성 등의 성취도에 관한 모든 측면을 언급해야 한다. 비록 어떤 영역에서는 아무런 장애나 문제점을 나타내지 않더라도 구어 및 언어의 모든 측면이 평가되도록 각 매개 요소들에 관하여 진술한다. 예를 들면, 조음장애 아동에 관한 보고서에서 유창성에는 아무런 문제가 발견되지 않았기 때문에 유창성에 관한 언급을 전혀 하지 않았다면, 독자들은 언어재활 대상자의 유창성에 관해서는 전혀 확신할 수 없을 것이다.

5. 평가결과

(1) 구어능력

① 조음기관의 이상 유무

지시에 따른 이해능력이 부족하여 지시에 따른 평가는 실시할 수 없었다. 울음, 발성, 음식물 섭취 시 조음기관의 움직임을 관찰한 결과 기질적 혹은 기능적 측면에 있어서 결함은 발견되지 않았다.

(2) 언어능력

① 수용언어능력

SELSI 검사 결과, 수용언어의 획득점수 18점, 등가연령 10개월, 백분위수 1%ile 이하로 나타났다. -2SD 이하로 언어발달지체에 해당되며 생활연령에 비해 14개월 지체된 것으로 평가되었다.

② 표현언어능력

SELSI 검사 결과, 표현언어의 획득점수 10점, 등가연령 6개월, 백분위수 1%ile 이하로 나타났다. -2SD 이하로 언어발달지체에 해당되며 생활연령에 비해 18개월 지체된 것으로 평가되었다.

(3) 전반적인 의사소통능력

아동은 배가 고프거나 화가 나면 큰 소리로 울었다. 자신의 이름을 부르는 소리에 미소를 지으며 천천히 고개를 돌리지만, 끝까지 추적하지는 못하고 멈추는 모습을 나타내었다. 상대방과

> 짧게 눈 맞춤을 하거나 사물을 쳐다볼 수 있으며, 소리 나는 장난감을 흔들어 보이면 손을 뻗는 행동을 나타내었다. 상징놀이 검사 결과, 제시된 물건에 합당한 기능을 보여 주지는 못하였지만 물건을 흔들거나 치는 행동 등 탐험하는 자세를 나타내었다. 또한 사물을 손가락으로 가리키는 등의 지시적 몸짓의 사용을 나타내었다.
>
> (4) 기타
>
> 청력 문제점은 보고되지 않았다.

(6) 요약 및 권고사항

[요약] 전체 보고서에서 가장 중요한 정보를 짧은 문단으로 요약하여 압축된 설명을 한다. 이 부분은 평가에서 수집된 모든 정보에 대한 요약과 해석이다. 의사소통장애의 유형, 장애의 일차적인 형태와 심한 정도, 장애의 예상되는 원인, 예후, 일반적으로 요구되는 치료기간 등에 대하여 서술한다.

[권고사항] 이 부분이 아마 보고서에서 가장 결정적인 부분일 것이다. 이제 평가자는 발견된 문제들을 언어재활 대상자의 의사소통과 관련된 문제를 해결하도록 돕는 방향으로 해석하여야 한다. 이 부분의 내용은 필요한 서비스의 형태와 양, 좀 더 요구되는 평가, 혹은 다른 전문가에게로의 의뢰 등을 포함한다. 구어 및 언어 평가를 더 받아야 할 것인지, 다른 전문가에게 의뢰를 할 필요가 있는지, 치료를 받으라고 할 것인지, 누구에게서 받아야 하는지 등을 권고한다.

> 6. 요약 및 권고사항
>
> 대상 아동은 전반적인 언어 및 의사소통 발달 수준이 또래 아동들에 비해 느린 것으로 평가되었다. 특히 수용언어에 비해 표현언어의 차이가 큰 것으로 나타났다. 이 시기의 언어발달은 아동마다 개인차가 있으므로 특정 시기의 평가결과를 토대로 이후의 언어발달을 예단하기보다는 언어발달을 위한 중재와 함께 가정환경에서의 지속적인 추적관찰도 함께 이루어지길 권고한다.
>
> 대상 아동은 의사표현을 주로 몸짓을 동반한 무의미 발성으로 표현하고 있으며, 이로 인해 의사소통이 중단되고 짜증을 내는 상황이 빈번히 발생하고 있다. 따라서 일상생활 및 또래와 많은 시간을 보내는 가정과 어린이집에서 빈번하게 사용할 만한 어휘를 중심으로 표현 어휘지도를 권고한다. 이와 함께 적절한 몸짓과 어휘를 사용하여 요구하기, 반응하기, 거부하기, 선택하기 등 다양한 의사소통 기능을 표현할 수 있도록 지도하기를 권고한다. 마지막으로 아동의 생활연령을 고려하여 직접적인 중재 외에도 양육자 상담 및 간접중재도 함께 이루어질 것을 권고한다.

(7) 서명

보고서에 서명을 한다. 평가자의 성명, 직위 및 서명 등으로 보고서의 결론을 내린다.

3. 치료계획서

치료계획서는 진단 · 평가에서 얻은 결과와 권고사항을 근거로 하여 작성하게 된다. 진단 · 평가를 통해 언어재활 대상자의 현재 구어, 언어, 의사소통에 대한 수준이 결정되면 대상자들에게 어떠한 측면에서, 어떠한 내용을, 어떠한 절차를 통해 지도를 할 것인가 등의 언어치료 방향과 목적을 세워야 한다.

치료계획서를 작성할 때 일반적으로 다음 사항들을 고려해야 한다(Hegde & Davis, 2009).

- 배경에 관한 자료, 현재의 성취기준, 치료목표 등 일반적인 자료를 간단하게 요약한다.
- 장기목표 및 단기목표를 포함하여 목표행동을 서술한다. 언어재활 대상자에게 적당하고 유익하며, 타당하며, 측정 가능한 행동들을 목적으로 적어야 한다. 목표행동 진술은 관찰할 수 있고 측정할 수 있는 용어로 정확히 기술하는 것이 중요하다. 예를 들어, '대상자는 조음능력이 향상된 것을 보여 줄 것이다.'라고만 목표행동을 기술한다면, 임상가는 대상자가 정확하게 무엇을 해야 할 것인가에 대한 분명한 개념을 갖지 못할 것이다.
- 반응을 유발시키기 위한 자극을 서술한다. 언어재활사는 특정한 반응을 얻기 위하여 그림, 물건, 대화, 혹은 철자(orthographic symbols) 등을 사용할 것인지 결정해야 한다. 또한 시각적, 청각적, 혹은 촉각적 자극을 사용할 것인지도 결정해야 하며 훈련을 수행하고 있는 세팅을 확인해야 한다(예: 언어치료실, 언어재활 대상자의 가정 등). 목표행동이 일어날 상황 또는 주어진 조건을 정확하게 기술하여야 한다. 이러한 상황 및 조건의 기술에는 목표행동이 이루어지는 것과 연결된 '어떻게' '언제' '어디서' '무엇으로' '누구와' 등이 주어진다.
- 반응의 형태적 측면을 서술한다. 예를 들면, 음성장애 환자는 단단어를 산출하는 동안 적당한 음도를 유지할 수만 있어도 된다. 조음장애 환자는 단단어 수준에서 정확

하게 목표 음소를 산출해 낼 수만 있어도 된다.

- 성취기준을 서술한다. 목표행동을 측정하는 방법에는 얼마나 자주, 얼마나 오래, 얼마나 잘 행해지느냐와 같은 설명, 즉 성취기준이 명시되어야 한다. 이는 훈련단계를 통해서 앞으로 나아가기 위한 기준으로서 받아들여질 정확성의 비율 혹은 기준을 나타낸다. 우리는 목표행동에 도달할 수 있도록 하기 위해 언어재활 대상자의 행동을 어떻게 측정할 것인가를 결정해야 한다. 즉, 성취기준은 무엇이며, 얼마나 빈번하게 잘 일어나는가 하는 설명이 포함되어 있어야 한다.
- 반응결과를 서술한다. 바람직한 행동을 증가시키고 바람직하지 않는 행동을 감소시키는 방법을 서술한다.
- 프로브(probe)를 서술한다. 프로브는 훈련된 행동들의 일반화를 평가하기 위하여 만들어졌다. 그러나 프로브는 자주 치료계획서에서 빠진다. 왜냐하면 어떤 언어재활사들은 프로브가 훈련의 연속선상 내에서 의미가 있을 것이라고 생각하기 때문이다. 프로브를 생략하지 않도록 하기 위하여 치료계획서에서 프로브의 사용을 설명한다. 프로브를 설명할 때 '언제 프로브를 실시할 것입니까? 어떤 형태의 프로브를 이용할 것입니까? 무슨 기준이 있습니까? 그 기준을 충족시키거나 충족시키지 못하면 어떤 일이 일어납니까?' 등과 같은 질문들에 대하여 대답을 해야 한다.
- 일반화 및 유지 단계를 서술한다. 언어재활사는 언어재활 대상자의 환경에서 다른 사람들을 어떻게 다룰 것인지에 대한 계획을 포함하여 서술한다.
- 치료종료 기준을 설명한다. 이 기준은 전형적으로 언어치료실 내 혹은 언어치료실 밖 모두에서 대화적인 구어에서 목표행동들의 산출을 반영한다. 문서로 작성된 치료종료 기준은 책임을 보장하는 것을 돕는다.
- 추수치료 혹은 재치료(follow-up or booster treatment)를 서술한다. 언어재활 대상자들은 어떤 성취기준을 충족시킨 후에 종종 계획된 치료 회기를 그만두게 된다. 그러나 어떤 숙달 수준을 유지하기 위하여 '재(booster)' 혹은 '추수(follow-up)' 회기가 요구되는 경우가 많다. 예를 들면, 언어치료실 내 혹은 언어치료실 밖에서 98%의 유창한 구어를 확립한 유창성장애 아동이 일주일에 두 번 치료받는 회기를 그만둘지도 모른다. 그러나 유창성 기술의 유지를 돕기 위하여 정기적인 추수 회기들을 계획하여야 할 것이다. 언어재활사는 처음의 치료계획에서 추수 회기의 빈도를 자세하게 설명하여야 한다.

이렇듯 치료계획서에는 목표행동들에 대한 서술, 반응을 유발하기 위한 자극, 반응에 대한 형태적 측면, 성취기준, 반응결과, 프로브, 일반화 및 유지 훈련, 치료종료 기준, 추수치료 등이 포함되어야 한다. 목표행동들의 치료 진행순서는 세 가지 주된 요인인 ① 자극유형(stimulus type), ② 과업양식(task mode), ③ 반응수준(response level)에 의해 세분화될 수 있다(Roth & Worthington, 2015).

〈표 4-3〉 **치료 목표행동의 세분화**

구분	정의	분류
자극 유형	목표행동을 유도하기 위해 사용된 자료의 특성	• 실제 사물 • 구체적인 상징들(사물-사진/컬러 그림-흑백 선화) • 추상적인 상징들(구어-문어)
과업 양식	목표행동을 유도하기 위해 사용된 언어재활사의 지원 유형	• 모방 • 단서 및 촉구 • 자발적인
반응 수준	목표행동의 수준 정도	• 목표행동의 길이 및 복잡성 증가(독립음-음절-단어-구-문장-문맥/대화/이야기) • 자극의 제시와 환자의 반응 사이의 시간 감소

〈표 4-4〉 **자극유형, 과업양식, 반응수준에 따른 단기 치료목표 세분화의 작성 예**

구분	예
자극 유형	• 실제 사물을 제시하였을 때 사물 이름을 5회 중 3회 이상 자발발화할 수 있다. • 모형 사물을 제시하였을 때 사물 이름을 5회 중 3회 이상 자발발화할 수 있다. • 흑백 선화로 사물 그림을 제시하였을 때 사물 이름을 5회 중 3회 자발발화할 수 있다.
과업 양식	• 아동은 목표언어(예: 행위자-행위)를 5회 중 3회 이상 언어재활사의 언어적 모델링에 따라 모방발화할 수 있다. • 아동은 목표언어(예: 행위자-행위)를 5회 중 3회 이상 언어재활사가 제시하는 그림 단서의 도움을 받아 자발발화할 수 있다. • 아동은 목표언어(예: 행위자-행위)를 5회 중 3회 이상 언어재활사의 질문을 듣고 자발발화할 수 있다.
반응 수준	• 2음절 낱말에서 어두초성에 위치한 /ㅅ/를 5회 중 3회 이상 정조음할 수 있다. • 2낱말로 이루어진 구에서 어두초성에 위치한 /ㅅ/를 5회 중 3회 이상 정조음할 수 있다. • 대화에서 어두초성에 위치한 /ㅅ/를 5회 중 3회 이상 정조음할 수 있다.

수립된 목표행동들에 대하여 치료를 시작할 때 가장 적절한 수준을 고려해야 한다. 적절한 수준은 치료 전 기초선 결과를 통해 결정된다. 만약 기초선 평가 시 언어재활 대상자의 수행정도가 50% 미만이라면, 치료는 기초선 평가 시 제시된 자극의 유형들보다 난이도가 더 쉬운 수준에서 시작해야 한다. 또한 기초선 평가 시 수행정도가 50%~75% 수준이라면, 치료는 기초선 평가 시 사용된 자극들과 난이도의 수준이 비슷한 수준에서 시작해야 한다. 예를 들면, /s/음소에 대한 기초선 평가 시 단어 수준에서 65%, 구 수준에서 40%, 문장 수준에서 30%의 정확도를 나타내었다면, 치료는 단어 수준에서 시작할 수 있다.

치료계획서에는 장단기 치료계획서, 회기별 치료계획서가 있으며 일반적으로 각 보고서들은 다음과 같은 정보들을 포함한다.

1) 장단기 치료계획서

언어재활 대상자의 언어치료 서비스 제공 여부가 결정되면 가장 먼저 해야 할 일이 언어치료의 방향과 목적을 세우는 것이다. 언어치료의 방향 및 목적을 세울 때 가장 먼저 수립하게 되는 것이 장단기 치료계획이다. 장단기 치료계획은 대상자들이 언어치료를 통하여 최종적으로 도달하기를 원하는 목표행동을 성취하기까지의 계획이라 할 수 있다. 치료현장에서 치료목표의 설정은 주로 1년을 주기로 계획을 세우는 것이 일반적이지만, 대학기관 내 언어치료센터의 경우에는 6개월 주기로 계획을 세우기도 한다(권도하 외, 2014).

〈표 4-5〉 **장단기 치료계획서에 포함되어야 할 내용**

① 일반적인 정보	② 진단결과 요약 및 현행수준	③ 치료영역
④ 장기목표	⑤ 장기목표에 따른 하위 단기목표	⑥ 세부계획 및 강화방법

장기 치료계획의 치료목표 수는 대상자의 특성이나 수준에 따라 달라지며, 진단·평가 결과 특히 취약한 영역을 중심으로 계획을 세울 수도 있고, 의사소통의 전 영역이 고르게 포함되도록 계획을 세울 수도 있다.

치료목표는 크게 발달에 근거한 전략방법(developmental strategy)과 개인에 근거한 전략방법(client-specific strategy)에 근거하여 세우게 된다. 발달에 근거한 전략방법은 일반적인 발달적 출현순서에 따라 목표행동을 지도하는 방법이다. 즉, 이 접근법은 일반 아동들의 언어발달 순서를 토대로 결함을 보이는 단계들을 차례대로 지도하는 것이다. 기초선 평가를 통해 치료해야 할 2개 이상의 목표행동들 중 가장 먼저 출현해야 하는 행동이 첫 번째 치료목표 행동으로 선택된다. 주로 약간의 발달지체를 나타내는 아동들에게 사용되며, 언어발달장애나 발달적 조음음운장애의 경우에 이러한 접근법을 사용한다. 개인에 근거한 전략방법은 일반적인 발달 순서보다는 실생활에서 의사소통을 하는 데 우선적으로 필요한 기술들을 먼저 지도하며, 대상자의 특별한 요구에 기초하여 목표행동을 수립하는 방법이다. 이 접근법에 의해 목표행동을 수립할 경우 ① 일상생활에서 특정 의사소통 행동의 출현 빈도, ② 특정 의사소통 행동의 중요성, ③ 특정 의사소통 행동의 숙달 가능성 등을 고려해야 한다. 마지막 요인인 숙달 가능성은 오류패턴에 대한 모방 시 대상자가 정확한 산출에 가까워질 수 있는 정도인 자극반응도(stimulability)로 언급되기도 한다(Roth & Worthington, 2015). 이 접근법은 생활연령이 높거나 장애의 정도나 일탈의 정도가 심한 대상자에게 사용된다(Fey, 1986).

초기 치료 수준 및 장기목표가 결정되면 언어재활사는 단기목표에 따른 목표행동들을 수립해야 한다. 단기목표는 설정된 각 장기목표마다 필요한 단계별 목표를 3~4개씩 세우며, 하나의 장기목표를 구성하는 하위목표들로 구성된다. 장기목표를 세분화하

〈표 4-6〉 수직적 목표달성 전략과 수평적 목표달성 전략에 따른 장단기 치료목표의 예

수직적 목표달성 전략	1. 여러 가지 활동 상황에서 선택하기, 요구하기, 거부하기 등 다양한 의사소통 기술을 사용할 수 있다.
	1-1) 제시된 사물에 대하여 제스처(예: 손짓)로 10회 중 9회 이상 선택하기, 요구하기, 거부하기 반응을 나타낼 수 있다. 1-2) 언어재활사의 모델에 따라 10회 중 9회 이상 '이거' '주세요.' '싫어요.'라고 모방발화할 수 있다. 1-3) 언어재활사의 모델 없이 10회 중 9회 이상 '이거' '주세요.' '싫어요.'라고 자발발화할 수 있다.
수평적 목표달성 전략	2. 여러 가지 활동 상황에서 2낱말 의미관계 문장을 자발발화할 수 있다.
	2-1) 스크립트 상황에서 10회 중 9회 이상 [행위자-행위]의 의미관계 문장을 자발발화할 수 있다. 2-2) 스크립트 상황에서 10회 중 9회 이상 [대상-행위]의 의미관계 문장을 자발발화할 수 있다. 2-3) 스크립트 상황에서 10회 중 9회 이상 [실체-서술]의 의미관계 문장을 자발발화할 수 있다.

여 단기목표를 세울 때 치료목표의 순위를 고려해야 한다. 주로 단기 치료계획은 수직적 목표달성 전략(vertical goal attack strategy), 수평적 목표달성 전략(horizontal goal attack strategy), 주기적 목표달성 전략(cyclical goal attack strategy)을 고려하여 장기목표에 따라 수립하면 된다. 수직적 목표달성 전략은 하나의 장기목표를 구성하는 단기목표들이 서로 위계적인 질서를 가진다. 이 전략은 발달 단계에 따라 하나의 단기목표가 습득되면 다음 목표로 진행하기 때문에, 치료순서를 단기목표의 순서에 따라 진행해야 한다. 수평적 목표달성 전략은 하나의 장기목표를 구성하는 단기목표들이 위계적인 순서가 비슷한 수준으로 구성된다. 따라서 단기목표의 순서에 크게 영향을 받지 않는다. 마지막으로 주기적 목표달성 전략은 단기목표를 바꾸는 기준을 대상자의 반응에 두기보다는 훈련기간(예: 회기수)에 둔다(권도하 외, 2014; 김영태, 2014). 〈표 4-6〉에 수직적 목표달성 전략과 수평적 목표달성 전략에 따른 장단기 치료목표의 예를 제시하였다.

언어재활 대상자에게 어떠한 행동을 가르치려면 그 행동을 직접 관찰한 다음에, 그 행동이 언제, 어디서, 얼마나 자주 일어나는가를 자세히 세분화시켜야만 한다. 행동을 세분화시키는 것은 우리가 관심을 갖고 있는 행동이나 치료해야 할 행동에 대한 의견 일치를 볼 수 있기 때문이다.

단기계획에 수립해야 하는 목표행동 작성은 이러한 기술들을 수행해 나아가는 과정이라 할 수 있다. 목표행동들은 명확하고 분명하게 기술되어야 한다(목표행동 혹은 내용, content). 다시 말해, 관찰할 수 있고 측정할 수 있는 용어로 정확히 기술되어야 한다. 이러한 이유로 목표행동은 주로 동사이거나 관찰 가능한 행위로 기록되기도 한다. 즉, 목표행동은 해석이 필요하지 않으며, 대상자가 해야 하는 것이 무엇인지를 분명하게 지시

〈표 4-7〉 **치료목표 기술 방법**

	정의	예
목표 행동	대상자가 성취하기를 기대하는 행동으로 관찰 및 측정 가능한 행동	• 모방발화할 수 있다. • 지적할 수 있다. • 대답할 수 있다.
조건	목표행동이 일어날 상황 또는 주어진 조건	• 언어재활사의 모델 제시 후 • 생일잔치 스크립트 활동 동안 • 전화통화를 하는 동안
성취 기준	목표행동의 성취기준은 무엇이며, 얼마나 빈번하게 잘 일어나는가에 대한 설명	• 10회 중 9회 이상 • 5분 동안 • 혼자서

할 수 있다. 또한 목표행동이 일어나야 할 정확한 상황 및 상태에 대한 내용이 명시되어야 한다(조건 혹은 상황, condition). 이러한 조건에는 목표행동이 일어나야 할 때와 장소, 상호작용해야 하는 상대자, 그리고 목표행동을 촉진시키기 위해 사용된 자료와 단서 등이 포함된다. 마지막으로 목표행동이 얼마나 자주, 얼마나 오래, 얼마나 잘 행해지느냐와 같은 설명이 포함되어야 한다(성취기준 혹은 준거, criterion). 즉, 언어재활사가 수립한 목표행동에 도달하기 위해 대상자의 행동을 어떻게 측정할 것인가를 결정해야 한다(권도하 외, 2014).

2) 회기별 치료계획서

장단기 치료목표가 수립되면 회기별 치료목표를 계획해야 한다. 회기별 치료계획서에는 각 회기에 치료할 단기목표에 대한 세부계획(활동 및 문맥), 목표언어형태, 강화절차와 준거, 언어치료에 따른 결과 등이 포함된다.

〈표 4-8〉 **회기별 치료계획서에 포함되어야 할 내용**

① 일반적인 정보
② 장단기 치료목표
③ 회기별 치료목표 및 활동
– 세부계획에 따른 활동 및 문맥
– 목표언어형태
– 강화절차와 준거
– 언어치료에 따른 결과 등

세부계획에 따른 활동 및 문맥은 언어재활 대상자의 현행수준 및 관련 기능들을 고려하여 구체적으로 계획해야 한다. 목표언어형태는 치료활동을 통해 유도되는, 즉 대상자에게 궁극적으로 지도하고자 하는 언어형태를 말한다. 강화절차와 준거 역시 치료를 계획할 때 미리 결정되어야 하는 부분이다. 강화절차는 대상자의 목표언어형태 습득에 따라 적절한 방법으로 제시되어야 한다. 어떠한 강화제를 제시할 것인가뿐만 아니라 어떤 조건하에서 제시할 것인가까지 계획되어야 한다. 마지막으로 언어치료에 따른 결과 부분에는 회기별 치료목표의 세부계획들이 어느 정도 달성되었는지에 대한 내용을 서술한다. 진전 정도에 대한 내용은 회기별 치료계획서에 포함되어 작성되기도 하고, 회기별

진전보고서 양식에 달리 작성되기도 한다. 진전에 대한 내용은 대상자가 목표언어형태를 어느 정도 습득하였는가를 확인함으로써 다음 단계로의 이행 여부를 결정하는 근거가 된다. 학생임상가들에게 있어서 치료계획도 중요한 부분이지만 진전 정도에 대한 내용을 철저하게 기록하고 이를 근거로 다음 회기의 치료계획을 수립할 수 있어야 한다.

4. 진전(치료요약, 치료종결)보고서

1) 진전보고서

언어재활 대상자의 주기적인 치료 결과를 요약하기 위하여 진전보고서를 작성한다. 진전보고서는 치료 절차, 성취 정도, 권고사항 등에 관한 정보를 제공한다. 진전보고서에는 여러 가지 형태가 있다. 일반적으로 사용되는 두 가지 형태의 진전보고서를 살펴보면, 첫 번째 형태의 진전보고서는 매일 혹은 매 회기마다 대상자의 성취도를 나타내기 위해서 작성한다. 매일의 진전보고서를 종종 진전 노트(progress note)라고도 한다. 두 번째 형태의 진전보고서는 일정한 치료 기간 동안 대상자의 진전을 요약하기 위하여 주기

〈표 4-9〉 SOAP 양식

구분	설명	예
주관적 (**S**ubjective)	환자에 대한 문제점, 문제점과 관련된 요인, 환자의 걱정 수준, 협력 정도 등에 대한 내용을 서술한다.	환자는 매우 주의를 기울이고 협력적인 태도를 나타내었다.
객관적 (**O**bjective)	측정 가능한 정보를 서술한다.	환자는 50회 시도하여 40회(40/50), 즉 80% 정확하게 4개의 음절로 된 구를 산출하였다.
평가 (**A**ssessment)	회기에 대한 임상가의 분석을 서술한다. 임상가는 또한 이 부분에서 회기들에 걸쳐서 이루어진 환자의 성취도를 비교할 수 있다.	지난 회기 동안에는 65%의 정확도에서, 오늘 회기 동안에는 90%의 정확도로 /r/음 산출이 증가되었다. 혹은 시각적인 모델을 없애자 결과적으로 단음절 단어의 정확한 산출이 90%에서 65%로 감소되었다.
계획 (**P**lan)	치료의 과정을 개괄한다. 추후에 이루어져야 할 부분들에 대한 내용을 기록한다.	현재 치료활동들을 계속할 필요가 있음 혹은 모방 수준에서 기능적인 CVC 단어의 산출을 계속 훈련해야 한다.

적으로 작성한다.

진전보고서의 양식은 실습기관에서 제공받거나 언어재활사 자신의 기록양식을 개발해야 할지도 모른다. 이 기록양식에는 대상자의 성명, 치료 회기의 날짜, 목적, 자극, 대상자의 반응, 반응 후속자극, 비고 등을 적을 공간이 있을 것이다. 만일 언어재활사가 특별한 자료나 장비를 사용하고 있다면, 그 기록양식 위에 그것을 적고자 할지도 모른다.

대상자의 진전을 도표로 나타내고 보고하는 한 가지 형식은 SOAP(Flower, 1984)와 같은 것을 참고하는 것이다(〈표 4-9〉 참조). SOAP는 주관적(subjective), 객관적(objective), 평가(assessment), 계획(plan) 등 4개 단어의 머리글자로 이루어진 단어이다. SOAP 기록시스템은 주로 의학적 세팅(예: 병원)에서 환자에 대한 정보를 기록할 때 사용되어 왔다. 이것은 환자와 관련된 의사, 간호사, 영양사, 기타 치료사들 간의 의사소통 및 정보공유를 손쉽게 하기 위해 사용되어 왔다. 이러한 기록시스템은 환자의 평가 및 치료 단계 동안 환자에 대한 포괄적인 내용을 지속해서 기록하는 것이다(강은희 외, 2019).

일반적으로 진전보고서에 포함되어야 하는 내용으로는 다음과 같은 것들이 있다.

- 대상자의 일반적인 정보를 적는다. 대상자의 성명, 연령, 주소, 전화번호, 직업 혹은 학교, 학년, 생년월일 등을 적는다. 만일 가능하다면 부모나 배우자의 성명도 적는다.
- 보고서에서 다루어지는 기간을 적는다. 치료를 시작하고 끝낸 기간의 날짜를 적는다.
- 대상자가 출석한 회기의 수를 적는다. 언어재활사는 대상자가 실제로 참석한 회기의 수를 나타내고자 할 것이다. 대상자가 3개월 동안에 단지 6회기만 참석하였다면, 그것을 치료기간으로 보고하는 것이 좋다.
- 치료 회기의 길이를 적는다. 언어재활사는 대상자에 따라 회기의 길이가 다르다는 것을 알게 될 것이다. 어떤 대상자는 60분 회기에, 또 어떤 대상자는 30분 회기에 참석할 수도 있을 것이다. 대상자와 보낸 시간의 길이를 각 진전보고서 내에 포함시켜 기록한다.
- 치료 시작 시 대상자의 상태 및 의사소통능력에 대하여 간단하게 요약한다.
- 치료계획을 요약한다. 치료목적 및 절차를 서술한다. 치료의 진행사항이 어떠하며 자극과 후속자극으로 무엇을 사용하였는지를 독자들이 알 수 있을 만큼 충분한 정보를 포함시킨다.
- 그 보고서에서 해당되는 기간 동안 대상자의 성취도를 서술한다. 수량적인 자료를

요약하고, 치료과정 동안에 일어난 변화를 나타내는 표와 그래프를 포함시킨다.
- 언어재활사의 결론과 권고를 요약한다. 이 부분에서는 치료효과에 대한 언어재활사의 전체적인 인상을 포함한다. 예후적인 진술과 그 예후에 근거한 권고를 한다.
- 언어재활사의 이름, 직위, 서명을 한다.

2) 치료요약보고서

치료요약보고서는 진전보고서로 대치할 수도 있다. 치료요약보고서는 진전보고서와 비슷한 정보를 담고 있지만 보다 더 자세한 정보를 제공한다. 진전보고서와 비슷하게 치료요약보고서에서는 다음과 같은 내용들이 포함된다.

- 대상자에 대한 일반적인 정보를 적는다.
- 보고서에 해당하는 기간을 적는다.
- 대상자가가 출석한 회기의 수와 길이를 나타낸다.
- 치료기간의 시작 시에 대상자의 상태를 요약한다.
- 치료계획을 요약한다.
- 대상자의 성취도와 개선점을 서술한다.
- 언어재활사의 결론과 권고를 서술한다.
- 언어재활사의 이름, 직위, 서명을 한다.

3) 치료종결보고서

치료종결보고서는 치료를 끝내는 대상자에 대하여 작성된다. 대상자들은 여러 가지 이유로 치료를 그만둔다. 그들이 더 이상 치료를 필요로 하지 않거나 치료로부터 이익을 얻지 못하기 때문에 치료를 끝낸다. 어떤 경우에는 대상자가 정규적으로 치료 회기에 출석하지 않기 때문에 또는 회기에 나오는 것을 그만두었기 때문에 종료할지도 모른다.

치료종결보고서는 치료요약보고서 양식과 비슷한 양식을 따르는데 치료시작으로부터 치료종료 날짜까지의 치료기간을 다룬다. 보고서의 타이틀과는 관계없이 치료종결보고서는 항상 어떤 환자가 어떠한 시점에서라도 치료를 끝낼 때 준비된다. 이러한 경우에 치료종결보고서 및 치료요약보고서는 같을 수도 있다.

5. 보고서 작성 예시

1) 언어치료 임상관찰 시간 누적표 예시

언어치료 임상관찰 시간 누적표

관찰자		임상 지도 교수	

날짜	실습기관	관찰대상자				치료영역	관찰시간 (분)	담당자 (인)
		생활 연령	언어연령		장애 유형			
			수용	표현				

누적시간	진단 관찰시간	치료 관찰시간
(시간 분)	(시간 분)	(시간 분)

2) 언어치료 임상관찰보고서 예시

언어치료 임상관찰보고서

관찰자		임상 지도 교수	

1. 일반적인 정보

대상자: 김○○(성별: 남/여)	언어재활사: 박○○
생년월일: 2018년 10월 05일	관찰자: 최○○
장애유형: 언어발달지체	관찰일: 2023년 11월 10일
	관찰기관: ○○대학교 언어치료센터

2. 배경정보

본 아동(김○○, 5세 1개월)은 또래 아동에 비해 말이 늦다는 점을 주 호소로 본 기관을 방문하였다. 어머니는 아동의 현재 문제가 다른 사람의 말을 조금밖에 이해하지 못한다는 점과 또래 아동의 수준만큼 언어를 표현하지 못하는 점이 가장 어려운 부분이라고 보고하였다.

어머니의 보고에 의하면, 임신 전이나 임신기간 동안 어머니의 일반적인 건강상태는 양호한 편이었으며, 아동은 정상 임신기간을 거쳐 자연분만으로 태어났으며 출산 시 몸무게는 3.2kg이었다고 한다. 병력사항을 살펴보면, 현재까지 아동이 성장하는 동안 앓은 질병은 잦은 감기로 인하여 중이염을 앓은 적이 있었으나, 그 외에 다른 병력사항은 없었다고 한다. 신체발달을 살펴보면, 일반 또래 아동과 유사한 발달을 보였으며 건강상태도 양호한 편이었다고 한다. 구어 및 언어발달을 살펴보면, 6개월경에 옹알이를 시작하였고, 10개월경에 "엄마"라는 첫 낱말을 말하였다고 한다. 단어를 결합한 시기는 18개월경이었다고 한다. 현재는 주로 단어수준으로 의사소통을 하지만 2~3낱말을 연결하여 발화할 수 있다고 한다. 2021년부터 본 언어치료센터에서 주 3회의 언어치료를 받고 있다.

3. 치료영역

언어발달(✓), 신경언어( ), 청각재활( ), 조음음운( ), 유창성( ), 음성( ), 기타:

4. 치료목표

1) 생일잔치 스크립트 상황에서 [행위자–행위], [대상–행위], [장소–행위] 의미관계 문장을 10회 중 7회 이상 자발적으로 표현할 수 있다.

2) 햄버거 만들기 스크립트 상황에서 [행위자–행위], [대상–행위], [장소–행위] 의미관계 문장을 10회 중 7회 이상 자발적으로 표현할 수 있다.

5. 치료자료

1) 생일잔치 스크립트: 모형 케이크, 모형 칼, 컵, 음료수
2) 햄버거 만들기 스크립트: 햄버거 재료(실제음식)

6. 목표에 따른 활동 및 대상자의 반응

1) 언어재활사가 케이크상자를 책상 위에 올리자, 아동은 기다리지 않고 상자에서 케이크를 꺼내려고 하였다. 언어재활사가 상자를 아동에게 제시하며 "줄까요?"라고 하자, 아동은 "케이크, 케이크"라고 하였다. 언어재활사가 "케이크 주세요." "이거 열어주세요."라고 모델을 제시하자 아동은 모방하여 발화하였다. 주로 아동은 단단어수준으로는 자발발화하였으나, 2단어 연결은 언어재활사가 모델을 제시할 경우에만 가능하였다.
2) 햄버거 만들기 스크립트에서 아동은 "빵 주세요. 고기 주세요." 등 물건 요구하기는 자발발화가 가능하였다. 그러나 [장소–행위]에 대한 목표반응인 [여기에 올려요]는 "여기"라고만 자발발화하였다.

7. 느낀 점 / 배운 점

실제 음식 자료를 가지고 햄버거 만들기 활동을 하여 아동의 참여도가 높았던 것 같다. 언어재활사가 굳이 "무엇을 줄까요?"라고 언어적 자극을 제시하지 않았음에도 아동은 제스처로 음식물을 지적하는 모습을 매번 보였으며, 아동이 먼저 의사소통을 시도할 수 있도록 기다려 주는 상황을 잘 구성한 것 같았다.

8. 임상지도교수 코멘트

3) 언어치료 임상관찰 체크리스트 예시

언어치료 임상관찰 체크리스트

관찰자		임상 지도 교수	

1. 일반적인 정보

대상자: 김○○(성별: 남/여)	언어재활사:
생년월일:	관찰자:
장애유형:	관찰일:
	관찰기관:

〈진단 및 치료 방법적인 측면〉

1. 진단 및 치료목표 설정은 대상자에게 적절하였다.	N/A 1 2 3 4 5
2. 대상자에게 치료목표를 잘 설명하였다.	N/A 1 2 3 4 5
3. 대상자에게 분명하고 명확한 지시를 하였다.	N/A 1 2 3 4 5
4. 진행의 순서는 치료목표에 적절하였다.	N/A 1 2 3 4 5
5. 대상자에게 적절한 모델을 제시하였다.	N/A 1 2 3 4 5
6. 대상자가 반응할 충분한 시간을 기다려 주었다.	N/A 1 2 3 4 5
7. 치료활동 시 적절한 형식들이 사용되었다(예: 행동, 구두, 제스처 등)	N/A 1 2 3 4 5
8. 대상자의 부적절한 행동을 규제하는 방법이 적절히 사용되었다.	N/A 1 2 3 4 5
9. 치료활동들에 대한 시간배정이 적절하였다.	N/A 1 2 3 4 5
10. 치료활동이 바뀔 때마다 적절한 끝맺음이 이루어졌다.	N/A 1 2 3 4 5
11. 대상자의 수준에 맞는 언어를 사용하였다.	N/A 1 2 3 4 5
12. 치료자료는 치료목표에 적합하였다.	N/A 1 2 3 4 5
13. 치료목표에 맞추어 다양한 치료활동 및 방법들이 사용되었다.	N/A 1 2 3 4 5
14. 치료자료 및 도구는 대상자의 수준에 적절하였다.	N/A 1 2 3 4 5
15. 목표반응이 나타나지 않을 경우 다양한 치료기법 및 활동들이 사용되었다.	N/A 1 2 3 4 5

〈의견〉

〈평가 및 강화절차적인 측면〉

1. 목표반응에 대한 객관적인 평가방법을 사용하였다.	N/A 1 2 3 4 5
2. 대상자의 목표반응을 정확하게 평가하였다.	N/A 1 2 3 4 5
3. 대상자의 부적절한 반응에 대해 적절한 피드백이 이루어졌다.	N/A 1 2 3 4 5
4. 대상자의 수준에 적절한 강화방법이 사용되었다.	N/A 1 2 3 4 5
5. 강화절차에 따라 일관성 있게 강화가 이루어졌다.	N/A 1 2 3 4 5
〈의견〉	

N/A	적절하지 않음	
1	능력이 부족함	
2	개선될 필요 있음	* 점수의 합계/평가된 항목 수(　　/　　)
3	적절함	* 평균점수(　　)
4	좋음	
5	우수함	

4) 진단보고서 예시

진단보고서

관찰자		임상 지도 교수	

1. 일반적인 정보

대상자: ○○○(성별: 남/여)	학생임상가:
생년월일:	평가기간:
장애유형:	작성일:
정보제공자:	

2. 배경정보(신체, 인지, 청력, 정서, 행동특성 등)

3. 행동관찰 및 평가 시 대상자의 태도

4. 실시한 검사

5. 평가결과

1) 구어능력

(1) 조음기관의 이상 유무

(2) 조음음운

(3) 음성 및 유창성

2) 언어능력

(1) 수용언어

(2) 표현언어

3) 기타

6. 요약 및 권고사항

5) 장단기 치료계획서 예시

장단기 치료계획서

학생 임상가		임상 지도 교수	

1. 일반적인 정보

대상자: ○○○(성별: 남/여)	학생임상가:
생년월일:	치료기간:
장애유형:	작성일:
정보제공자:	회기수:

2. 진단 · 평가 요약 및 권고사항

3. 치료영역

언어발달( ), 신경언어( ), 청각재활( ), 조음음운( ), 유창성( ), 음성( ) 기타:

장기목표	1.
단기목표	1-1) 1-2) 1-3)
장기목표	2.
단기목표	2-1) 2-2) 2-3)
장기목표	3.
단기목표	3-1) 3-2) 3-3)

6) 회기별 치료계획서 예시

회기별 치료계획서

학생 임상가		임상 지도 교수	

1. 일반적인 정보

대상자: ○○○(성별: 남/여)	학생임상가:
생년월일:	치료일:
장애유형:	작성일:

2. 치료목표 및 치료활동

1-1) 놀이상황에서 '누가'가 포함된 학생임상가의 질문을 듣고, '누가'에 해당하는 단어를 10번 중 8번 이상 자발발화할 수 있다.
2-1) 놀이상황에서 '무엇을 해요?'가 포함된 학생임상가의 질문을 듣고 행위동사에 해당하는 단어를 10번 중 8번 이상 자발발화할 수 있다.
3-1) 아동은 학생임상가가 제시하는 단어 카드를 보고 어두초성에 위치한 /ㅂ/를 10번 중 8번 이상 정확하게 조음할 수 있다.

치료활동 및 문맥	목표행동 및 준거	강화절차 및 자료	치료결과 및 차기계획
〈1-1. 동물들의 달리기 시합〉 ① 학생임상가는 두 마리의 동물 인형을 가지고 달리기 시합을 한다. ② 시합을 하면서 학생임상가는 "누가 이기고 있어요?"라고 질문한다. ③ 학생임상가의 질문을 듣고 아동은 [누가]에 해당하는 동물이름(호랑이, 토끼, 사자, 코끼리, 사슴 등)을 자발발화한다. ④ 아동이 자발발화하지 못하는 경우 치료사는 완전모델링을 제시한다. ⑤ 달리기 시합을 반복하면서 [누가]에 해당하는 질문을 10번 실시한다.	〈목표행동〉 • 호랑이, 토끼, 사자, 코끼리, 사슴 등 〈준거〉 • 80% 이상 자발발화	〈강화절차〉 • 자발발화 산출 시 FR 1(음식물 강화: 젤리) 〈자료 및 사진〉 • 동물인형 5개 	

〈2-1. 동물들의 달리기 시합〉 ① 학생임상가는 동물인형을 들고 [걸어요/뛰어요/자요/먹어요 등]의 행위표현을 시범 보인다. ② 학생임상가는 "토끼가 무엇을 해요?" 라고 질문을 한다. ③ 아동은 행위표현에 해당하는 적절한 행위동사를 표현한다. ④ 아동이 자발발화하지 못하는 경우 치료사는 첫음절을 들려준다. ⑤ 행위동사에 해당하는 질문을 10번 실시한다.	〈목표행동〉 • 걸어요, 뛰어요, 자요, 먹어요 등 〈준거〉 • 80% 이상 자발발화	〈강화절차〉 • 자발발화 산출 시 FR 1(음식물 강화: 젤리) 〈자료 및 사진〉 • 동물인형 5개	
〈3-1. 해바라기 꽃잎 붙이기〉 ① 짝자극 기법을 이용하여 양순음을 지도한다. ② 학생임상가는 꽃잎이 떨어진 해바라기꽃을 제시한다. 각 꽃잎에는 훈련단어(10개 단어)가 적혀 있고, 꽃의 중앙에는 핵심단어( )가 적혀 있다.	〈목표행동〉 • 바다, 보리, 바가지, 배, 보물, 부두, 부산, 보조개, 비행기, 비누에서 어두초성 /ㅂ/ 정조음하기 〈준거〉 • 80% 이상 정조음	〈강화절차〉 • 정조음 시 FR 1(칭찬 스티커) 〈자료 및 사진〉 • 해바라기꽃 • 바다, 보리, 바가지, 배, 보물, 부두, 부산, 보조개, 비행기, 비누 실물 단어카드	

7) 언어치료 진전(종결)보고서 예시

언어치료 진전(종결)보고서

학생 임상가		임상 지도 교수	

1. 일반적인 정보

대상자: ○○○(성별: 남/여)	학생임상가:
생년월일:	평가기간:
장애유형:	치료기간:
정보제공자:	작성일:

2. 치료 평가결과 및 권고사항

3. 치료영역

언어발달( ), 신경언어( ), 청각재활( ), 조음음운( ), 유창성( ), 음성( ) 기타:

장기목표	1.		
		치료 전 수준	진전 내용
단기목표	1-1)		
	1-2)		
	1-3)		
장기목표	2.		
		치료 전 수준	진전 내용
단기목표	2-1)		
	2-2)		
	2-3)		
장기목표	3.		
		치료 전 수준	진전 내용
단기목표	3-1)		
	3-2)		
	3-3)		

• 요약 •

이 장에서는 언어치료 진단 · 평가 및 치료과정 동안에 작성하게 되는 각종 보고서의 종류 및 그 내용과 작성방법에 대하여 살펴보았다. 의사소통장애인이 의뢰되어 치료를 종결할 때까지 모든 내용들이 보고서라는 문서에 남게 되므로 진단 및 평가나 치료에 앞서 여러 종류의 보고서를 정확하게 기술하는 능력이 기본적으로 필요하다. 이러한 보고서 작성능력은 학생임상가 및 실제 임상현장에서의 언어재활 전문가들의 중요한 역할이지만 보고서를 잘 작성한다는 것은 매우 어려운 일임에 틀림없다. 보고서를 잘 작성하기 위해서 철저한 준비가 요구된다는 것을 인식하기를 바라며, 이 장을 통해서 보고서를 작성하는 데 도움이 되기를 바란다.

1. 언어재활사는 언어재활이 필요한 대상자를 처음으로 대면한 순간부터 치료를 종결할 때까지 진단 · 평가 및 치료과정 등 여러 복잡한 과정을 거치게 된다. 이러한 과정에서 언어재활사가 작성하게 되는 보고서의 종류와 그 양식의 형태는 매우 다양하다.
2. 언어치료 임상관찰은 임상지도교수의 감독하에 언어재활 대상자 혹은 부모(보호자)와의 첫 면담, 진단 · 평가, 언어치료 장면을 학생임상가들이 관찰함으로써 임상실무능력을 함양하는 과정 중 하나이다.
3. 진단보고서에는 진단 · 평가 당시 언어재활 대상자의 의사소통능력에 대한 분명하고 정확한 정보를 담고 있어야 한다. 진단보고서는 다른 전문가들과 의사소통하기 위한 토론의 장을 제공하며 연구용으로도 이용될 수 있다.
4. 치료계획서는 진단 · 평가에서 얻은 결과와 권고사항을 근거로 하여 작성하게 된다. 진단 · 평가를 통해 언어재활 대상자의 현재 구어, 언어, 의사소통에 대한 수준이 결정되면 대상자들에게 어떠한 측면에서, 어떠한 내용을, 어떠한 절차를 통해 지도를 할 것인가 등의 언어치료 방향과 목적을 세워야 한다.
5. 언어재활 대상자의 주기적인 치료 결과를 요약하기 위하여 진전보고서를 작성한다. 진전보고서는 치료 절차, 성취 정도, 권고사항 등에 관한 정보를 제공한다.

연습문제

1. 학생임상가가 작성해야 하는 보고서의 종류에는 무엇이 있는가?

2. 언어치료 임상관찰의 중요성은 무엇인가?

3. 진단보고서의 작성방법은 무엇인가?

4. 장단기 치료계획서의 작성밥법은 무엇인가?

5. 치료목표 세분화는 무엇인가?

6. 회기별 치료계획서에 포함되어야 할 내용은 무엇인가?

참고문헌

강은희, 고영옥, 권미지, 김시영, 김유경, 김효정, 박은실, 유재연, 이명순, 이옥분, 장현진, 최선영, 허명진, 황상심, 황하정(2019). 의사소통장애 진단평가. 서울: 학지사.

권도하, 신명선, 김효정, 박은실, 장현진, 신혜정, 황하정, 김수형, 이무경, 황보명, 박상희, 강은희, 손은남, 김영은, 이명순, 이옥분, 김선희, 황영진, 황상심(2014). 언어치료 임상방법. 경북: 물과길.

권도하, 장현진, 박은실, 전희숙, 신후남, 김시영, 신명선, 유재연, 손은남, 권미지, 강은희, 이옥분, 이명순, 박희정, 한지연(2012). 언어진단법. 경북: 물과길.

김영태(2014). 아동언어장애의 진단 및 치료. 서울: 학지사.

이윤경, 배소영, 권유진, 김민정, 박혜진, 서경희, 윤효진, 이옥분, 이은주, 정경희, 정한진, 표화영(2012). 언어치료 임상실습: 이론과 실제. 서울: 학지사.

Hegde, M. N., & Davis, D. (2009). *Clinical methods and practicum in speech-language pathology* (5th ed.). Clifton Park, NY: Delmar Cengage Learning.

Fey, M. E. (1986). *Language intervention with young children*. San Diego, CA: College-Hill Press.

Flower, R. M. (1984). *Delivery of speech-language pathology and audiology services*. Baltimore, MD: Lippincott Williams & Wilkins.

Roth, F. P., & Worthington, C. K. (2015). *Treatment resource manual for speech-language pathology* (5th ed.). Clifton Park, NY: Delmar Cengage Learning.

제5장

언어치료 부모상담

장 현 진

이 장의 학습목표

- 언어치료에서의 상담이 이루어지는 단계를 이해하고 설명할 수 있다.
- 언어치료 상담 과정을 이해하고, 상담내용 중 정서적 지원, 부모 및 대상자의 문제 해결, 치료 진전 및 치료에 대해 이해하고 설명할 수 있다.
- 상담의 원리인 비언어적 기법과 언어적 기법의 하위 요소들을 이해하고 설명할 수 있다.

핵심 용어

- 상담(counseling) 상담자가 도움을 필요로 하는 사람에게 전문적인 지식과 자질을 가지고 내담자 자신의 환경에 대한 이해를 증진시키고 비합리적인 사고로 바꾸거나 합리적인 의사결정을 내릴 수 있도록 돕는 것이다.
- 경청 내담자가 이야기를 할 때 그 메시지가 언어적으로 전달되든 비언어적으로 전달되든, 분명하게 전달되든 모호하게 전달되든, 내담자가 전달하려고 하는 메시지를 상담자가 포착하고 이해하는 능력을 의미한다.

상담은 언어치료에 있어서 진단 및 치료 과정 중에 언어치료 대상자 및 그의 부모(보호자)와 만나는 순간부터 종결하는 시간까지 연속적으로 이루어진다(권도하, 2012). 치료 대상자와 부모를 만나서 정보를 수집하는 과정, 진단을 하는 과정, 치료를 하는 과정 중에 광범위한 상태에서 이루어지는 상담을 포함하게 된다. 미국언어청각협회(ASHA)에서도 언어재활사는 언어치료를 진행하는 동안 치료 대상자와는 물론 그들의 가족이나 보호자와의 상담이 필수라는 사실을 강조하고 있다(ASHA, 2001).

언어장애를 가진 사람들을 치료하는 과정에서 상담은 필수적이다. 초기 면담이나 치료 과정 중에 많은 치료사들이 의사소통장애에 관한 정보를 제공하고 조언을 하는 수단으로 상담을 많이 이용한다. 치료사는 환자가 모르는 정보를 제공하고, 환자는 그 전문적인 지식을 듣고 치료사를 신뢰하여 치료과정에서 치료사의 결정을 따를 수도 있을 것이다. 그러나 자칫하면 이렇게 정보를 제공하는 강의식 상담방법은 지루할 수 있다. 그리고 초보 치료사는 상담 과정에서 제기하는 모든 문제에 대하여 대답을 해 주어야 한다고 생각하는 경향이 있다. 이러한 생각은 결과적으로 환자를 독립적이며 자주적인 사람이 되지 못하도록 방해하게 된다. 즉, 환자가 자기발견, 자기조절을 통해 독립적인 인간으로 발전하지 못하도록 하는 것이다. 그러므로 언어재활 전문가로서의 치료사는 상담을 통해 환자 스스로 자신의 문제를 확인하고 평가하며, 궁극적으로 더 좋은 해결 방법을 찾을 수 있도록 해야 한다. 이럴 때 환자는 행동 등에 대한 변화에 책임감을 가지고 능동적으로 치료에 참여할 수 있을 것이다.

언어재활사가 보다 효율적인 치료를 하기 위해서는 부모와 언어치료 대상자와의 협력과 도움이 필요하다. 이러한 과정에서 부모상담은 좀 더 중요하고 필수적이다. 특히 언어치료 대상자의 부모는 병원, 언어치료센터 등을 다니며 진단과 치료를 하느라 정신적, 육체적, 그리고 심리적인 어려움과 부담, 스트레스를 많이 받게 된다. 따라서 언어재활사는 언어치료 대상자의 부모를 더욱 진솔하게 마음속 깊은 곳에서 우러나오는 애정을 가지고 대해야 한다. 또한 마음 한구석에 상처를 받고 있는 이들을 위로하고 적절한 방법으로 용기를 갖도록 상담하여 언어치료 대상자의 부모가 격려받을 수 있고 그 힘으로 긍정적인 방향으로 문제를 해결해 나갈 수 있도록 하는 것이 좋다. 상담을 하기 위해서 예비 언어재활사는 상담에 대한 적절한 이해와 기술을 갖추어야 할 것이다.

따라서 이 장에서는 예비 언어재활사들이 갖추어야 하는 상담에 대한 전반적인 이해와 상담의 원리, 언어치료 과정 중에 언어재활사들이 상담에 적용해야 할 내용들에 대해 살펴보고자 한다.

1. 상담의 개념 및 목표

상담(counseling)이란 라틴어 consulere로서 여기에는 '문의하다, 충고하다, 권고하다, 고려하다, 반성하다, 숙고하다, 조언을 받다, 조언을 구하다' 등의 뜻이 포함된다. 즉, 상담에는 충고, 권고, 고려, 반성, 심사, 숙고, 조언 등의 활동이 포함되는 것이다. 전문적으로 해석하면, 상담은 상담자가 도움을 필요로 하는 사람에게 전문적인 지식과 자질을 가지고 내담자 자신의 환경에 대한 이해를 증진시키고 비합리적인 사고로 바꾸거나 합리적인 의사결정을 내릴 수 있도록 돕는 것이다.

상담자와 내담자 간의 여러 번의 면접을 하는 것으로서 도움을 필요로 하는 사람이 전문적 훈련을 받은 사람과의 대면 관계에서 생활 과제의 해결과 사고, 행동 및 감정 측면의 인간적 성장을 위해 노력하는 학습과정이라고 한다(이장호, 2005). 상담은 현실적인 문제를 해결하는 데 도움을 주고 내담자가 잘 적응할 수 있도록 도와주며 내담자가 잘 적응할 수 있도록 인도해 주는 것뿐 아니라 그러한 개개의 문제해결 과정을 통해서 자기 스스로가 판단할 수 있는 능력을 준비하여 주는 과정이다. 이러한 의미에서 상담의 정의는 학자마다 조금씩 차이가 있으나, 상담에 대한 다양한 정의의 공통점은 다음과 같다(이현림, 2009). 첫째, 상담은 개인 대 개인의 관계이다. 둘째, 상담은 언어적 수단에 의한 역동적인 상호작용이다. 셋째, 상담은 전문적인 조력을 주는 관계이다. 넷째, 상담은 학습의 과정이다. 다섯째, 상담은 사적인 관계이다.

상담의 목표는 소극적 목표와 적극적 목표로 나눌 수 있다. 소극적 목표는 문제를 제거하거나 감소시킴으로써 달성될 수 있는 것이며, 적극적 목표는 내담자가 자신의 문제를 인식하고 그 문제를 해결할 수 있는 능력을 키우도록 하는 것이다. 상담에서 내담자는 선택과 결정의 필요를 인식하여 이에 요구되는 정보를 수집·평가하고 선택하는 인지적 기능을 증진시키는 노력이 필요하며, 관련된 정서적 태도 함양을 위해 노력해야 할 것이다. 따라서 상담은 여러 문제를 내담자 스스로 효율적이고 합리적인 의사결정을 할 수 있도록 도와주는 것이다.

상담의 목표가 무엇인지에 따라 상담은 영역 및 역할도 약간의 차이가 있다. 예를 들면, 심리상담은 정서적 문제를 해소하는 데 초점을 두고 접근한다면, 교육상담은 교육

진단을 통해 교육 문제를 해결하는 데 그 초점을 두고 있다. 언어치료 영역에서의 상담은 장애대상 아동 및 부모 등을 고려하여 다음과 같은 특성을 가지고 있다.

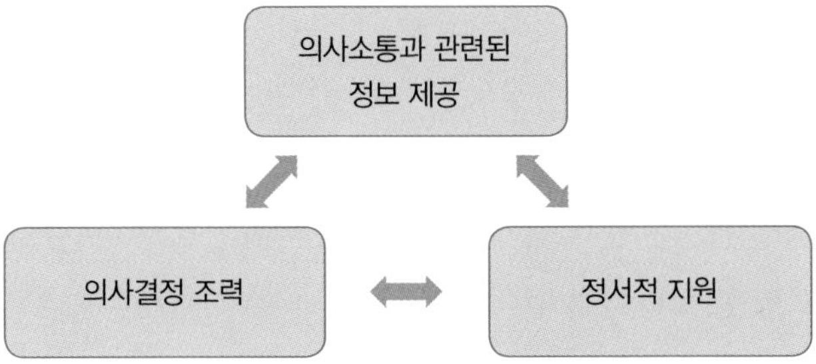

[그림 5-1] **언어치료에서 상담의 목표**

먼저, 자신들의 의사소통 문제와 관련된 정보를 얻고자 한다. 이러한 상담 내용에는 환자의 발달과정 중 언어 문제를 야기할 만한 원인에 대한 정보, 현재 행동이나 인지발달 등 기타 환자와 관련된 정보 등을 얻고자 한다. 따라서 언어재활사는 가능한 한 정확한 정보를 제공할 수 있도록 해야 한다.

둘째, 상담을 하는 과정에서 여러 가지 문제에 대해 의사결정을 할 때 도움을 받고 싶어 한다. 예를 들면, 치료 유무, 치료 방향, 학교 진로 등을 결정하는 데 어려움을 겪으면 언어재활사에게 묻는 경우가 많다. 이러한 상황에서는 언어재활사의 의견을 일방적으로 제시하기보다는 언어장애 대상자 및 부모의 의견을 충분히 파악하여 답변하는 것이 필요하다. 또한 객관적인 내용을 파악하여, 장단점을 정리하여 제공해 주고, 언어장애 대상자 및 부모 스스로 생각을 정리하도록 도와주는 것이 좋다.

마지막으로, 정서적 지원을 제공해야 한다. 언어장애 아동 및 부모들은 자신의 문제를 이해하고 개선을 위해서는 도전과 변화를 받아들일 수 있다는 마음의 자세를 우선 갖추게 해야 한다. 대상자에게 정서적으로 긍정적 존중을 하며, 상대방이 표현한 감정과 같은 또는 그 내면의 의미를 표현하며 상호 의사소통을 하면서 상대방의 감정을 이해하도록 한다. 또한 내담자에 대한 편견이나 판단 없이 받아주고 인정하는 것도 필요하다. 이러한 관계 속에서 언어재활사는 내담자에게 정서적 지지를 하게 한다.

2. 언어치료에서 상담의 과정

상담은 언어장애 문제로 인해 전화상담을 하거나 직접 방문하여 상담을 시작하는 것에서부터 언어치료 실시 및 종결까지의 지속된다. 여기에서는 언어장애의 치료 과정의 전반적인 절차를 소개하고 그 과정에서 이루어져야 하는 상담의 내용을 살펴보고자 한다. 상담의 전체적인 과정은 준비 단계, 실행 단계, 추후 단계로 이루어져 있으며, 언어장애 아동을 대상으로 한 일반적인 언어치료 과정 및 상담 내용을 도식화하면 [그림 5-2]와 같다.

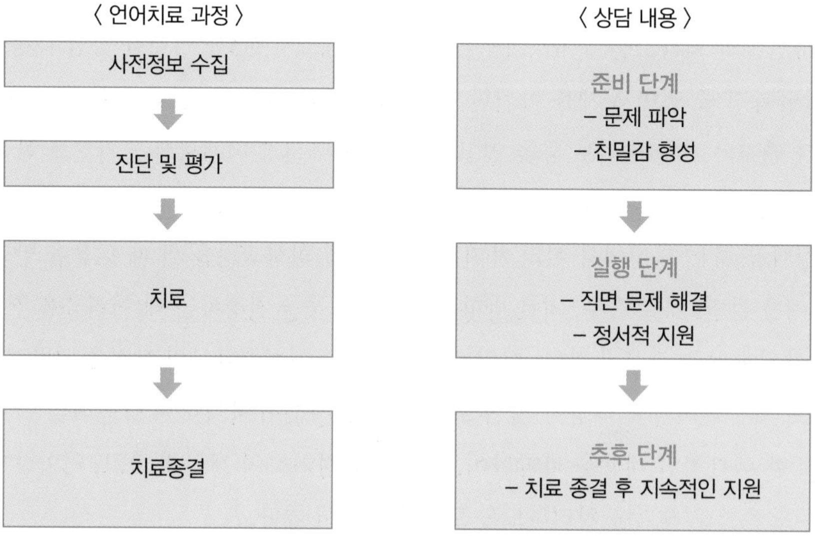

[그림 5-2] **언어치료 과정 및 상담 내용**

1) 준비 단계

언어치료 과정에서 상담의 첫 단계는 전화, 이메일 내원 등을 통한 상담 접수로 시작된다. 언어치료의 상담 접수는 상담에 대한 기대와 상담실의 전문성에 대한 신뢰를 갖도록 해야 한다.

이러한 과정을 통해서 내담자와 언어재활사가 처음 만나게 되었을 때, 1차적으로 상담자가 언어치료 대상자 및 부모와 신뢰감을 형성해야 한다. 신뢰감 및 친밀감의 형성은 추후의 단계에서도 중요한 영향을 미친다. 상담자와 대상자 사이에서 형성되는 신뢰관계를 '라포(rapport)'라고 부른다. 상담의 대상자는 그 내용과 더불어 불안감이 있다. 자신의 어려움을 낯선 누군가에게 표현한다는 것은 불안감을 더욱 증폭시키는 일이다. 상담관계를 형성하는 것이 단지 좋은 사람을 표현하기보다, 자신을 표현하고 이해 받을 수 있는 신뢰로운 안전망을 형성하는 것이다.

이러한 친밀감을 토대로 대상자의 문제가 무엇인지를 파악하고, 그 문제와 관련된 배경정보를 살펴보아야 한다. 언어재활사는 대상자의 문제와 발달과정, 발달 맥락, 가족사 등의 사전 정보 수집이나, 언어와 관련된 진단 및 평가 과정을 통해 대상자로부터 얻어진 정보들을 종합하여 총체적으로 대상자를 보다 깊이 이해하고 치료에 반영하고자 하는 것이다. 이때 대상자가 상담하고자 하는 내용은 치료와 관련된 내용이나, 치료 과정, 치료 결과 등과 관련된 것이다. 언어재활사는 이와 관련된 내용들을 관련 전문가들을 통해서 수집하도록 한다. 이 시기에 대상자의 감정과 생각을 경청하고, 이해하고 공감해야만 하도록 한다. 또한 친밀한 관계를 형성하면서도 개인적인 관계를 형성하지 않도록 주의해야 한다.

2) 실행 단계

준비 단계를 통해 대상자의 문제를 파악하고 상담을 위한 관계가 형성되면 치료 과정 중에 생기는 다양한 측면에서의 상담을 진행하게 된다. 언어치료를 하는 실행 단계의 상담 내용은 치료 대상자와 부모의 정서적 지원을 하며, 이들이 갖는 문제를 해결하고, 마지막으로 치료를 하는 과정 동안에 치료 진전 및 활동 내용들을 함께 다루어야 한다([그림 5-3] 참조).

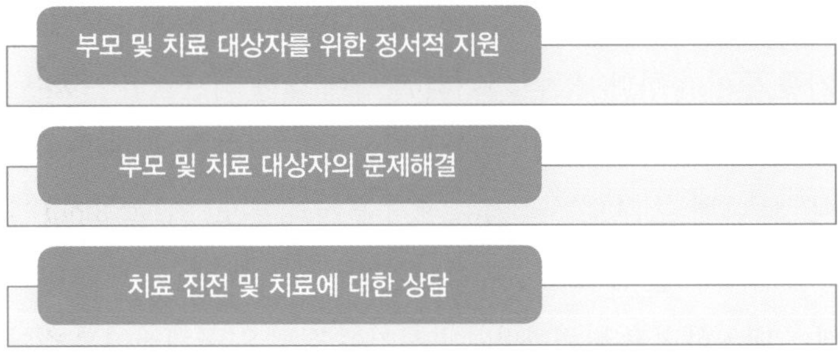

[그림 5-3] 언어치료 실행 단계에서 상담 내용

(1) 부모 및 치료 대상자를 위한 정서적 지원

언어장애를 가지고 있는 아동의 부모나 가족들은 정상 아동들의 가족이나 부모들보다 훨씬 더 많은 스트레스를 경험하고 있는 것으로 나타났다. 하지만 이러한 대인관계나 심리적인 문제보다는 사실 현실적인 생활 문제가 더욱 크고 심각하다(이영호, 2005). 자녀에게 특수한 문제나 언어장애가 발생되면 가족에게는 커다란 위기가 온다. 즉, 자녀가 특정 장애 진단을 받으면, 부모는 충격과 당혹감에 휩싸인다. 위기 상황에서 가족은 일련의 여러 단계의 감정의 변화를 겪게 되는데, 이때 언어재활사는 부모 상담에서 가족의 감정이 어떤 단계인지를 확인하고 조심스럽게 지도해야 한다([그림 5-4] 참조).

1단계는 '충격'의 단계로, 부모는 아동의 언어장애 진단을 믿지 않고 부정한다. 다른 곳이나 전문가를 찾아가서 다시 진단을 받으려고 시도하기도 하지만, 때로는 전문가를 찾아가지도 않고 '정상일 거야.'라고 생각하여 적절한 치료나 교육 시기를 놓치기도 한다. 언어재활사들은 1단계의 정서 상태에 있는 대상자나 그 가족들의 정서를 수용하고, 그들의 마음을 적극적으로 수용하는 자세로 이야기를 들어야 한다.

2단계는 '거부'의 단계로, 부모는 상당한 혼란에 빠진다. 그리고 분노와 원망의 감정을 표현한다. '왜 나에게 이런 일이 일어났을까?'라고 스스로를 원망하기도 하고, 가족들끼리 원망하기도 한다. 분노의 정도와 기간은 사람마다 다르지만, 이 시기의 상담이 가장 힘들다. 자녀의 문제를 수긍은 하지만, 정서적으로 너무 혼란되어 있어서 이 문제를 긍정적으로 바라보지 못한다. 이 시기에 언어재활사는 부모 및 대상자들에게 인내를 갖고 격려하고, 긍정적인 태도를 가질 수 있게 인식의 변화를 갖게 해야 한다.

3단계는 '죄의식'의 단계로, 더 이상 자녀의 일을 부정할 수 없는 상태가 되면 충격과 격한 감정이 가라앉으면서 자녀가 가진 장애를 받아들이는 타협을 하게 된다. 그리고 죄책감에 빠진다. 부모로서 자녀에게 소홀했던 것, 야단쳤던 것 등을 생각하며 후회하고, 슬픔과 무력감에 휩싸이고 희망이 없음에 낙심한다. 이 시기에는 주로 슬픔의 감정을 허용해 주며 용기를 주어야 한다. 또한 자녀의 장애에 대한 객관적인 시각을 가질 수 있도록 도와주면서 자녀가 지닌 긍정적인 면에 초점을 두고 상담을 하는 것이 바람직하다.

4단계는 '수용'의 단계로, 부모는 충격 속에서 부정과 분노, 죄의식의 감정 변화를 거쳐 이제는 자신이 감당해야 할 문제를 수용하게 된다. 이 단계에 도달하면, 부모는 외부 지향적으로 문제에 대처하려고 노력한다. 이 시기에 상담은 구체적이고 실제적으로 새로운 상호작용 기술을 가르치도록 도우며, 정보를 제공하고 문제해결을 위한 계획을 의논하는 것으로 이루어진다.

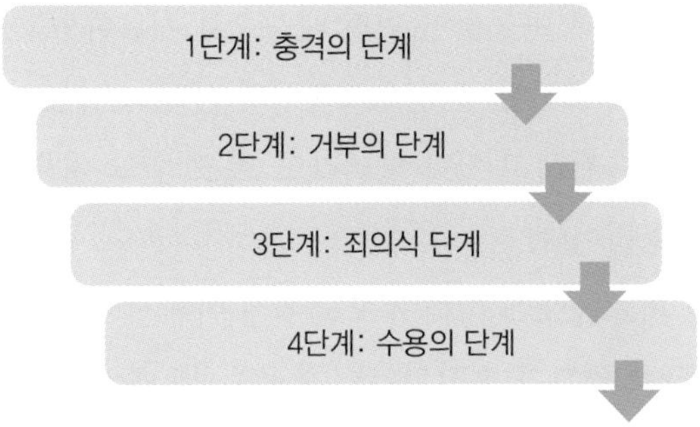

[그림 5-4] **언어장애 대상자 부모의 정서적 특성**

이러한 언어장애 아동 부모들은 일련의 과정을 거치면서 자녀의 상태를 바라보게 되는데, 변화의 상태가 심하게, 그리고 길게 지속될수록 언어장애 아동들이 바람직하게 성장하기가 어렵다. 언어재활사는 부모가 되도록 빨리 수용의 단계에 도달해서 자녀의 행동 발달, 성격, 생활 전반에 대하여 깊은 이해를 할 수 있도록 돕는 것이 좋다.

(2) 부모 및 치료 대상자의 문제해결

언어장애인들은 다양한 문제를 가지고 있다. 언어장애 대상자들의 부모나 가족은 자녀의 문제를 직면할 때부터 그와 관련된 문제에 대해 해결하고자 한다. 언어재활사는 언어장애 대상자들이 가지고 있는 문제와 관련하여 해결할 수 있는 정보와 지식들을 갖추고 있어야 한다.

대부분 그러한 문제들은 언어장애와 관련된 것들로, 장애 원인, 진단, 치료 내용들이다. 이러한 내용들은 언어치료의 이론과 실제 치료 내용들로써 해결할 수 있다. 그러나 대상자에 따라 다양한 문제행동들이 나타날 수 있다. 이런 경우에는 관련 전문가에게 상담을 의뢰하거나 관련 전문가의 진단을 토대로 대상자의 부모들과 문제해결을 해나갈 수 있도록 한다.

(3) 치료 진전 및 치료에 대한 상담

언어장애 아동을 치료하는 과정 중에 상담은 매 회기, 세션마다 치료를 하게 될 것이다. 대상자의 부모 입장에서는 자녀의 치료를 마칠 때마다 치료목표나, 치료의 내용, 활동 자료, 아동의 반응, 치료사의 자극 하나하나에 관심을 갖기 마련이다. 언어재활사들은 무엇보다 부모의 입장에서 이해할 수 있는 내용으로 상담을 해야 한다. 우선, 치료의 목표와 내용에 대해서는 전문적인 용어보다는 이해할 수 있는 용어를 사용하는 것이 바람직하다. 대상자의 부모들은 아동들이 어떤 내용으로 치료하였고, 그 내용이 아동에게 어떠한 영향을 미치는지 궁금해한다. 언어재활사가 아무리 아동의 언어발달 수준에 적합하게 치료를 계획하고 수행하고 있다 하더라도, 부모가 그 내용을 이해하지 못한다면 치료에 긍정적이지 못할 것이다.

또한 언어재활사는 치료목표에 대해 부모들에게 이해시켜야 한다. 언어장애 대상자들은 경우에 따라 한 달에 치료가 종결되기도 하지만, 몇 년씩 종결하지 못할 수도 있다. 장기간 치료를 하면서 같은 목표로 활동을 달리하여 진행할 수 있고, 같은 활동을 반복적으로 진행할 수도 있다. 이러한 내용들을 부모들에게 잘 전달해야 하며, 같은 활동이라도 아동들의 반응의 변화를 구체적으로 전달하는 것이 바람직하다. 따라서 언어재활사들은 아동의 미세한 반응에 대해서도 치료를 마치자마자 늘 전달하도록 한다. 마지막으로, 아동의 치료는 치료실 내에서의 확립도 중요하지만 치료실 외의 상황으로도 일반화해야 하며 이는 부모님과 긴밀한 상호작용으로 이루어진다는 사실을 깨달아야 한다. 이러한 상황은 언어재활사와 부모와의 상담을 통해서 이루어질 수 있다.

3) 추후 단계

대상자가 호소한 문제에 대하여 자기탐색과 통찰이 이루어지고, 이로 인하여 대안 마련과 훈련으로 호소 문제의 현실 적응력이 생기면 대상자의 행동에 변화가 일어나며, 그렇게 되면 상담을 종결한다. 또한 대상자 문제를 확인하고, 해결한 준비를 갖추고 장애에 대해서도 긍정적인 태도를 갖게 되면 종결하게 된다.

또한 상담이 끝난 후에도 일정 기간 동안에 대상자가 잘 적응하고 있는지를 확인하는 단계를 갖는데, 추후 상담 방법에는 치료실로 방문하여 상담을 하거나, 이메일이나 전화 등을 통해서 할 수 있다. 실제 언어치료의 과정에서는 언어 상담이 주가 아니고, 진단 및 치료를 하는 과정이 대부분이므로 상담 단계에 따라 진행되지 않을 수 있다. 따라서 대상자의 상황이나 특성에 따라 적절한 상담이 이루어지는 것이 훨씬 효율적이다.

3. 상담의 원리

상담에서 내담자의 문제를 탐색하여 문제의 원인을 확인하며 핵심 문제를 탐색하기 위해서는 적절한 질문과 반응이 필요하다. 여기에서는 상담의 원리에 대하여 비언어적 기법과 언어적 기법으로 나누어 설명하고자 한다.

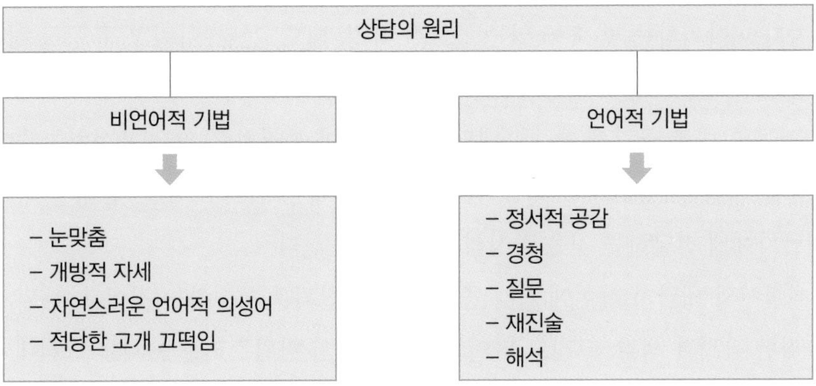

[그림 5-5] **상담의 원리**

1) 비언어적 기법

비언어적 기법은 사고와 정서를 전달하는 데 사용되는 신호에서 언어적 메시지를 제외한 모든 것을 의미한다. 이러한 비언어적 방법은 상담자가 열린 상태가 되어 내담자를 상담과정에 끌어들이고, 관심을 이끌어 내며, 이들을 상담에 집중할 수 있게 하는 효과적인 방법 중의 하나이다.

상담에서 비언어적 기법으로 사용되는 것은 미소, 몸짓, 기울임, 눈 맞춤, 끄덕임, 준언어적 요소 등이 있다. 미소는 상담자가 내담자에게 관심을 가지고 있다는 신호이며, 몸짓은 상대에게 의미를 전달하기 위해 몸의 일부 혹은 전체를 움직이는 과정이다. 기울임은 상담자가 내담자에게 적당한 거리를 두고 몸을 기울이는 것을 의미하며, 눈 맞춤은 상담자가 내담자에게 이해하고 있다는 표현을 나타낸다. 또한 고개의 끄덕임은 상담자가 내담자에게 만족하고 있다는 표현을 하는 것이다. 이러한 비언어적 기법들의 기능은 상담자의 감정을 표현하며, 상담 중에 내담자와의 상호작용 단서를 제공할 수 있다는 것이다.

상담과정에서 상담자는 적절한 눈 맞추기, 개방적인 자세, 자연스러운 언어적 의성어, 적당한 고개 끄덕임 등의 비언어적 기법들을 적절히 사용하여 내담자의 긍정적인 변화를 이끌어 내야 한다.

2) 언어적 기법

(1) 정서적 공감

내담자가 이야기하는 말 속에 있는 중요한 감정, 태도, 신념, 가치 기준 등을 상담자가 거울처럼 내담자의 관점과 입장을 듣고 이해하는 능력이다. 어떠한 설명이나 해석을 자제하고 있는 그대로 공감해 줄 때, 내담자는 자신의 솔직한 감정을 표현하고 그러면서 자유로움을 느낀다. 상담자가 내담자가 이야기한 내용 뒤에 또 다른 감정을 파악하고, 이를 내담자에게 전달하는 것을 감정의 반영이라고 한다.

언어재활사와 내담자 사이에 가장 중요한 것은 신뢰를 형성하는 것이다. 내담자가 자신의 솔직한 감정과 생각, 그리고 타인과의 관계에서 비밀스러운 문제를 드러내기 위해서는 상담자에 대한 믿음이 있어야 한다. 상담자에 대한 믿음이 부족하면 상담 내용은 매우 제한될 수밖에 없고 효과적인 상담결과를 기대할 수 없다. 신뢰감 있는 관계를 위해 언어재활사는 먼저 전문가로서의 윤리적 자질을 갖추고 있어야 하며, 개방적인 태도를 취해야 한다.

언어재활사는 내담자에 대해 따뜻한 배려와 태도를 가져야 하는데 이를 긍정적 존중이라고 한다. 이때의 배려는 비소유적인 태도로서 내담자의 특정 행동을 조건으로 하지 않고 내담자를 한 인간으로서 인정하여 존중하는 것이다. 즉, 내담자를 하나의 독립된 인간으로 수용하여 그로 하여금 자신의 감정을 느끼고 주체적으로 경험하고 거기에서 자기 나름대로 고유한 의미를 발견하도록 허용하는 태도를 말한다.

마지막으로 공감적 이해는 상담 과정에서 언어재활사가 내담자의 경험에 대해 정확하게 이해하는 것이다. 이러한 과정을 통해서 언어재활사는 대상자들에 대해 정서적 친밀감을 형성해야 한다.

(2) 경청

관심과 경청은 상담을 포함하여 모든 대인 커뮤니케이션에서 제2의 천성이 되어야 할 만큼 가장 기본적인 기술이다. 관심을 기울인다는 것은 상담자가 신체적으로나 심리적으로 내담자와 함께할 수 있는 방법을 일컫는 것이고, 경청한다는 것은 내담자가 이야기할 때 그 메시지가 언어적으로 전달되든 비언어적으로 전달되든, 분명하게 전달되든 모호하게 전달되든, 내담자가 전달하려고 하는 메시지를 상담자가 포착하고 이해하는 능력이다.

내담자가 전달하고자 하는 의미의 세계를 감지하고 이를 이해해 간다는 것은 내담자의 현재 감정상태를 소중히 하고 있다는 것을 의미하며, 나아가서 내담자의 의사표시를 존중한다는 의미이기도 하다. 따라서 표현된 의사를 경청하고 여기에 따르는 감정을 이해함으로써 마음 깊숙이 깔려 있는 의미의 세계를 경청하는 적극적인 자세가 중요하다.

적극적인 경청 기술은 관계의 발달을 촉진하는 데 매우 중요하다. 치료 관계에서 치료사가 대상자를 효과적으로 촉진하고, 대상자의 말을 적극적으로 들어줘야 한다. 적극적으로 경청하는 것은 대상자의 언어적, 비언어적 메시지들을 이해하는 것 이상이다. 그것은 감정이입이 되었다는 것을 알려주기 위해 신체적, 심리적으로 모두 대상자와 '함께한다'는 것을 의미한다(Egan, 1990).

(3) 질문

개방형 질문은 내담자가 자신의 생각과 느낌 및 행동을 탐색할 것을 요구할 때 사용한다. 재진술이나 감정의 반영과는 대조적으로 개방형 질문이 내담자에게 감정에 대하여 이야기하도록 하는 데 효과적이다. 개방형 질문은 짧고 간단해야 하며, 여러 개의 질문을 한꺼번에 해서는 안 된다. 내담자가 모든 질문에 반응할 수 없고, 대답할 때 오히려 중요한 질문을 무시할 수 있기 때문이다. 또한 내담자에게 계속 집중해야 하며, 과거의 경험이나 사건에 강한 감정을 가진다고 해도 일반적으로 과거 대신에 현재에 초점을 둔다. "왜?"라는 질문은 내담자에게 도전받았다고 느끼고 방어적이게 할 수 있으므로 사용을 제한하고, "무엇"이나 "어떻게"라는 표현으로 질문한다.

질문은 상담을 진행하는 과정에서 적절하게 활용해야 한다. 예/ 아니요와 같이 단순한 대답을 요구하는 단정적인 질문을 피한다. 언어재활사들은 대상자에게 예/아니요와 같이 짧은 대답을 유도하는 질문을 하는 경우가 많은데 주의해야 할 점이다. 또한 질문을 하는 과정 중에는 대상자와 관련된 질문을 하며, 되도록 반복적인 질문을 삼가도록 한다. 처음에는 포괄적인 질문으로 시작하여, 점진적으로 세부적인 질문으로 진행하도록 한다. 그리고 한 회기에 너무 많은 질문을 통해 많은 정보를 얻으려고 하는 것은 바람직하지 않다. 대상자들이 거부감을 느끼기 않도록 친밀감을 형성할 때까지 천천히 질문하는 것이 바람직하다.

(4) 재진술

상담에서 재진술은 상담자가 내담자의 말을 그대로 반복하여, 상담자의 입으로 다시 한 번 말하는 것인데, 이는 내담자의 말을 다소 바꾸어서 표현할 수 있다. 이때 내담자는 자신에 대하여 인지 · 행동적 탐색을 하게 된다.

언어치료 현장에서 재진술을 할 때 치료사는 대상자의 진술보다 짧고 간결하며 구체적이고 분명하게 말해야 한다. 대상자가 사용한 단어 수준에서 말을 하며, 대상자가 말한 것의 핵심을 파악하고, 대상자의 생각에 초점을 맞추어 진술한다. 즉, 대상자 중심적인 태도를 취한다.

재진술은 다양한 문장으로 표현할 수 있다. 예를 들면, "당신은 어머니와 사이가 좋지 않군요"와 같은 완전 문장으로 산출할 수 있고, 혹은 핵심단어 하나나 둘 정도로 "어머니" "어머니와의 문제?"로 표현하거나, "내가 이해하기에 당신이 말한 것은…" 등의 이끄는 문장형태로 말할 수도 있다. 이야기 내용을 다시 말하는 과정은 대상자 스스로 이야기 내용을 정리하거나 구조화하는 데 도움이 될 수 있으며, 그들의 말을 이해하거나 공감해 주는 것을 표현할 수 있도록 한다.

(5) 해석

내담자 스스로 명확하게 의식하지 못하는 것에 대하여 여러 가지 형태로 설명해 주는 것을 해석이라고 한다. 현재 하고 있는 말이나 사건들과 관련되어 설명하거나, 방어, 감정, 저항, 전이 등에 대한 해석을 할 수 있다. 해석은 내담자가 받아들일 수 있을 때 하는 것이 적당하다. 언어치료 현장에서 해석은 내담자가 새로운 방향에서 문제를 볼 수 있도록 하기 위하여, 내담자가 언급하거나 인식하고 있는 것 이상을 진술하는 것으로, 행동, 사고 및 감정의 새로운 의미와 원인 등을 설명해 준다. 해석을 사용하게 되면 내담자의 통찰을 촉진시켜 생각과 감정 및 행동 뒤에 숨어 있던 원인 등을 배우고, 자신의 행동에 대하여 자기통제를 촉진시킬 수 있다. 적당한 깊이의 해석은 너무 피상적이거나 너무 깊은 해석보다 더 낫다. 분석위주의 치료사들은 행동적 치료사들보다 좀 더 자주 해석을 사용한다.

초보 재활사는 해석을 조심스럽게 사용하여야 한다. 내담자가 치료사를 기쁘게 하기 위하여 해석에 동의하는지를 파악해야 하고, 너무 많은 해석을 사용하지 않도록 해야 한다. 해석을 너무 많이 제공할 때 치료사는 내담자에 대해 내담자보다 더 많이 알고 있다고 잘못 생각할 수도 있다. 반대로 치료사 자신의 해석이 틀리거나 미숙하거나 내담자를 간섭하게 되거나 공격하게 될까 봐 해석을 사용하지 못할 수도 있다. 시기적으로 내담자가 해석을 들을 준비가 되어 있지 않은데 장황한 해석을 제공할 수도 있으며, 내담자의 반응을 조심스럽게 관찰하지 않을 수도 있으므로 치료사는 해석을 항상 주의하며 사용해야 한다.

• 요약 •

이 장에서는 예비 언어재활사들이 갖추어야 하는 상담에 대한 전반적인 이해와 상담의 원리, 언어치료 과정 중에 일어나는 상담 내용들을 살펴보았다.

1. 언어치료에서 상담은 의사소통과 관련된 정보 제공, 의사결정의 조력, 정서적 지원을 목표로 한다.
2. 언어치료에서 상담은 치료 준비 단계, 실행 단계, 추후 단계에서 이루어진다. 특히 언어치료 실행 단계에서의 상담 내용은 부모 및 대상자를 위한 정서적 지원, 부모 및 대상자의 문제해결, 치료 진전 및 치료에 대한 상담을 포함하고 있다.
3. 상담의 원리에는 비언어적 기법과 언어적 기법이 있으며, 비언어적 기법에는 눈맞춤, 개방적 자세, 자연스러운 언어적 의성어, 적당한 고개 끄떡임이 있고, 언어적 기법에는 정서적 공감, 경청, 질문, 재진술, 해석 등이 있다.

연습문제

1. 상담의 목표에 대하여 진술해 보라.

2. 언어치료 과정에서 상담은 언제 이루어지는가?

3. 언어치료에서의 상담의 목표는 무엇인가?

4. 상담자가 내담자의 심리 속으로 들어가 자신의 감정처럼 느끼는 상담의 원리는 무엇인가?

참고문헌

권도하(2012). 언어치료학 사전. 대구: 물과길.

이장호(2005). 상담심리학. 서울: 박영사.

이현림(2009). 상담이론과 실제. 경기: 양서원.

천성문, 박명숙, 박순득, 박원모, 이영순, 전은주, 정봉희(2009). 상담심리학의 이론과 실제(2판). 서울: 학지사.

American Speech-Language-Hearing Association (2001). *Roles and responsibilities of speech-language pathologists*. Rockville, MD: Author.

Egan, G. (1990). *The Skilled Helper: A Systematic approach to effective helping*. Pacific Grove, CA: Brooks.

제6장

조음음운장애 임상실습

신 혜 정

이 장의 학습목표

- 조음음운장애 치료를 결정하기 위해 고려해야 하는 사항들을 설명할 수 있다.
- 조음음운장애의 장기 및 단기 치료목표 선정방법에 대해 설명할 수 있다.
- 조음음운장애 치료접근법(음성학적 치료법, 음운학적 치료법)에 대해 설명할 수 있다.
- 조음음운장애 치료계획서 및 진전보고서에 포함되어야 하는 내용에 대해 설명할 수 있다.

핵심 용어

- 자음정확도(percentage of correct consonant) 화자가 산출한 자음들 중에서 정확하게 산출한 자음의 비율로, 조음장애의 정도를 나타내는 지표로 가장 널리 사용된다.
- 말명료도(speech intelligibility) 화자의 발화를 청자가 이해하는 것으로, 듣는 사람의 입장에서 느끼는 주관적인 기준, 오류 음소의 수, 조음오류의 비일관성, 오류 음소의 사용빈도 등과 관련된다.
- 자극반응도(stimulability) 오조음한 음소를 모방하는 능력으로, 목표음을 포함한 음절이나 낱말에 대해 시각적, 청각적, 촉각적 단서 및 조음방법을 제시하였을 때 목표음소를 정확하게 산출하는 능력이다. 또한 치료목표 선정, 조음음운 중재를 시작할 언어학적 단위와 유형, 예후 등을 결정한다.
- 일반화(generalization) 중재를 통해 습득한 목표행동을 치료하지 않은 다양한 환경과 여러 언어적 맥락 등에서 정확히 산출할 수 있게 되는 것을 의미한다.
- 음성적 치료접근법 화자의 발화과정에서 생리학적인 차원의 문제로 조음음운장애가 발생. 대표적인 치료기법은 전통적 기법, 문맥접근법, 짝자극 기법, 다중음소기법, 행동수정법 등이 있다.
- 음운적 치료접근법 화자의 발화과정에서 언어학적인 차원의 문제로 조음음운장애 발생. 대표적인 치료기법은 음운 대조를 이용한 접근법으로 최소대립자질 치료법, 최대대립자질 치료법, 변별자질 접근법, 음운변동 치료법, 주기법, 상위음운지식을 이용한 치료법 등이 있다.

2020년 장애인실태조사에 의하면 언어장애인의 장애형태는 말은 하지만 발음이 이상하여 알아듣기 어려운 조음장애가 41.2%로 가장 많다고 한다(김성희 외, 2020). 이는 언어재활사들이 언어치료 임상현장에서 조음음운장애를 가진 아동이나 성인을 가장 많이 대면하고 중재한다는 것을 시사한다. 물론 이러한 이유와 함께 구어장애의 가장 큰 영역인 조음음운장애를 위해 학부의 교과과정에서는 여러 기초 교과목을 개설하여 지도하고 있다.

조음음운장애 아동 및 성인은 특정 음소를 산출해 내지 못하거나 비일관적으로 목표 음소를 산출하기도 하고, 또래 연령에 비해 열약한 조음음운능력을 가지고 있는 것을 의미한다. 이러한 환자들은 단순하게 발음의 문제를 호소하지만 그 이면에는 조음음운장애를 일으키는 다양한 원인과 문제를 내제하고 있으므로 학부 과정에서 관련 이론을 조음음운치료에 적용하는 과정은 보다 복잡하고 어려운 일처럼 느껴지게 될 것이다. 또한 조음음운장애와 함께 동반되어 나타날 수 있는 다양한 언어적인 문제 역시 진단 및 중재에서 간과하여서는 안 될 것이다.

일반적으로 한 학급에서 1등을 하는 학생과 꼴등을 하는 학생의 학습목표와 학습과정은 다를 수밖에 없다. 만약, 이 학생들이 동일한 학습목표, 학습내용과 학습방법을 공부한다면 둘 다 성공적인 학습 결과를 도출해 내기 어려울 것이다. 이처럼 조음음운장애를 가진 아동과 성인 개개인에 맞추어진 치료방법 역시 장애의 원인, 심각한 정도, 연령 등에 따라 차별화되어야 하고 조음음운장애를 가진 아동 및 환자들에게 역동적으로 적용될 수 있어야 한다.

최근 조음음운장애의 영역은 언어치료의 초창기에 비해 많은 이론과 임상적 연구 결과를 바탕으로 빠르게 변화하고 있다. 또한 이론적인 기초는 같은데도 불구하고 조음음운장애인들을 위한 목표 행동은 지난 몇 년간 급격하게 변화해 왔다. 물론 모든 이론들이 임상 현장에서 널리 사용되고 있는 것은 아니지만, 다양한 조음음운장애인들의 증상과 요구에 적절한 다양한 중재 프로그램 개발을 위해서는 의미가 있다고 사료된다. 이에 학생임상가들은 지금까지 연구되고 개발되어 온 다양한 치료 접근법들에 관해 서로 장점 및 단점을 비교 · 분석하고 임상에 적용할 수 있도록 체계적인 지식을 습득해야 할 것이다.

1. 초기 면담

취학 전 아동의 발음이 또래에 비해 어눌하거나 열약한 발음능력으로 의사소통이 잘 이루어지지 않을 때 부모나 주 양육자는 아동의 발음문제를 확인하기 위해 관련 기관을 방문하게 될 것이다. 최근에는 어린이집이나 유치원 혹은 영유아선별검사를 통해 의사의 의뢰서를 가지고 기관을 방문하기도 한다. 아동의 첫 조음 · 음운장애 평가를 위해서 아동의 연령, 성별, 주 호소 문제, 언어발달지연 등을 반드시 확인하고 평가를 준비하여야 할 것이다. 특히 Shriberg와 Austin(1998)은 조음 · 음운장애 아동의 60%는 언어발달 문제를 가지고 있다고 하였다. 실제 언어장애를 가진 경우 조음 · 음운장애를 가질 가능성이 높고, 음성장애와 유창성 장애도 조음 · 음운장애와 흔히 동반되어 나타나므로 초기 면담에서 이러한 문제를 반드시 확인하여 평가계획에 반영하여야 할 것이다.

2. 평가계획 및 실시

학생임상가는 또래보다 음운발달이 느리거나 특이한 말소리 문제로 의뢰된 아동의 다양한 음운 표본을 평가하여 얻은 결과를 분석하고 해석하여, 아동의 조음음운 문제가 조음음운 중재를 반드시 필요로 하는지, 조음음운 중재가 필요하다면 아동의 조음음운 특성이 무엇인지를 확인하고 앞으로 실시하게 될 조음음운 중재목표, 중재방법 등을 결정하여야 한다.

일반적으로 수집한 조음음운 샘플 분석에 근거하여 학생임상가는 치료 유무를 판정하고 치료가 결정되면 치료 목표의 방향을 결정하여야 한다. 또래 연령의 규준과 음운발달을 고려하여 조음음운장애 아동의 치료 유무를 판단하거나 성인의 표준 발음과 비교하여 조음음운장애 아동의 치료 유무를 판정하고, 필요한 경우 조음음운 중재를 시작하여야 한다. 석동일(2010)은 수집한 조음음운 샘플의 분석에 근거하여 임상가는 치료의 필요성과 치료의 방향을 결정하고 치료의 필요성을 수립하는 데 특히 유익한 자료로 ① 전체적인 말명료도, ② 연령 규준, ③ 자극반응도, ④ 오류의 일관성, ⑤ 오류의 형태 등을 포함한다고 하였다. 또한 치료의 방향을 결정할 때 오류 형태를 가장 중요하게 고려해야 한다고 하였다. 그 외에 조음음운장애에 대한 아동 자신의 인식 정도, 부모 및 교사의 인식 및 요구 정도, 수반 장애(언어발달지연, 신체 및 운동 발달 지연, 기타 동반 장애) 유무, 특징적으로 나타나는 비발달적인 조음음운 편차의 유무 등도 고려할 수 있다.

이러한 조음음운장애 평가 및 개별적인 문제와 함께 화자의 언어적인 배경도 고려되어야 한다. 최근 우리나라 역시 결혼이주 여성과 이주 노동자 등으로 이루어진 다문화 가정의 급증으로 인한 언어 및 조음음운 발달에 관한 전문적인 지식이 요구되고 있다.

임상가는 조음음운 검사를 실시한 후 다양한 분석방법을 통해 오조음을 분석할 수 있다. 이러한 분석방법은 조음음운 치료의 필요성과 치료결정 후 적용될 치료 전략을 설정하는 근거로 제시된다. 조음음운 치료의 필요성을 결정할 때 우선 고려해야 할 점들은 다음과 같다(Bernthal & Bankson, 2004; 김수진, 신지영, 2007; 석동일, 2010).

1) 말명료도(speech intelligibility)

구어 산출의 가장 중요한 목적은 화자의 발화를 청자가 이해하는 것이다. 이것은 개별 음소가 정확하게 산출되는 것과는 다른 것으로 해석할 수 있다. 물론 말명료도에서 자음정확도의 기여도가 가장 크다는 것은 명확한 사실이다. 하지만 자음정확도만이 말명료도를 결정하는 유일한 척도이지는 않다. 조음음운 문제로 치료실을 내원한 아동이 일주일 정도 경과한 후 부모로부터 아동의 발음이 매우 개선되었다는 의견을 듣기도 한다. 이는 개별 자음정확도가 개선되었다기보다는 전체적인 구어비율의 감소로 부모들의 말명료도가 향상된 것으로 보는 것이 적절할 것이다. 이처럼 말명료도에 영향을 미치는 요인으로는 개별 자음정확도 이외에 오류음의 일관성, 오류음의 빈도, 화자의 구어비율, 친숙도 등이 있다.

말명료도의 가장 간단한 방법은 3점 척도나 5점 척도를 이용하여 전체적인 말명료도를 평가하는 것이고, 일반적으로 가장 많이 사용하는 방법은 화자가 산출한 구어 샘플에서 청자가 정확하게 이해한 음절, 단어 및 문장의 수를 백분율로 측정하는 것이다.

2) 심한 정도(severity)

조음음운장애의 심한 정도는 자음정확도(Percentage of Consonants Correct: PCC)를 이용하여 경도(mild, 85~100%), 경도-중도(mild-moderate, 65~85%), 중도-고도(moderate-severe, 50~65%), 최고도(severe, 50% 이하)로 기술할 수 있다(Shriberg & Kwiatkowski,

1982). 자음정확도와 같은 장애 정도의 수량적 평가는 중재가 필요한 사람들의 우선권과 관련된 진전/변화를 감독할 수 있는 객관적인 수단이 된다고 한다(Bernthal & Bankson, 2004).

3) 자극반응도(stimulability)

자극반응도는 오조음한 음소를 모방하는 능력으로, 목표음을 포함한 음절이나 낱말에 대해 시각적, 청각적, 촉각적 단서 및 조음방법을 제시하였을 때 목표음소를 정확하게 산출하는 능력이다. 자극반응도는 오조음한 음소의 자발적인 향상이나 치료 예후를 결정하는 요인이기도 하지만 아직까지 명확한 인과관계는 증명되지 못하였다. 하지만 목표음소의 자극반응도가 높다는 것은 오조음의 자발적인 개선이나 치료에서의 향상 정도에 대한 일반적인 지침을 준다. 또한 아동이 목표음의 오조음을 자발적으로 수정할 수 있다면 앞으로의 음운발달에 긍정적인 영향을 미칠 것이다.

4) 발달적 적합성

일반적으로 음운발달이 또래에 비해 지연되면 조음음운 치료가 필요하다. 만일 어떤 아동이 또래 연령의 아동들이 정조음하는 음운을 오조음하거나 아동의 전체적인 자음정확도가 또래 연령의 평균과 비교하여 현저히 낮다면, 그 아동은 조음음운발달에 지연이 있는 것으로 판단될 수 있다.

일반적으로 아동의 조음능력은 표준화된 검사도구의 생활연령에 따른 자음정확도 규준 자료와 비교하여 발달적 적합성을 평가하고 음운발달 규준과 개별 아동의 음운발달 정도를 비교하는 것이다. 만일 아동이 그 나이 아동의 75~90%가 산출하는 말소리를 오조음하거나 표준화된 조음검사에서 아동의 수행력이 평균보다 1표준편차 이하일 때, 또는 아동이 그 나이의 또래 아동에게는 일반적으로 제거되는 음운변동을 여전히 나타낼 때 그 아동은 음운발달 지연이나 장애를 가진 것으로 간주한다(Bernthal & Bankson, 2004). 또한 조음음운발달 지연의 정도는 치료의 기간을 예견하는 요인이 되기도 한다.

이 외에 오류의 일관성, 오류의 패턴, 발생빈도 등을 고려하여 치료의 필요성을 결정한다.

3. 치료계획 및 실시

아동의 조음음운 문제가 치료를 필요로 한다면 아동의 조음음운 문제를 해결하기 위해서 치료목표 및 치료방법 등을 선정하여야 한다. 아동에게 적절한 조음음운 치료를 위해서는 자극반응도, 사용빈도, 발달적 적합성, 문맥분석, 음운변동 분석, 오류의 일관성, 개인적 특성 및 요구 등을 고려하여야 한다.

자극반응도는 목표음소를 포함한 음절이나 단어를 모방하는 능력으로 치료목표를 선정할 때 중요한 역할을 한다. 자극반응도가 높은 음소는 조음음운 치료 없이 자발적인 조음 개선을 할 수 있다고 간주할 수 있다. 조음음운장애 아동들 사이에서 치료의 우선권을 결정할 때, 자극력이 나쁜 아동들이 자극력이 좋은 아동들보다 더 높은 우선권을 받아야 한다고 한다(Sommers & Kane, 1974). 또한 임상가들은 모방을 통해서 발음할 수 있는 오조음들은 모방을 할 수 없는 음들보다 치료를 통해서 더 빨리 중재될 수 있다고 가정하였다(Winitz, 1975).

이처럼 자극반응도는 중재 없이 자연적인 성숙에 의한 음운 습득 여부를 결정할 수 있는 척도이다. 또한 조음음운 중재를 시작할 언어학적 단위와 유형을 결정하며 일반화를 예측하기 위해 사용된다. 예를 들어, 주기법(cycle approach)에서 다음 회기의 목표 음소 선정은 아동의 자극반응도 평가 결과에 근거하여 선정한다.

임상가는 오조음된 음소의 사용빈도를 반드시 고려하여야 한다. 일반적으로 사용빈도가 높은 음을 오조음할수록 말명료도는 더 낮아지기 때문이다. 예를 들면, 우리말 자음에서 고빈도 음소인 /ㄴ, ㄱ, ㄹ/를 바르게 산출하지 못한다면 청자의 말명료도는 매우 낮아지게 될 것이다. 따라서 사용빈도가 높은 고빈도 음소를 먼저 치료하면 아동의 전체적인 말명료도는 다른 음소를 치료하였을 때보다 더 향상될 것이다.

치료목표 음소를 선정할 때 조음음운에 문제를 가진 아동의 생활연령은 중요한 요인이 된다. 일반적으로 임상가는 음운발달 규준을 고려하여 목표음소를 결정하여야 한다. 예를 들어 /ㅅ/는 5세에 습득되는 후기 발달 음운이므로 6세 연령 이후의 조음음운장애 아동의 목표음소로 결정하는 것이 적절하다.

문맥분석은 오조음에 관한 주변 음성학적 문맥의 영향에 초점을 둔 것으로 목표음소가 정확하게 산출될 수 있는 음성적 문맥을 찾아 중재를 시작하고 점차적으로 다른 문맥으로 중재를 진행한다. 이러한 문맥은 치료를 효율적으로 진행시키고 목표음소를 보다 더 쉽게 산출하게 하여 치료대상 아동의 내적동기를 유발시키게 한다. 또한 문맥검사에서 아동이 정확하게 말소리를 산출할 수 있는 문맥의 수는 오류의 안정성에 대한 지표를 제공한다. 오류에 대한 안정성이 적을수록 더 쉽게 고쳐질 수 있다(Bernthal & Bankson, 2004).

조음음운 중재 목표음소를 선택할 때 대부분의 언어임상가들은 경도 조음음운장애 아동이나 성인은 음운오류패턴 분석을 하지 않아도 되지만 중증의 조음음운장애를 가진 경우에는 많은 오조음들의 오류 유형을 분류하기 위해서 음운오류패턴 분석을 하는 것이 더 효과적이라고 하였다. 심한 음운오류패턴이 관찰되지 않을 때에는 전통적인 음대음 접근방법(sound by sound approach)을 사용한다. 아울러 조음음운 문제를 가진 아동의 개인적 특성 및 요구 등도 함께 고려하여야 한다.

1) 장기목표 선정

조음음운장애 치료의 최종 목표는 모든 구어 상황에서 자발적으로 정확한 조음을 산출하는 것이다. 수행 준거는 치료계획서 작성 시 선정하게 되고 대부분의 임상가들은 대화에서 목표음소를 산출할 때 90%의 정확도를 요구한다. 경도의 조음음운장애를 가진 경우에는 개별 목표음소를 정확하게 산출하는 것이 목표로 선택되지만, 중도 이상의 심각한 조음음운장애를 가진 경우에는 음운오류 패턴의 제거가 중재목표로 선택될 수 있다.

중재목표는 개별 음소뿐만 아니라 음운오류패턴을 선정할 수도 있다. 음운패턴 분석은 조음위치-조음방법-발성유형 패턴 분석, 변별자질 패턴 분석, 음운변동 패턴 분석이 있다. 조음위치-조음방법-발성유형에 따른 패턴 분석은 가장 일반적인 분석으로 오조음을 조음위치, 조음방법, 발성유형으로 분류하고 각 그룹별로 한 가지 이상 목표음소를 선정한다. 이러한 방법은 치료하지 않은 음소로의 일반화를 유도할 수 있으므로 임상가는 치료 전반에 걸쳐서 일반화를 고려하여야 한다. 변별자질 패턴 분석 역시 조음위치-조음방법-발성유형에 따른 패턴 분석과 크게 다르지 않다. 특정 자질을 가진 음소를 습득하면 같은 자질을 가진 다른 음소로 일반화한다는 것에 근거하여 목표음소를 선정한다. 음운변동 패턴 분석은 경도 조음음운장애 아동보다는 중도 이상의 말명료도가 낮은 아동에게 적절한 방법으로 음운변동 패턴 분석은 크게 음절 구조에 관한 분석과 대치 음운변동으로 구분할 수 있다. 목표음소는 비발달적인 음운변동을 제거하기 위하여 선택된다. 일반적으로 음운변동 선택 방법은 말명료도를 가장 개선시키는 것, 서로 다른 그룹에 속하는 음소, 일반 아동이 쉽게 습득하는 것, 조음음운장애 아동들이 가지는 비발달적인 음운변동 등이다.

이러한 음운변동 패턴을 목표로 선정한다고 하더라도 단순히 "아동은 종성 생략을 제거한다."라는 기술은 적절하지 않다. 이러한 진술은 추상적이고 구체적이지 않으므로 행동목표로 적절하지 않다. 치료목표는 "단어의 종성 위치에서 자음 /ㄱ, ㄴ, ㄹ/를 정확하게 산출하여 종성 생략을 제거한다."가 보다 적절할 것이다. 최종목표는 "가정이나 학교에서 녹음된 3개의 자발적인 대화 샘플에서 목표음소들을 90% 이상 정확하게 산출한다."이다.

장단기 목표를 선정하기 위해서 가장 먼저 고려할 사항은 말명료도와 자음정확도를 저하시키는 가장 큰 원인을 개선시킬 수 있는 목표를 결정하는 것이다. 장단기 목표를 계획하기 위해서는 조음음운 검사 결과들을 주의깊게 검토하여야 한다.

우선 치료의 필요성을 결정할 때 가장 중요한 척도인 말명료도와 자음정확도를 개선시킬 수 있는 것이 장기목표로 선정되어야 할 것이다. 이는 조음음운 검사 결과에 따라 특정 음소나 음운 자질이 장기목표가 될 수도 있고, 특정 음운변동률의 제거가 장기목표가 될 수도 있다. 이와 함께 자극반응도, 사용빈도, 발달적 적합성, 문맥분석 결과 등을 종합적으로 고려하여 결정하도록 한다.

장단기 목표는 개별적인 분절음 이외에 전체적인 말명료도를 떨어뜨리는 지나치게 빠른 구어비율, 호흡 및 음성 문제 등에 관한 것도 장기목표에 포함될 수 있다. 장기목표의 기간은 일반적으로 6개월이나 1년을 단위로 계획하는 것이 적절하다.

2) 단기 및 회기별 목표 선정

각 장기목표에 따라 단기목표 및 회기별 목표를 계획한다. 또한 강화스케줄도 함께 고려하여 목표를 계획한다. 일반적으로 오조음이 구개열, 연인두기능부전, 신경학적 문제 등과 같은 기질적인 요인, 말명료도를 저해하지는 않으나 오조음으로 자각되는 왜곡오류, 일관적으로 산출되는 오류음소는 치료목표로 선택된다. 치료목표로 선택되면 음대음 분석을 이용하여 목표음소에 관한 현행 수준을 기술하여야 한다. 자극반응도와 문맥분석을 통해 오조음의 다양한 국면을 진단하고 대치, 왜곡, 생략 등과 같이 오류 유형을 분석한다. 또한 음소들이 오조음되는 단어 내 위치 등을 측정하여 치료를 위하여 초기 목표음소들을 선택하고, 객관적이고 정량적인 용어로 목표음소를 기술한다.

목표음소에 대한 도달 준거는 다음과 같이 기술할 수 있다.

- 한 회기에 일반적으로 3~4개의 치료목표 음소를 정한다.
- 도달 준거에 대한 객관적인 기준을 정한다.
  (90% 정확하게 산출한다. 또는 10번 중 9번 정확하게 산출한다.)
- 언어학적인 수준(음소, 음절, 단어, 문장, 대화 등)을 기술한다.
- 환경적인 요인(임상실, 학교, 집 등)을 기술한다.
- 목표음소가 산출되어야 하는 구어샘플의 수(예: 3개)를 기술한다.
- 각 샘플에서 목표음소를 산출하는 기회의 수(예: 20번)를 기술한다.

목표음소에 관한 정량적 기술은 아동의 수행력에 따라 수정될 수 있고, 환경적인 요인 등도 기술하는 것이 적절하다. 예를 들어, 치료의 초기에는 임상실 내에서만 목표음소의 정확한 산출을 유도하지만 치료가 진행될수록 아동의 집과 학교로 일반화되어야 하기 때문이다. 이러한 목표를 결정할 때는 학교의 교사나 주된 양육자인 부모의 도움이 반드시 필요하다.

조음음운 목표는 "아동은 모든 구어 환경에서 자발적으로 목표음소 /ㅅ/를 모든 단어 내 위치에서 90% 이상 정확하게 산출한다." 이 수행준거는 적어도 3개의 연속적인 구어샘플에서 정조음을 산출할 수 있어야 한다. 각 구어샘플에는 적어도 목표음소를 산출할 수 있는 20회 이상의 기회가 주어져야 한다.

각각의 장기목표마다 훈련 단계를 나누어 단기목표를 계획한다. 훈련 단계는 전통적인 접근법의 경우, 음절 → 단어(1음절→2음절→3음절) → 구 → 문장 → 대화와 같이 언어학적 단위에 따라 적용하는 것이 일반적이다. 그러나 의미 있는 단어의 치료를 중시하는 언어학적 접근법의 경우 의사소통 상황별로 목표단어를 계획할 수도 있다. 그리고 한 음소의 오류가 여러 가지 음운오류패턴에서 나타났다면 조음위치 측면을 우선 치료목표로 선정한다. 예를 들어, 아동이 [ㄱ]를 [ㄸ]로 오조음한다면 연구개음의 전방화(혹은 치경음화) 오류패턴을 먼저 치료한 후 긴장음화 오류패턴을 치료한다. 발달적으로도 조음위치 변동이 조음방법 변동보다 먼저 사라지고, 조음위치 변동이 조음방법 변동보다 말명료도를 더 많이 저하시키기 때문이다(이윤경 외, 2010).

4. 보고서 작성

임상현장에서 널리 사용되는 조음음운 치료 접근법은 학문적 배경에 따라 행동수정 접근법 측면과 언어학적 접근법 측면 혹은 음성학적 측면과 음운학적 측면을 강조하는 두 가지 부류로 나뉘게 된다. 임상에서 흔히 운동음성학적 치료 접근법과 인지언어학적 치료 접근법이라는 용어로 사용되기도 한다. 이렇듯 접근법을 이분화하여 분류하는 것이 편리하지만 음운산출에는 운동 수준에서의 말소리 산출과 언어규칙에 따른 말소리 사용의 두 측면이 모두 관여된다. 그러므로 두 기술은 서로 상호적이므로 임상현장에서 오조음이 운동 기술 부족을 반영하는 것인지 언어학적 지식이 부족한 것을 반영하는지 둘 다 문제인지를 결정하는 것은 매우 어렵고, 거의 불가능하기도 하다. 운동음성학적 측면의 대표적 치료기법은 전통적 치료기법이며, 인지언어학적 측면의 대표적 치료기법은 음소대조를 이용한 단어짝 접근법이 된다. 대부분의 임상가들은 전통적인 치료양식에 여러 가지 기법들을 절충하여 임상현장에 적용하고 있을 것이다.

1) 음성적 치료접근법

화자의 발화과정에서 생리학적인 차원의 문제로 조음장애가 발생한다는 음성적 치료 접근법의 대표적인 치료방법은 전통적 기법, 문맥접근법, 짝자극 기법, 다중음소기법, 행동수정법 등이 있다.

일반적으로 가장 널리 사용되고 오래된 기법인 전통적 치료기법은 각 어음에 초점을 둔 조음지도로 구성하며 치료기법의 구조가 위계화되어 있다. 이 기법의 장점은 자세한 검사와 비교를 통하여 목표음을 판별하고 목표음과 오조음을 변별하는 것에 중점을 두는 감각 · 지각훈련, 바르게 산출될 때까지 그 음을 변화시키고 교정하는 확립훈련, 정확한 산출을 강화시키고 안정화시키는 안정화 훈련, 새로 습득한 구어기술을 일상의 의사소통 상황으로 전이시키는 전이훈련, 자기 모니터링을 통하여 새로 학습된 목표음소 발음능력의 파지력을 신장하는 유지 훈련 등의 일련의 연속적인 활동에 있다. 이러한 과정은 보통 처음에는 독립음에서 시작하여, 음절, 단어, 마지막에는 문장에서 목표음을 산출하도록 나아간다(권도하, 2009). 사용되는 관련기법으로는 청각모방법, 촉진문맥법, 조음점지시법, 운동-근운동 감각법, 자극법, 통합적 자극법, 감각-운동법, 집단법, 변별법, 무의미법 등이 있다. 이 기법에서는 새로운 목표음소를 모든 형태의 말하기에서 사용할 수 있도록 하기 위해 독립음, 음절, 단어, 문장의 연속적인 수준에서 연습하게 된다.

짝자극 치료기법은 '전통적 방법'과 '의사소통 중심법'을 절충한 치료 프로그램이다. 이 기법은 핵심단어와 훈련단어를 짝지어 정조음하는 핵심단어에서 오조음하는 훈련단어로 정확한 조음능력을 전이시키는 기법이다. 장점은 다양하고 광범위한 음운적 편차에 적용이 가능하며, 구조와 형태에 있어서 일관된다는 점이다. 특히 준전문가도 사용하기에 적절하고 중재활동을 진행할 때 아동에게 내적동기유발을 제공함으로써 치료진전이 빠르게 나타나는 것이 장점 중 하나이다. 새로 학습된 행동을 일반화하고 유지하며 부정적 측면의 영향을 최소화할 수도 있다. 기본 구조는 단어수준, 문장수준, 회화수준으로 이루어져 있다. 10번 중 9번 정조음하는 핵심단어와 3번 중 2번 이상 오조음하는 훈련단어로 짝을 이루어 단위반응이 일어나도록 한다. 하나의 훈련조는 10개의 훈련단어와 1개의 핵심단어로 이루어져 있다(석동일, 2010).

행동수정 접근법은 조작적 조건화 절차를 이용한 조음치료 프로그램, 즉 철저한 과제분석을 통해 단계적 절차와 자극-반응-강화 메커니즘에 의해 목표행동을 유도한다. 자극과 반응 관계가 확인되면 행동 결과를 조작함에 의해서 행동을 조정할 수 있다는 스키너의 이론을 조음장애 아동의 중재에 적용한 것이다.

2) 음운적 치료접근법

화자의 언어학적인 차원에 있는 말소리의 문제로 음운장애가 발생한다는 음운적 치료접근법의 대표적인 치료방법은 음운 대조를 이용한 접근법이다. 대조를 이용한 대표적인 접근법은 최소대립자질 치료법, 최대대립자질 치료법, 변별자질 접근법, 음운변동 치료법이 있고, 그 외 주기법, 상위음운 지식을 이용한 치료기법, 의사소통 중심법 등이 있다.

최소대립자질 치료법은 최소대립쌍을 이용한 조음음운 치료로 지각 및 산출 활동을 통해 음운 대조를 수립하도록 몇 개의 단계로 구성한다. 치료절차는 지각, 음성산출, 최소대립쌍 산출, 문맥 내에서의 최소대립쌍 산출로 구성된다(Ruscello, 2008).

최대대립자질 치료법은 후기에 발달하는 상대적으로 산출하기 어려운 조음을 먼저 습득하면 좀 더 단순한 운동을 요구하는 음소는 쉽게 습득될 것을 가정하는 것이다. 목표 대조쌍을 선정할 때는 아동의 음소 목록에 없는 소리 가운데 변별자질이 가장 차이가 많이 나는 것을 2개 선택한다. 최소대립자질 치료법과는 달리 지각훈련을 실시하지 않으며 모방 단계, 자발적인 단계로 구성된다. 이 치료법은 고도에서 최고도의 음운장애를 보이는 음운장애 아동에게 적용하면 효율적인 것으로 알려져 있다(김수진, 신지영, 2007).

변별자질 접근법은 변별자질 이론을 기초로 한다. 변별자질은 어음이나 음소가 하나의 복합단위라는 개념으로 변별자질의 습득은 정상적인 구어를 습득하는 필수조건이며, 변별자질의 습득 실패는 음운장애를 야기할 수 있다고 가정한다. 변별자질 접근법은 그 특성상 인지 언어학적 접근법에 속한다. 운동적 접근에 의한 전통적인 조음장애 치료법은 대체로 음성 하나하나에 초점을 두고 나타난 오류를 하나씩 치료해 나간다. 그러나 인지 언어학적 분석에 기초한 치료법은 아동의 말에 나타난 여러 분절음의 오류 특성 가운데 언어학적 공통성을 지닌 것에 일차적 초점을 둔다. 아동의 음운론적 오류에서 공통적인 특성을 분석하여 치료에 적용하면 효과적이라는 이론에 근거한 것이다. 따라서 이들은 치료의 초점을 개별 음성의 교정에 두지 않고, 여러 음성에 포함된 체계적인 음운 오류패턴을 찾아 그것을 하나하나 줄여나가는 데 중점을 두고 있다. 즉, 오조음 치료를 개별적인 과업으로 여기는 방법에 반대하여 조음 오류가 기본 규칙 체계를 반영하고 있다는 관점을 가지고 자질별로 묶어서 치료에 임함으로써 개별적인 음성치료보다 훨씬 많은 오조음을 개선시킬 것이라는 기본 관점을 가지고 있다. 변별자질이란 음성들과 음성 유목들 간의 언어학적 대립을 결정하는 음소의 하위 요소로 한 언어에서 음소를 구별짓는 독특한 변별자질의 묶음이다(김시영, 1999). 이 치료기법은 아동이 효과적으로 학습할 수 있는 자질을 최소단어짝 형태로 제공함으로써 목표음소에 대한 습득이 가능하게 한다. 이 치료기법의 장점은 여러 오류에 기인하는 단 하나의 자질을 습득시킴에 의해 다중 오류음을 교정할 수 있다는 것이다. 최소단어짝은 훈련을 요구하는 어떤 자질을 가르치는 데 사용한다. 치료과정은 단어의 검토, 단어짝에 있는 변별자질의 청각적 변별, 발음훈련, 전이를 포함하는 점진적 방식으로 이루어져 있다.

음운변동 접근법, 즉 한 개의 음운학적 변화과정의 제거로 여러 개의 오류음을 치료한다고 가정한다. 훈련단위는 단어로 시작한다. 일반화를 전제로 한 치료접근법을 사용하고, 음운변동의 특성을 분석하여 가장 치료의 효율성이 큰 것, 즉 전이의 가능성이 가장 큰 음운변동을 표적행동으로 선택한다(김영태 외, 2007).

주기법은 일반 학습이론에서의 분습법과 같으며, 이 점에서는 다중음소법과 동일하나, 다중음소법은 한 치료시간에 여러 오류음을 동시에 치료하는 데 반해 일반적으로 주기법에서는 한 회기에 하나의 음운 또는 음운패턴을 치료한다. 개별 음소들의 정확도보다는 전반적인 말명료도 개선에 목표를 둔다. 말명료도가 낮은 아동에게 실시하면 유용한 접근 방법으로 적어도 음운변동률이 40% 이상 오류가 있는 아동에게 우선 실시한다. 이 기법은 음운장애 아동의 단어 수준에서 중재를 실시한다. 치료는 우선 목표음소를 청각적으로 증폭시켜서 제시하는 청각 자극을 제시한 후 산출 훈련을 실시한다. 산출 훈련을 실시한 후 중재목표를 낱말에서 발음하도록 그림 및 사물 이름대기 과제를 포함하는 경험적 놀이 활동 참여, 한 주기는 일련의 목표 음운오류패턴들을 끝낼 때 종료되는데, 이때 한 음운오류패턴에 관련되는 목표음소들을 중심으로 훈련하게 된다. 각 회기는 복습, 청각적 자극, 목표단어 산출 연습하기, 경험 놀이를 이용한 조음 연습, 자극반응도 검사, 청각적 자극, 가정 프로그램순으로 훈련을 실시한다(석동일, 2010).

상위음운 지식을 이용한 치료법은 음운인식 치료기법과 동일한 용어로 사용된다. 상위언어능력이란 언어의 본질과 기능에 대하여 사고하고 반영하는 능력으로 언어의 주요 성분에 대한 인식능력이며 언어의 음운구조에 관해 사고하고 반영하는 능력이라고도 할 수 있다. 음운인식 치료기법은 상위음운능력, 즉 음운인식능력을 향상시켜 조음음운능력을 개선시켜 주는 치료방법이다. 음운인식능력을 측정하는 음운인식과제에는 단어탈락, 단어합성, 단어변별, 음절탈락, 음절합성, 음절변별, 각운변별, 각운산출, 두운변별, 두운산출, 초성분리, 중성분리, 종성분리, 음소분절, 음소탈락, 음소합성, 음소 수 세기 등이 포함된다(석동일, 2010; 김수진, 신지영, 2007).

의사소통중심법은 인간 중심주의 사상을 배경으로 한 치료기법으로 실제 의사소통 상황과 유사한 상황을 설정하여 치료한다. 언어발달장애 치료 접근법의 화용론적 접근과 그 철학적 배경 및 대두 시점이 유사하다. 아동을 훈련시킨다는 차원이 아니라, 아동이 능동적인 주체가 되는 즐겁고 재미나는 학습원리를 추구한다. 실제 의사소통 장면과 가능한 한 유사한 상황에서 연습하며, 탈훈련 및 자발성 강조, 활동성 강조, 실용성 및 사회화를 강조한다. 인간중심주의 자발성, 사회성, 활동성, 통합성, 자연적 귀결성, 전이를 강조한다.

앞에서 살펴본 바와 같이 음성적 치료접근법은 목표음소 산출을 위한 조음운동 습득과 훈련에 초점을 둔 전통적인 치료기법의 기초를 이루고 있다. 화자의 발화과정에서 생리학적인 차원의 문제에 중점을 둔 치료법으로 조음운동 문제가 나타난 조음장애 아동에게 효율적이며 음소의 대조를 이루지 못하는 아동의 경우 청지각 훈련을 적용할 수도 있다. 하지만 고도 이상의 심한 정도를 가진 아동들의 경우에는 여러 오조음을 동시에 다룰 수 있는 수평적 접근법이나 주기법 등의 치료법을 적용하는 것이 적절할 것이다. 화자의 언어학적인 차원에 있는 말소리의 문제에 중점을 둔 치료법은 일반적으로 다수의 음운오류를 나타내는 말명료도가 낮은 어린 아동에게 유용하고 음운 훈련은 개별 음소의 정확도보다는 바른 음운규칙의 사용에 초점을 두는 것으로 음운 산출 훈련 단계에서는 전통적인 접근법에서 사용하는 치료기법을 사용할 수도 있다.

3) 치료 계획서

치료목표가 선정되면 임상가는 치료를 할 때 사용할 적절한 자극자료를 찾아야 한다. 자극자료는 그림이나 사물, 임상가에 의한 청각적 모방법, 수정법에 의한 점진적인 말소리 산출 지도, 시각 · 청각 · 촉각적 단서의 사용 등이 있다.

임상가는 조음음운장애 대상 아동을 위해 자극 자료와 치료 활동 등을 선정한다. 이는 아동의 언어발달 정도나 선호하는 놀이나 장난감 등을 고려하여 선택한다.

(1) 청각 변별 대 산출

임상가나 타인의 말소리를 듣고 아동 자신의 말소리와 비교하는 외적 청각 변별과 아동 자신의 말소리를 서로 비교하는 내적 청각 변별이 있다. 이러한 청각적인 변별은 일반적으로 산출 훈련에 선행하여 실시하는 단계로 오조음의 산출이 청지각의 문제에 기인한 것으로 판단되는 조음음운장애 아동들에게 이러한 청각변별 훈련을 실시한다. 만약 아동이 목표음소의 청지각에 문제가 없고 조음과정이나 산출과정의 오류로 오조음을 산출하는 경우에는 청각 변별 훈련을 실시하지 않아도 된다.

(2) 음절 대 단어

변별훈련이 행해졌든 아니든, 산출 훈련의 첫 단계는 독립음, 음절, 단어 수준에서 시작될 수 있다. 대부분의 임상가는 학습할 반응을 단순화시킨다. 가장 단순한 언어학적 단계는 독립음에서 목표음소를 중재하는 것이다. 독립음 수준에서 시작할 때의 치료목표는 좀 더 강하고 지속적으로 정확한 소리를 만드는 데에 있다. 이러한 훈련은 좀 더 복잡한 음운 변화를 위한 기초를 제공할 수 있다. 산출 훈련을 위해서 시각, 청각, 촉각적 단서를 제공할 수 있다. 독립음 수준에서 치료를 시작하는 치료기법은 전통적 기법, 음절 수준에서 치료를 시작하는 치료기법은 감각운동, 짝자극 기법은 단어 수준에서 치료를 시작한다. 음운대조를 통한 음운치료 접근법들은 대부분 단어 수준에서 치료를 시작하고 주기법 역시 단어 수준에서 치료를 실시한다.

(3) 단일 목표음소 대 다중 목표음소

일반적으로 회기 내 목표음소를 한 개로 정하느냐 여러 개로 정하느냐는 전적으로 담당 임상가의 결정에 따르나 일반적인 지침은 있다. 하지만 반드시 정해진 원칙이 아니므로 임상가는 효율적인 치료를 위해 조음음운장애 아동의 심한 정도나 다른 수반장애의 여부에 따라 능동적으로 결정하는 것이 바람직하다.

회기 내 단일 목표음소를 치료하는 경우, 아동의 혼란을 감소시킬 수 있으며, 이러한 치료 방법은 초기 발달 음소에서 후기 발달 음소의 순서로 조음음운 치료를 실시한다. 한 회기에 여러 목표음소를 치료하는 경우 음운오류패턴에 따라 오류음을 조음위치-조음방법-발성유형, 변별자질, 음운변동 패턴으로 그룹화하여 지도할 수 있다.

경도의 조음음운장애 아동은 단일 목표음소를 치료하는 것이 일반적이고, 중도 및 고도 이상의 조음음운장애 아동인 경우는 한 회기 내 다중 목표음소를 다루는 것이 전체적인 말명료도 향상을 위해 효율적인 치료이다.

(4) 치료 순서

조음음운 치료는 일반적인 순서를 따르지만 개별 아동의 문제에 따라 개별화되어 적용된다. 대부분의 목표음소는 언어학적 단위(독립음 → 음절 → 단어 → 구 → 문장 → 대화)에 따라 치료를 실시한다. 하지만 아동의 수행 수준에 따라 언어학적 단위는 수정될 수 있다.

(5) 일반화와 유지

치료의 최종목표는 임상가의 도움없이 모든 환경에서 대화를 할 때 자발적으로 정확한 조음을 산출하는 것이다. 임상가는 주기적으로 새롭고 훈련받지 않은 단어에서 목표음소를 산출하도록 요구하여 일반화의 정도를 평가할 수 있으며 임상가는 치료의 초기부터 이러한 것을 고려하여야 한다. 일반화는 자극 일반화와 반응 일반화가 있고, 자극 일반화는 임상가가 아동에게 실시하는 자극에 관한 것이며, 반응 일반화는 목표음소의 위치 일반화, 문맥 일반화, 언어학적 단위 일반화, 말소리/변별자질 일반화, 상황 일반화가 있다(김수진, 신지영, 2007).

치료의 마지막 단계는 유지이다. 치료할 때 습득된 목표음소가 시간이 경과된 이후에도 지속적으로 유지되어야 하는 것이다. 이러한 반응유지 전략을 위한 가장 효율적인 방법은 가정 및 기타 상황에서 목표음소를 정확하게 산출하도록 강화하는 가족을 훈련하는 것이다. 이는 부모상담이나 가족상담을 통해 이루어질 수 있다. 일반적으로 조음음운 치료가 종료된 3개월 후 추후평가(follow up)를 실시하여 유지의 정도를 평가한다.

4) 진전보고서

치료진전과 관련된 보고서는 회기별 진전보고서, 장단기 목표의 도달에 관한 진전보고서, 치료종결 보고서가 있다.

회기별 진전보고서는 회기별 도달준거에 맞추어 목표음소의 수행력을 기술하여야 한다. 초보임상가나 학생임상가는 아동이 산출하는 모든 음운의 정확도를 지적하거나 수정하려는 경향이 있으나 이는 아동에게 지나친 좌절을 주거나 치료의 원활한 진행을 방해하는 원인이 된다. 그러므로 임상가는 목표음소에 관해서만 음운 중재를 실시하여야 한다. 임상가는 특히 아동의 목표음소에 대한 반응은 치료 진행에 따라 시간의 순서대로 나열하거나 치료활동에 따라 기술하여도 된다. 이때 목표음소의 수행 준거에 관한 기술도 기록하고 다음 회기 목표음소 선정을 위한 자극반응도 평가 등도 포함될 수 있다. 또한 현재 치료목표와는 상이하더라도 아동의 음운발달이나 다음 회기 치료에 참고할 만한 행동을 아동이 나타낸다면 기록하여야 한다. 목표에 관련된 사항과 치료 시 관찰된 아동의 내적동기 여부, 좋아하는 활동, 싫어하는 활동 등도 간략히 기록한다.

장기 및 단기 목표는 정해진 기간이 지나면 아동의 수행력을 평가하여 기술한다. 이에 따라 장단기 목표의 수행 여부를 판단한다. 비록 도달하지 못한 장단기 목표는 그 적절성을 평가하고 새로운 목표를 선정할 때 참고한다.

조음음운 치료가 종료되거나 아동의 개인적인 사유에 의해 치료가 종료된 후에도 그 동안의 치료에 관한 종결 보고서가 간략하게 기록되어야 한다.

5. 보고서 작성 예시

1) 진단보고서 예시

진단보고서

관찰자		임상 지도 교수	

1. 일반적인 정보

대상자: 이○○(성별: 남/여)	학생임상가: 김○○
생년월일: 20○○. ○. ○.	평가기간: 20○○. ○. ○.
장애유형: 조음장애	작성일: 20○○. ○. ○.
정보제공자: 어머니	관찰기관: ○○언어치료센터

1) 배경정보 및 행동관찰

어머니의 보고에 의하면 임신이나 출산과 병력 및 신체발달에는 문제가 없었다고 한다. 구어 및 언어발달에서 첫 낱말은 13개월경 '엄마'라고 정확히 산출하였고, 단어 연결은 18개월로 또래와 비교하여 정상적인 발달을 나타내었다고 한다.

아동은 치료실에 입실하기 전에 엄마와 약간의 불안 증세가 있었으나, 임상가와 친숙해지면서 안정되었고 별다른 문제는 관찰되지 않았다. 또한 아동은 언어검사할 때 평가를 실시한 문항에 대한 답이 맞았는지 학생임상가에게 질문을 하였고, 평가 시 흥분하면 구어비율이 높아져 오조음 산출 빈도가 증가하였다.

2) 평가

(1) 조음기관 구조 · 기능 선별검사(Speech Mechanism Screening Test: SMST, 신문자 외, 2010)

(2) 취학전 아동의 수용언어 및 표현언어 발달척도(Preschool Receptive-Expressive Language Scale: PRES, 김영태 외, 2007)

(3) 한국어 표준 그림 조음음운검사(Korean Standard Picture Articulation and Phonology Test: KS-PAPT, 석동일 외, 2008)

(4) 자발화를 이용한 자음정확도

(5) 구어명료도 검사(권도하 외, 1994)

(6) 자극반응도

3) 구어능력

(1) 조음기관의 이상 유무

조음기관 구조 · 기능 선별검사 결과, 육안으로 조음기관의 구조적 이상은 관찰되지 않았다. 조음기관의 기능에서 혀를 뒤로 말기와 내밀고 말아서 좁히기 과제에서는 약간 비정상을 나타내었다. 조음선별검사는 /ㄹ/와 /ㅅ/에서 약간 비정상을 나타내었다. 조음 교대 운동에서는 /퍼/, /터/, /커/, /퍼터커/, /러/, /긍/, /아/ 과제 모두 기준 점수를 통과하지 못하였다.

(2) 조음음운능력

① 한국어 표준 그림 조음음운검사

한국어 표준 그림 조음음운검사 결과, 자음정확도는 98.36%(120/122), 백분위 점수는 40%ile로 나타났다. 자음 검사 결과, 조음방법에서는 유음과 마찰음의 오조음이 나타났고, 조음위치에서는 치경음의 오조음만 관찰되었다. 아동의 자음정확도는 또래의 평균 범위에 속하였으나 검사 이외의 음운에서 많은 오조음이 관찰되었다. 음소 위치별 결과는 어중초성에서만 오조음이 나타났고, 음절 유형에서는 2음절 단어에서만 오조음이 나타났다.

모음 검사 결과, 모음 정확도는 100%(7/7)로 나타났다.

자발화에서의 전체 자음정확도는 98.28%(802/816)로 나타났다. 자발화 수준에서 생략이 대치보다 많았으며, 조음위치에서는 치경음 생략을 많이 나타내었다. 조음방법에서는 유음 생략을 많이 나타내었다.

② 말명료도 검사

말명료도 검사 결과, 단어명료도는 96.02%(290/302)이고, 문장명료도 89.10%(90/101)으로 문장명료도가 단어명료도에 비해 낮게 검사되었다.

③ 자극반응도

아동이 오류를 보인 음소 /ㄹ/, /ㅅ/에 대해 독립음과 여러 모음맥락 상황에서 청각 및 시각적으로 단서를 준 후 모방하도록 하였다.

자극반응도 결과, /ㄹ/의 경우 어두초성과 어중초성 단서에서 /ㄴ/로 대치가 일어났다. /ㄹ/의 경우 91.17%(217/238)의 자극반응도를 나타내었다. 아동은 /ㅅ/가 중복하여 나타나는 단어의 어두초성은 /ㅊ/으로 대치하였으며, 어중초성에서 /ㅆ/로 긴장음화가 일어났다. /ㅅ/의 경우 97.67%(84/86)의 자극반응도를 나타내었다.

(3) 음성 및 유창성

아동의 음도와 음질과 크기는 정상이었으나 구어비율은 매우 빠른 편이고 기분이 좋거나 흥분할 때 더 빨라지는 모습을 나타내었다.

4) 언어능력

(1) 수용언어능력

취학전 아동의 수용언어 및 표현언어 발달척도 검사 결과, 수용언어의 획득점수는 60점, 백분위점수는 98%ile, 언어발달연령은 76개월로 아동의 생활연령보다 1개월 높게 산출되었다.

(2) 표현언어능력

취학전 아동의 수용언어 및 표현언어 발달척도 검사 결과, 표현언어의 획득점수는 52점, 백분위점수는 98%ile, 언어발달연령은 70개월로 아동의 생활연령보다 5개월 낮게 산출되었지만, 아동의 통합언어 발달연령(73개월)이 생활연령(75개월)과 1세 미만 정도로만 차이를 보여 정상 범위에 속한다.

5) 전반적인 의사소통능력

아동은 검사 시 모르는 단어에 대해 자발적으로 학생임상가에게 질문을 하는 모습을 나타내었으며, 자신의 생각을 적극적으로 표현하는 모습을 나타내었다.

6) 요약 및 권고사항

아동은 언어발달적인 문제는 나타나지 않았고, 조음 산출에서만 문제를 나타내었다. 아동의 자음정확도는 또래의 평균 범위에 속하였으나 검사 이외의 조음에서는 많은 오류를 나타내었고, 취학전 조음치료를 원하는 어머니의 요구 등을 고려하여 언어치료를 결정하였다. 아동은 문장명료도가 단어명료도보다 낮으므로 문장이나 대화 수준에서 /ㄹ/, /ㅅ/를 자발적으로 산출하는 조음치료와 지나치게 빠른 구어비율을 또래 수준으로 낮추는 조음치료를 권고한다.

2) 장단기 치료계획서 예시

(1) 평가결과 요약 및 현행수준

아동은 언어발달적인 문제는 관찰되지 않았고, 조음에만 문제를 나타내었다. 아동의 자음정확도는 또래의 평균 범위에 속하였으나 검사 이외의 조음에서 많은 오류를 나타내었다. 특히 아동은 문장명료도가 단어명료도보다 낮아 문장 수준에서 /ㄹ/, /ㅅ/를 중재하는 조음치료를 권고한다.

(2) 치료영역

언어발달( ), 신경언어( ), 청각재활( ), 조음음운(✓), 유 창 성( ), 음성( ), 기타( ) 부가정보:

(3) 장단기 치료목표

장기목표	1. 아동은 대화 시 유음 /ㄹ/를 90% 이상 산출할 수 있다.
단기목표	1-1) 아동은 무의미 음절 수준에서 탄설음 /ㄹ/를 90% 이상 정확하게 산출할 수 있다. 1-2) 아동은 다음 절 단어 수준에서 탄설음 /ㄹ/를 90% 이상 정확하게 산출할 수 있다. 1-3) 아동은 문장 수준에서 탄설음 /ㄹ/를 90% 이상 정확하게 산출할 수 있다. 1-4) 아동은 대화를 할 때 탄설음/ㄹ/를 90% 이상 정확하게 산출할 수 있다.
장기목표	2. 아동은 대화 시 치경마찰음 /ㅅ/를 90% 이상 산출할 수 있다.
단기목표	2-1) 아동은 무의미 음절 수준에서 치경마찰음 /ㅅ/를 90% 이상 정확하게 산출할 수 있다. 2-2) 아동은 다음 절 단어 수준에서 치경마찰음 /ㅅ/를 90% 이상 정확하게 산출할 수 있다. 2-3) 아동은 문장 수준에서 치경마찰음 /ㅅ/를 90% 이상 정확하게 산출할 수 있다. 2-4) 아동은 대화를 할 때 치경마찰음/ㅅ/를 90% 이상 정확하게 산출할 수 있다.
장기목표	3. 아동은 또래 수준의 구어비율로 대화를 할 수 있다.
단기목표	3-1) 적절한 구어비율로 대화를 할 수 있다. 3-2) 다양한 활동을 통하여 구어비율을 자유자재로 조절할 수 있다.

3) 회기별 치료계획서 예시

(1) 치료목표

1-1) 아동은 무의미 음절 수준에서 탄설음 /ㄹ/를 90% 이상 정확하게 산출할 수 있다.
1-2) 아동은 다음 절 단어 수준에서 치경마찰음 /ㄹ/를 90% 이상 정확하게 산출할 수 있다.
2-1) 아동은 무의미 음절 수준에서 치경마찰음 /ㅅ/를 90% 이상 정확하게 산출할 수 있다.
2-2) 아동은 다음 절 단어 수준에서 치경마찰음 /ㅅ/를 90% 이상 정확하게 산출할 수 있다.

(2) 치료활동

날짜	치료활동	목표반응 및 준거/강화절차	자료
○월 ○일	3-1) 학생임상가와 아동은 각각 그림카드 4장씩 나누어 가진 뒤, 가지고 있는 단어를 상대방에게 설명하여 맞추게 하는 활동을 한다. • 아동의 구어비율이 빨라질 경우 거북이 그림을 아동에게 시각적으로 제시한 뒤, 핸드퍼펫을 이용하여 구어비율을 조절한다.	〈목표반응〉 • 아동은 적절한 구어비율로 대화를 할 수 있다. • 구어비율을 자유자재로 조절할 수 있다. 〈준거〉 • 아동은 분당 150음절 이내로 산출할 수 있다. 〈강화절차〉 • 사회적 강화("잘했어") • 신체적 강화(박수치기) • 토큰 강화(스티커)	단어카드 핸드퍼펫
	1-2), 2-2) 학생임상가와 아동은 동요를 부른다. • 학생임상가는 아동이 탄설음/ㄹ/와 치경마찰음 /ㅅ/가 들어가는 가사를 정조음할 수 있도록 한다. • 학생임상가는 아동이 오조음 할 경우, 아동이 정조음할 수 있도록 모델링을 제시한다.	〈목표반응〉 1-2) 아동은 탄설음 /ㄹ/가 포함된 단어를 정조음할 수 있다. 2-2) 아동은 치경마찰음 /ㅅ/가 포함된 단어를 정조음할 수 있다. 〈준거〉 • 아동은 8회 중 7회 정조음할 수 있다. 〈강화절차〉 • 사회적 강화("잘했어") • 신체적 강화(박수치기) • 토큰 강화(스티커)	가사판

	1-2), 2-2) 학생임상가는 단어를 붙인 블록을 치료실 안에 숨겨 놓는다. • 아동은 학생임상가가 숨겨 놓은 블록을 찾아, 물고기에 붙여진 숫자를 돋보기로 본 뒤, 물고기 숫자만큼 해당 단어를 산출한다. • 학생임상가는 아동이 오조음 할 경우, 아동이 정조음할 수 있도록 모델링을 제시한다.	〈목표반응〉 1-2) 아동은 탄설음 /ㄹ/가 포함된 단어를 정조음할 수 있다. 2-2) 아동은 치경마찰음 /ㅅ/가 포함된 단어를 정조음할 수 있다. 〈준거〉 • 아동은 10회 중 9회 정조음할 수 있다. 〈강화절차〉 • 사회적 강화("잘했어") • 신체적 강화(박수치기) • 토큰 강화(스티커)	돋보기 블록
	1-2), 2-2) 학생임상가와 아동은 가위바위보를 하여 이긴 사람이 자신의 토끼 입 안에 그림이 붙여진 당근·무를 넣으면서 단어를 산출한다. • 칠판에 핵심단어와 훈련단어를 제시하여 아동에게 핵심단어-훈련단어를 짝지어 읽을 수 있게 한다. • 학생임상가는 아동이 오조음 할 경우, 아동이 정조음할 수 있도록 모델링을 제시한다.	〈목표반응〉 1-2) 아동은 탄설음 /ㄹ/가 포함된 단어를 정조음할 수 있다. 2-2) 아동은 치경마찰음 /ㅅ/가 포함된 단어를 정조음할 수 있다. 〈준거〉 • 아동은 10회 중 9회 정조음하여 산출할 수 있다. 〈강화절차〉 • 사회적 강화("잘했어") • 신체적 강화(박수치기) • 토큰 강화(스티커)	토끼인형 칠판

4) 진전보고서 예시

날짜	치료 전 수준	치료활동	치료결과 및 권고사항
○월 ○일	3-1) 아동은 기분이 좋거나 흥분할 경우 구어 속도가 빨라지는 모습을 나타내었다. • 아동은 분당 197음절 산출하였다.	3-1) 학생임상가와 아동은 각각 그림카드 4장씩 나누어 가진 뒤, 가지고 있는 단어를 상대방에게 설명하여 맞추게 하는 활동을 한다. • 아동의 구어비율이 빨라질 경우 거북이 그림을 아동에게 시각적으로 제시한 뒤, 핸드퍼펫을 이용하여 구어비율을 조절한다.	〈치료결과〉 • 아동은 분당 185음절 산출하였다. 〈차기계획〉 • 그림카드 4장씩 나누어 가진 뒤, 가지고 있는 단어를 상대방에게 설명하여 맞추게 하는 활동을 할 때 아동은 핸드퍼펫을 이용하여 분당 150음절 이내로 산출할 수 있다.

	1-2) 아동은 어두초성과 어중초성 /ㄹ/를 /ㄴ/로 대치를 하였다. 2-2) 아동은 어두초성에서 /ㅅ/를 /ㅊ/로 대치, /ㅆ/로 긴장음화를 나타내었다. 또한 왜곡을 나타내었다.	1-2), 2-2) 학생임상가와 아동은 동요('한국을 빛낸 100명의 위인들')를 부른다. • 학생임상가는 아동이 탄설음 /ㄹ/와 치경마찰음 /ㅅ/가 들어가는 가사에 정조음할 수 있도록 한다. • 학생임상가는 아동이 오조음할 경우, 아동이 정조음할 수 있도록 모델링을 제시한다.	〈치료결과〉 • 아동은 동요에 포함된 탄설음 /ㄹ/, 치경마찰음 /ㅅ/를 정조음하여 발화하였다. 〈차기계획〉 • 아동은 동요에 포함된 탄설음/ㄹ/, 치경마찰음/ㅅ/를 정조음하여 발화한다.
	1-2) 아동은 어두초성과 어중초성 /ㄹ/를 /ㄴ/로 대치를 하였다. 2-2) 아동은 어두초성에서 /ㅅ/를 /ㅊ/로 대치, /ㅆ/로 긴장음화를 나타내었다. 또한 왜곡을 나타내었다. 1-2) 아동은 어두초성과 어중초성 /ㄹ/를 /ㄴ/로 대치를 하였다. 2-2) 아동은 어두초성에서 /ㅅ/를 /ㅊ/로 대치, /ㅆ/로 긴장음화를 나타내었다. 또한 왜곡을 나타내었다.	1-2), 2-2) 학생임상가는 단어(사자, 수박, 새우, 세모, 소금, 소라, 우산, 버스, 풍선, 자석, 보석 / 레몬, 리본, 로봇, 리모콘, 라면, 체리, 구름, 머리, 기린, 머리)를 붙인 블록을 치료실 안에 숨겨 놓는다. • 아동은 학생임상가가 숨겨 놓은 블록을 찾아 물고기에 붙여진 숫자를 돋보기로 본 뒤, 숫자에 맞는 단어를 산출한다. • 학생임상가는 아동이 오조음할 경우, 아동이 정조음할 수 있도록 모델링을 제시한다.	〈치료결과〉 • 아동은 '머리' '구름' '체리'를 생략하여 산출하였다. • 아동은 '우산' '화살'에서 왜곡을 나타내었다. 〈차기계획〉 • 유음 /ㄹ/가 이어진 2음절 단어(술래)를 이용하여 어중초성 /ㄹ/의 산출을 유도한다. • 어중초성 위치에 치경마찰음 /ㅅ/가 포함된 2음절 단어를 이용하여 어중초성 /ㅅ/의 조음능력을 유도한다(조음점지시법 등 사용).
		1-2), 2-2) 학생임상가와 아동은 가위바위보를 하여 이긴 사람이 자신의 토끼 입 안에 그림이 붙여진 당근 · 무를 넣으면서 단어를 산출한다. • 칠판에 핵심단어와 훈련단어를 제시하여 아동에게 핵심단어-훈련단어를 짝지어 읽을 수 있게 한다. • 학생임상가는 아동이 오조음할 경우, 아동이 정조음할 수 있도록 모델링을 제시한다.	〈치료결과〉 • 시간이 부족하여 활동을 진행하지 못하였다. 〈차기계획〉 • 유음 /ㄹ/가 이어진 2음절 단어(술래)를 이용하여 어중초성 /ㄹ/의 산출을 유도한다. • 어중초성 위치에 치경마찰음 /ㅅ/가 포함된 2음절 단어를 이용하여 어중초성 /ㅅ/의 조음능력을 유도한다(조음점지시법 등 사용).

• 요약 •

이 장에서는 조음음운장애 아동의 치료 결정, 치료목표 선정, 치료접근법, 치료과정, 진전보고서에 관한 내용을 다루었다. 조음음운장애 치료를 결정할 때와 치료목표를 선정할 때 고려해야 하는 사항, 임상현장에서 사용되는 음성적 치료접근법과 음운적 치료접근법을 설명하였다. 조음음운장애 치료과정에서는 치료활동에서 사용되는 자극제시 방법과 치료순서, 일반화와 유지 등을 제시하였다. 또한 보고서 작성에서 주의할 점과 예시를 제시하여 이해를 돕고자 하였다.
이 장에서는 다음과 같은 내용을 포함한다.

1. 말명료도, 자음정확도, 심한 정도, 자극반응도에 대한 용어를 정의하였다.
2. 조음음운 치료를 결정할 때 고려해야 하는 말명료도, 심한 정도, 자극반응도, 발달적 적합성을 해석하는 방법을 설명하였다.
3. 조음음운 치료목표를 선정할 때 고려해야 하는 자극반응도, 발생빈도, 사용빈도, 발달적 적합성, 문맥분석, 음운과정 분석, 개인적 특성 및 요구 등을 고려하는 방법을 설명하였다.
4. 조음음운 치료에서 음성적 치료접근법과 음운적 치료접근법을 제시하였다.
5. 조음음운장애 치료과정에서 치료 순서, 일반화와 유지 등을 설명하였다.

연습문제

1. 자음정확도와 말명료도의 차이는 무엇인가?

2. 자극반응도의 정의와 이를 평가하는 방법은 무엇인가?

3. 목표음소의 도달준거에 포함되어야 하는 사항은 무엇인가?

4. 음성적 치료접근법과 음운적 치료접근법의 차이는 무엇인가?

5. 경도(mild) 조음음운장애와 고도(severe) 조음음운장애 아동의 치료목표를 선정할 때 적용하는 일반적인 지침은 무엇인가?

참고문헌

권도하(2009). 언어치료학개론. 대구: 한국언어치료학회.

권도하, 석동일, 김영태, 정옥란, 강수균(1994). 언어진단. 대구: 한국언어치료학회.

권도하, 신명선, 김시영, 전희숙, 유재연, 안종복(2008). 언어진단법. 대구: 한국언어치료학회.

김수진, 신지영(2007). 조음음운장애. 서울: 시그마프레스.

김시영(1999). 언어장애아의 음성 및 조음명료도 개선을 위한 변별자질접근 전략. 대구대학교 대학원 박사학위논문.

김영태, 성태제, 이윤경(2007). 취학전 아동의 수용언어 및 표현언어 발달 척도. 서울: 서울장애인종합복지관.

김성희, 이민경, 오욱찬, 오다은, 황주희, 오미애, 김지민, 이연희, 강동욱, 권선진, 백은령, 윤상용, 이선우(2020). 2020년 장애인 실태조사. 한국보건사회연구원.

석동일(2010). 조음 음운장애 치료(제3개정판) . 대구: 대구대학교출판부.

석동일, 박상희, 신혜정, 박희정(2008). 한국어 표준 그림 조음 음운검사. 서울: 학지사.

신문자, 김재옥, 이수복, 이소연(2010). 조음기관 구조 · 기능 선별검사. 서울: 학지사.

이윤경, 배소영, 권유진, 김민정, 박혜진, 서경희, 윤효진, 이옥본, 이은주, 정경희, 정한진, 표화영(2010). 언어치료 임상실습 이론과 실제. 서울: 학지사.

최양규, 윤치연, 신명선, 전희숙, 안종복, 백은아, 노동우, 이종헌, 남현욱, 정분선, 임경열(2003). 언어치료입문. 대구: 한국언어치료학회.

Bauman-Waengler, J. (2000). *Articulation and Phonological impairment: A clinical focus.* Boston: Allyn & Bacon.

Bernthal, J. E., & Bankson, N. W. (2004). *Articulation and Phonological Disorders* (5th ed.). 김영태, 심현섭 역(2007). 조음음운장애. 서울: 박학사.

Bowen, C. (2009). *Children's Speech Sound Disorders.* Chichester: Wiley-Blackwell.

Roth, F. P., & Worthington, C. K. (2001). *Treatment resource manual for speech-language pathology* (2nd ed.). Albany, NY: Delmar Learning.

Ruscello, D. M. (2008). *Treating Articulation and Phonological Disorders in Children*. 김수진, 한진순, 장선아, 박상희 역(2011). 아동의 조음음운장애 치료. 서울: 박학사.

Shriberg, L. D., & Austin, D. (1998). Comorbidity of speech-language disorder: Implications for a phenotype marker for speech delay. In R. Paul (Ed.), *Exploring the speech-language connection*. Baltimore: Paul h. Brookes Publishing Co., INC.

Shriberg, L. D., & Kwiatkowski, J. (1982). Phonological disorders Ⅲ: A procedure for assessing severity of involvement. *Journal of Speech and Hearing Disorders, 47*, 256-270.

Sommers, R. K., & Kane, A. R. (1974). Nature and remediation of function articulation disorders. In S. Dickson (Ed.), *Communication disorders: Remedial principles and practices*. Glenview: Scott, Foresman, and Co.

Winitz, H. (1975). *From syllable to conversation*. Baltimore: University Park Press.

제7장

언어이전기 언어발달장애 임상실습

김 영 은

이 장의 학습목표

- 언어, 의사소통과 밀접한 관계가 있는 인지능력들을 이해하고 설명할 수 있다.
- 초기 언어발달에 영향을 주는 요인들에 대해 충분히 숙지하고 이를 임상실습 장면에서 활용할 수 있다.
- 표준화된 평가, 비공식적 절차를 통해 언어이전기 수준의 아동의 의사소통 및 언어발달 수준을 평가할 수 있다.
- 언어이전기 수준의 아동에게 적합한 언어치료목표를 설정하고, 치료계획서를 작성할 수 있다.

핵심 용어

- **의도적인 의사소통행동단계** 자신이 신호를 보내기 전에 그 신호가 상대방에게 어떤 영향을 주고 어떤 행동적 결과를 초래한다는 인과관계를 충분히 이해하는 단계이다.
- **언향적 단계** 행동으로 인해 수반되는 결과에만 관심을 보이며, 타인에게 전달하고자 하는 의도가 없는 시기이다.
- **언표내적 단계** 타인에게 의도를 전달함으로써 원하는 결과를 얻을 수 있음을 인식하는 단계로, 언어표현이 시작되지 않아 몸짓이나 발성과 같은 비언어적인 수단을 사용하여 표현한다.
- **언향적 단계** 언어표현을 통해 자신의 의도를 표현하는 단계이다.
- **수단–목적관계** 문제해결을 위한 수단으로 여러 가지 사물들을 사용할 수 있다는 것을 이해하는 능력이다.
- **인과성 개념** 다른 사물이나 사람이 어떤 행위의 원인이 될 수 있다고 깨닫는 것을 말한다.
- **사물영속성** 사물이 시각적으로 보이는 것이나 즉각적인 현상과는 무관하게 독립적으로 존재한다는 것을 이해하는 능력이다.
- **상징놀이** 어떤 사물이나 행동을 다른 사물이나 행동으로 상징화할 수 있는 능력을 말한다.

1. 초기 면담

언어발달단계에서 언어이전기라 함은 일반적으로 아동이 말(구어, 언어)형태로 의사소통을 하지 못하는 수준을 말한다. 이 수준에 있는 아동들은 유의미한 단어를 산출하지 못하는 경우가 대부분이고, 의사소통을 하더라도 발성과 몸짓으로 의사소통하고 있거나 제한된 음성산출, 무의미발화 혹은 무발화 아동일 수 있다.

언어발달 수준이 언어이전기에 해당하는 아동의 경우라도 아동이 가진 장애나 고유한 특성에 따라 다양한 발달적, 행동적 특징을 지닌다. 전반적인 발달이 느린 영유아 중에도 언어이전기의 수준을 보이는 경우도 있고, 24개월이 지나도 유의미한 낱말 사용을 하지 않는 경우도 있다. 연령이 높은 중도의 지적장애 아동이거나, 자폐범주성장애 아동인 경우에도 언어이전기 수준을 보이는 경우가 있다. 동일하게 언어이전기를 나타내는 아동이라도 아동이 지닌 발달적 특징, 장애 특성에 따라서 면밀한 관찰과 평가를 진행하고 중재접근법을 고려해야 한다. 각 장애영역별 임상적 접근에 대해서는 이 책의 다른 장을 반드시 참고해 보길 바란다. 여기에서는 특정 장애를 동반하는 사례가 아닌 일반적인 언어이전기 수준의 유아동의 언어치료임상에 대해서 다루어 본다.

1) 초기 면담 시 정보수집 내용

학생임상가가 첫 면담에서 언어이전기 수준의 영유아나 아동을 만나게 되면 아마 많이 당혹스러울 것이다. 초기 면담에서 아동이 학생임상가의 일상적인 언어적 자극과 의사소통 시도에도 구어적 반응이 없거나 무관심하면 당황하게 되고, 그 아동에게 어떤 어려움이 있는지, 현재 대략적인 언어나 의사소통 수준을 파악하는 것은 막막하기까지 하다. 게다가 울음을 터뜨리거나 거부반응까지 보이는 아동을 만났다면, 주양육자와의 초기 면담은 더욱 부담으로 다가올 것이다. 하지만 초기 면담에서 대상자에 대한 직접적인 정보가 부족할수록, 학생임상가는 잘 정리된 질문지나 목록을 가지고 충분한 주의를 기울여야 할 필요가 있다.

언어이전기 수준을 보이는 아동의 임상실습 초기 면담에서 가장 많은 정보를 얻어야 하는 대상은 아동이 아니라 주양육자나 부모일 수 있다. 초기 면담을 통해 기본적인 정보(이름, 나이, 성별, 가족관계, 주양육자 등)와 발달력, 교육력, 신체발달력, 장애진단 관련 정보, 현재 주양육자와의 의사소통 양식과 아동이 주로 나타내는 발성이나 몸짓, 자모음 형태에 대한 자세한 정보를 얻어야 한다. 추가로 아동이 좋아하는 장난감이나 활동, 하루 일과에 대해 자세히 질문해 보거나 어린이집이나 기관을 다니고 있다면 그곳에서의 상호작용, 의사소통 수행 수준을 알아보는 것도 좋다. 그리고 현재 제한된 언어와 의사소통으로 인해 겪고 있는 어려움과 언어치료를 통해 개선시키고자 하는 점에 대해서도 질문해 보도록 한다. 초기 면담 시 수집해야 할 정보들은 〈표 7-1〉을 참고하자.

〈표 7-1〉 **언어이전기 아동의 초기 면담 시 수집하면 유용한 정보들**

발달력 및 교육력	언어발달 및 의사소통
• 발달력(출생 시 문제 여부, 신체발달) • 병력 및 치료력(언어치료, 타 치료(놀이, 심리, 음악치료 등) 경험여부 포함) • 인지발달(인지능력) –사물영속성, 수단-목적 개념, 인과관계, 모방행동 • 정서발달 • 놀이발달단계 • 사회적 놀이발달 –상호적 사회적 놀이 –사회적 의사소통행동 (눈맞춤, 공동주의, 차례 주고받기 등) • 섭식과 삼킴발달 –구강운동기술 –유동식, 반고형식, 덩어리음식 등 –빨기, 턱 상하 움직임, 컵 마시기, 씹기 등	• 주양육자가 생각하는 아동의 언어수준, 주양육자와의 의사소통 양식과 방법, 의사소통에서의 어려움, 언어치료를 통해 향상되고자 하는 부분 • 주 의사소통양식 –몸짓, 몸짓+발성 동반, 모음발성 • 발성유무 • 옹알이 시기와 유형 –산출한 음절구조, 자모음 형태 • 기타: 가족관계, 주양육자, 아동이 선호하는 장난감 및 활동, 아동의 일과 등

특히 언어이전기의 아동의 경우는 언어와 의사소통 영역뿐만 아니라 언어발달에 기초가 되는 신경생리학적 발달, 대소근육 발달, 인지능력(사물영속성, 수단-목적 개념, 인과관계, 모방능력 등), 구강구조 및 기능(섭식, 삼킴 평가), 상징놀이 수준에 대한 정보를 얻는 것이 중요하다. 실제 많은 고위험군 영유아들은 의사소통과 언어발달에 영향을 미칠 수 있는 섭식문제, 청력손실, 신경학적 문제 및 행동 문제를 나타내기 때문이다. 아동의 연령이 어리면 어릴수록 이 내용은 더욱 중요해진다. 언어발달의 결정적인 시기가 있는 것처럼, 각 영역별로 발달상 중요한 시기가 있고, 시기별로 아동이 해야 할 중요한 과업들이 있기 때문이다. 또한 각각의 발달영역들은 서로 영향을 주고받는다. 주양육자에게 언어

와 의사소통 이외 전반적인 발달영역들에 대한 정보가 있다면 초기 면담에서 요청해 보도록 하자. 학생임상가가 아동의 전반적인 발달 체크리스트를 활용해도 좋고, 영유아발달 선별목적으로 영유아 건강검진에서 사용되는 K-DST 결과를 요청하거나, 전문가들에 의해 수행된 K-Bayley-III(한국형 베일리 영유아발달검사), K-DDST-II(한국형 덴버발달선별검사) 결과를 요청해 보아도 좋다. 아동의 발달 정보에 대해 자세하고 구체적으로 수집할수록 추후 평가를 계획하는 데 도움을 줄 수 있으며, 신체, 인지, 사회성 발달 정보는 평가계획뿐만 아니라 언어치료계획에도 중요한 정보를 제공할 수 있다.

2. 평가계획 및 실시

언어치료 대상이 언어이전기 수준의 아동이라면 학생임상가가 아동을 대상으로 직접 평가도구를 선택해서 실시할 수 있는 계획을 세우기가 쉽지 않을 수 있다. 초기 면담을 토대로 파악된 아동의 대부분이 검사 지시를 이해할 수 없거나 검사자의 지시를 수행하기 어려운 사례들이기 때문이다. 물론 몇몇 표준화되어 있는 평가도구를 계획하고 적용할 수 있지만, 평가가 1:1 대면으로 직접 진행되기보다는 주양육자의 보고로 이루어지거나, 주양육자와의 놀이상황, 상호작용, 의사소통 행동 등을 관찰하여 점수화하는 과정이 대부분이다. 제한된 시간 내에 평가가 이루어지려면, 행동 관찰과 보고 형태로 이루어지는 평가에 대한 충분한 훈련이나 준비가 필요하다. 학생임상가는 평가 전에 표준화된 검사들을 충분히 숙지하고, 각 평가도구의 항목과 주의사항, 특성을 잘 알아두어야 한다. 주양육자의 보고형인지, 보고형과 행동샘플 검사를 함께 하는 평가인지, 보고형이지만 추후 학생임상가의 확인이 필요한 항목들이 있는지 잘 확인해 두어야 한다. 학생임상가는 표준화된 평가도구를 활용하되, 추가적인 평가내용에 대한 비공식적인 절차도 염두해 두도록 하자.

1) 표준화된 검사도구

(1) 영 · 유아 언어발달검사(SELSI: Sequenced Language Scale for Infant, 김영태, 김경희, 윤혜련, 김화수, 2003)

5개월에서 36개월 영유아의 전반적인 언어발달 정도를 평가하기 위해 고안된 검사도구이다. 언어장애의 조기 선별을 목적으로 하며 검사 결과를 통해 언어발달지연(지체) 여부를 판별할 수 있다. 영유아의 인지능력과 관련된 의미론적 언어능력, 구문적 능력, 화용론적 언어능력, 조음 및 운율을 평가할 수 있도록 배치되어 있다. 검사는 양육자와의 면담이나 보고를 통해서 이루어지며, 언어장애가 의심되는 영유아는 언어재활사가 직접 양육자 면담을 통해 평가하도록 권고되어 있다.

(2) 한국판 맥아더-베이츠 의사소통발달평가(K M-B CDI: Korean version of MacArthur-Bates Communicative Developmental Inventory, 배소영, 곽금주, 2011)

8개월에서 36개월 사이 영유아를 대상으로 초기 어휘발달 및 의사소통행동을 평가하기 위해 한국형으로 수정하여 표준화한 평가도구이다. 양육자가 모든 항목에 직접 체크하도록 한다. 8~17개월 영유아용의 경우 어휘이해, 표현력, 제스처, 놀이 내용을 평가하고, 18~36개월 유아용은 어휘이해, 표현력, 문법과 문장을 평가한다.

(3) 한국판 의사소통 및 상징행동 발달검사(K CSBS DP: Korean Communication and Symbolic Behavior Scale Developmental Profile, 이윤경, 이효주, 최지은, 2019)

Wetherby와 Prizant(2002)에 의해 개발된 영유아용 의사소통 검사로 한국형으로 표준화한 척도이다. 영유아의 의사소통 행동과 상징 능력을 평가하고 발달지체, 장애, 고위험군 영유아 선별과 확인을 위해서 사용한다. 6개월에서 24개월의 전형적인 발달에 있는 영유아뿐만 아니라 의사소통 발달이 이 연령대에 속하는 영유아들에게 사용할 수 있다. 검사는 선별검사, 행동샘플 검사, 양육자보고검사로 구성되어 있다.

(4) 한국형 영유아 언어 및 의사소통발달선별검사(K-SNAP: Korean adaptation of the LENA™ Developmental Snapshot, 배소영, 윤효진, 설아영, 2017)

영유아의 언어 및 의사소통 발달문제를 선별하기 위해 한국형으로 수정, 표준화한 검사이다. 부모교육 및 중재를 위한 기초자료나 언어 및 의사소통 발달의 모니터링 및 추적 관찰을 위한 목적으로 사용할 수 있다. 6개월에서 36개월의 영유아를 대상으로 발성과 몸짓, 단어 및 의미 사용, 문장과 문법 사용정도, 다양한 의사소통상황에서 화용적으로 어떻게 상호작용하는지 살펴보는 문항들로 되어 있다. 검사는 주양육자나 부모 보고형 설문형식으로 진행된다.

2) 비공식적 평가 내용

표준화된 검사 과정은 대부분 구조화된 상황에서 구조화된 관찰로 진행되었을 것이다. 일부 아동들과 주양육자들은 제한된 시간, 낯선 환경, 사람, 상황에서 놀이와 상호작용, 의사소통이 자연스럽지 않았을 것이고, 아동의 대표적인 의사소통 양식과 반응으로 나타나지 않았을 가능성이 높다. 그리고 학생임상가는 평가결과를 정리하면서 관찰한 아동의 행동과 초기 면담에서의 수집한 정보가 불일치되는 부분을 발견하게 되었을 수도 있다. 이러한 차이를 줄이기 위해서는 부가적으로 비공식적인 절차를 고려해 보는 것이 좋다. 대표적인 아동의 언어 및 의사소통 행동을 관찰하려면 자연스러운 의사소통 상황에서 아동의 의사소통 능력을 살펴보는 것이 중요한데, 이를 반영하는 것이 맥락을 중시하는 평가들이다. 자연스러운 상황과 맥락을 제시하기 위해서는 아동이 선호하는 장난감이나 놀이에 대한 정보를 주양육자로부터 미리 알아두는 것이 좋다. 평가는 자연스러운 놀이 상황에서 다양한 장면과 촉진을 통해 아동의 어휘 이해, 지시 따르기, 상징놀이, 인지능력, 의사소통 수단, 발성 및 말소리 산출, 의사소통 기능, 의사소통 몸짓 등의 빈도와 형태를 분석하는 것이 일반적이다. 특히 중요하게 살펴봐야 할 항목은 아동의 요구하기(사물, 행동요구하기), 지적하기 등의 의사소통 기능이 몸짓, 제스처, 발성을 동반해

〈표 7-2〉 언어이전기 아동을 비공식적으로 평가할 수 있는 내용

초기 의사소통 기능	사회적 의사소통 기초	의사소통 몸짓	말소리 발달
• 명명하기 • 반복하기 • 대답하기 • 행동 요구하기 • 질문하기 • 부르기 • 인사하기 • 항의하기 • 연습하기	• 눈맞춤, 응시하기 • 모방하기 • 공동주의 • 차례 주고받기	• 지시적 몸짓 (참조적 몸짓) • 표상적 몸짓 • 관습적 몸짓	• 옹알이 수준 • 산출음소/음절 –자모음 –음소목록 –음절구조 • 억양산출 • 발성 –비율/양과질
상징놀이 및 인지능력			
• 상징놀이 발달 –감각운동 탐색놀이, 기능적 놀이, 단순상징행동, 복합상징행동, 계획적 상징행동, 대행자 놀이 등		• 사물영속성 • 모방능력(행동/말소리 모방) • 수단-목적 관계 • 인과성 관계	

서 기능을 하고 있는가 여부이다. 비공식적인 절차로 평가하는 항목이 이미 표준화된 평가에서 유사하게 수집된 정보일지라도, 각 항목별 시도 횟수와 빈도, 형태, 질을 자세히 관찰하여 분석해 두면 추후 치료목표 설정에도 도움이 된다.

어린 영유아의 경우, 주양육자와의 놀이상황을 비공식적인 절차로 반드시 관찰해 두는 것이 도움이 된다. 자연스러운 놀이 상황에서의 주양육자의 언어구조, 언어사용, 개념, 의사소통, 상호작용 빈도와 형태를 관찰한다. 또한 주양육자가 영유아에게 제공하는 언어 모델링이나 자극에 대해서 관찰하는 것도 필요하다. 영유아 시기는 주양육자와의 양질의 상호작용과 적절한 언어적 자극과 모델링이 중요한 시기이기 때문이다. 아울러 양육자의 반응성이 지속적으로 나타나는지 관찰한다. 양육자의 반응성은 영아들의 발성과 의사소통적인 시도에 대한 양육자들의 주의와 민감성을 말한다. 양육자들이 영아들의 의사소통적인 시도에 지속적이며 연속적으로 적절하게 반응하는 것은 영아들이 함께 주의하는 기간을 길게 유지하려는 욕구와 능력을 촉진하여 의사소통하고자 하는 동기를 증가시킨다. 양육자가 제공하는 반응성과 양과 질 모두 초기 언어발달에 큰 역할을 한다 (Meadows, Elias, & Brain, 2000)고 알려져 있다.

3. 치료계획 및 실시

1) 치료 방향 설정

평가 단계에서 언어이전기 영유아들의 언어 및 의사소통발달 단계를 어느 정도 가늠하게 되면, 현재 아동에게 필요한 기능과 언어자극에 대해서 충분하게 고민을 해 보아야 한다. 또한 연령이 어린 대상자라면 주양육자 혹은 부모의 역할이 더욱 중요해지므로 치료에 함께 참여할 수 있도록 목표와 치료활동을 공유하고 독려할 수 있어야 한다. 치료에서 주양육자(부모)에게 기대하는 바는 사회적 맥락, 언어적 환경이 중요한 시기인 양육과정에서 언어치료의 효율을 극대화하는 것이지, 주양육자(부모)의 어떤 부분을 바로잡고자 하는 것이 아니기 때문이니, 반드시 긍정적인 피드백을 포함한 부모상담과 부모참여, 부모교육은 항상 치료의 일부로 여기도록 한다.

언어이전기 영유아들의 표현언어 수준은 표면적으로는 유사하게 보일 수 있으나, 집중적인 언어적 자극이 필요한 아동, 어휘력 증가나 이해기술 발달이 필요한 아동이 있을 수 있고, 말 산출이나 발성패턴 증가, 언어이전기의 사회적 기술 습득이 선행되어야 하는 아동, 충분한 인지발달, 의사소통 의도와 표현이 필요한 아동이 있을 수 있다. 평가결과를 토대로 아동의 언어발달 및 의사소통 어려움에 가장 크게 기인하는 것은 무엇인지 잘 살펴보고, 주양육자(부모)의 바람과 실현 가능한 치료방향을 결정하는 것이 필요하다.

2) 의도적 의사소통행동 발달 단계에 따른 중재방법

언어이전기의 적절한 중재방법들을 소개하고 있는 Paul과 Norbury(2014)의 저서 내용을 의사소통행동 발달단계별로 정리 · 요약하였다(〈표 7-3〉 참조).

〈표 7-3〉 **의도적 의사소통행동 발달단계에 따른 중재방법**

단계	중재방법	주안점
언향적 단계	• 구강-운동발달 계획을 세우고 상호작용패턴에 중점을 둔 의사소통 중재 제공 • 운동과 인지, 의사소통 발달의 상관관계 강조 • 부모-영유아 의사소통 중재 • 주양육자(부모)에게 정상 의사소통 발달을 주지시키고, 아이의 의사소통 수준에 맞추는 방법을 알려주어야 한다. • 주고받기, 모방하기(아동의 행동이나 소리 그대로 흉내내기 등), 사물 주목하여 가리키기(아동이 좋아하는 사물을 보이는 곳에 가져와 아동이 보고 있는지 모니터, 좀 더 떨어진 곳에 손가락으로 가리키기 몸짓 사용 촉진), 공동주의 확립, 예측 가능한 행동 개발하기(단순한 놀이나 게임을 반복하여 예측 가능한 활동 확립)	• 상호작용 상대방에게 관심을 갖도록 -눈 맞춤, 주변 사물로 확장 • 자연스러운 상호작용 중에 실시 • 아동과 그 가족에게 모두 중점을 두고 노력
언표내적 단계	• 행동에 단어를 연관 짓는 것을 보여 주며 부모에게 도움을 주도록 하기 • 아동이 원하는 사물을 눈에 보이되, 손이 닿지 않는 곳에 두거나 아동이 기대하는 사건 순서를 바꾸는 것 등 → 아동 손이 닿지 않는 선반 위에 새로운 동물 인형을 놓아두거나 컵을 주기 전에 주스를 마시라고 할 수 있다. • **시작행동을 보이지 않는 아동을 위한 방법(Warren & Yoder, 1998)** -연계적인 동작 모방: 아동의 행동 직후에 어른이 그대로 또는 간략히 또는 약간 확대된 형태로 아동의 행동을 모방하는 것	• 반응적 분위기 조성, 다양한 유형의 의도적 의사소통을 시범 → 의사소통의 빈도 증가, 성숙한 의사소통을 위한 집중적인 노력 • 풍부하고 연계적인 언어적 자극

	–연계적인 발성 모방: 아동의 발성을 일부분만 또는 그대로 정확하게 수정된 형태로 모방 → 아동은 사회적인 자극 양을 조절할 수 있게 되고 어른이 모방하도록 더 많은 행동을 산출 –명확하게 일부 의사소통을 시작하게 되면 의사소통 빈도를 높이기 위한 부가적인 기법을 사용. 시간 지연, 구어("뭐?" "여기 봐"와 같은 구어적 촉진), 시선 가로채기 촉진(아이의 시야권에 들어가도록 어른이 움직이는 것)을 사용. 아동이 상호작용을 조정하기 위해 지속적으로 시선을 맞추어감에 따라 점차 소거시키면서 구어와 몸짓 의사소통을 증가시키기 위해 시범전략으로 이동	• 몸짓이나 비관습적인 발성 형식으로라도 아동의 어떠한 개시 행동에 지속적으로 반응하도록
	• **의사소통 유혹(communication temptation) 예시** (Warren & Yoder, 1998) –아동 앞에서 아동이 좋아하는 음식을 먹는다. –장난감 태엽을 감은 후 움직이게 한다. 장난감을 멈추면 아동에게 건네준다. –풍선을 분다. 바람이 빠지게 한 다음 아동에게 건네준다. –아동이 좋아하는 장난감이나 음식을 투명한 그릇에 담고 뚜껑을 꽉 닫는다. 아동에게 그릇을 건넨다. –공을 아동 쪽에 굴린다. 몇 번 굴려 주고받기한 후 자동차나 다른 바퀴 달린 장난감으로 대체한다. –소리가 나는 장난감을 불투명한 가방에 넣는다. 가방을 흔든 다음 아동에게 건넨다.	• 의사소통 방식을 중시하기보다는 어떤 몸짓이든 어떤 발성이든 메시지를 전달하고자 하는 의도만 명백하면 바람직한 반응으로 간주

3) 언어이전기의 기능적인 중재

화용론적인 이론을 기반으로 하는 언어치료 접근법 중 하나인 '기능적 접근법'은 타인과 상호작용을 강조하고, 언어중재 상황이 실생활과 밀접한 장면으로 주로 다루어진다. 기능적 접근법은 의사소통의 맥락, 의사소통 의도, 기능 향상에 초점을 두고 있으므로, 치료실에서의 중재뿐만 아니라 다양한 방법으로 가정에서도 연계될 수 있도록 하는 것이 좋다. 언어이전기의 기능적인 중재방법들을 요약하면 〈표 7-4〉와 같다.

〈표 7-4〉 언어이전기의 기능적인 중재방법

중재방법	내용
공동관심 (함께 주목하기)	타인이 주목하고 있는 물체나 활동에 아동이 관심을 갖고 주목하도록 한다. ex) 아동이 가지고 노는 강아지 장난감에 성인이 '멍멍'이라고 개입
공동활동 (공통적인 활동하기)	아동이 활동을 하고 있을 때 성인이 개입하고, 아동이 성인의 개입을 좋아하면 성인이 주도하여 다른 활동을 함께하도록 한다. ex) 아동이 북을 두드릴 때 성인이 따라서 두드리고 옆에 있는 상자를 두드려 아동이 상자를 두드리게 한다.
선행 행동에 대한 연계반응 인식시키기	아동이 의사소통 의도가 보이는 행동을 나타낼 때 성인은 즉시 그에 반응해야 한다.
지칭하기	물건이나 활동을 눈이나 손으로 가리키거나 명명하는 것이다. ex) 사물을 명명해 주거나 가리키는 것뿐만 아니라 자동차를 보여주며 "이게 뭐지?!"라고 하며 아동의 관심을 끈다.
사회성 게임하기	상호작용을 위해서 아동과 성인이 일상적으로 하는 게임을 의미하며, 짝짜꿍, 까꿍 등의 놀이가 해당된다.
인지적 도식 확대시키기	기능적인 놀이, 상징놀이 촉진
의사소통 수단 확대시키기	아동의 비의도적인 행동, 말을 의사소통 수단으로 바꾸어 주거나, 초보적인 의사소통 행동을 좀 더 바람직한 의사소통 행동으로 바꾸어 준다. 아동이 관습적인 행동을 보이면 그것에 언어를 첨가시켜 주고, 아동이 낱말을 사용하기 시작하면 아동의 발달 수준과 일상생활에서 사용되는 빈도와 기능을 고려하여 그 아동에게 적절한 수용, 표현 어휘를 늘려준다. 단단어 어휘를 충분히 습득하면 아동이 가지고 있는 단단어를 연결하여 2~3낱말 문장을 유도한다.
아동 모방하기	아동이 낸 소리를 모방하여 아동으로 하여금 성인의 관심을 끈다는 것을 알게 하는 방법이 된다.
의사소통 차례규칙지키기 및 기다렸다 신호 보내기	아동과 성인이 교대로 참여하게 하여 차례 지키기를 인식시킨다. ex) 공을 번갈아 주고받기, 소리를 번갈아 주고받기
초기 의사소통기능 확립하기	도구적 기능과 조정적 기능부터 시작하여 상호작용적 기능이나 가상적 기능은 놀이에 참여할 때 연결하는 것이 좋다.

출처: 김영태(2014).

4) 언어이전기 환경중심 언어중재

언어이전기 환경중심 언어중재(Prelinguistic Milieu Teaching: PMT)는 환경중심 언어중재 접근법(Milieu Teaching)에서 아직 언어를 표현하지 못하거나 이제 막 언어표현을 시작하여 표현언어 능력이 매우 제한된 영유아 또는 아동을 대상으로 확장한 프로그램이다. 언어이전기 환경중심 언어중재에서는 발성, 응시, 몸짓과 같은 비언어적 의사소통 수단을 통해 자발적으로 의사소통에 참여하도록 하는 것을 우선적인 목표로 삼는다. 자연적인 환경에서 사회적 상호작용을 통해 중재를 제공해야 한다는 환경중심 언어중재의 원리를 따르고 있으나, 중재목표를 언어가 아닌 비언어적 의사소통에 중점을 두고 있다.

〈표 7-5〉 **언어이전기 환경중심 언어중재 중재목표와 특정 기법**

중재목표	특정 기법
1. 의사소통행동의 문맥제공을 위한 반복적인 일과 수립하기	A. 영유아의 운동행동을 모방한다. B. 영유아의 음성행동을 모방한다. C. 영유아의 형성된 행동패턴을 방해하고, 영유아가 다시 차례를 시작하기를 기다린다. D. 영유아가 재미있거나 흥미를 보이는 행동을 수행한다. 잠시 멈추었다가 더 재미있도록 다시 행동을 반복한다. E. 영유아가 반복된 일과를 구성하는 일부 행동을 하는 경우, 그 행동을 완전한 일과로 완성해 준다.
2. 비언어적인 발성 빈도와 자발성 증가시키기	A. 영유아가 비언어적인 발성이기는 하나, 특정 대상을 참조하는 것이 명확한 경우에는 정확한 언어로 수정해 준다. B. 음성놀이 활동 중에 영유아의 목록에 없는 말소리나 낱말을 모델링한다. C. 음성놀이 활동 중에 영유아의 말소리나 낱말 목록에 있는 말소리를 의사소통 의도를 담지 않고 모델링한다. D. 영유아가 자발적으로 산출한 말소리나 음절 형태를 의사소통의도를 가지고 산출하지 않았을 경우에 모방한다. E. 영유아가 자발적으로 산출한 말소리나 음절형태를 의사소통의도를 가지고 산출하지 않았을 경우, 가능한 한 정확히 모방한다.
3. 협응된 응시 빈도와 자발성 증가시키기	영유아가 사물을 바라보는 경우 반복적인 일과에서 의사소통 필요(요구)를 만들고 난 다음, A. 영유아가 응시하는 경우, 원하는 사물이나 행동을 후속 결과로 제공한다. B. 응시를 언어적으로 촉진한다. C. 원하는 사물을 중재자의 얼굴 쪽으로 움직여서 더 확실하게 바라보게 한다. D. 영유아의 시선 앞쪽에서 중재자의 얼굴을 좌우로 움직여 영유아의 시선이 따라 움직이게 한다. E. 영유아가 시선을 따라 움직이면 재미있거나 긍정적인 정서표현으로 분명하게 확인해 준다.

4. 관습적, 비관습적 인 몸짓 사용빈도 와 자발성 증가시키기	반복적인 일과 내에서 의사소통 필요성(요구)을 만들고 난 후(예를 들어, 원하는 물건을 손에 닿지 않는 곳에 배치), A. 영유아가 몸짓으로 표현하는 경우 원하는 물건이나 행동을 후속결과로 제공한다. B. "뭐라고?" "뭐 줄까?"라고 말하며 이해가 안 되는 얼굴로 바라보거나 몸짓을 하여 이해를 못 하는 척 행동한다. C. 영유아에게 더 분명하게 표현하도록 요구한다.(예: "어떤 거?" "어떤 거 줄까?") D. 영유아에게 특정한 몸짓을 사용하도록 명확하게 요구한다.(예: "보여줘." "나한테 줘.") E. 적절한 몸짓을 모델링한다. F. 영유아가 지시를 따르면 몸짓으로 표현한 것을 언어적으로 확인해 준다.
5. 의도적 의사소통 행동의 3요소인 의사소통 상대자와 눈맞춤, 발성, 몸짓 결합하기	A. 영유아가 하나 또는 두 가지의 의사소통 행동 요소를 보였다면 두 번째 혹은 세 번째 의사소통 요소를 보이도록 기대를 가지고 기다린다(시간지연 기법을 사용하여). B. 영유아가 하나 또는 두 가지 의사소통 행동 요소를 보이고 시간지연법을 활용하여 기다렸음에도 다른 의사소통 요소를 더하지 않는 경우 다음과 같이 촉진한다. • "뭐하고 싶어?"라고 묻거나 다른 형태로 촉진을 하고 기다린다. • 영유아와 눈맞춤을 하거나 이름을 불러 눈맞춤을 유도한다. • 영유아가 몸짓으로 표현하도록 모델링하거나 도움을 준다. • 영유아가 사물이나 속성 또는 사건에 대한 의사소통 행동을 하면 중재자는 낱말 표현으로 그 행동을 수정해 준다. • 영유아가 보인 의사소통 행동에 대해서 비언어적으로 모델링해서는 안 된다. • 영유아가 목표 요소를 보인 후에는 앞에 제시된 1~4 목표에서 설명한 것과 같이 즉각적으로 적절한 결과나 언어적 피드백을 제공한다.

출처: Warren et al. (2006).

4. 보고서 작성

1) 진단보고서

진단보고서에는 일반적인 정보와 배경정보, 행동관찰, 실시한 진단평가 도구 및 평가 결과와 요약, 권고사항이 포함되어야 한다. 특히 언어이전기에 있는 영유아의 경우, 신체발달, 섭식, 인지발달, 사회정서발달, 주양육자와의 상호작용, 양육환경 등이 초기 언어발달에 많은 영향을 주게 되므로, 언어발달과 밀접한 내용들은 배경정보에 충분히 반영되어야 한다. 언어이전기의 영유아 대부분은 어떤 자극에 대한 언어적 반응보다 비언어적, 행동적 반응이 많으므로 행동관찰에서 자세히 서술되어야 한다. 예를 들어, 소리가 나는 장난감에 대해서 돌아보았다거나, 뚜껑이 닫힌 장난감을 내밀었다거나, 장난감을 기능적으로 놀이하는 수준을 보였다거나 하는 내용을 기술하면 된다. 실시한 진단평가 도구가 있다면 표준화된 검사 결과를 제시하고, 추가적으로 실시한 상담내용이나 비공식적인 평가 내용을 서술하면 된다. 진단평가 결과와 요약, 권고사항은 실시한 진단평가 결과 내용과 일치해야 하고, 권고사항은 이에 적절한 중재의 방향성을 제시해 주어야 한다.

2) 장단기 치료계획서

장기목표는 일반적으로 언어치료를 통해 대상자들의 궁극적으로 도달하기 원하는 목표를 말한다. 하지만 학교 임상실습의 특성상 학생임상가가 한 사례를 맡는 경우는 한 학기나 3개월, 6개월 혹은 1년 정도의 기간이다. 임상지도의 체계에 따라 다르겠지만, 대부분 학생임상가가 한 사례를 맡는 기간을 설정하고 현실적인 장기목표를 설정한다. 유아동의 발달적, 언어 및 의사소통 특성에 따라 장기목표를 설정한다. 단기목표는 장기목표를 달성하기 위한 세부계획이다. 앞에서 이미 강조되었겠지만, 단기목표는 명확하고 명백하게 기술되어야 하며, 관찰 가능하고 측정 가능한 형태로 기술한다. 대부분 행동, 조건, 준거를 포함한 형식을 따른다. 언어이전기 유아동들의 특성에 맞게, 발달적으로 가장 먼저 습득될 기술을 우선 목표로 하는 발달적 접근으로, 필요한 기능을 우선적으로 목표로 하는 기능적 접근으로 장단기 목표를 계획할 수 있다.

3) 회기별 치료계획서

여기에는 매 회기에 치료할 단기목표에 대한 세부활동과 치료목표, 목표에 도달하기 위한 구체적인 치료활동, 강화계획, 맥락에 대한 내용이 포함된다. 회기 치료목표는 관찰 가능한 형태로 구체적으로 기술, 치료활동 맥락은 치료목표나 대상자의 현재 인지적 특성, 언어 및 의사소통 수준, 기능을 고려하여 구체적으로 계획하는 것이 좋다. 예를 들어, 주의집중력이 짧은 아동이라면 치료활동을 짧게 구성하여 반복하거나, 한 놀이를 꾸준히 할 수 있는 아동이라면 동일한 놀이 안에서 다양한 목표로 치료활동을 할 수 있게 치료계획을 해 볼 수도 있다. 회기 치료계획서를 작성하면서 목표행동을 위해 어떤 치료 접근전략들을 사용할 것인가, 목표행동에 선행되는 어떤 자극을 제시할 것인가, 정반응에 가깝게 유도하기 위해 어떤 모델링과 촉구, 전략을 사용할 것인가, 어떤 강화를 어떤 절차로 할 것인가에 대해서 면밀하게 계획해야 한다.

4) 진전보고서

치료가 종료되는 시기쯤 혹은 치료 과정에서 장단기목표에 따른 진전평가가 이루어질 수 있다. 학교임상실습에서는 학생임상가가 바뀌거나 학기가 바뀌는 경우 진전평가와 진전보고서를 작성한다. 대부분 장단기목표에 따른 수행수준을 작성하게 되고, 필요에 따라 공식적인 평가를 통해서 진전보고서를 작성하기도 한다. 장단기목표에 따른 진전보고서를 작성하는 경우, 치료기간을 제시하고 치료 전후의 변화와 진전사항을 볼 수 있도록 서술한다.

5. 보고서 작성 예시

1) 진단보고서 예시

진단보고서

성명(성별): 김○○(남)	학생임상가 : △ △ △
생년월일(연령): 2019. 07. 20(2세 0개월)	언어평가일: 2021. 07. 18 ~ 07. 23
언어장애유형: 언어발달장애	작성일: 2021. 08. 00

1. 배경정보

어머니의 보고에 의하면, 어머니와 아동 모두 출산 전 · 중 · 후 발달에 영향을 줄 수 있는 사항은 없었다고 한다. 최근 영유아 검진에서 전반적인 발달 및 언어발달이 느리다는 소견으로 본 센터에 의뢰되었다. 현재 대근육 발달은 정상적이나 소근육 발달이 느린 편이라고 하며, 섭식에는 문제가 없었다고 한다. 언어발달은 생후 6~8개월경 옹알이는 하였으나, 이후 유의미한 낱말은 산출하지 않았다고 한다. 얼마 전부터 어린이집을 다니기 시작했으며, 아직 적응기간이라 어려움이 있다고 한다. 언어치료를 위한 평가나 치료를 받은 적은 없으며, 타 치료 역시 받은 적은 없다고 한다.

2. 행동관찰 및 놀이관찰

아동 어머니와의 놀이상황에서 관찰한 결과, 아동은 탐색놀이와 기능적 놀이를 주로 나타냈다. 놀이상황에서 아동은 간헐적으로 '어' '으'와 유사한 발성이 나타나기도 했지만, 의사소통의 기능을 가지거나 유의미한 발성은 나타나지 않았다. 행동모방이나 소리모방은 없었고, 눈맞춤은 어머니가 먼저 시도할 때 가능했고, 주고받기를 시도했으나 한 번 정도 이루어졌다. 어머니는 아동의 의사소통 시도나 표현이 없자, 지속적으로 자극을 제시하는 방법으로 놀이를 진행했다. 필요한 장난감에 대해서 아동은 엄마 손에서 그냥 가져오기만 하고 요구를 표현하는 제스처나 발성은 전혀 나타나지 않았다. 어머니가 아동에게 자동차 소리를 내며 함께 주목하기를 유도했지만, 잠시 가능했고, 금새 자신이 하던 놀이에만 집중하는 모습을 보였다.

3. 실시한 검사

1) 영・유아 언어발달검사(SELSI; 김영태, 김경희, 윤혜련, 김화수, 2003)
2) 한국판 맥아더-베이츠 의사소통발달평가 유아용(K M-B CDI; 배소영, 곽금주, 2011)

4. 검사에 따른 결과

1) 언어능력

(1) 수용언어 및 어휘

SELSI를 통해 아동의 전반적인 수용언어능력을 평가한 결과 수용언어 등가연령은 11개월, -2SD 미만으로 나타났다. K M-B CDI 결과, 아동은 이해어휘 수 15, 백분위수 10%ile 미만으로 나타났다. 어머니 보고에 의한 이해어휘 수는 탈것, 장난감, 소리 영역에서 체크가 되었다.

(2) 표현언어 및 어휘

SELSI를 통해 아동의 전반적인 표현언어능력을 평가한 결과 표현언어 등가연령은 11개월, -2SD 미만으로 나타났다. K M-B CDI 결과, 아동은 표현어휘 수 0, 백분위수 10%ile 미만으로 나타났다.

5. 요약 및 권고

상기 아동의 전반적인 언어발달 수준은 현재 아동의 연령에 비해 1년 이상 지체되어 있다. 의사소통발달과 어휘 역시 또래 수준에 비해 매우 낮은 것으로 평가되었다. 언어발달과 의사소통능력을 향상시키기 위해 발성증진, 의사소통 의도 및 기능 향상, 수용어휘 증진 등을 목표로 하는 집중적이고 지속적인 언어재활과 부모교육이 필요할 것으로 보인다.

2) 장단기 치료계획서 예시

장단기 치료계획서

1. 언어평가 결과 및 현행수준

성명(성별): 김○○(남)	학생임상가 : △ △ △
생년월일(연령): 2019. 07. 20(2세 0개월)	언어평가일: 2021. 07. 18 ~ 07. 23
언어장애유형: 언어발달장애	작성일: 2021. 08. 00

김○○ 아동은 현재 2세 남아로 최근 영유아 검진을 통해 전반적인 발달 및 언어발달이 느리다는 소견을 보여 언어치료를 권고받아 본 기관을 내원하였다. 아동 어머니의 보고에 의하면 아동의 특별한 병력은 없으며, 혼자 장난감을 가지고 노는 경우가 많았다고 한다. 현재 대근육 발달은 정상적이나 소근육 발달이 느린 편이라고 하며, 섭식에는 문제가 없었다고 한다. 언어발달은 생후 6~8개월경 옹알이는 하였으나, 이후 유의미한 낱말은 산출하지 않았다고 한다. SELSI 평가 결과 수용, 표현언어 모두 11개월로 −2SD 이하로 산출되었고, K M−B CDI 결과, 이해어휘 수 15로 백분위수 10%ile, 표현어휘수 0개로 10%ile으로 나타났다. 아동 어머니와의 놀이상황에서 관찰한 결과, 탐색놀이와 기능적 놀이를 주로 나타냈다. 놀이상황에서 아동은 간헐적으로 '어' '으'와 유사한 발성이 나타나기도 했지만, 의사소통의 기능을 가지거나 유의미한 발성은 나타나지 않았다. 유의미한 행동모방이나 소리모방은 없었고, 눈맞춤은 어머니가 먼저 시도할 때 가능했고, 주고받기를 시도했으나 한 번 정도 이루어졌다. 어머니는 아동의 의사소통 의도표현이 없자, 지속적으로 자극을 제시하는 방법으로 놀이를 진행했다. 아동은 필요한 장난감은 엄마 손에서 그냥 가져오기만 하고 요구를 표현하는 제스처나 발성은 전혀 나타나지 않았다. 어머니가 아동에게 자동차 소리를 내며 함께 주목하기를 유도했지만, 잠시 가능했고, 금새 자신이 하던 놀이에만 집중하는 모습을 보였다. 아동은 놀이상황에서 의사소통 욕구와 시도가 거의 없어 보였으며, 유의미한 제스처 사용도 나타나지 않았다.

2. 장단기 치료목표

장기목표	단기목표
1. 아동은 초기 의사소통 기능(요구하기, 거부하기 혹은 저항하기, 인사하기)을 관습적인 몸짓으로 표현할 수 있다.	1-1. 아동은 언어재활사가 제시하는 놀이상황에서 인사하기를 관습적인 몸짓(손으로 인사하기, 고개 숙이기)으로 표현할 수 있다. 1-2. 아동은 언어재활사가 제시하는 놀이상황에서 거부하기를 관습적인 몸짓(고개 젓기, 손 흔들기)으로 표현할 수 있다. 1-3. 아동은 언어재활사가 제시하는 놀이상황에서 요구하기를 관습적인 몸짓(가리키기나 손바닥 보이기)으로 표현할 수 있다.

2. 아동은 놀이상황에서 의사소통을 위한 사회적 기초(주고받기, 공동주의 하기)를 형성할 수 있다.	2-1. 아동은 언어재활사와의 놀이상황에서 5회 중 4회 이상 주고받기를 유지할 수 있다. 2-2. 아동은 언어재활사와의 놀이상황에서 필요한 상황에서 5회 중 4회 이상 공동주의 하기를 할 수 있다.
3. 아동은 놀이상황에서 치료사의 모델링에 모방을 할 수 있다.	3-1. 아동은 언어재활사가 제시하는 놀이상황에서 5회 중 4회 이상 동작 모방을 할 수 있다. 3-2. 아동은 언어재활사가 제시하는 놀이상황에서 5회 중 4회 이상 말소리 모방을 할 수 있다.
4. 초기 수용어휘의 발달을 향상시킬 수 있다.	4-1. 아동은 언어재활사와의 놀이상황에서 신체부위와 관련한 어휘(20개)를 이해하고, 가리킬 수 있다. 4-2. 아동은 언어재활사와의 놀이상황에서 음식과 관련한 어휘(20개)를 이해하고, 놀이감에서 가리킬 수 있다. 4-3. 아동은 언어재활사와의 놀이상황에서 일상생활과 관련한 어휘(20개)를 이해하고, 놀이감에서 가리킬 수 있다. 4-4. 아동은 언어재활사와의 놀이상황에서 동사(20개)를 이해하고, 언어재활사의 동작 지시에 행동으로 표현할 수 있다.

3) 회기별 치료계획서 예시

회기별 치료계획서

성명(성별): 김○○(남)	학생임상가 : △ △ △
생년월일(연령): 2019. 07. 20(2세 0개월)	언어평가일: 2021. 07. 18 ~ 07. 23
언어장애유형: 언어발달장애	작성일: 2021. 08. 00

1. 단기목표

1-1. 아동은 언어재활사가 제시하는 놀이상황에서 인사하기를 관습적인 몸짓(손으로 인사하기, 고개 숙이기)으로 표현할 수 있다.

1-2. 아동은 언어재활사가 제시하는 놀이상황에서 거부하기를 관습적인 몸짓(고개 젓기, 손 흔들기)으로 표현할 수 있다.

2-1. 아동은 언어재활사와의 놀이상황에서 5회 중 4회 이상 주고받기를 유지할 수 있다.

1-3. 아동은 언어재활사가 제시하는 놀이상황에서 요구하기를 관습적인 몸짓(가리키기나 손바닥 보이기)으로 표현할 수 있다.

3-1. 아동은 언어재활사가 제시하는 놀이상황에서 5회 중 4회 이상 동작모방을 할 수 있다.

4-1. 아동은 언어재활사와의 놀이상황에서 신체부위와 관련한 어휘(20개)를 이해하고, 가리킬 수 있다.

2. 치료활동

세부계획 및 활동	강화	목표언어 및 주의점
1-1. 아동은 언어재활사와 입실하면서 인사하기 노래를 부른다. 관습적인 인사하기 손동작을 보여 주면서 아동이 반응이 없으면 신체적 촉구를 해 준다. 1-2, 1-3. 언어재활사는 아동이 선호하는 물건(자동차)과 선호하지 않는 물건(크레파스)을 제시하는 상황에서 "무엇을 줄까?"라고 물었을 때 자동차를 가리킬 수 있도록 모델링을 제공해 준다. 크레파스를 제시했을 때 거부의 의미로 고개를 젓는 행동을 모델링 해 준다.	아동이 정반응시마다 아동이 좋아하는 젤리 강화	언어재활사가 아동의 손을 잡고 들어가며 인사하기를 촉구하기 위해서 미리 손을 잡고 입실하는 것이 용이함 *아동이 선호하는 장난감: 자동차, 자석블록, 풍선 *아동이 선호하지 않는 장난감: 크레파스, 연필, 색연필
2-1. 자동차 놀이상황에서 거리를 둔 채 아동과 마주보며 자동차로 주고받기를 반복해 본다. 눈맞춤이 되면 다시 자동차를 보내고 받으면서 활동을 지속한다. 3-1. 아동이 하는 행동을 먼저 따라서 모방해 본다. 아동이 관심을 가지고 보면, 아동의 동작에서 첨가하여 모델링을 해 보인다. 서서 팔을 들거나 다리를 들어 보이면서 재미난 소리들을 내어 본다. 4-1. 언어재활사와 마주 보는 상황에서 눈맞춤을 하면서 아동의 손을 끌어 '눈코입귀머리' 스티커 붙이기 놀이를 한다. 떼면서 한 번 더 아동이 스스로 신체부위 명칭을 알 수 있도록 한다.		아동의 행동을 먼저 모방해 본다. 재미난 소리를 더해 흥미를 끌 수 있도록 한다. *눈, 코, 입, 귀, 머리, 목, 손, 팔, 어깨, 가슴, 엉덩이, 다리, 발, 발가락, 손가락 등

4) 진전보고서 예시

진전보고서

성명(성별): 김○○(남)	학생임상가 : △ △ △
생년월일(연령): 2019. 07. 20(2세 0개월)	언어평가일: 2021. 07. 18 ~ 07. 23
치료횟수: 주 2회, 총 30회기 실시	치료기간: 2021. 08. 10 ~ 12. 03
언어장애유형: 언어발달장애	작성일: 2021. 12. 00

1. 치료 전 수준

아동은 전반적인 언어발달이 생활연령에 비해 1년 이상 지체되었으며, 탐색적인 놀이와 기능적인 놀이 수준을 보였다. 또한 놀이상황에서 의사소통 시도와 기능이 거의 나타나지 않았고, 유의미한 발성이나 의사소통 행동도 나타나지 않았다. 아동의 전반적인 언어 및 의사소통 능력 향상을 위해 주 2회의 직접치료 및 부모교육, 가정 연계에도 꾸준하게 노력했다.

2. 장단기 목표에 따른 진전사항

장기목표 1. 아동은 초기 의사소통 기능(요구하기, 거부하기 혹은 저항하기, 인사하기)을 관습적인 몸짓으로 표현할 수 있다.	
단기목표	진전사항
1-1. 아동은 언어재활사가 제시하는 놀이상황에서 인사하기를 관습적인 몸짓(손으로 인사하기, 고개 숙이기)으로 표현할 수 있다.	초기에 인사하기 기능과 관련한 행동이 나타나지는 않았는데, 현재 치료실을 오고 갈 때 선생님들이 "안녕, 안녕하세요." 인사하는 소리나 손을 흔드는 모습을 보면 함께 인사하는 제스처를 나타낸다.
1-2. 아동은 언어재활사가 제시하는 놀이상황에서 거부하기를 관습적인 몸짓(고개 젓기, 손 흔들기)으로 표현할 수 있다.	아동은 선호하지 않는 장난감을 제시하면 손을 흔드는 모습을 보이며, 하기 싫을 때도 고개를 젓는 모습이 간헐적으로 나타난다.
1-3. 아동은 언어재활사가 제시하는 놀이상황에서 요구하기를 관습적인 몸짓(가리키기나 손바닥 보이기)으로 표현할 수 있다.	새로운 장난감이나 여러 가지 장난감 중 자신이 좋아하는 장난감이 보이면 손가락으로 가리키는 행동을 보이기도 하며 간혹 "어"라는 발성이 동반되기도 한다.
장기목표 2. 아동은 놀이상황에서 의사소통을 위한 사회적 기초(주고받기, 공동주의 하기)를 형성할 수 있다.	
단기목표	진전사항
2-1. 아동은 언어재활사와의 놀이상황에서 5회 중 4회 이상 주고받기를 유지할 수 있다.	언어재활사가 제시하는 공이나 자동차 놀이감에 대해서 주고받기를 3회 이상 유지할 수 있으며, 순서에 맞게 찍기활동이나 두드리기 등의 활동도 교대로 나타난다.
2-2. 아동은 언어재활사와의 놀이상황에서 필요한 상황에서 5회 중 4회 이상 공동주의 하기를 할 수 있다.	"우와" "이건 뭐지?" 등의 말소리를 동반하면서 제시되는 장난감이나 자극에 대해 공동주의 하기가 가능하며, 한 회기당 3회 이상 나타난다.

장기목표 3. 아동은 놀이상황에서 치료사의 모델링에 모방을 할 수 있다.	
단기목표	진전사항
3-1. 아동은 언어재활사가 제시하는 놀이상황에서 5회 중 4회 이상 동작모방을 할 수 있다.	손이나 팔을 이용한 동작들(흔들기, 뻗기, 돌리기 등)이나 발을 구르거나 발을 드는 행동, 무릎 구부려보기 등에 대한 행동모방은 초기에 비해 증가한 편이나, 한 회기에 3회 정도 모방 가능하다.
3-2. 아동은 언어재활사가 제시하는 놀이상황에서 5회 중 4회 이상 말소리 모방을 할 수 있다.	단어수준의 말소리를 모방할 수는 없지만, 의성어나 의태어를 모델링하면 "어어어" 같은 형태로 모방을 시도하는 모습이 보인다. 2음절 낱말을 모델링하면 "어" "으"와 같은 소리로 단어를 모방한다.
장기목표 4. 초기 수용어휘의 발달을 향상시킬 수 있다.	
단기목표	진전사항
4-1. 아동은 언어재활사와의 놀이상황에서 신체부위와 관련한 어휘(20개)를 이해하고, 가리킬 수 있다.	'눈썹, 배꼽, 허리, 발가락, 손가락, 어깨'에 대해서 60% 정반응이 나오고, 다른 부위에 대해서는 100% 정반응한다.
4-2. 아동은 언어재활사와의 놀이상황에서 음식과 관련한 어휘(20개)를 이해하고, 놀이감에서 가리킬 수 있다.	'감, 바나나, 복숭아, 사과, 딸기, 수박, 우유, 포도, 고구마, 감자, 물, 사탕, 고기' 등에 대해서는 100% 정반응하고, '옥수수, 생선 '에 대해서는 50% 정반응한다.
4-3. 아동은 언어재활사와의 놀이상황에서 일상생활과 관련한 어휘(20개)를 이해하고, 놀이감에서 가리킬 수 있다.	'가위, 풀, 비누, 수건, 우산, 접시, 젓가락, 포크, 숟가락, 치약, 칫솔, 휴지, 전화기, 시계' 등에 대해서 80% 이상 정반응을 보인다.
4-4. 아동은 언어재활사와의 놀이상황에서 동사(20개)를 이해하고, 언어재활사의 동작 지시에 행동으로 표현할 수 있다.	'앉자, 일어나자, 가자, 흔들어, 잘라, 붙여, 찍어' 등의 동사 어휘이해와 지시 따르기가 가능하다.

• 요약 •

1. 영유아의 언어, 의사소통 발달은 신체발달, 감각 및 지각 발달, 운동발달, 삼킴발달, 인지발달 등 다른 영역들과 서로 영향을 주고받는다.
2. 언어이전기 유아동을 평가할 수 있는 표준화된 검사도구들을 수행하기 위해서는 행동관찰과 보고 형태로 이루어지는 평가에 대한 충분한 훈련이나 준비가 필요하다. 주양육자의 보고형인지, 보고형과 행동샘플 검사를 함께하는 평가인지, 보고형이지만 추후 학생임상가의 확인이 필요한 항목들이 있는지 잘 확인해 두어야 한다.
3. 언어이전기 유아동을 대상으로 언어치료를 진행할 때는 의사소통 발달단계를 고려하고, 언어발달에 기초가 되는 발달영역 혹은 의사소통기초 능력들에 대해 우선 목표가 되어야 한다.

연습문제

1. 초기 의사소통 발달단계를 서술하라.

2. 의사소통 발달에 있어서 중요한 인지적 기초 능력들은 무엇인가?

3. 언어이전기 영유아를 위한 표준화된 평가도구들을 정리해 보라.

4. 영유아를 대상으로 언어치료를 할 경우, 부모참여가 중요한 이유는 무엇인가?

참고문헌

권도하, 이명순, 신후남, 신혜정, 정분선, 전희숙, 김효정, 고영옥, 곽미영, 최선영, 황하정(2013). 언어발달. 서울: 박학사.

권도하 외(2014). 언어치료임상방법. 서울: 물과길.

김영태(2014). 아동언어장애의 진단 및 치료(2판). 서울: 학지사.

김영태, 김경희, 윤혜련, 김화수(2003). 영·유아 언어발달검사(SELSI). 서울: (재)파라다이스복지재단.

배소영, 곽금주(2011). 한국판 맥아더-베이츠 의사소통발달평가(K M-B CDI). 서울: 마인드 프레스.

배소영, 윤효진, 설아영(2017). **영유아 언어 및 의사소통 발달 선별검사(K-SNAP)**. 서울: 인싸이트.

이윤경(2019). **영유아 의사소통장애**. 서울: 학지사.

이윤경, 이효주, 최지은(2019). **한국판 의사소통 및 상징행동 발달검사(K CSBS DP)**. 서울: 인싸이트.

Meadow, D., Elias, G., & Brain, J. (2000). Mothers' ability to identify infants' communicative acts consistently. *Journal of Child Language, 27*, 393-406.

Hegde, H. N., & Maul, C. A. (2006). *Language disorder in children (An evidence-based approach to assessment and treatment)*. Allyn & Bacon.

Paul, R., & Norbury, C. (2014). *Language disorders from infancy through adolescence* (4th ed.). Elsevier.

Warren, S., & Yoder, D. (1998). Facilitating the transition from preintentional to intentional communication. In A. Wetherby, S. Warren, & J. Reichle (Eds.), *Transitions in prelinguistic communication* (pp. 365-384). Baltimore, MD: Paul H. Brookes.

Warren, S. F., Bredin-Oja, S. L., Fairchild, M., Finestack, L. H., Fey, M. E., & Brady, N. C. (2006). Responsivity education/prelinguistic milieu teaching. *Treatment of Language disorders in Children*, 47-75.

Yoder, P., & Warren, S. (2002). Effect of prelinguistic milieu teaching and parent responsivity education on dyads involving children with intellectual disabilities. *Journal of Speech, Language, and Hearing Research, 45*, 1158-1175.

제8장

학령전기 언어발달장애 임상실습

황하정

이 장의 학습목표

- 학령전기 언어발달장애 아동의 언어 및 의사소통 능력을 진단 · 평가할 수 있다.
- 학령전기 언어발달장애 아동의 진단 · 평가 결과를 바탕으로 장단기 치료계획을 수립할 수 있다.
- 장단기 치료계획을 바탕으로 학령전기 언어발달장애 아동의 언어 및 의사소통 능력 향상을 위한 회기 치료계획을 수립하고 수행할 수 있다.

핵심 용어

- 언어발달장애(language development disorders) 언어의 구성요소, 즉 내용, 형식, 사용 및 이들 조합의 이해 및 표현 발달이 지체되거나 편차되는 것 또는 연령에 적합하게 말하기, 듣기, 읽기, 쓰기 발달에서의 결함이다. 이 장에서는 아동기 언어발달 과정 동안에 나타나는 언어발달지체와 언어 영역 간 발달에 편차를 보이는 아동 언어장애를 포괄하는 용어로 사용하였다.
- 말늦은 아동(late talkers) 2세까지 50개 미만의 표현어휘를 사용하고 두 낱말 조합이 아직 나타나지 않는 아동을 일컫는다.
- 단순언어장애(specific language impairments) 지능, 청력, 신경학적 손상, 구강구조 및 기능, 사회적 상호작용 능력 등 언어 능력과 관련된 영역에 문제가 없이 언어발달에만 문제를 보이는 상태를 일컫는다.
- 지적장애(intellectual disability) 18세 이전에 지적 기능성(intellectual functioning)과 개념적 · 사회적 · 실제적 적응 기술로 표현되는 적응행동(adaptive behaviors)의 두 영역에서 −2SD 이하의 현저한 제한을 보이는 장애이다.
- 자폐범주성장애(autistic spectrum disorders) 사회적 의사소통 및 상호작용의 지속적인 결함과 제한되고 반복적인 패턴의 행동이나 관심사를 보이는, 사회성 결함이 주 특징인 신경발달 장애이다.
- 선별검사(screening) 언어 결함 유무를 살펴 좀 더 세밀한 평가가 필요한 대상을 판별해 내는 검사이다.
- 진단검사(evaluation) 언어 결함 정도 및 발달 수준과 특성을 파악하는 검사이다.
- 표준화 검사(standardized tests) 대상자의 점수를 또래 연령 집단의 규준과 비교함으로써 대상자의 수준을 파악하는 검사로 표준화 과정을 거쳐 신뢰도와 타당도를 갖춘 검사이다.
- 비표준화 검사(non-standardized tests) 언어장애 유무 선별검사로는 부적절하지만, 아동의 문제점을 집중적으로 파악하고 분석하는 데 유용한 검사이다. 학령전기 언어발달장애 아동을 위한 대표적인 비표준화 검사로는 모방과제, 자발화 분석 및 이야기 평가 등이 있다.
- 자발화 분석(spontaneous language sample analysis) 대상 아동과 검사자 또는 대화 상대자와의 상호작용에서 나타난 아동의 자발화를 수집하여 아동의 표현언어 능력을 의미론적 · 구문론적 · 화용론적으로 분석하는 비표준화 검사 방법이다.
- 치료사-중심법(Clinician-Directed: CD) 치료사가 치료 목표와 활동 그리고 아동의 예상되는 반응에 따른 강화물을 미리 선정하여 치료하는 전통적인 중재 방법이다.
- 아동-중심법(Child-Centered: CC) 자연스러운 상황 속에서 아동의 흥미나 주도적인 행동을 따라가면서 학습의 기회가 주어질 때 치료사가 개입하는 중재 방법이다.
- 절충법(hybrid approach) 치료사-중심법과 아동-중심법을 절충한 중재 방법으로 아동에게 주도권을 주고 특정한 반응을 요구하지는 않지만 상황을 구조화시켜 최대한의 목표 반응 기회를 제공하거나 아동에게 모델링을 제시함으로써 치료목표가 달성되도록 유도하는 중재 방법이다.
- 환경중심 중재(milieu language intervention) 기능적인 의사소통을 자연스럽게 유도할 수 있도록 아동의 환경 속에서 아동의 관심과 흥미에 따라서 중재하는 접근법을 포괄적으로 일컫는다. 아동중심의 시범기법, 시간지연 기법, 선반응요구-후시범 기법, 우발학습 등이 있다.
- 우발학습(incidental teaching procedures) 아동의 생활환경에서 우연히 일어나는 의사소통의 기회 또는 언어학습의 기회를 이용하여 언어훈련을 하는 것이다.

제8장 학령전기 언어발달장애 임상실습

언어발달장애 아동의 임상실습 내용은 7장에서부터 9장에 걸쳐 다루어진다. 앞서 7장에서는 언어이전기 아동의 진단·평가와 치료에 대해 살펴보았고, 8장에서는 구어발달 초기 수준에서부터 학령전기 아동에 중점을 둔다. 언어치료 임상실습뿐만 아니라 실제 임상 현장에서 가장 자주 접하는 사례가 바로 언어발달장애 아동일 것이다. 이 장에서 언어발달장애란 아동기 언어발달 과정 동안에 나타나는 언어발달지체와 언어 영역 간 발달에 편차를 보이는 아동 언어장애를 포괄하는 용어로 사용하였다. 또한 자폐범주성장애, 지적장애 등 동반장애를 가진 아동 언어장애의 경우에도 이 장의 내용을 참고할 수 있다. 청각장애와 뇌성마비, 구순·구개열로 인한 말·언어 문제는 별도의 장에서 다루어지므로 해당 장을 참고 바란다.

언어발달장애 아동들은 동반장애 유무에 따라 언어 및 의사소통 능력에서 개인차가 크고, 언어발달 문제를 일으킨 원인이 동일하더라도 아동마다 나타나는 언어 및 의사소통 특성이 상당히 이질적이다. 이 장에서는 초기 구어기에서 학령전기 수준의 아동 언어장애를 중심으로 살펴보고자 한다. 언어발달장애 임상실습 절차를 개괄적으로 살펴본 후, 임상실습의 내용을 크게 초기 면담, 진단 및 평가 그리고 치료, 보고서 작성의 순으로 전개한다.

언어발달 문제를 주 호소로 전화상담을 하거나 직접 방문하여 면담을 시작하는 것에서부터 언어치료 실시 및 종결까지의 대략적인 과정은 어떠한 언어장애 유형이든 그 절차가 유사하다. 학교 임상실습 현장에서 대개 최초 상담은 학생임상가에 의해서보다 실습실 담당자에 의해 이루어지고 이후 학생임상가에게 배치된다. 언어발달장애 아동을 대상으로 한 일반적인 임상실습 절차를 도식화하면 [그림 8-1]과 같다.

학생임상가의 임상실습 시작은 일반적으로 첫 면담에서부터 출발한다. 이때 부모로부터 어떠한 정보를 제공받아야 할지는 아동의 생활연령이나 언어발달 수준에 따라 달라진다. 한두 단어를 조합하여 초기 문장 형태를 사용하느냐, 또는 긴 문장 형식의 구어표현은 가능하나 이야기를 조직적으로 구성하는 데 어려움이 있느냐 등에 따라 부모에게 하는 질문들이 달라질 수 있다. 첫 면담의 목적은 아동의 언어발달과 관련하여 아동의 인지발달, 사회성 발달, 병력, 부모와의 상호작용 등을 파악하는 것이다. 더불어 첫 면담에서 수집한 자료를 통해 아동의 언어발달 진단·평가 계획을 수립하는 토대를 마련할 수 있다.

〈실습 진행 과정〉	〈공식 문서〉	〈임상감독자 지도〉
임상실습 오리엔테이션	임상실습 공식 문서 소개	담당 실습생 단체 및 개별 임상미팅
대상자 배정		
학생임상가 초기 면담, 배경정보 수집, 라포 형성	초기 면담지(질문지)	실습 대상자 배경정보 숙지, 이론 지식 확인
진단 · 평가 계획 및 실시 • 행동관찰 • 공식 검사 • 비공식 검사	진단 · 평가계획서 진단보고서	진단 · 평가 계획, 진단 · 평가 실시, 진단보고서 지도
장단기 치료계획 수립	장단기 치료계획서	장단기 치료계획 수립 지도
회기별 치료계획 수립	회기별 치료계획서	회기별 치료계획 수립 지도
치료 실시 사례 발표	진전 노트 사례 발표 자료	치료 수행에 대한 실시간 or 영상 지도, 단체 및 개별 임상미팅, 사례회의 지도
치료종결	• 치료종결 보고서 • 장단기 치료계획에 따른 진전보고서	최종 보고서 지도

[그림 8-1] **언어발달장애 임상실습 절차**

부모와 학생임상가 간 첫 면담 후에 진행되는 절차는 본격적인 진단 · 평가 과정이다. 진단 · 평가에서 다루어지는 공식 및 비공식 검사들은 첫 면담에서 제공받은 정보에 따라 임상가가 결정해야 한다. 학생임상가들의 경우, 아동의 언어평가에서 주로 표준화 검사 도구에 의존하는 경우가 많은데 표준화 검사 결과가 대상자의 언어 및 의사소통 능력을 완전하게 대표하는 것은 아니라는 점을 염두에 두기 바란다. 물론 임상실습이 진행되는 동안 언어발달장애 아동들의 진단 · 평가를 위해 공식적인 표준화 검사 도구를 능숙하게 다룰 수 있어야 하고 그 결과를 정확히 산출해 내는 기술을 습득해야 함은 분명하다. 진단 · 평가의 목적은 대상자의 언어 문제 특성과 정도를 알아내고, 그 결과를 바탕으로 어떠한 중재가 필요한지를 결정하는 것이다. 따라서 임상실습에서 진단 · 평가 계획 시 대상자의 일상생활을 반영하는 평가 방법인 비공식 검사들을 포함하는 연습도 함께 이루어져야 한다. 중재 계획을 수립하기 위한 진단 · 평가의 종합적인 결과에는 첫 면담에서 제공받은 정보를 포함해야 한다. 따라서 진단 · 평가 후에 기록하는 공식 문서인 진단보고서에는 대상자의 사례력 정보, 부모와의 면담 결과, 행동관찰, 공식 및 비공식 검사 결과를 포괄한 정보와 치료에 대한 제언이나 권고 사항 등을 제시해야 한다.

진단 결과에 근거하여 언어치료를 시작하게 되면 가장 먼저 장단기목표를 수립하게 된다. 장기목표는 최종적으로 도달해야 할 목표이다. 장기목표 수립 시 목표 설정 기준은 언어치료를 종결하는 시점이 되겠지만, 아동들의 언어발달은 변화무쌍하고 예측을 넘어선 발달이 이루어지기도 한다. 따라서 1년을 기준으로 장기목표를 수립하는 것이 보편적이다. 임상실습의 경우 학생임상가들에게 다양한 사례를 접하게 하려는 의도로 한 학기 기준으로 대상자를 변경함으로써 6개월 또는 그 이하의 기간을 기준으로 장기목표를 수립하게 되는 경우도 있다. 단기목표에서는 장기목표에 도달하기 위한 구체적인 하위 목표를 세부적으로 기술하게 되는데 장기목표에 도달하기 위한 과정의 의미를 지닌다고도 볼 수 있다. 언어발달장애 아동들을 대상으로 치료하는 동안, 여러 가지 변수로 인해 최초 수립하였던 장단기목표를 수정해야 하는 상황이 발생하기도 한다. 이때는 아동의 발달에 부적절한 장단기목표를 계속 끌고 나갈 것이 아니라 장단기목표 변경 사유를 기록하고 장단기목표 계획안을 다시 수립하여 치료를 진행해 나가야 한다.

장단기목표가 수립되면 각 회기별 치료계획에 따라 치료를 실시한다. 아동의 발달 수준이나 연령에 따라 발달 변화의 정도가 적은 경우, 매 회기별 치료계획 대신 주간 치료계획을 수립하기도 한다. 하지만 한 가지 목표에 대해 치료를 하더라도 아동의 동기를 고려하여 어떻게 가르치느냐를 고민하고 다양한 치료활동을 제공하기 위해서는 매 회기별 치료계획을 수립하여 치료할 것을 권고한다. 또한 매 회기 치료 종료 후에는 곧바로 아동의 반응 및 진전 사항을 회기별 치료 결과란에 기술하여야 한다. 이렇게 기술된 결과는 과정 평가의 의미를 지님으로써 다음 회기 목표 수립에 대한 참고 자료로서 기능한다.

장기목표 달성으로 치료를 최종 종결하거나 임상실습 기간 만료에 따라 대상자가 변경 또는 실습을 종결해야 할 경우에는 그 상황에 따라서 치료 종결 보고서나 장단기목표에 따른 진전보고서를 작성하여야 한다.

1. 초기 면담

학교 임상실습실을 이용하기 위해 최초로 이루어지는 접수 상담의 경우는 대개 학과의 임상실습 담당 교수나 별도의 임상실습실 담당자가 실시한다. 접수 상담에서는 아동의 기본 인적 사항을 조사하고 언어치료 대상자 유무를 선별하여 임상실습실 이용 적격 여부를 결정한다.

학생임상가에게 담당 아동이 배치되고 나면 학생임상가는 아동의 접수 상담지를 꼼꼼히 확인한 후 부모와 초기 면담을 실시한다. 이때 주의해야 할 점은 접수 상담지에 이미 기록된 내용에 대해 중복으로 질문할 것을 지양하고, 아동의 언어 문제와 직접 관련된 핵심적인 면담 내용을 구성해야 한다는 것이다. 장애 아동을 둔 부모들은 학교 임상실 외에도 아동의 교육 및 재활 관련 기관을 방문할 기회가 많다. 이미 자녀의 장애 문제에 대해 동일하거나 유사한 질문을 반복적으로 받아왔을 수 있다. 따라서 부모의 에너지를 소진시키는 면담이 아니라 아동의 언어발달을 지원하는 데 도움이 되는 면담이 이루어져야 한다.

초기 면담은 학생임상가가 부모와의 신뢰를 형성하는 첫 관문이다. 따라서 예비전문가로서의 면모를 갖추도록 옷차림, 헤어스타일 등 외부 조건뿐만 아니라 면담 내용에 관한 철저한 준비가 필요하다. 학생임상가는 초기 면담이 일방적인 정보 수집으로만 이루어지는 것이 아님을 명심해야 한다. 부모는 학생임상가의 질문에 대답을 하기도 하지만 역으로 언제든 질문할 수도 있다. 따라서 학생임상가는 아동의 언어발달 수준을 고려한 전문 지식을 충분히 숙지하여 정확하고 진실한 정보를 제공할 수 있도록 항상 이론적 지식과 임상 실제를 연결하는 훈련을 통해 임상 역량을 끌어올리는 데 힘써야 한다.

1) 학령전기 언어발달장애 아동의 초기 면담

정상적인 발달을 보이는 경우, 대략 12개월경부터 첫 단어를 발화하고 이후 50개 어휘 습득 무렵부터 단어 조합 산출을 시도한다. 학령기에 이르기 전에 아동들은 음운 및 문법 발달에서 성인의 수준에 가까워지는 급격한 성장을 보인다. 그러나 언어발달장애 아동들은 언어습득의 속도가 느리고 언어 영역 간 발달이 조화롭지 않거나 생활연령이 어린 아동들과 유사한 방식으로 언어를 사용한다. 학령전기 언어발달장애 아동 중 동반장애가 없고 언어에만 특정적으로 결함이 있는 경우는 말늦은 아동이나 단순언어장애 아동들이다.

말늦은 아동(late talkers)이란, 심각한 청력손상이 없고 뚜렷한 인지, 신경 또는 정서장애를 보이지 않는 아동 중에서 ① 18~23개월 사이의 아동으로 명료한 어휘가 10개 미만이거나 ② 2~3세 사이의 아동으로 표현어휘 수가 50개 미만이거나 두 낱말 조합이 나타나지 않는 경우 또는 ③ 18개월~3세 사이의 아동으로 표준화된 표현어휘발달검사에서 10%ile 또는 −1SD 미만을 나타낸 아동을 일컫는다(홍경훈, 2005). 이러한 말늦은 아동들은 후에 단순언어장애로 진단을 받거나 학령기 이후에 읽기장애 또는 학습장애를 나타낼 우려가 크다. 조기 중재가 이들의 발달에 긍정적인 영향을 줄 것이므로 부모상담을 통해 발달 초기부터 아동의 언어발달에 지지적인 가정환경을 조성하도록 도와주어야 한다.

단순언어장애(Specific Language Impairment: SLI) 아동이란, 구어 능력이 자신의 비언어적 능력보다 훨씬 더 떨어지며, 그 문제가 감각장애, 자폐성장애, 지적장애 등과 같은 기질적 원인에 기인하지 않는 아동들을 일컫는다(권도하 외, 2011). 집단 내 이질적인 특성을 보이지만, 대개 언어의 각 영역에서 일반 또래 아동에 비해 느린 발달 특성을 보인다.

아동의 발달 수준에 따라 초기 면담의 내용은 탄력적으로 구성해야 한다. 물론 생활연령은 많으나 언어발달 수준이 초기 구어기 수준이나 그보다 낮은 수준에 머물고 있다면 언어발달 수준에 적합한 내용을 중심으로 면담을 하되, 생활연령을 고려한 내용을 부가적으로 보완해야 할 것이다. 가령, 생활연령이 학령기 아동이라면 현재 재학 중인 학교의 유형이 특수학교인지, 특수학급인지, 일반학급에서 통합교육을 받고 있는지에 대한 부가적 정보를 수집해야 한다.

아동이 초기 구어 발달 수준일 때 초기 면담에서 부모로부터 수집해야 할 정보들에는 의미 있게 사용한 첫 단어가 무엇인지, 가장 길게 한 발화가 어떤 것인지, 놀이, 신체발달, 인지발달 수준은 어떠한지 등이 있다. 이러한 정보들은 추후 진행되는 평가와 중재에 고려해야 할 중요한 정보들이므로 부모가 올바른 정보를 제공할 수 있도록 학생임상가는 질문의 요지를 정리하여 명확히 질문해야 한다. 주의해야 할 점은 언어와 관련된 사항들에 초점을 맞추어 질문들을 조정할 수 있어야 하며 이를 통해 전체 면담 시간이 너무 지루해지지 않도록 해야 한다는 것이다.

일상적인 대화가 어느 정도 가능한 학령전기 아동의 경우, 부모들은 정보를 제공하기보다 오히려 학생임상가에게 질문을 더 많이 할 수도 있다. 예를 들면, 예후에 대한 측면이나 초등학교 입학 여부, 즉 유예를 할지, 제 연령에 입학을 할지 등 많은 고민들로 해답을 찾기 위한 노력들을 할 것이다. 이때 학생임상가는 섣불리 예후에 대한 언급을 해서는 안 된다. 초기 면담 시점은 평가가 이루어지기도 전이며 설령 평가 후라 할지라도 예후에 대한 판단은 조심스러워야 한다. 이러한 경우 학생임상가는 평가 결과를 가지고 임상감독자와 상의하는 절차를 가져야 한다.

2) 동반장애를 가진 언어발달장애 아동의 초기 면담

임상실습 또는 현장에서 만나게 되는 아동 대상자 중에는 언어에만 특정적으로 결함이 보이는 아동들도 있지만, 인지나 사회적 상호작용의 결함으로 인해 언어장애를 동반하는 경우도 있다. 대표적인 경우가 지적장애, 자폐범주성장애, 주의력결핍과잉행동장애 등이다. 이러한 동반장애 유무는 초기 면담에서부터 고려되어야 한다.

(1) 지적장애

지적장애는 18세 이전의 발달 기간에 지적 기능 및 적응행동에서 현저한 제한을 보이는 장애로 정의된다(AAIDD, 2010). 학교 임상실습실을 방문하는 아동들의 대부분은 언어발달이 늦다는 주 호소를 가지고 있다. 이들 중에는 전반적인 인지능력 및 언어를 비롯한 적응능력이 현저히 지체되는 지적장애 아동들도 다수 만나게 된다. 지적장애로 인한 언어발달장애 아동의 경우, 일반적인 초기 면담의 절차와 함께 다음 사항들을 고려해야 한다.

학생임상가는 지적장애로 판정을 받은 아동 또는 지적장애가 의심되지만 판정받지 않은 경우, 두 경우 모두에 대한 초기 면담을 준비할 필요가 있다. 지적장애로 장애진단을 받은 아동의 경우라 할지라도 부모 및 주양육자의 입장에서는 아동의 장애를 수용하는 것이 쉽지 않다. 초기 면담 시, 지적장애에 대한 이론적 지식을 충분히 학습하고 주양육자로 하여금 아동의 언어평가 및 치료에 유용한 정보를 잘 파악해 내도록 노력해야 한다. 장애진단을 받지 않은 경우, 지적장애가 의심된다 하더라도 학생임상가의 입장에서 객관적 근거 없이 지적장애 소견을 제시해서는 안 된다. 일반적으로 지적장애 아동이 보일 수 있는 주의집중, 인지, 적응행동 등의 특성을 면밀히 관찰하고 주양육자와의 상담을 통해 아동의 종합적인 발달 특성 정보를 수집해야 한다.

지적장애 아동의 임상실습에서 진단·평가와 중재 계획을 위해서는 초기 면담에서 가능한 한 많은 배경정보를 수집하는 것이 중요한데, 이전에 언어, 인지, 사회성 등과 관련하여 타 기관에서 평가받은 자료가 있다면 주양육자로 하여금 정보를 수집하여 활용해야 한다. 간혹 주양육자의 보고에서 아동의 언어 및 의사소통 능력을 과소 및 과대평가하는 경우도 있다. 아동의 의사소통 능력이 지나치게 과소평가되었다고 판단될 경우, 학생임상가는 아동이 무엇을 할 수 있는가에 초점을 맞춘 구체적인 질문을 통해 아동의 일상 의사소통 능력을 파악하도록 노력해야 한다.

(2) 자폐범주성장애

자폐범주성장애는 사회성 결함이 주 특징으로, 사회적 의사소통 및 상호작용의 지속적인 결함, 제한되고 반복적인 패턴의 행동이나 관심사를 보이는 신경발달장애로 정의된다(American Psychiatric Association: APA, 2013). 자폐범주성장애는 진단명에서도 알 수 있듯이 동일한 자폐범주성장애로 진단받았다 하더라도 아동마다 언어 및 의사소통 결함의 정도와 특성이 다양하다. 자폐범주성장애 아동이 지니는 사회적 상호작용의 손상과 의사소통 결함으로 인해 학생임상가는 아동과의 직접적인 상호작용을 통해 발달 특성을 밝히는 데에 다소 제한이 있을 수 있다.

학생임상가는 자폐범주성장애 아동이 나타내는 일반적 특성을 잘 숙지하고 초기 면담 시 아동의 주양육자를 통하여 아동의 의사소통 특성 및 타인과의 상호작용에서 아동의 반응 양식에 대한 정보를 수집해야 한다. 또한 세심한 관찰을 통하여 아동의 특성을 이해하고 강약점을 면밀하게 파악해야 한다.

학교 임상실습에서 최초 면담은 임상실습 지도교수나 별도의 실습 담당자에 의해 실시되는 경우가 많다. 학생임상가는 면담 기록지를 꼼꼼히 확인하여 반복적인 질문을 피하고 임상실습 과정에 유용한 보충적인 정보를 수집한다. 정보수집 내용에는 옹알이 시기와 양, 말을 하기 시작한 시기 또는 구어 외의 의사소통 형태와 정도, 발성의 정도와 언어 모방 능력, 반향어 사용 등이 있다. 자폐범주성장애 아동들은 무발화 수준에서 발화 단계까지 다양한 수준을 나타낼 수 있으므로 면담에서 수집된 정보가 이후 진행되는 평가에서 진단도구 선택 및 방법을 결정하는 데 주요 단서가 된다.

자폐범주성장애 아동의 경우 의사소통 능력 외에도 사회 인지력 수준도 함께 살펴보아야 한다. 주양육자로부터 일상생활에서 가족 구성원 또는 또래와의 상호작용 시 눈맞춤, 공동주의하기 등 타인과의 관심 공유 정도나 상호작용 빈도, 지속시간 등에 대한 정보를 수집하고, 아동에 대한 직접 관찰을 통해서도 관련 특성들을 파악해야 한다. 자폐범주성장애 아동들은 사회성 발달 결함으로 상황에 융통성 있게 행동하기보다 자신의 선호 사물이나 활동에만 반응하는 경우가 많으므로 아동과의 상호작용 시도를 위해 아동의 관심과 선호도를 파악할 필요가 있다. 주양육자와의 면담 과정에서 아동이 좋아하는 음식, 놀잇감, 활동, 특이한 관심 등에 대한 정보를 제공받아 중재 과정에 활용할 수 있다.

〈표 8-1〉 초기 면담 시 정보 수집 내용

구분	수집 정보
배경정보	아동의 이름, 나이, 연락처, 가족관계, 교육 수준
양육력	임신 중 및 출산 시 상태 병력 및 현재 병력(특정 유전적 증후군, 신경학적 손상 유무 등) 가족력(가족 구성원 중 자폐범주성장애 의심되는 이가 있는지, 언어 및 의사소통 장애가 있거나 해당 과거력 유무 확인) 신체적 발달, 행동 특징 부모의 양육 태도에 대한 정보 수집
의사소통 기술	옹알이 출현 및 사용 정도 초어 시기 및 언어 이해 및 표현 능력 발성 및 발화 모방력 반향어 사용 여부
사회정서적 기술	눈맞춤, 몸짓 등의 사회적 상호작용 가족 및 또래관계 특징 좋아하는 것과 관심을 공유하는 능력 여부 다른 사람 및 자기 인식 능력 타인의 의사소통 시도에 대한 반응의 형태
행동 특징	소근육 및 대근육 기술 운동의 정확성, 민첩성, 협응성 관찰, 운동 발달 수준 말과 몸짓 모방력 관찰 특정한 놀이 및 관심에 대한 특징 일과나 의례적 행동에 대한 융통성 사물의 특정 부분에 대한 집착 여부
기타	현재 언어치료, 감각통합교육, 특수교육 등의 수혜 여부 파악 치료 진행일 경우 진전 정도에 대한 정보

출처: 권도하 외(2014), p. 291에서 인용 및 부분 수정함.

2. 평가계획 및 실시

아동의 언어 및 의사소통 능력을 평가할 때는 면담이나 관찰을 통해 파악한 대략적인 언어발달 수준을 고려하여 평가계획을 수립해야 한다. 학령전기 아동이라 할지라도 한두 단어 표현 수준에서 담화 수준에 이르기까지 수준이 상이하다. 구어 표현이 가능한 학령전기 아동들에게 적용할 수 있는 표준화된 검사 도구와 비공식 평가는 구어 전 단계 수준에 비해 다양한 편이다. 학생임상가들은 표준화 검사 도구의 사용 절차와 채점 방법을 바르게 숙지하여 실시하여야 한다. 학생임상가들은 임상실습을 하는 동안 표준화 검사 도구가 해당 연령의 언어 능력을 대표하는 항목만으로 구성되어 있다는 제한점을 알고, 비공식 검사를 통해 아동이 문제를 보이는 부분을 보다 심도 있게 평가하는 연습도 병행해야 한다. 전형적인 발달을 보이는 일반 아동을 대상으로 비공식 평가를 연습해 보는 것도 한 방법일 것이다. 또한 표준화 검사를 실시할 경우 동료 학생임상가들과 함께 또는 따로 채점하여 비교해 보면서 잘못된 부분을 찾아내고 바로잡는 연습들은 학생임상가의 평가 역량을 향상시키는 데 도움이 될 것이다.

이 수준에 있는 아동들을 대상으로 평가하기에 앞서 고려해야 할 점 중 하나는 아동과의 관계(rapport) 형성이다. 평가는 아동의 수행 능력을 측정하는 과업이다. 수행을 거부하거나 최적의 반응을 끌어내지 못한다면 그 결과가 아동의 언어발달 정도를 제대로 평가하지 못하는 것은 자명하다. 임상가에 대한 친숙도에 따라 공식 검사의 수행력이 달라질 수 있다(Haynes, & Pindzola, 2008). 현재 우리나라에서 학령전기 아동들에게 실시할 수 있는 평가를 표준화 검사 도구와 비공식 평가로 나누어 살펴보면 다음과 같다.

1) 표준화 검사

(1) 영 · 유아 언어발달 검사(Sequenced Language Scale for Infants: SELSI, 김영태, 김경희, 윤혜련, 김화수, 2003)

SELSI는 생후 5개월부터 36개월 사이에 있는 영유아의 전반적인 언어발달 정도를 평가하기 위해 고안된 검사다. 언어장애의 조기 선별을 주 목적으로 하고 있으며, 검사방법은 부모나 주양육자와의 면담 및 관찰을 통해 검사자가 검사지에 기록하거나 또는 주양육자가 검사지에 직접 '예/아니요'로 응답한다. 수용언어 및 표현언어 측면 모두를 평가하여 언어발달 지체 여부를 판별할 수 있다. 또한 초기 유아의 인지 개념 및 의미론적, 음운론적, 구문론적, 그리고 화용론적 언어 능력을 두루 평가할 수 있다. 검사 결과는 '정상발달' '약간 지체' '언어발달지체'로 크게 나누어 판정한다. 전반적인 언어발달에 문제가 있다고 판단될 경우, 수용 및 표현언어 발달에서 어디에 더 문제가 있는지, 또 어떠한 언어영역에서 가장 큰 지체를 나타내는지를 살펴볼 수 있다.

(2) 취학전 아동의 수용언어 및 표현언어 발달 척도(Preschool Receptive Expressive Scale: PRES, 김영태, 성태제, 이윤경, 2003)

PRES는 2~6세까지 취학전 아동들의 전반적인 언어발달 평가를 목적으로 하고 있다. 의미론, 구문론, 화용론적 측면에서 수용언어 및 표현언어 능력을 모두 평가할 수 있도록 평가항목이 구성되어 있다. 검사 결과를 통해 언어발달의 정상, 지체 유무를 판별할 수 있으며 수용 및 표현언어 발달 간 차이, 언어 영역별 발달 간 차이를 분석할 수 있다. 결과 해석을 위한 규준으로는 언어발달연령, 언어지수, 백분위점수를 제공하고 있다.

(3) 구문의미 이해력검사(Korean Sentence Comprehension Test: KOSECT, 배소영, 임선숙, 이지희, 장혜성, 2004)

KOSECT는 4~9세(또는 초등학교 3학년) 수준의 아동을 대상으로 구문의미 이해력에 어려움이 있는지를 평가한다. 검사방법은 그림 자료를 제시한 후 아동에게 목표 문장을 들려주고 3개의 그림 중 하나의 그림을 지적하게 한다. 각 검사 문항의 평가 초점이 세 가지 측면, 즉 문법형태소, 구문구조, 의미 이해로 구성되어 있다. 검사 결과, 구문의미 이해력에 어려움이 있는 것으로 나타날 경우 어떤 평가 영역에서 강약점을 보이는지 살펴볼 수 있다. 결과 해석을 위한 규준으로는 연령 및 학년 규준, 백분위점수를 제공하고 있다.

(4) 수용 · 표현 어휘력 검사(Receptive Expressive Vocabulary Test: REVT, 김영태, 홍경훈, 김경희, 장혜성, 이주연, 2009)

REVT는 2세 6개월~16세 이상 성인까지의 수용 및 표현 어휘력을 평가할 수 있는 표준화 검사다. 검사방법은 표현어휘검사부터 수용어휘검사순으로 진행하며, 표현어휘검사는 제시하는 그림을 명명하기, 수용어휘검사는 어휘를 제시한 후 4개의 그림 중 제공한 어휘에 해당하는 그림을 찾는 방식으로 실시한다. 검사 결과는 대상자의 어휘능력에 대한 전반적인 정보를 제공하고 백분위점수를 통해 동일한 생활연령대와 비교하여 상대적인 어휘 발달 수준을 제시해 준다. 품사별, 의미 범주별 수행 분석을 통하여 치료 진행 시 목표어휘의 선정과 치료 효과를 점검하는 데도 활용할 수 있다(김영태, 2014).

(5) 언어이해 · 인지력검사(장혜성, 임선숙, 백현정, 1992)

언어이해 · 인지력검사는 3세~5세 11개월 아동들의 언어이해 및 인지력을 측정하는 검사 도구다. 검사방법은 검사자의 지시를 유아가 수행하거나 해당하는 그림이나 사물을 지적하는 방식으로 진행된다. 검사 결과 해석을 위한 규준은 백분위점수와 등가연령을 제공하고 있으며 동일 생활연령대와 비교하여 상대적인 발달 수준을 살펴볼 수 있다.

(6) 아동용 한국판 보스톤이름대기검사(Korean version-Boston Naming Test for children: K-BNT-C, 김향희, 나덕렬, 2007)

K-BNT-C는 3~14세 아동과 청소년을 대상으로 대면 이름대기(confrontation naming)를 통해 표현어휘 능력을 비교적 간단히 평가하는 검사 도구다. 검사방법은 대상자에게 그림 자극을 제시한 후 검사 항목에 해당하는 자극물을 명명하게 한다. 검사 결과 해석을 위해 6개월 간격으로 평균 점수 및 표준편차 규준을 제공하고 있다. 또한 검사지침서를 통해 백분위점수와 등가연령으로 환산된 점수도 얻을 수 있다.

(7) 언어 문제 해결력 검사(배소영, 임선숙, 이지희, 2000)

언어 문제 해결력 검사는 5세에서 12세 아동의 상위 언어 기술을 측정하는 표준화 검사다. 검사 목적은 특정 상황에 대답하는 능력을 평가함으로써 언어를 통한 문제 해결 능력을 측정하는 것이다. 검사는 17개 장면의 상황 그림판에 대한 총 50개의 질문으로 구성되어 있다. 질문 문항은 크게 세 범주, 즉 원인 이유 18개 문항, 해결 추론 20개 문항, 단서 추측 12개 문항으로 이루어져 있다. 검사자의 '왜' 또는 '어떻게' 질문에 답한 아동의 반응을 기록한 후 0, 1, 2점으로 채점한다.

검사 결과는 아동이 속한 연령 집단을 기준으로 세 범주 각각에 대한 백분위점수와 총점에 대한 백분위점수를 제공한다. 원인 이유, 해결 추론, 단서 추측 세 범주별 백분위점수는 절대적인 기준으로 해석하기보다 아동의 상대적 강약점을 파악하는 참고 자료로 사용할 수 있다.

학령전기 수준의 언어발달장애 아동을 위한 표준화 검사 도구를 요약하여 제시하면 〈표 8-2〉와 같다.

〈표 8-2〉 표준화 검사 도구

학령 전 아동을 위한 표준화 검사	평가 영역						규준 제시 연령
	수용언어			표현언어			
	의미	구문	화용	의미	구문	화용	
영 · 유아 언어발달검사 (SELSI)	○	○	○	○	○	○	생후 5~36개월
취학전 아동의 수용언어 및 표현언어 발달 척도(PRES)	○	○	○	○	○	○	2~6세
구문의미 이해력검사 (KOSECT)		○					만 4~9세(초등 3)
수용 · 표현 어휘력 검사 (REVT)	○			○			만 2세 6개월~16세 이상 성인
언어이해 · 인지력검사	○						만 3~5세 11개월
아동용 한국판 보스톤이름 대기검사(K-BNT-C)				○			3~14세 아동 및 청소년
언어 문제 해결력 검사 (상위 언어 기술)						○	만 5~12세

2) 비공식 평가

표준화 검사 도구를 이용한 평가와 함께 언어발달장애 아동의 언어 및 의사소통 능력을 평가하는 또 다른 방법에는 비공식 검사(informal test)가 있다. 앞서 표준화 검사를 통한 공식 검사(formal test)는 아동의 점수를 또래 아동의 규준(norm)과 비교함으로써 아동이 또래 집단의 수준과 비교하였을 때 어느 정도 지체되어 있는지를 살펴보는 목적을 가진다. 이에 반해, 비공식 검사는 특정 영역의 발달 단계나 준거와 비교하여 결과를 해석하거나 아동이 사용하는 언어 자체를 분석하여 결함의 특징을 밝힘으로써 그 결과를 중재 계획 수립에 반영할 수 있다.

학령전기 아동을 위한 비공식 평가의 대표적인 방법에는 아동과 대화 상대자와의 자연스러운 대화 표본을 수집하여 아동의 발화를 분석하는 자발화 분석과 들려준 이야기를 다시 말하도록 하여 수집된 아동의 이야기 회상 산출(story retelling) 자료를 분석하는 이야기 평가가 있다. 자발화 분석을 통한 언어진단은 선별보다는 진단에 목적을 둔 평가 방법으로 아동의 일상적인 표현언어 능력을 살펴볼 수 있다. 학령전기 아동을 대상으로 한 이야기 평가는 한국어 이야기 평가(Korean Narrative Assessment: KONA; 권유진, 진연선,

〈표 8-3〉 **비공식 평가**

<table>
<tr><th>구분</th><th colspan="2">평가영역</th><th>측정 항목</th></tr>
<tr><td rowspan="3">자발화 분석
상호작용
대화를 통해
수집한
아동의
자발화
분석</td><td colspan="2">의미론</td><td>• 개별 의미유형 분석
• 의미관계 분석
• 어휘다양도(TTR) 분석</td></tr>
<tr><td colspan="2">구문론</td><td>• 평균발화길이(MLU) 분석
–평균형태소길이(MLU-m)
–평균단어길이(MLU-w)
–평균어절길이(MLU-c)
–평균구문길이(MSL)
• 최장발화길이(UBL) 분석
• 최단발화길이(LBL) 분석
• 문법형태소 분석
• 구문 유형 분석</td></tr>
<tr><td colspan="2">화용론</td><td>• 문장의 자율성 및 적절성 분석
• 언어기능의 다양성 분석
–초기 구어기능 분석
–대화기능 분석</td></tr>
<tr><td rowspan="4">이야기 평가
이야기 회상
산출 분석</td><td colspan="2">이야기 이해 평가</td><td>• 사실적 정보 이해력
• 텍스트 연결 추론 이해력
• 빠진 정보 추론 이해력</td></tr>
<tr><td rowspan="3">이야기
표현
평가</td><td>이야기 구성
능력</td><td>• 이야기 문법 전체 회상률
• 이야기 문법 종류별 회상률
• 완전한 일화 수</td></tr>
<tr><td>결속표지 사용
능력</td><td>• 총 결속표지 사용 수
• 적절한 결속표지 사용 수
• 부적절한 결속표지 사용 수
• 결속표지 정확률</td></tr>
<tr><td>구문 및
문법형태소 사용
능력</td><td>• 총 T unit 수
• 총 종속절 수
• T unit 당 평균 종속절 수
• 평균 T unit 길이
–MLTw(T unit 당 평균단어길이)
–MLTm(T unit 당 평균형태소길이)
• 문법형태소 오류율</td></tr>
</table>

출처: 권도하 외(2014), p. 124에서 인용 및 부분 수정함.

배소영, 2018)를 활용할 수 있다. 한국어 이야기 평가는 학령전기 아동과 학령기 아동의 이야기 수준을 살펴볼 수 있는 준거-참조 평가도구이다. 학령전기 아동을 대상으로 평가할 때는 '그네 이야기'와 '공 이야기'를 사용하도록 제시하고 있다. 이야기 능력은 화용 지식을 바탕으로 발달하지만, 이야기 평가를 통해 이야기 이해와 표현 능력뿐 아니라 구문 능력도 함께 분석할 수 있다. 대표적인 비공식 평가 두 가지, 즉 상호작용 대화 표본을 수집하여 분석하는 자발화 분석과 이야기 회상 산출 자료를 분석하는 이야기 평가에서 이루어지는 평가 영역을 요약하면 〈표 8-3〉과 같다.

부모 면담 및 아동과의 초기 라포 형성을 하는 동안 아동의 언어 및 의사소통 발달 수준을 평가하기 위해 어떤 검사를 실시할지 결정한다. 표준화 검사뿐만 아니라 아동의 일상적인 의사소통 수준을 알아보기 위해서는 자발화 분석을 통한 비표준화 검사를 함께 실시할 것을 권고한다. 또한 언어의 각 영역은 서로 상호작용하여 발달하므로 전반적인 언어 검사를 실시하고 부가적으로 아동이 특히 결함을 보이는 영역에 대한 검사를 보충하여 실시함으로써 결함의 특성을 밝힌다.

표준화 검사의 경우 실시 지침서를 읽고 실시 방법을 충분히 숙지한 후 실시해야 한다. 비표준화 검사의 경우 모방과제와 같이 아동의 반응에 대한 정오 평가와 분석이 비교적 간단한 검사도 있지만, 자발화 분석을 통한 언어평가와 같이 언어의 의미론, 구문론, 화용론에 걸쳐 광범위한 분석이 이루어지기도 한다. 자발화 분석을 통한 언어평가의 경우 평가자 자체가 평가의 신뢰도에 영향을 미치므로 아동의 일상적인 언어 사용을 대표하는 표본을 수집할 수 있도록 대화 방식, 상황 및 사용하는 자료나 수집하는 표본의 양 등을 고려해야 한다. 또한 자발화 분석을 통한 언어평가는 아동의 표현언어 특성을 밝히는 데 도움이 되는 반면, 실시를 위해서는 평가자가 자발화 수집 및 분석에 대한 충분한 역량을 갖추어야 한다. 의미론적 분석을 위해서는 개별 의미유형 및 의미관계에 대한 이해, 어휘다양도 산출 관련 낱말 단위의 문법 지식이 필요하며, 구문 및 형태론적 분석을 위해서는 형태소 특히 조사 · 어미 · 접사와 같은 문법형태소, 낱말, 어절 등의 문법 지식이 요구되며 화용론적 분석을 위해서는 초기 구어기능과 대화기능에 대한 이해가 필요하다.

3. 치료계획 및 실시

다양한 표준화 및 비표준화 평가를 실시한 후에는 각 결과를 분석하고 종합하여 진단 보고서를 작성하고 곧바로 중재 계획을 수립한다. 치료의 개념에는 매 회기별 치료 후에 제공되는 보호자 상담까지 고려해야 한다. 치료를 계획할 때는 치료 후 이루어지는 보호자 상담에서 왜 그러한 치료 목표로 치료 활동을 실시하였는지에 대해 설명이 가능해야 함을 고려해야 한다. 따라서 학생임상가들은 치료 목표와 활동이 아동의 현재 수준과 어떻게 연계가 되는지에 대한 관련 이론적 지식을 충분히 갖추어야 하며 많은 고민과 철저한 준비로 이러한 역량들을 끌어올려야 한다. 언어 이전기 아동의 중재 초점이 의사소통 규칙 인식과 초기에 발달하는 다양한 의사소통 기능을 습득하는 것이라면, 초기 구어 발달기 및 학령전기 아동의 중재는 아동의 수용 및 표현 언어 능력을 현재 수준보다 끌어올려 전반적인 의사소통 능력을 향상시키는 것이 목표가 된다. 진단 · 평가 결과 아동이 또래 생활연령 아동들에 비해 특히 많은 결함을 보이는 언어 영역을 중심으로 일반화를 고려한 기능적 목표를 선정하는 데서부터 본격적인 치료가 시작된다.

1) 치료 목표 선정

치료 목표를 수립할 때에는 아동의 발달 수준에 따라 전반적인 치료 접근법을 먼저 고려한다. 아동이 또래 아동에 비해 지체되는 정도가 경미하다면 현재의 수준에서 또래 일반아동의 발달 수준으로 언어발달을 촉진하는 발달 단계에 근거한 접근법(bottom-up approach)을 고려해야 할 것이다. 반면, 언어발달 장애 정도가 심할 경우 아동의 생활환경에서 우선순위가 높은 언어 및 의사소통 기술부터 가르치는 기능적 접근법(top-down approach)을 염두에 둔다. 기능적 접근법으로 중재 계획을 수립하더라도 목표 언어는 실생활에서 아동이 바로 써먹을 수 있는 기능적인 것으로, 치료 활동 및 방법, 그리고 발화의 수준은 아동의 언어 및 의사소통 발달 수준을 고려해야 할 것이다. 이러한 접근 방식은 발달단계에 근거한 접근법과 기능적 접근법을 절충한 것이다.

구체적인 목표 언어에 대해 치료 방법과 활동을 구상하여 치료를 진행하는 것은 회기별 치료에 해당한다. 회기별 치료를 본격적으로 수행하기 전에 장단기치료 계획을 수립하고 공식 문서인 장단기 치료계획서를 작성한다. 장단기 치료계획을 수립하기 위해서는 평가 결과에서 아동이 상대적으로 약점을 보이는 언어 영역이 무엇인지를 찾아내야 한다. 학령전기 아동들의 언어 및 의사소통 중재 목표는 아동들이 자신의 생각을 표현하거나 상대자가 전하는 의사소통 의도를 이해하는 데에 필요한 능력을 갖추는 것이다. 즉, 정상적인 사회적 상호작용을 위해 적절한 방법으로 언어를 사용하게 하는 것이다. 중재 목표를 수립하기 위해서는 일반 아동의 언어발달 이정표를 기준으로 삼는 경우가 많다. 하지만 언어발달 이정표는 일반 아동이 연령이 증가함에 따라 언어 영역별 어떠한 능력들을 갖추게 되는지를 발달단계별로 나열한 것이라고 볼 수 있다. 즉, 언어발달 이정표를 고려하되 대상자의 발달 수준이나 특성을 반영하여 개별화된 계획을 수립하여 치료를 진행해야 한다.

Paul(2007)은 정상발달의 이정표가 언어발달 단계에서 중재 목표 설정 시 중요한 기준이 되지만 아동들이 중재 주기 동안 제시한 목록을 모두 달성하는 것은 아니며, 임상가의 신중한 판단과 부모의 요구를 반영한 목표를 설정할 것을 강조하였다. Paul(2007)과 Paul & Norbury(2013)가 제안한 의사소통발달 이정표 및 학령전기 아동을 위한 중재영역은 〈표 8-4〉와 같으며, 이는 장단기 계획 수립 시 무엇을 가르칠 것인가를 결정할 때 참고할 수 있다.

〈표 8-4〉 **학령전기 의사소통 발달 이정표**

영역	목표
음운론	자음 레퍼토리 증진하기 음절에 근접하는 산출 증진하기 음운변동 사용 감소하기 다음 절 단어의 산출 증진하기 음 산출의 정확성 증진하기 명료도 증진하기
의미론	어휘량 증진하기 특정 행동을 표현하는 동사 사용 증진하기(털다, 미끄러지다, 구부리다, 접다 등) 기본 개념 어휘의 이해 및 표현 증진하기(공간개념, 시간개념, 지시어, 친척 관계어, 색깔 용어 등) 문장 내 의미관계 다양성 증진하기(소유, 재현, 장소 등) 절 간 의미관계 다양성 증진하기(결과, 원인, 조건 등) 적절한 접속사 사용 증진하기(그러나, 그래서 등)
구문론	문장 길이 증진하기 문장의 복잡성 증진하기(구 및 절의 사용 등) 다양한 문장 형태 사용 증진하기(의문문, 부정문, 접속문, 내포문, 피동문, 사동문 등) 문장 내 어순 이해 증진하기

형태론	문법형태소(조사, 어미, 접사) 사용 증진하기 단어형성법(합성어, 파생어) 사용 증진하기
화용론	구두 형태의 의사소통 사용 증진하기 의사소통 목표를 달성하기 위한 언어 사용 증진하기 다양한 문맥을 위한 언어 형태의 유연성 증진하기 적절한 형태로 의사소통을 시도하는 능력 증진하기 다양한 언어 형태로 표현된 의사소통 의도들의 범위 확장하기 대화에서 주제 유지 능력 증진하기 대화에서 주고-받기, 주제 전환 조절 능력 증진하기 다양한 언어 장르 사용 시도하기(예: 이야기) 대화 수정 요구 및 대화 수정 능력 증진하기
놀이와 사고	무엇을 표현하기 위해 대상을 사용하는 능력 증진하기 가장놀이와 상상놀이 증진하기 사회적 역할놀이를 포함한 놀이 증진하기 추상적 사고를 촉진하기 위한 언어 사용 능력 증진하기 또래와 협력적 상호작용을 위한 언어 사용 능력 증진하기 자기 모니터링과 공격적 행동 억제를 위한 언어 사용 능력 증진하기
문해 전 단계 (음운인식, 인쇄물 개념, 알파벳 지식, 이야기와 문어)	이야기 듣기; 책에서 그림이나 사건에 대해 말하기 혼자 책 보기; 책을 바르게 들고 페이지를 넘기는 데 적응하기 책의 구성 알기; 페이지, 제목, 활자 방향 활자에서 단어 인식하기(예: 한 페이지에서 첫 단어 찾기, 한 페이지에 있는 단어 세기) 상위언어능력 및 음운인식 능력 발달시키기: 단어의 음절 수 세기 알파벳 노래하기; 글자 식별하기 단어를 음절이나 소리 단위로 분절하기 단어의 의미가 무엇인지 알기 같은 소리로 시작하거나 끝나는 단어 판별하기 단어 내 말소리(sounds) 수 세기 말소리와 문자 대응하기

출처: Paul (2007); Paul & Norbury (2013)(우리말에 적용되지 않는 문법 내용은 일부 삭제 및 수정하였음.)

다양한 언어 영역 중 무엇을 중재 프로그램에 포함시킬지를 결정해야 한다. 아동에 따라 언어의 특정 영역에서 결함을 나타낼 수도 있고, 전 영역에서 발달지체를 보일 수도 있다. Paul(2007)은 치료에서 목표를 정하는 우선순위를 다음과 같이 제안하였다. 어떤 상황에서 적절한 반응이 10~50% 정도 나타나는 것을 최우선순위로, 이해는 가능하나 1~10%만 반응하는 것을 다음 순위로, 아동이 전혀 표현하지 않거나 또는 특정 상황에서 60~90% 정도 적절한 반응을 하는 것을 마지막 순위의 치료 목표로 삼을 것을 제안하였다. 이러한 목표 우선순위는 바로 아동의 근접발달영역(zone of proximal development)과 정상발달 단계를 고려하여 목표를 설정하라는 것이다. 아동이 이미 습득한 현 언어지식 기반 내에 있는 것을 가르치는 것은 불필요한 시간을 허비하는 것이고, 반대로 아동의 근접발달영역을 벗어난 너무 높은 수준의 목표를 설정했을 경우에는 아동이 쉽게 포기하거나 좌절할 우려가 있을 것이다. 따라서 아동의 언어 및 의사소통 평가 결과와 발달 이정표를 고려하여 아동에게 요구되는 기능적 목표를 수립해야 한다.

한편 언어 영역별로 보았을 때, 구문 및 형태 발달과 음운 발달 영역에서 동시에 문제를 보일 때 Tyler, Lewis, Haskill과 Tolbrt(2002, 2003)는 우선적으로 구문 및 형태론적 결함을 먼저 중재하고 다음으로 음운론적 목표를 수행할 것을 권고하였다. 또한 Shriberg와 Kwiatkowski(1994)는 음운발달이 언어발달기에 함께 이루어지기 때문에 발화 명료도에 현저한 손상이 없다면 중재 대신 일단 자연적인 발달을 지켜보는 것도 무방하다고 하였다(Paul & Norbury, 2013에서 재인용). 그러나 발화 명료도가 매우 낮을 경우, 구어 사용에서 구문 및 형태의 문법적인 발달이 증진하더라도 전반적인 메시지 전달에 어려움을 겪게 된다. 이는 또래와의 상호작용 의사소통에 결함을 초래하고 그로 인해 또래의 놀림, 심리적 위축 등의 정서적인 문제를 동반할 수 있으므로 초기 중재 목표에 음운 치료를 포함해야 한다. 음운 산출에 어려움이 있는 아동의 경우, 음운인식 훈련을 병행한다면 학령기 초기 읽기 발달에까지 긍정적 영향을 미칠 수 있다.

아동의 언어발달 수준을 고려하여 중재 목표를 제안하자면, 아동이 초기 구어 발달기로 50개 어휘 산출 전이라면 치료 목표의 초점을 수용 어휘 및 표현 어휘를 늘리는 의미론적 중재와 언어의 기능적 측면을 촉진하는 화용론적 중재에 둘 수 있을 것이다. 초기 2~3어문 단계를 넘어서는 학령전 언어발달기에 있는 아동들의 언어 중재에서 핵심적인 언어발달 영역은 구문발달이다. 물론 어휘를 늘려가고 문장 간 의미관계를 이해하는 의미론 영역이나 대화 규칙 및 이야기 발달과 같은 화용론의 발달 역시 이 시기에 중요하다. 일반적인 언어발달 단계에 비추어 볼 때, 학령전기는 언어의 형식적 측면, 즉 음운, 형태・구문 발달의 기본을 다지는 시기다. 우리말의 음운규칙을 적용하여 문법 체계에 맞는 구어를 산출하는 것이 목표가 될 것이다. 그렇다고 의미 발달, 화용 발달의 측면을 간과해서도 안 되고 그것들과 구문론 목표를 완전히 분리하여 가르치는 것도 실상 어렵다. 언어치료에서 언어의 각 영역들이 함께 고려되어야 하는 것은 사실이지만, 언어발달장애 아동들에게 무엇인가를 학습시킬 때는 한 가지 목표에 집중해서 반복적으로 가르치는 것이 효과적이다. 예를 들면, 회기 목표에 새로운 구문 목표(예: 주어-목적어-서술어의 3어문)가 제시된다면 의미론적으로는 이미 습득된 어휘 조합(예: '친구가 빵 먹어요.'와 같은 이미 습득된 어휘로 구성)으로 목표 구문을 이해 및 표현하도록 목표 언어를 구성한다. 또 다른 예로 회기 목표가 의미 영역의 새로운 어휘를 습득시키고자 할 때는 아동이 그 어휘에만 집중할 수 있도록 구문적으로는 되도록 간단한 지시를 함으로써 목표어휘의 습득을 돕는다.

2) 치료 절차

(1) 장단기 치료계획

치료 대상 아동의 언어 및 의사소통 평가 결과를 토대로 학령전 일반 아동의 언어발달 과정을 참고하여 무엇을 가르칠 것인가를 정리하였다면 치료 목표 수립 준비가 된 것이다. 학생임상가들은 도출한 치료 목표를 어떻게 달성해 나갈 것인지를 장단기 치료계획서를 작성함으로써 구체화한다. 장기목표와 단기목표는 직접적으로 관련된 내용으로 작성해야 하며 단기목표는 목표 행동, 상황 조건, 준거를 포함하여 보다 구체적으로 기술해야 한다.

학생임상가들이 장단기 치료계획을 수립할 때는 한 명의 실습대상자와 진행되는 임상 실습 기간을 고려하여 실현 가능한 목표로 계획해야 한다. 실습 기관의 기준에 맞추어 대개 6개월~1년 이내 기간에 해당하는 장단기 치료계획을 수립하는 경우가 가장 보편적이다. 장기목표에 대한 단기목표는 수직적, 수평적 또는 주기적 목표달성 전략으로 구성할 수 있다. 수직적 목표달성 전략은 발달단계에 따라 하나의 단기목표 언어가 습득되면 다음 단계의 목표 언어를 훈련해 나가는 방식이다. 수직적 목표달성 전략으로 장단기 치료계획을 수립할 때 유의해야 할 사항은 장기목표에 도달하기 위한 하위 단기목표를 위계적으로 구성하고 한 단계에서 다음 단계로 넘어가는 습득 준거를 적정 수준으로 정하는 것이다. 습득 준거가 너무 높을 경우 지나친 반복으로 인해 대상 아동이 싫증을 낼 우려가 있다. 수평적 목표달성 전략은 일상생활 언어환경의 다양성을 반영하여 한 회기에 유사한 수준의 두 가지 이상 목표 행동을 함께 지도함으로써 일반화를 돕는 방식으로 진행한다. 수평적 목표달성 전략은 일상생활에 유용한 기능적 언어습득을 돕는 장점이 있다. 반면, 두 가지 이상의 목표 행동을 함께 제공하였을 때 혼동하기 쉬운 대상, 예를 들면 중증의 인지능력 저하, 주의력 결핍을 동반한 언어장애 아동에게는 적합하지 않다. 마지막으로 주기적 목표달성 전략은 말 그대로 몇 가지 목표 행동을 특정 주기에 따라 차례로 돌아가며 반복해서 지도하는 것이다. 아동의 특성과 장기목표에 따라 구성하는 목표 언어와 주기는 조절 가능하다. 세 가지 목표달성 전략의 예는 〈표 8-5〉와 같다.

〈표 8-5〉 **수직적 · 수평적 · 주기적 장단기 목표의 예**

목표달성 전략	예
수직적 목표달성 전략	장기목표: 아동은 치료사가 동물 인형을 행위자로 조작하여 다양한 행동을 보여주었을 때, [행위자-행위] 두 낱말 의미관계를 90% 이상 자발적으로 산출할 수 있다.
	단기목표 1. 아동은 치료사가 동물 인형을 행위자로 조작하여 특정 행동을 보여주며 [행위자-행위] 두 낱말 의미관계를 모델링하였을 때, [행위자-행위] 의미관계를 90% 이상 정확하게 모방할 수 있다. 2. 아동은 치료사가 동물 인형을 행위자로 조작하여 특정 행동을 보여주며 [행위자]를 모델링하였을 때, [행위자-행위] 의미관계로 완성하여 90% 이상 산출할 수 있다. 3. 아동은 치료사가 동물 인형을 행위자로 조작하여 특정 행동을 보여주며 '여기 뭐 하고 있지요?' 질문으로 유도하였을 때, [행위자-행위] 의미관계를 90% 이상 자발적으로 산출할 수 있다.
수평적 목표달성 전략	장기목표: 아동은 치료사가 동물 인형을 행위자로 조작하여 다양한 행동을 보여주며 질문하였을 때, 두 낱말 의미관계로 80% 이상 바르게 대답할 수 있다.
	단기목표 1. 아동은 치료사가 동물 인형을 행위자로 조작하며 '여기 뭐해요?'라고 질문하였을 때, 10번 중 8번 이상 [행위자-행위] 두 낱말 의미관계로 대답할 수 있다. 2. 아동은 치료사가 한 개의 인형을 행위자로 다양한 사물에 대한 행동을 보여주며 '뭐 해요?'라고 질문하였을 때, 10번 중 8번 이상 [대상-행위] 두 낱말 의미관계로 대답할 수 있다. 3. 아동은 치료사가 다양한 장소, 도구와 관련된 행동을 보여주며 '어디에 ○○ 해요?', 또는 '뭐로 ○○ 해요?'라고 질문하였을 때, 10번 중 8번 이상 [배경(장소, 도구)-행위] 두 낱말 의미관계로 대답할 수 있다.
주기적 목표달성 전략	장기목표: 아동은 치료사와의 놀이상황에서 3세 수준의 일상생활 고빈도 어휘를 80% 이상 모방할 수 있다.
	1주: 아동의 치료사와의 놀이상황에서 친숙한 가족 호칭 관련 어휘를 모방할 수 있다. 2주: 아동의 치료사와의 놀이상황에서 친숙한 음식 관련 어휘를 모방할 수 있다. 3주: 아동의 치료사와의 놀이상황에서 친숙한 장난감 명칭 관련 어휘를 모방할 수 있다.

(2) 회기별 치료계획

회기별 치료계획은 각 회기의 치료 실행을 위해 가장 구체적이고 세부적으로 계획되어야 한다. 먼저 앞서 수립한 장단기 목표 중 해당 회기에 연계되는 단기목표가 무엇인지를 제시하고, 단기목표를 달성하기 위한 해당 회기의 세부 목표 및 목표 언어, 세부 치료 활동을 계획한다. 회기별 치료계획서의 세부 목표에는 상황, 목표 행동, 준거를 구체적으로 기술한다. 목표를 수립하였다면 이에 따른 세부 활동, 강화물 및 강화 스케줄과 같은 강화 계획도 제시한다.

회기별 치료를 수행한 후에는 해당 회기의 치료 결과를 반드시 기술해야 한다. 해당 회기의 치료 결과란에는 목표에 따른 정반응률과 함께 오반응 유형을 분석하여 기술한다. 또한 해당 회기에서 나타난 아동의 특이한 행동 및 발화 특성도 함께 기록한다. 기술한 내용은 다음 회기 준비를 위한 기초자료로 활용할 수 있다. 이렇게 회기별 치료계획 내용과 치료결과까지 모두 작성되어야 하나의 회기별 치료계획서가 완성된다고 볼 수 있다.

(3) 치료 방법

언어 이전기 발달 수준에서부터 학령기 수준에 이르기까지 언어발달장애 아동들의 발달 수준이 상이하더라도 기본적인 중재 원리는 크게 다르지 않다. 치료의 기본 원리들을 제시하면 다음과 같다.

Fey(1986)는 치료 상황의 자연스러움 정도, 즉 치료 활동을 이끌어 나가는 주체가 누구인지에 따라 중재 방법을 크게 세 가지로 구분하였다. 치료사-중심법(Clinician-Directed: CD), 아동-중심법(Child-Centered: CC), 절충법(hybrid approach)으로 나누어 설명하였다. 치료사-중심법은 치료사가 치료 목표와 활동 그리고 아동의 예상되는 반응에 따른 강화물을 미리 정하여 접근하는 전통적인 방법이다. 치료사-중심법의 가장 일반적인 방법에는 훈련(drill)과 치료사중심 모델링이 있다. 즉, 모방, 훈련, 연습의 측면을 강조하는 방법이다. 치료사-중심법은 두 가지 측면에서 단점을 가지는데, 첫째는 훈련받은 목표 언어의 일반화 문제이고, 둘째는 치료사의 계획대로 아동이 적절하게 반응하지 않을 수도 있다는 점이다. 물론 숙련된 치료사라면 아동의 반응에 따라 융통성 있게 아동의 주도를 따라가면서 자연스럽게 치료 활동을 이어갈 수 있겠지만, 학생임상가의 경우 자신이 계획한 대로 아동이 반응하지 않을 때 당황하고 계획한 활동을 흐지부지 끝내버리는 경우도 생긴다. 따라서 매 회기 치료 활동을 계획할 때마다 아동이 너무 빨리 치료 목표에 도달하거나 계속된 오반응 또는 부적절한 행동을 보일 때 어떻게 중재를 이어나갈 것인지에 대해서도 충분히 고려해야 한다. 학생임상가의 경우, 평가 결과에 맞추어 발달 단계에 기초한 치료계획을 세우고 치료사-중심 중재를 실시하는 것을 더 선호하기도 한다. 그러나 치료사-중심법의 중재가 가지는 단점을 고려할 때 치료 활동을 보다 자연스럽게 구성하고 실제 의사소통 상황과 같은 구조화된 상황에서 아동이 새롭게 습득한 것을 연습할 수 있는 기회를 추가적으로 제공하는 것이 보다 바람직하겠다. 초보 학생임상가의 경우, 학교 임상실습실의 규정에 부합되는 치료 시간에 맞게 치료 목표와 활동을 구성하는 연습을 반복적으로 하겠지만 처음부터 시간을 잘 구성하기에는 어려움이 따를 수도 있다. 각 대상 아동의 특성을 고려하여 한 치료 목표를 위한 활동을 하나로 구성할 것인지, 아니면 둘 이상의 다채로운 활동으로 구성할 것인지 등도 미리 고민해야 한다. 또한 장애를 동반한 언어발달장애 아동이 대상자일 경우, 장애 특성과 관련해 나타날 수 있는 돌발 상황에 대한 대처 방안도 함께 생각해 볼 것을 권유한다.

아동-중심법은 치료사-중심법의 단점을 보완하는 관점, 즉 아무리 치료사가 많은 것을 훈련시켜도 그것을 습득하는가, 하지 않는가는 아동에게 달려 있다는 관점에서 시작되었다. 아동-중심법은 자연스러운 상황 속에서 아동의 흥미나 주도적인 행동을 따라가면서 학습의 기회가 주어질 때 치료사가 개입하는 중재 방법이다(김영태, 2014). 중재 초기 특정한 목표를 설정하지 않았거나, 전반적인 의사소통력 향상에 목표를 두거나, 또는 치료의 일반화를 촉진시킬 때 유용한 접근법이다. 반면, 새로운 목표 행동을 습득시키는 데는 아동-중심법을 적용하기 쉽지 않다는 단점이 있다. 아동-중심법의 예에는 아동의 반응에 따라 우발적 피드백(contingent feedback)을 제공하거나 아동의 활동 주제를 확장시켜 주는 간접적인 언어자극법과 아동 중심의 놀이 상황을 이용하는 방법이 있다.

절충법은 치료사-중심법과 아동-중심법을 절충한 접근법으로 아동에게 주도권을 주고 특정한 반응을 요구하지는 않지만 상황을 구조화시켜 최대한의 기회를 제공하거나 모델링을 제시함으로써 치료목표가 달성되도록 유도하는 것이다. 절충법의 예에는 집중적 자극(focused stimulation), 수직적 구조화하기(vertical structuring), 환경중심 교수(milieu teaching) 및 스크립트 치료(script therapy)가 있다. 집중적 자극은 아동이 목표 언어 형태의 발화를 산출할 수 있도록 치료사가 주의 깊게 상호작용적 문맥을 조정해 주는 것이다. 즉, 놀이 상황 속에서 목표 언어 형태가 자연스럽게 산출될 수 있는 문맥을 반복적, 집중적으로 제공한다. 수직적 구조화하기는 목표 구조를 강조하기 위해 집중적 자극과 같은 방식으로 사용하는 특별한 확장 형태다. 예를 들면, 아동과 대화를 하는 동안 아동의 불완전한 발화에 대해 치료사가 부가적인 질문과 함께 대답하는 방식으로 완전한 발화를 만들어 가는 방식이다. 만약 아동과 치료사가 함께 '호랑이가 고기를 먹는' 장면의 그림을 보면서 치료사가 "지금 뭘 보고 있지?"라고 질문하였을 때 아동이 "호랑이." 라고 대답한다면 치료사는 "그래. 호랑이 맞네. 호랑이가 뭐하고 있지?"라고 다시 부가적 질문을 한다. 아동이 "고기." 또는 "먹어."라고 대답을 한다면 치료사는 "맞아, 먹고 있네. 호랑이가 고기 먹어요."라고 구조적으로 갖추어진 문장을 들려주는 방식이 바로 수직적 구조화하기 방법이다. 환경중심 중재는 일상 상황에서 의사소통을 촉진하기 위해 아동의 흥미나 의사소통 시도를 이용하는 것이다. 이를 위해 치료사는 환경을 잘 배치하고 반응적 상호작용을 하며 대화에 근거한 문맥을 만들어야 한다. 언어의 기능적 측면, 즉 화용론에 초점을 둔 접근법이다. 환경중심 중재의 예로는 우발학습(incidental teaching procedures)이 있다. 예를 들면, 아동이 볼 수는 있지만 손이 닿지 않는 곳에 아동이 좋아하는 물건을 배치해 두는 상황을 미리 설정해 둔다. 이 상황에서 계획된 치료 활동을 하고 있다가 우연히 아동이 그 물건에 관심을 두면 그 기회를 놓치지 않고 해당 물건을 주제로 한 상호작용적 대화를 주고받으며 아동의 발화를 확장시켜 주는 방식이다. 스크립트 치료는 친숙한 일상생활 문맥 속에 목표 언어를 끼워 넣어 훈련함으로써 인지적 부하를 줄여주는 방법이다(Olswang & Bain, 1991). 아동에게 친숙한 일상 활동, 예를 들면 목욕하기, 롯데리아에서 햄버거 사먹기 등의 활동 속에 목표 언어 구조를 넣어 발화를 유도하는 것이다. 각 활동에 익숙해지면 일부러 일련의 순서를 바꾸거나, 엉뚱한 반응을 함으로써 자발적인 구어를 유도할 수도 있다.

한편 의사소통 상황에서 언어의 사용 및 사회적 기능에 초점을 둔 일반화를 강조하는 측면의 치료 접근법으로는 기능적 접근법(functional approach)을 제시할 수 있다. 기능적 접근법은 화용론적 접근법(pragmatic approach), 일반화 접근법(generalization approach) 등과 유사하다. 치료 활동 시 실제 일상생활 환경과 최대한 유사하도록 맥락을 형성하고 상대자와의 상호작용에 중점을 둔 언어 사용 및 의사소통을 촉진한다. 기능적 접근법의 주요 원리에는 ① 강화제로서의 언어 촉진자, ② 자연스러운 언어학습, ③ 발달 순서 따르기, ④ 아동의 주도 따르기, ⑤ 아동의 적극적인 참여, ⑥ 맥락의 중요성, ⑦ 스크립트가 있는 친숙한 사건들, ⑧ 일반화 계획 사전 수립 등이 있다(Owens, 2014). 기능적 접근법에서 치료사는 아동으로 하여금 일상생활과 유사한 생생한 언어를 사용하도록 촉진하는 역할을 해야 한다. 따라서 기능적 접근법에서는 아동의 주도를 따르며 아동이 보다 효과적으로 의사소통할 수 있도록 자연스러운 맥락을 계획하고 구성해 나가는 것이 중요한 요소이다. 자연스럽게 맥락을 형성하는 방법에는 비구어적 맥락, 구어적 맥락이 있다. 치료사가 구조화한 맥락에서 아동이 자연스럽게 발화를 하였을 때 치료사는 다양한 연계 반응을 제공함으로써 아동의 발화가 목표언어에 가까워지도록 돕는다. 〈표 8-6〉은 아동의 언어적 반응을 유도하기 위한 비구어적 맥락의 예시이다. 학생임상가들은 이러한 비구어적 맥락에 대한 다양한 아이디어를 직접 고안하여 적용해 보길 바란다.

〈표 8-6〉 **비구어적 맥락**

기능	맥락 예
물건 요구하기	• 이름을 써보라고 하며 종이만 준다. • 3~4명의 모둠 공작 활동에서 풀을 하나만 준다. • 아동이 좋아하는 장난감을 높은 선반에 올려둔다.
정보 요청하기	• 가방 안에 물건을 넣어두고 치료사만 가방의 물건을 들여다보며 '우와' 하며 물건이 무엇인지 말해주지 않는다.
정보 제공하기	• 아동이 그림그리기 활동 동안 치료사는 무엇을 그리는지 모르겠다는 듯한 태도를 취한다. • 아동에게 익숙한 기능의 물건을 치료사가 잘 사용하지 못하는 듯 실수를 범한다.
행동 요구하기	• 아동 스스로 뚜껑을 열 수 없는 음료를 준다. • 아동 스스로 열 수 없는 투명한 상자에 아동이 좋아하는 과자를 넣어둔다.
저항하기	• 아동이 가위로 색종이를 오리기 활동을 하는 중간에 가위를 다 사용한 것으로 여기는 척 치운다(다양한 물건에서 이와 같은 맥락을 형성할 수 있다). • 아동의 모자를 양말인 척 신으려고 한다.

기능적 접근법에서 구어적 맥락의 활용은 다양하다. 구어적 맥락 제공은 아동의 올바른 구어를 유도하기 위해 단서를 제공하거나 아동의 발화에 대해 연계반응을 하는 방식으로 이루어진다. 크게 시범, 직접적 구어 단서, 간접적 구어 단서로 구분하여 예를 들면 〈표 8-7〉과 같다.

〈표 8-7〉 **구어적 맥락**

구분	방법	예시
시범	• 혼잣말 기법(self-talk): 아동이 표현할 말을 치료사가 자신의 입장에서 들려준다.	• 치료사가 가위로 색종이를 오리면서 "색종이 오려요."라고 반복해서 들려준다.
	• 평행적 발화기법(parallel-talk): 아동이 말할 만한 문장을 아동의 입장에서 들려준다.	• 색종이 오리기 활동 중 아동이 치료사의 가위를 갖고 싶어할 때 가위를 주면서 "가위 주세요."를 반복해서 들려준다.

직접적 구어 단서	• 질문하기: 아동에게 직접 의문사를 활용하여 질문한다.	• 아동이 가진 물건에 대해 "그거 뭐야?" "어디에서 샀어?" 등의 질문을 한다.
	• 대치 요청하기: 아동의 반응이 목표 반응에 가까워지도록 아동의 발화를 수정해 나가도록 유도한다.	• 아동이 "거기에서 샀어요."라고 반응했을 때, 치료사는 "거기가 어디야?"라고 질문하여 구체적 반응을 유도한다.
	• 선반응 요구-후시범 기법: 목표 언어를 시범 보이기 전에 아동에게 자발적 반응을 하도록 기회를 제공한 후 시범을 보인다.	• "그게 뭘까?"라고 고개를 갸우뚱 궁금한 태도를 취한 후 아동의 반응이 없을 경우 "색종이."라고 시범을 보인다.
간접적 구어 단서: ① 아동의 반응을 요구함	• 수정모델 후 재시도 요청하기 • 오류반복 후 재시도 요청하기 • 자기교정 요청하기 • 이해하지 못했음을 표현하기 • 확장 요청하기 • 반복 요청하기 • 주제 확대하기	• 간접적 구어 단서의 방법들은 어느 하나만 반복적으로 사용하기보다 상호작용이 이루어지는 동안 자연스럽게 혼합하여 제시할 수 있다. • 아동의 오반응에 대해 즉각적으로 시범을 보이기보다 아동 스스로 발화를 수정해 나감으로써 성취감을 느낄 수 있도록 해 준다. • '사과'가 목표언어인 활동에서, 아동의 오반응에 대해 치료사는 "사과, 다시 말해 볼래?(수정모델 후 재시도 요청)", "바나나, 다시 생각해 봐(오류 반복 후 재시도 요청하기)" "바나나라고?(자기교정 요청하기" "응?(이해하지 못했음을 표현하기)" 등의 반응을 할 수 있다.
간접적 구어 단서: ② 아동의 반응을 요구하지 않음	• 아동의 요구 들어주기 • 이해했음을 표현하기 • 모방(imitation)	• '아동의 요구 들어주기, 이해했음을 표현하기, 모방'의 기법은 모두 아동의 선행반응에 대해 치료사가 연계반응을 해줌으로써 아동의 발화 의도가 성공적으로 전달되었음을 알려준다.
	• 구문 확장(expansion): 아동의 발화에 대해 문법적으로 수정하여 다시 들려준다.	• 아동의 반응에 대해 오류를 수정하거나 발화를 확장시켜 주는 다양한 방법을 사용할 수 있다. • 아동이 "동생이 과자가 줬어요."라고 말했을 때 치료사는 자연스럽게 "아, 동생이 과자를 줬구나."라고 반응해 준다.
	• 어휘 확대(extension): 아동의 발화에 어휘를 첨가하여 들려준다.	• 아동이 "빵 먹어요."라고 말했을 때 치료사는 "동그란 빵 먹구나."라고 반응해 준다.

	• 분리(breakdowns) 및 합성(buildups): 아동의 발화를 작은 구문 단위로 쪼개어 말해준 후 다시 올바른 문장으로 합쳐서 들려준다.	• 아동이 "토끼가 사자가 귀로잡혔어."라고 말했을 때, 치료사는 "토끼가 잡혔구나. 사자한테 잡혔구나. 귀를 잡혔구나."라고 말한 뒤 "토끼가 사자한테 귀를 잡혔구나."라고 말해준다.
	• 문장의 재구성(recast sentences): 아동의 발화를 뜻은 유지한 채, 문장 형태를 재구성해서 들려준다.	• 아동이 "사자가 토끼 잡았어요."라고 말했을 때 치료사가 "아, 토끼가 사자한테 잡혔구나."라고 말해준다.

이상의 내용은 한 회기마다 사용되는 치료 활동보다는 중재 원리에 기초한 전반적인 중재 방법을 중심으로 기술하였다. 매 회기마다 어떠한 치료 활동을 할 것인가에 대한 아이디어 개발은 학생임상가의 개인적 노력에 달려 있다. 장단기 치료 목표를 설정하고 회기별 치료 활동을 계획할 때 학생임상가들이 가장 범하기 쉬운 실수는 한 회기에 선택하는 단기목표 자체가 너무 많거나 한 목표에 대해 너무 많은 활동을 계획하는 것이다. 다시 한번 강조하자면, 언어발달장애 아동들은 어떠한 요인이 언어발달 문제를 야기하였든 간에 새로운 목표언어를 습득하는 데 있어 더 많은 노출과 반복이 필요하다. 따라서 과다한 목표 설정으로 치료 활동을 제공하는 데만 급급해서는 안 된다. 회기별 목표 수립 시 과제분석을 통해 매 회기마다 약 80% 이상 도달할 수 있는 세부 목표를 설정하는 것이 바람직하다. 이러한 단계적 목표를 하나씩 습득함으로써 단기목표, 장기목표에까지 도달하게 된다. 또한 아동의 주의집중력, 인지 수준, 행동 특성을 고려하여 매 회기에 적정한 치료 목표와 활동을 계획해야 한다.

최근 우리나라에도 발달 단계에 기초한 치료 활동 프로그램 관련 도서나 자료들이 활발히 출시되고 있다. 하지만 아동 개개인의 특성을 고려할 때 프로그램에서 제시하는 순서를 그대로 적용하기는 힘들다. 따라서 학생임상가들은 발달 단계에 기초한 치료 활동 프로그램들을 참고할지라도, 대상 아동 개개인의 강점과 약점을 고려한 치료 프로그램 개발에 많은 시간을 투자해야 한다.

3) 치료 후 상담

학생임상가가 임상실습 기간 동안 치료를 계획하고, 수행하고, 그 과정을 다양한 공식 문서로 작성하는 것 이상으로 부담을 갖는 것 중 하나가 매 회기 후 이루어지는 부모상담이다. 특히 언어발달장애 아동이 대상일 경우, 언어 중재 과정에서 부모의 긍정적이고 적극적인 개입이 아동의 언어 및 의사소통에 미치는 영향이 크므로 결코 소홀히 할 수 없는 절차이다. 부모 참여는 치료실에서 학습한 내용을 일상생활에 일반화시키고 아동의 기능적 의사소통 능력을 향상시키는 데 많은 도움을 준다. 이 장에서 다루는 학령전기 언어발달장애의 경우 한두 낱말을 사용하는 초기 구어 발달 단계에서부터 복문 표현, 이야기 표현이 가능한 수준까지 폭넓은 대상이 포함된다. 일반언어 발달 과정에서 나타나는 발달적 특성을 이해하여 대상자의 수준에 적합한 상담을 할 수 있어야 한다.

특히 치료 후 상담에서 부모 참여의 중요성을 잘 전할 수 있어야 한다. 예를 들면, 말늦은 아동(late talkers)에 대한 조기 중재는 부모의 참여에서부터 출발하는데 학생임상가는 부모에게 조기 중재의 장점들을 잘 설명할 수 있어야 한다. 말늦은 아동의 조기 중재는 ① 아동들의 또래 관계와 정서 및 행동발달에 긍정적인 영향을 주고, ② 후일의 학업 성취에 결정적인 공헌을 하며, ③ 부모들에게 아동의 언어발달을 돕는 바른 방법을 알려줌으로써 발달 초기부터 언어발달에 지지적인 가정환경을 조성하게 한다(Rossetti, 2001; MaCathren, Warren & Yoder, 1996: 홍경훈(2004)에서 재인용).

학령전 구어 발달기에는 언어의 의미론, 화용론 발달과 함께 특히 언어의 형식 측면, 즉 구문론과 음운론의 발달이 현저히 두드러진다. 회기 치료 목표가 언어의 어떤 영역을 중심을 이루어졌든 간에 학생임상가는 부모의 입장에서 이해할 수 있는 표현이나 용어를 사용하여 상담해야 한다. 아무리 훌륭한 치료 계획과 활동을 구성하여 치료를 제공하였더라도 그것을 부모에게 적절히 전달하지 못한다면 가정에서의 일반화에 도움을 주지 못할 뿐만 아니라 부모와의 라포형성에도 부정적 영향을 미치게 된다.

다른 언어장애 유형에 비해, 언어발달장애 아동의 경우 장기적인 중재를 요하는 경우가 많다. 매 회기마다 상이한 치료 활동으로 치료를 이끌어 나가는 경우도 있지만 그렇지 않을 경우도 있다. 반복적인 학습이 요구되기 때문에 다소 상이한 활동으로 치료를 진행할지라도 동일한 목표를 달성하는 데 몇 회기 또는 몇 주가 소요될 수도 있다. 이때 부모의 입장에서 동일한 내용을 반복적으로 전달받는다는 느낌이 들면 치료 후 상담이 지루하고 형식적으로 느껴질 수 있다. 상담의 내용을 들여다보면 그 이유가 학생임상가의 입장에서 아동에게 무엇을 지시하고, 모델링하고, 촉구하였는지에 초점이 맞추어져 있는 경우가 많다. 매 회기별 치료 후 상담에서는 내용의 초점을 아동의 반응으로 조금 돌려볼 필요가 있다. 학생임상가는 매 치료마다 아동의 반응에서 변화를 발견하고 그 변화가 아동에게 얼마나 의미 있는 것인지를 전달하여야 한다. 부모가 정말로 기대하는 것은 치료사가 어떻게 하였는가보다 내 아이가 어떻게 발전하고 성장해 가는가에 있다. 학생임상가는 치료 동안 아동의 반응에서 가장 긴 발화, 또는 아동이 스스로 말한 첫 낱말이라든가 처음으로 시도한 의사소통 기능 등을 메모하였다가 치료 후 상담에서 제공하는 연습을 하기 바란다.

상담에서 빼놓을 수 없는 요소 중 하나는 진실성이다. 아동이 치료에서 진전이 없거나 더디고, 때론 더 퇴행된 행동을 보일지라도 치료 과정에서 발생한 상황을 왜곡하여 전달해서는 안 된다. 그 자체가 아동에게 아무런 도움이 되지 않는다. 치료 초기 상담에서부터 매 회기별 치료 후 상담에 이르기까지 부모와의 협력은 서로 신뢰하는 관계 형성하에 이루어지는 것이다.

매 회기별 치료 후 부모와의 상담이 왜 중요한지 정리해 보면, 치료의 일반화와 연결해 볼 수 있다. 언어의 영역은 임의로 나누어져 있지만 전체로서 기능한다. 즉, 구문론, 음운론, 의미론적인 측면 어느 하나에 초점을 두고 치료를 하더라도 그것은 결국 타인과의 의사소통에서 습득한 언어를 적절히 사용하게 하려는 상위의 목적이 있다. 치료실의 환경이 실제 상황과 유사하게 구조화되어 있다 하더라도 일반화에는 한계가 있다. 아동이 습득한 언어를 상황에 적절하게 사용하는 기능적 의사소통자로 성장하게 하려면 부모는 현재 아동이 배우고 있는 언어 목표가 무엇인지, 어떻게 촉진하여야 하는지 잘 알고 있어야 한다. 이 모든 것이 바로 치료사와 부모 간 상담을 통해 가능해진다. 학생임상가는 임상실습을 통해 치료 제공자, 부모 조력자로서 역할을 함께 경험하며 그 역량을 키워나가야 한다.

4. 보고서 작성

앞서 제4장에서 학생임상가들이 작성해야 할 각종 보고서 종류와 작성 방법에 대해 다루었다. 여기서는 언어발달장애 아동의 임상실습 시 각종 보고서에 기록되어야 할 내용을 중심으로 간략히 기술하였다.

1) 진단보고서

언어발달장애 아동의 진단보고서에는 초기 면담에서 도출한 배경정보에서부터 평가

시 관찰된 행동 특성, 실시한 표준화 및 비표준화 검사 결과, 평가 결과 요약 및 임상 소견, 권고사항 등을 기록한다. 특히 어린 아동의 경우, 인지 및 신체 발달, 양육환경 등이 아동의 언어발달에 미치는 영향을 고려해야 하므로 이에 대한 기술을 간과해서는 안 된다. 때론 초기 면담 시 부모님이 아동의 언어발달과 다소 거리가 먼 내용까지 보고하는 경우가 있다. 그러한 보고 사항까지 진단보고서에 모두 보고하는 것은 무리가 있으므로 아동의 언어발달과 직접적으로 관련된 사항을 중심으로 기술한다.

평가 및 라포 형성 과정에서 관찰된 행동 특성을 기술할 때는 아동의 행동 및 인지 수준과 언어발달과의 연관성을 고려하여 기록한다. 예를 들면, 장난감을 가지고 함께 놀이를 할 경우, 아동의 상징놀이 수준이 어느 정도인지, 놀이 동안 상대자와의 상호작용 특성이 어떠한지 등을 유심히 관찰하여 기록한다. 우리가 만나는 아동들에 대해 일반아동의 발달 이정표와 비교하여 어떠한 점이 차이가 있는지 관찰하는 습관은 추후 임상현장에서 언어치료를 하는 데 있어 유용한 자산이 될 것이다.

언어평가 결과에 대한 내용은 구어 능력, 언어 능력, 의사소통 능력으로 구분하여 공식 및 비공식 검사 결과를 정확히 기술한다. 임상실습실에서 요구하는 진단보고서 양식에 맞추어 평가 결과, 평가 요약, 권고 사항의 내용이 일관성이 있도록 기술해야 한다. 또한 공식 검사 결과를 기술할 때는 수치적인 객관적 결과뿐만 아니라 검사 결과를 분석하여 질적인 결과도 함께 기술함으로써 장단기치료계획을 위한 의미 있는 검사 자료로 기능하도록 작성해야 한다.

2) 장단기 치료계획서

일반적으로 학교 임상실습 과정에서 장단기 치료계획서 작성 기준의 기간은 한 학기 또는 6개월~1년 이내인 경우가 대부분이다. 각 임상실습 기관 그리고 임상현장에서 장기목표를 계획할 때는 실습실 운영 기준이나 대상자의 특성에 따라 차이가 있을 수 있다. 대개 학교 임상 환경에서는 학생임상가들이 보다 다양한 사례의 평가 및 중재 경험을 할 수 있도록 일정 순환 주기를 규정하고 있다. 따라서 학생임상가들이 장단기 치료계획서를 작성할 때는 정해진 기간을 고려하여 도달 가능한 현실적인 목표를 수립해야 한다.

장단기 치료계획서에는 대상 아동의 일반정보, 평가 결과 요약, 현행 수준을 먼저 제시하고 장단기 치료 목표를 기술한다. 언어발달장애 아동의 경우, 발달 수준이나 치료

기간에 따라 장기목표의 수가 상이하겠지만, 아동에게 시급한 언어 영역을 중심으로 3~4개 정도의 장기목표를 수립한다. 장기목표에 따른 하위 단기목표는 장기목표의 특성을 반영하여 수직적 · 수평적 · 주기적 목표달성 전략 중 적합한 방법으로 구성한다. 단기목표는 후에 진전보고서와 연계된다는 점을 고려하여 구체적이고 측정 가능한 행동 동사를 사용하고 상황 및 준거도 명확히 제시한다.

3) 회기별 치료계획서

회기별 치료계획서는 각 단기목표를 달성하기 위해 매 회기마다 이루어지는 치료 목표, 치료 활동 및 방법, 강화 스케줄, 치료 결과 등을 구체적으로 작성하는 보고서다. 회기별 치료계획을 수립하고 보고서로 작성할 때 가장 먼저 도출해야 할 것은 해당 회기의 목표 언어이다. 아동이 최종 각 단기목표를 달성할 수 있도록 쉬운 것에서부터 점차 단기목표 수준에 이르기까지 점진적으로 목표 과제를 변화시켜 간다. 간혹 학생임상가들이 범하는 오류는 목표 언어를 설정하지 않고 치료 활동이나 자료를 먼저 계획하고 거기에 목표 언어를 끼어맞추는 것이다. 회기별 치료계획을 수립할 때는 각 실습 기관에서 규정한 양식에 맞추어 목표 언어부터 기술한다. 회기별 치료계획에서 중요한 것은 무엇을 가르칠 것인가이며, 그 다음으로 어떤 방법을 적용할지 무슨 자료를 활용할지의 절차를 따른다.

회기별 치료계획서는 해당 회기 치료를 종료한 후 구체적인 치료 결과까지 작성한 후에야 비로소 하나의 보고서로 완성된다. 회기별 치료계획서의 결과란에는 치료 목표에 따른 아동의 반응을 기록하는데, 목표 준거에 따른 정반응율 및 오반응의 질적 분석 내용, 특이사항 등을 기록한다. 각 회기의 결과는 다음 회기 치료계획을 위한 참고자료이므로 누락하지 않아야 한다. 임상실습 시기부터 학생임상가들은 매 회기 치료 종료 후 결과를 즉시 기록하는 습관을 가질 것을 권고한다. 꼼꼼히 작성한 치료 결과는 추후 진전 경과를 종합하거나 부모상담에도 유용한 자료가 된다.

4) 진전보고서

진전보고서는 장기계획이 종료되는 시점 또는 아동의 사정으로 예기치 않게 치료 종결이 이루어질 경우 작성한다. 대개 학교 임상실습 환경에서는 규정된 실습 기간에 맞춰 장단기계획을 수립하고 실습 기간 종료 시점에 진전보고서를 작성한다. 대상자의 치료가 계속 이어질 경우 진전보고서는 과정평가로서 의미를 지니며, 다음 장기계획 수립에 유용한 기초자료가 된다. 언어발달장애 아동의 경우 단기간에 치료가 종결되는 사례가 드문 편이므로 진전보고서는 대상 아동에 대한 담당 치료사 간 소통으로서 기능한다. 또한 필요에 따라 타 전문가와의 소통에도 도움을 준다.

유용한 진전보고서를 작성하기 위해서는 앞서 말한 바와 같이 평소 아동의 반응과 변화를 세밀히 관찰하고 회기별 치료계획서의 결과란을 성실히 기록하는 태도가 요구된다. 진전보고서에는 대상자의 기본 정보와 치료 횟수, 치료 전 언어 및 의사소통 수준 요약, 각 단기목표에 대한 진전사항, 향후 권고사항 등을 작성한다. 학령전기 언어발달장애 아동의 각 보고서 예시는 이어지는 절에서 제시하였다.

5. 보고서 작성 예시

1) 진단보고서 예시

진단보고서

대상자(성별): 장○○(남)	학생임상가: □□□
생년월일(연령): 2018. 07. 06. (4세 8개월)	평가 기간: 2023. 03. 07. ~ 2023. 03. 13.
언어장애유형: 언어발달장애	작 성 일: 2023. 03. 15.

1. 배경정보

아동은 4세 8개월 남아로 언어발달 지연을 주 호소로 본 기관에 방문하였다. 어머니의 보고에 의하면, 어린이집 선생님과 상담에서 아동이 또래와의 의사소통에 어려움을 보인다고 전달받았으며, 이에 2023년 1월경 종합병원 언어치료실에서 언어평가를 받은 결과, 또래에 비해 1년 이상 언어발달이 지체된 것으로 평가받아 언어치료 권고를 받았다고 한다.

아동의 어머니는 출산 전 · 중 · 후에 특별한 문제가 없었으며 자연분만으로 아동을 출산하였다고 한다. 아동의 출생 시 몸무게는 3.45kg으로 정상 범주에 속하였으며 출생 후 현재까지 특이한 병력은 없었다고 한다. 아동의 신체 및 운동 발달은 또래 수준으로 발달하였다고 한다. 아동은 생후 7~8개월경 옹알이를 하였으나 이후 의미 있는 낱말의 사용은 지체되어 약 23개월경 '엄마' '아빠' '무

(물)' '까까(과자)' 등의 한 낱말 표현이 가능하였다고 한다. 아동은 3세 6개월경부터 현재까지 어린이집에 다니고 있으며 또래보다 선생님과의 상호작용 및 놀이를 선호한다고 한다.

2. 행동관찰 및 평가 시 태도

아동은 치료실에 들어오라는 말에 어머니의 손을 잡고 선뜻 안으로 들어오지 않았다. 어머니의 설득으로 입실한 후에는 치료사가 새로운 장난감으로 아동의 관심을 유도하자 적절한 눈맞춤을 하며 치료사에게 장난감을 요구하는 행동을 보였다. 평가가 이루어지는 동안 아동은 다소 소극적인 태도를 보였으나 치료사의 지시에 순응적이며 착석을 잘 유지하였다.

아동은 자동차 장난감에 흥미를 보였으며, 자동차와 인형으로 상호작용 놀이 동안 구어로 자신의 의사를 표현할 수 있었으나 주로 2~3어문의 짧은 발화를 사용하였다. 간단한 지시 따르기가 가능하였으며, 이해하지 못한 지시에 대해서는 가만히 서 있는 모습을 보였고 자발적인 명료화 요구하기는 나타나지 않았다.

3. 실시한 검사

1) 취학전 아동의 수용언어 및 표현언어 발달 척도(PRES; 김영태, 성태제, 이윤경, 2003)

2) 수용 · 표현 어휘력 검사(REVT; 김영태, 홍경훈, 김경희, 장혜성, 이주연, 2009)

3) 자발화 표본 수집 및 분석

4. 평가 결과

1) 취학전 아동의 수용언어 및 표현언어 발달 척도(PRES; 김영태, 성태제, 이윤경, 2003)

아동의 전반적인 언어능력을 평가하기 위해 PRES를 실시한 결과, 수용언어 발달연령 34개월, 표현언어 발달연령 30개월, 통합언어 발달연령이 32개월로 전반적인 언어능력이 생활연령에 비해 2세 정도 지체된 것으로 나타났다. 검사 결과를 표로 제시하면 다음과 같다.

구분	언어발달연령(개월)	획득 점수	백분위 점수
수용언어	34	16	-
표현언어	30	12	-
통합언어	32	28	-

평가 결과를 언어영역별로 살펴보면, 수용언어의 인지/의미론 영역에서는 세부적인 신체부위의 이름 이해, 위치부사어 이해, 사물의 세부부분 이해, 길이개념 이해, 범주어 이해 항목에서 (-)로 나타났으며, 음운/구문론 영역에서는 '동시' 연결어미(-면서) 이해, 두 가지 동작 지시 따르기, 〈부정-행위〉 문장 이해, 과거/현재진행 문장 이해 항목에서 (-)로 나타났다.

표현언어의 경우, 인지/의미론 영역에서는 신체 상태나 감정표현, 일상사물의 기능 설명에서 (-)로 나타났으며, 음운/구문론 영역에서는 '이유' 연결어미 사용, 미래시제 사용, 이유를 포함하는 복문 사용에서 오반응하였다. 화용론 영역에서는 신체 상태나 감정표현, 상황 설명에서 (-)로 나타났다.

구분	언어영역별		
	인지/의미론	음운/구문론	화용론
수용언어	72%(13/18)	42.9%(3/7)	-(0)
표현언어	60%(3/5)	72.7%(8/11)	33%(1/3)

2) 수용 · 표현 어휘력 검사(REVT; 김영태, 홍경훈, 김경희, 장혜성, 이주연, 2009)
아동의 수용 및 표현 어휘력 수준을 알아보기 위해 REVT를 실시한 결과, 수용 어휘력은 백분위 점수 10~20%ile, 표현 어휘력은 10%ile 미만으로 수용 및 표현 어휘력 모두 생활연령에 비해 지체된 것으로 나타났다. 검사 결과를 표로 제시하면 다음과 같다.

구분	원점수	등가연령	백분위 점수	표준편차 점수
수용 어휘력	33	2;9~2;11세	10~20%ile	-1*SD*~-2*SD*
표현 어휘력	36	2;9~2;11세	10%ile 미만	-2*SD* 미만

또래 아동의 80% 이상이 정답률을 보이는 항목 중 아동이 오반응을 보인 문항을 살펴보면, 수용어휘 문항에서는 17번 '넥타이'와 27번 '구르다'였으며, 표현어휘 문항은 25번 '버섯'과 37번 '냄새맡다'였다.

3) 자발화 표본 수집 및 분석
아동의 일상적인 표현언어 능력을 알아보기 위해 상호작용 놀이 활동 중 아동의 자발화 표본을 수집하여 분석하였다.

의미 영역에서 어휘다양도(Type-Token Ratio; TTR) 분석 결과, 0.36으로 일반 아동(3~8세)의 TTR 0.5와 비교할 때 다소 낮아 어휘를 다양하게 사용하는 데 제한이 있는 것으로 나타났다. 품사별로 볼 때, 다른 품사에 비해 형용사와 관형사의 사용이 적었다.
개별 의미유형 분석 결과, 용언부 42.4%(93/220), 체언부 33.6%(74/220), 수식부 12.3%(27/220), 대화요소 11.8%(25/220)로 나타났다. 세부적으로 보면, 용언부에서는 행위 43.0%(40/93), 상태서술 26.9%(25/93)으로 높은 출현 빈도를 나타냈다. 체언부에서는 행위자 37.8%(28/74), 대상 27.0%(20/74), 실체 20.3%(15/74) 순으로 높은 출현 빈도를 나타내었으며, 사용 빈도는 낮았지만 경험자, 소유자, 공존자, 수여자도 출현하였다. 수식부에서는 배경(부정)이 48.1%(13/27)로 가장 높은 출현 빈도를 보였으며 그 외 배경(도구), 배경(장소), 배경(때), 체언수식순으로 나타났다. 대화요소에서는 동반소리 36%(9/25)로 가장 출현 빈도가 높았으며 대답하기, 감탄, 주의끌기, 인사순으로 나타났다.

문장 내 의미관계 분석 결과, 2낱말 의미관계 70.9%(61/86), 3낱말 의미관계 26.7%(23/86), 4낱말 의미관계 2.3%(2/86)순으로 출현 빈도를 보여 대부분 2~3낱말 의미관계가 나타났다. 세부적인 의미관계를 살펴보면, 2낱말 의미관계에서는 [대상-행위], [행위자-행위], [실체-상태서술], [배경(부정)-행위], [배경(부정)-상태서술]순으로 나타났으며, 3낱말 의미관계에서는 [행위자-대상-행위], [경험자-실체-상태서술], [공존자-대상-행위], [실체-배경(부정)-상태서술]순으로 나타났다. 4낱말 의미관계는 [행위자-체언수식-대상-행위], [실체-조건-배경(부정)-상태서술]이 나타났다.

구문 영역에서 평균발화길이를 분석한 결과, 평균형태소길이(MLU-m)는 2.59, 평균낱말길이(MLU-w)는 1.89, 평균어절길이는 1.42로 나타났다. 또래 아동의 준거와 비교할 때 모두 -2SD 이하에 속하는 것으로 나타났다. 문법형태소 분석 결과, 조사에서는 주격조사 '-이/-가', 서술격 조사 '-이야', 어미에서는 종결어미 '-야, -다', 선어말어미 '-었-'이 나타났다.

화용 영역에서 대화 기능 분석 결과, 반응 45.9%, 요구 27.7%, 객관적 언급 14.5%, 주관적 진술 8.6%, 대화내용 수신표현 2.3%, 대화내용 구성요소 0.9%의 순으로 나타났으며 놀리기, 농담과 같은 발전된 표현은 나타나지 않았다. '반응'에서는 의문사 대답, 예/수용, 아니요/부정의 순으로 출현 빈도가 높았으며, '요구'에서는 행위 요구, 사물 요구, 예/아니요 질문의 순으로 출현 빈도가 높았다. '객관적 언급'에서는 이름대기, 상태, 고유 특성, '주관적 진술'에서는 주장, 내적 상태, 속성의 유형이 나타났다.

4) 기타

아동의 구강구조와 기능, 조음 및 청각, 음성에는 특별한 문제가 관찰되지 않았다.

5. 요약

아동의 언어 및 의사소통 능력 평가 결과, 아동은 생활연령(4;8)에 비해 언어발달이 현저히 지연된 것으로 나타났다. 공식 검사 PRES 실시 결과, 전반적인 언어발달 수준이 32개월 수준으로 나타났으며, REVT 실시 결과, 수용 어휘력 10~20%ile, 표현 어휘력 10%ile 미만 수준으로 나타났다. 비공식 검사 자발화 분석 결과, 어휘를 다양하게 사용하지 못하고 2~3낱말 조합에서 의미관계도 제한적으로 나타났다. 형태소, 낱말, 어절 기준으로 평균발화길이를 산출한 결과, 모두 또래 아동의 -2SD 이하 수준으로 나타나 발화길이가 짧은 것으로 평가되었다. 대화기능 분석에서는 주로 반응, 요구의 의사소통 기능을 사용하였다. 본 아동은 언어의 의미, 구문, 화용 영역에서 전반적으로 지체를 보이는 것으로 평가되었다.

6. 권고사항

아동의 생활연령을 고려할 때 또래 간 활발한 상호작용이 늘어나는 시기이므로 어휘력 향상, 발화 길이 증진, 다양한 의사소통 기능 습득 등 전반적인 영역의 언어발달을 촉진하는 언어치료를 권고한다. 또한 습득된 언어의 일반화를 위해 가정 및 어린이집 환경에서 아동의 언어발달을 위한 적극적 지지가 요구되므로 양육자 상담을 통한 가정지도도 활발히 이루어질 것을 권고한다.

2) 장단기 치료계획서 예시

장단기 치료계획서

대상자(성별): 박○○(여)	학생임상가: □□□
생년월일(연령): 2018. 6. 15. (4세 7개월)	언어평가일: 2023. 1. 23. ~ 2023. 1. 28.
언어장애유형: 언어발달장애	작성일: 2023. 1. 31.

1. 언어평가 결과 및 현행 수준

아동은 현재 4세 7개월 여아로 종합병원 진단에서 발달검사 결과(2022. 5. 1. 실시), 대근육 발달 및 전반적인 언어발달이 또래에 비해 1년 이상 지체 소견을 보여 언어치료를 권고 받고 본 언어치료실에 내관하였다. 아동 어머니의 보고에 의하면, 아동은 생후 7~8개월경에 옹알이를 하였으나 그 이후 의미 있는 낱말의 사용은 지체되어 약 28개월경에 '엄마', '아빠'의 발화가 가능하였다고 한다.

아동의 전반적인 언어발달 정도를 평가하기 위하여 취학 전 아동의 수용언어 및 표현언어 발달척도(PRES; 김영태, 성태제, 이윤경, 2003)를 실시한 결과, 수용언어 34개월, 표현언어 30개월로 통합언어연령 32개월의 등가연령을 나타냈다. 아동의 어휘력을 평가하기 위해 수용·표현 어휘력 검사(REVT; 김영태, 홍경훈, 김경희, 장혜성, 이주연, 2009)를 실시한 결과, 수용어휘력과 표현어휘력의 등가연령이 모두 2세 9개월~2세 11개월 수준으로 나타났다. 우리말 조음·음운 평가(U-TAP; 신문자, 김영태, 2004)를 실시한 결과, 낱말 수준에서 자음정확도가 97.7%로 나타나 정상 범주의 조음음운발달을 보이는 것으로 나타났다.

놀이를 통한 상호작용에서 아동은 대부분 구어를 사용한 의사표현이 가능하였으나 주로 2~3어절의 짧은 문장을 사용하였다. 간헐적으로 "엄마하고 차에서 같이 놀았어요."와 같은 4어절 문장조합도 가능하였다. 아동은 "아빠한테 가요."를 "아빠가 가요."로 "컵으로 마셔요."를 "컵로 마셔요."로 발화하여 잦은 부사격조사 오류 양상을 보였으며, 그 외의 조사나 어미와 같은 문법형태소를 바르게 사용하는 데에도 어려움을 보였다. 또한 수줍음이 많아 타인과의 의사소통 시 다소 수동적인 태도를 보이며 질문에 대해서도 "예/아니요"로 짧게 답하는 경우가 많았다. 놀이 동안 간단한 지시에 대해 행동으로 수행하는 것은 가능하였으나, 3가지 이상의 행동을 요구하는 긴 지시문에 대해서는 이해하지 못하여 지시 행동 모두를 하지 않고 가만히 서 있는 반응을 보였다. 이해하지 못한 지시문에 대해 아동이 자발적으로 명료화를 요구하는 의사소통 행동은 나타나지 않았다.

2. 장단기 치료 목표

- 장기목표 1. 아동은 4세 수준의 일상생활 고빈도 어휘와 해당 어휘의 관련 개념을 80% 이상 이해하고 표현할 수 있다.
- 단기목표

  1-1. 아동은 치료사와의 대화 및 놀이 상황 동안 어린이집에서 일상적으로 사용하는 사물의 명칭과 그 기능을 80% 이상 이해하고 표현할 수 있다.

  1-2. 아동은 4세 수준의 동화책에 포함된 감정표현 관련 어휘를 치료사가 제시하는 그림 상황에 맞게 80% 이상 사용할 수 있다.

  1-3. 아동은 4세 수준의 범주어와 관련 하위 범주어 3개를 80% 이상 바르게 짝지을 수 있다.
- 장기목표 2. 아동은 치료사가 제시하는 두 개의 단문을 연결어미를 사용하여 이어진 문장(접속문)으로 90% 이상 표현할 수 있다.
- 단기목표

  2-1. 아동은 치료사가 제시하는 2가지 연속된 행동을 보고, 대등적 연결어미 '-고, -지만'이 포함된 접속문을 10회 기회 중 9회 이상 바르게 표현할 수 있다.

  2-2. 아동은 치료사가 제시하는 '원인-결과'의 상황이나 그림을 보고 종속적 연결어미 '-아/어서'이 포함된 접속문을 10회 기회 중 9회 이상 바르게 표현할 수 있다.
- 장기목표 3. 아동은 치료사가 제시하는 그림 이야기나 인형 상황극 관련 의문사 질문에 90% 이상 바르게 대답할 수 있다.
- 단기목표

  3-1. 아동은 치료사가 제시하는 그림 이야기, 인형 상황극 관련 의문사 질문 '어디?'에 대해 [부사격조사 '~에' '~로/으로' + 서술어]의 형태로 90% 이상 대답할 수 있다.

  3-2. 아동은 치료사가 제시하는 그림 이야기, 인형 상황극 관련 의문사 질문 '왜?'에 대해 [연결어미 '~서/해서' + 서술어]의 형태로 90% 이상 대답할 수 있다.

  3-3. 아동은 치료사가 제시하는 그림이야기, 인형 상황극 관련 의문사 질문 '어떻게 됐어?' '어떻게 할까?'에 대해 90% 이상 상황에 적절하게 대답할 수 있다.
- 장기목표 4. 아동은 치료사와의 놀이 활동을 통한 구조화된 상호작용 상황에서 '선택하기, 설명

하기, 정보 요청하기, 주장하기'의 의사소통 기능을 10회 기회 중 8회 이상 표현할 수 있다.

• 단기목표

4-1. 아동은 치료사가 '선택하기' 의사소통 맥락을 제공하였을 때 10회 기회 중 8회 이상 자발적으로 선택할 수 있다.

4-2. 아동은 치료사가 '설명하기' 의사소통 맥락을 제공하였을 때 10회 기회 중 8회 이상 자발적으로 설명할 수 있다.

4-3. 아동은 치료사가 '정보 요청하기' 의사소통 맥락을 제공하였을 때 10회 기회 중 8회 이상 자발적으로 정보를 요청할 수 있다.

4-4. 아동은 치료사가 '거절하기' 의사소통 맥락을 제공하였을 때 10회 기회 중 8회 이상 자발적으로 거절을 표현할 수 있다.

3) 회기별 치료계획서 예시

회기별 치료계획서

성명(성별): 박○○(여)	학생임상가: □□□
생년월일(연령): 2018. 6. 15. (4세 7개월)	치료일: 2023. 2. 10.
언어장애유형: 언어발달장애	작성일: 2023. 2. 8.

1. 단기목표

1-1. 아동은 치료사와의 대화 및 놀이 상황 동안 어린이집에서 일상적으로 사용하는 사물의 명칭과 그 기능을 80% 이상 이해하고 표현할 수 있다.

2-1. 아동은 치료사가 제시하는 2가지 연속된 행동을 보고, 대등적 연결어미 '-고, -지만'이 포함된 접속문을 10회 기회 중 9회 이상 바르게 표현할 수 있다.

4-3. 아동은 치료사가 '정보 요청하기' 의사소통 맥락을 제공하였을 때 10회 기회 중 8회 이상 자발적으로 정보를 요청할 수 있다.

2. 치료 활동

회기 세부계획 및 활동	목표언어	강화
1-1. 아동은 치료사가 사물의 기능을 들려주었을 때, 그에 해당하는 그림을 찾아 적절한 위치에 붙인 후 사물의 명칭을 10회 기회 중 9회 이상 바르게 말할 수 있다. • 치료사는 화장실에서 사용하는 사물 그림카드와 화장실 그림판을 준비한다. • 사물 그림카드는 칠판에 붙여두고, 화장실 그림판은 책상에 펼쳐둔다. • 치료사가 사물의 기능을 들려주면, 아동은 칠판에 가서 해당하는 그림카드를 가져와 화장실 그림판 적절한 위치에 붙인다. • 해당 사물의 명칭을 말한다. • 아동이 오반응 시 기능 다시 들려주기, 행동으로 보여주기, 직접 모델링 등의 촉구를 준 후 다시 한번 말하도록 한다.	• 화장실 관련 어휘 명명하기 1) 변기 2) 칫솔 3) 치약 4) 휴지 5) 비누	• 연속강화 • 토큰강화 • 매 정반응 시 강화 스티커 하나씩 붙여주고 5개를 모으면 비타민 사탕과 교환한다.
2-1. 아동은 치료사가 2개의 인형을 움직이며 서로 다른 행동을 보여주며 '연결어미 -고'가 포함된 대등접속문을 모델링하였을 때 80% 이상 바르게 모방할 수 있다. • 치료사는 가족 인형과 집 모형을 준비한다. • 치료사는 인형 2개를 들고 각 인형이 서로 다른 행동을 하도록 조작한다. • "뭐 해요?"질문을 하고 "엄마는 앉고 아빠는 일어나요."와 같이 대답을 시범 보인다. • 아동에게 인형을 건네준 후, 치료사가 들려주는 문장대로 인형을 조작하게 한다. • 아동이 인형을 조작하는 동안 치료사가 아동의 움직임에 적절한 평행적 발화를 제공한다. • 아동이 치료사의 모델링을 듣고 바르게 모방한다. • 오반응 시, 분리 및 합성의 방법으로 2개의 단문으로 쪼개 들려준 후 다시 접속문 시범을 제공한다.	• 대등접속문 1) 엄마 앉고 아빠 일어나요. 2) 엄마 빨래하고 아빠 자요. 3) 할머니 세수하고 아기 자요. 4) 엄마 청소하고 아기 놀아요. 5) 아빠 전화하고 엄마 양치해요.	FR 2 • 아동이 선호하는 비누방울 불기 1회 불기 활동 강화 제공

4-3. 아동은 치료사가 아동에게 익숙하지 않은 사물의 부분만을 보여주며 호기심이 생기는 맥락을 구조화하였을 때 "그거 뭐예요?"라고 80% 이상 정보 요청할 수 있다. • 치료사는 천으로 된 주머니와 여러 가지 일상 사물을 준비한다. • 모든 사물을 아동이 볼 수 없도록 천주머니에 넣은 후, 아동의 손을 넣어 하나의 사물만을 잡도록 한다. • 아동이 잡은 물건을 꺼내지 않고 치료사가 손을 넣은 후 조금만 꺼내어 사물의 일부분만을 아동에게 보여준다. • 이때 치료사는 "이게 뭐지?"라고 혼잣말을 반복하여 들려준다. • 아동이 스스로 질문하지 않을 경우, 아동의 이름을 부르며 "○○야! 네가 한번 물어볼래?" 라고 정보 요청하도록 촉구한다. • 아동이 오반응 시 아동의 입장에서 해야 할 "그거 뭐예요?"를 직접 모델링 해 준다.	• 구어로 정보 요청하기 -그거 뭐예요?	• 연속강화 • 토큰강화 • 매 정반응 시마다 강화 스티커를 하나씩 붙여주고 치료 종료 시 아동이 획득한 수만큼 투호 던지기 활동
치료 결과		
1-1. 10회 중 8회 정반응으로 목표 준거에 도달하지 못하였음. 5가지 사물 중 '변기' 명칭을 계속해서 혼동함. 2-1. 60% 정반응으로 목표 준거에 도달하지 못하였음. 아동은 전체 문장에서 뒷부분의 2어절만 모방하는 오반응 양상을 보임. 아동이 인형을 조작할 때 스스로 단문 표현(예: 엄마 자요)은 잘하였음. 4-3. 90% 정반응으로 목표 준거 달성하였음. 호기심을 가지고 적극적으로 참여하였으며 후반부에는 치료사의 촉구 없이도 자발적인 정보 요청하기 질문이 가능하였음.		

4) 진전보고서 예시

진전보고서

성명(성별): 박○○(여)	학생임상가: □□□
생년월일(연령): 2018. 6. 15. (5세 2개월)	언어평가일: 2023. 1. 23. ~ 2023. 1. 28.
치료 횟수: 주 2회, 총 45회기 실시	치료 기간: 2023. 2. 1. ~ 2023. 8. 10.
언어장애유형: 언어발달장애	작성일: 2023. 8. 16.

1. 치료 전 수준

아동은 전반적인 언어발달이 생활연령에 비해 2세 정도 지체되었으며, 구어로 의사소통이 가능하나 발화 길이가 짧았다. 또한 조사나 어미와 같은 문법형태소를 바르게 사용하는 데 어려움이 있었으며 타인과의 상호작용 시 의사소통 기능 사용에 제한이 있었다.

아동의 전반적인 언어 및 의사소통 능력 향상을 위해 주 2회의 직접 치료 및 가정지도 연계를 위한 부모 상담을 제공해왔다.

2. 장단기 목표에 따른 진전 사항

<table>
<tr><td colspan="2">• 장기목표 1. 아동은 4세 수준의 일상생활 고빈도 어휘와 해당 어휘의 관련 개념을 80% 이상 이해하고 표현할 수 있다.</td></tr>
<tr><td>• 단기목표</td><td>• 진전사항</td></tr>
<tr><td>1-1. 아동은 치료사와의 대화 및 놀이 상황 동안 어린이집에서 일상적으로 사용하는 사물의 명칭과 그 기능을 80% 이상 이해하고 표현할 수 있다.</td><td>–아동은 어린이집의 다양한 상황에서 사용하는 사물의 명칭을 90% 이상 정확히 명명할 수 있음.
–아동은 어린이집의 다양한 상황에서 사용하는 사물의 기능을 80% 이상 바르게 표현할 수 있음. 그러나 시각적 단서 없이 각 장소에 따라 관련 사물들끼리 분류하는 데에는 어려움이 있었음.</td></tr>
<tr><td>1-2. 아동은 4세 수준의 동화책에 포함된 감정표현 관련 어휘를 치료사가 제시하는 그림 상황에 맞게 80% 이상 사용할 수 있다.</td><td>–아동은 동화책 주인공의 상황에 적절한 감정표현 ‘슬퍼요, 기뻐요, 화나요, 놀라요’ 등을 적절히 표현할 수 있음.
–동화책에서 본 감정을 치료사가 제시하는 다른 그림카드와 적절히 짝지을 수 있음.
–그림상황에 맞게 감정표현 어휘를 80% 이상 바르게 사용할 수 있음.</td></tr>
<tr><td>1-3. 아동은 4세 수준의 범주어와 관련 하위 범주어 3개를 80% 이상 바르게 짝지을 수 있다.</td><td>–상위 범주어와 하위 범주어를 정확히 이해하여 사용하는 데 어려움이 있음.
–시각적 단서와 치료사의 촉구가 주어질 때만 가능함.</td></tr>
<tr><td colspan="2">• 장기목표 2. 아동은 치료사가 제시하는 두 개의 단문을 연결어미를 사용하여 이어진 문장(접속문)으로 90% 이상 표현할 수 있다.</td></tr>
<tr><td>• 단기목표</td><td>• 진전사항</td></tr>
<tr><td>2-1. 아동은 치료사가 제시하는 2가지 연속된 행동을 보고, 대등적 연결어미 ‘-고, -지만’이 포함된 접속문을 10회 기회 중 9회 이상 바르게 표현할 수 있다.</td><td>–아동은 직접 행동을 수행하며 대등적 연결어미 ‘-고’를 포함한 4어문의 문장을 표현할 수 있음.
–대등적 연결어미 ‘-지만’을 포함한 대조 의미의 문장을 표현은 어려움.</td></tr>
</table>

2-2. 아동은 치료사가 제시하는 '원인-결과'의 상황이나 그림을 보고 종속적 연결어미 '-아/어서'이 포함된 접속문을 10회 기회 중 9회 이상 바르게 표현할 수 있다.	-인과관계의 두 장면 그림을 제시하였을 때 종속적 연결어미 '-아/어서'를 포함한 문장을 모방할 수 있음. -종속접속문을 스스로 만들어 표현하는 데는 어려움이 있음. 한 장면씩 단문으로 주로 표현함.
• 장기목표 3. 아동은 치료사가 제시하는 그림 이야기나 인형 상황극 관련 의문사 질문에 90% 이상 바르게 대답할 수 있다.	
• 단기목표	• 진전사항
3-1. 아동은 치료사가 제시하는 그림 이야기, 인형 상황극 관련 의문사 질문 '어디?'에 대해 [부사격조사 '~에' '~로/으로' + 서술어]의 형태로 90% 이상 대답할 수 있다.	-부사격조사 '~로'와 '~으로'를 명확히 구분하여 표현하는 데는 5회 중 4회 이상 바르게 대답할 수 있음. -부사격조사 '-에' 관련 질문에는 100% 정확히 대답함.
3-2. 아동은 치료사가 제시하는 그림 이야기, 인형 상황극 관련 의문사 질문 '왜?'에 대해 [연결어미 '~서/해서' + 서술어]의 형태로 90% 이상 대답할 수 있다.	-이유를 나타내는 종속적 연결어미 '~서/해서'를 포함하여 2어절 이상으로 의문사 질문 왜?에 대해 5회 중 4회 이상 바르게 대답할 수 있음.
3-3. 아동은 치료사가 제시하는 그림이야기, 인형 상황극 관련 의문사 질문 '어떻게 됐어?' '어떻게 할까?'에 대해 90% 이상 상황에 적절하게 대답할 수 있다.	-의문사 질문 '어떻게'에 대해 자발적으로 대답하는 데 어려움이 있음. -이미 일어난 일에 대한 "어떻게 됐어?"의 질문에는 치료사의 촉구 및 상황 재현이 주어질 때 5회 중 2회 이상 자발적으로 바르게 대답하는 것이 가능하였음. -문제해결에 관한 의문사 질문 "어떻게 할까?"에 대해 대답하는 것은 매우 어려워 함.
• 장기목표 4. 아동은 치료사와의 놀이 활동을 통한 구조화된 상호작용 상황에서 '선택하기, 설명하기, 정보 요청하기, 주장하기'의 의사소통 기능을 10회 기회 중 8회 이상 표현할 수 있다.	
4-1. 아동은 치료사가 '선택하기' 의사소통 맥락을 제공하였을 때 10회 기회 중 8회 이상 자발적으로 선택할 수 있다.	-아동은 치료사가 제시하는 선택하기 상황에서 구어로 자신의 의사를 표현할 수 있음. -매우 간헐적으로 구어 없이 제스처 사용이 나타나기도 하였으나 준거 도달에는 어려움이 없었음.
4-2. 아동은 치료사가 '설명하기' 의사소통 맥락을 제공하였을 때 10회 기회 중 8회 이상 자발적으로 설명할 수 있다.	-아동은 설명하기 과업이 주어질 때 다른 곳을 보거나 "선생님이 해요." 등으로 회피 양상을 보였음.
4-3. 아동은 치료사가 '정보 요청하기' 의사소통 맥락을 제공하였을 때 10회 기회 중 8회 이상 자발적으로 정보를 요청할 수 있다.	-아동은 의문사 질문 '뭐' '누구' '어디' 등을 사용하여 자신에게 필요한 정보를 10회 중 8회 이상 적절히 요청할 수 있음.

4-4. 아동은 치료사가 '거절하기' 의사소통 맥락을 제공하였을 때 10회 기회 중 8회 이상 자발적으로 거절을 표현할 수 있다.	-아동은 치료사의 부적절한 요구에 대해 제스처와 구어로 강하게 거부하기 의사소통 기능을 표현할 수 있음. -또한 자신의 주장을 구어로 표현할 수 있었으며 치료사의 고의적인 의사소통 중단에 대해서도 알아차리고 반복하여 주장을 표현할 수 있음.

3. 권고사항

아동은 수립된 장단기 목표에 따른 진전이 빠르게 나타났으나 몇몇 항목에서는 준거에 도달하지 못하였다. 상위 범주어와 하위 범주어 사용, 의문사 질문 '어떻게' 사용, 상황 설명하기에서 어려움을 나타내었다. 아동의 연령과 언어발달 수준을 고려할 때 지속적인 언어치료가 요구되므로 중간 평가를 통해 아동의 발달을 점검한 후 목표를 재수립하여 지속적인 언어치료를 제공할 것을 권고한다.

• 요약 •

이 장에서는 학령전기 언어발달장애 아동의 언어치료 임상에서 다루는 초기 면담, 평가, 치료계획에 관한 내용을 다루었다. 이 장의 언어발달장애는 말늦은 아동, 단순언어장애를 비롯해 동반장애로 인한 언어발달 지연까지 포괄한다. 초기 면담에서 수집해야 할 정보 내용과 유의 사항에 대해 안내하였다. 평가에서는 학령전기 아동의 언어발달 수준을 평가할 수 있는 표준화 검사를 제시하였고, 자발화 분석의 비공식 평가 방법과 평가항목을 제시하였다. 진단보고서에 평가 결과를 제시하는 예시를 기술하였다. 치료에 관해서는 발달 이정표와 함께 학령전기 아동 언어중재에서 일반적으로 다루어지는 치료 목표와 장단기 치료와 회기 치료계획 수립 방법을 제시하였다. 또한 치료 방법에서는 구체적인 치료 기법과 예시를 제시하였다. 이 장의 주요 내용을 요약하면 다음과 같다.

1. 학령전기 언어발달장애 아동의 초기 면담에서는 아동의 언어 및 의사소통 능력뿐만 아니라 배경정보, 양육력, 사회정서적 기술, 행동 특징 등의 정보를 포괄적으로 수집한다.
2. 언어 및 의사소통 능력 평가계획 시, 아동의 발달 수준 평가에 적합한 표준화 검사를 선정하고, 아동의 일상적인 표현언어 능력을 평가할 수 있는 자발화 분석 평가도 함께 고려한다.
3. 장단기 치료계획 수립 시에는 아동의 평가 결과를 반영하여 목표 언어 영역 및 의사소통 기술을 정하고, 목표에 적합한 단기목표 전략(수직적 · 수평적 · 주기적 방법)을 적용해 계획한다.
4. 회기 치료계획은 단기목표에 점진적으로 도달할 수 있도록 해당 회기에 수행할 구체적 내용과 활동으로 수립하여 실시하고, 회기 치료 목표의 준거 달성여부, 아동의 오반응 유형, 행동특성 등을 기록하여 뒤이어지는 회기 치료와 연계할 수 있도록 한다.
5. 회기 치료 후에는 양육자 상담을 통해 가정을 비롯한 아동의 일상생활 환경에서 목표언어의 일반화를 돕는다.

연습문제

1. 학령전기 언어발달장애 아동의 양육자 초기 면담에서 수집해야 할 정보는 무엇인가?

2. 학령전기 언어발달장애 아동의 전반적 언어 능력을 평가하는 표준화 검사는 무엇인가?

3. 학령전기 언어발달장애 아동의 구문 능력을 평가하는 표준화 검사는 무엇인가?

4. 학령전기 언어발달장애 아동의 의미 능력을 평가하는 표준화 검사는 무엇인가?

5. 자발화 분석을 통한 언어평가에서 구문 능력을 평가하는 측정 항목은 무엇인가?

6. 자발화 분석을 통한 언어평가에서 의미 능력을 평가하는 측정 항목은 무엇인가?

7. 수직적 목표 달성 전략과 수평적 목표 달성 전략의 차이점은 무엇인가?

8. 행동 요구하기 의사소통 기능을 유도하는 비구어적 맥락은 무엇인가?

참고문헌

권도하, 이명순, 신후남, 신혜정, 정분선, 전희숙, 김효정, 고영옥, 곽미영, 최선영, 황하정(2011). 언어발달. 서울: 박학사.

권도하, 신명선, 김효정, 박은실, 장현진, 신혜정, 황하정, 김수형, 이무경, 황보명, 박상희, 강은희, 손은남, 김영은, 이명순, 이옥분, 김선희, 황영진, 황상심(2014). 언어치료 임상방법. 경북: 물과길.

김영태(2014). 아동언어장애의 진단 및 치료. 서울: 학지사.

김영태, 김경희, 윤혜련, 김화수(2003). 영유아 언어발달검사(SELSI). 서울: 파라다이스복지재단.

김영태, 성태제, 이윤경(2003). 취학전 아동의 수용언어 및 표현언어 발달척도(PRES). 서울: 서울장애인종합복지관.

김영태, 홍경훈, 장혜성, 김경희, 이주연(2009). 수용 및 표현어휘력 검사(REVT). 서울: 서울장애인종합복지관.

김향희, 나덕렬(2007). 아동용 한국판 보스톤 이름대기검사. 서울: 학지사.

배소영, 임선숙, 이지희(2000). 언어문제해결력검사. 서울: 서울장애인종합복지관.

배소영, 임선숙, 이지희, 장혜성(2004). 구문의미이해력검사. 서울: 서울장애인종합복지관.

장혜성, 임선숙, 백현정(1992). 언어이해 · 인지력검사. 서울: 서울장애인종합복지관.

홍경훈(2005). '말늦은 아동(late-talker)'의 표현어휘발달 예측요인에 대한 종단연구. 이화여자대학교 대학원 박사학위논문.

American Association on Intellectual and Developmental Disabilities (AAIDD). (2010). *Intellectual disability: Definition, classification, and system of support.* Washington, DC:

Author.

Olswang, L., & Bain, B. (1991). Intervention issues for toddlers with specific language impairments. *Topics in Language Disorders, 11*, 69-86.

Owens, R. E. (2014). *Language Disorders: A Functional Approach to Assessment and Intervention* (6th ed.). Pearson Education. 김영태, 이윤경, 정부자, 홍경훈 역(2016). 언어장애 기능적 평가 및 중재. 서울: 시그마프레스.

Paul, R. (2007). *Language disorders from infancy through adolescence: Assessment and intervention* (3rd ed.). St. Louis: Mosby Elsevier.

Paul. R., & Norbury. C. F. (2013). *Language disorders from infancy through adolescence* (4th ed.). St. Louis: Mosby Elsevier.

Haynes, W. O., & Pindzola, R. H. (2008). *Diagnosis and evaluation in speech pathology* (7th ed.). 김민정, 한진순, 이혜란 역(2011). 언어장애 진단평가. 서울: 학지사.

제9장

학령기 언어발달장애 임상실습

강 은 희

이 장의 학습목표

- 학령기 언어발달장애 아동의 특성에 따른 진단 방법 및 중재 방법을 탐구할 수 있다.
- 학령기 아동 진단평가에 따른 진단보고서 및 장단기 치료계획서, 진전보고서를 작성할 수 있다.
- 학령기 아동의 언어발달 중재를 위해 아동의 요구에 적절한 회기계획서를 작성하고 적용할 수 있다.

핵심 용어

- 언어학습장애(language learning disabilities)　말하기, 듣기, 읽기 및 쓰기에 있어서 상징을 학습하거나 사용하는 데 어려움을 겪는다.
- 문해장애(literacy disorders)　난독증 및 낮은 읽기 이해가 동반된 학령기의 일차적 언어발달장애.
- 음운인식(phonological awareness)　구어에서 사용되는 낱말들 속에 들어 있는 소리의 여러 단위들을 지각하고 인식할 수 있는 능력으로 말소리에서 단어나 음절, 음소와 같은 하위 단위를 의식적으로 대상화하여 생각하고 이들을 조합, 분리, 조작할 수 있는 능력을 말한다.
- 낱말재인(word recognition)　읽기과정의 초기 단계에서 이루어지며, 글을 읽고 이해하는 것에 필수적으로 선행되어야 할 조건이다. 어떤 단어를 듣거나 보고, 그것이 어떤 단어임을 아는 것이다.
- 읽기유창성(reading fluency)　막힘이나 주저함 없이 자연스럽게 읽을 수 있는 능력이다. 제시된 단어를 올바르게 읽는 정확성과 정해진 시간 동안 단어를 읽는 빠른 속도를 결합한 것이다. 읽기유창성의 문제는 읽기 독해력의 문제를 일으킬 수 있다.

학령기 언어발달장애 아동들은 초등학교 입학 시기를 기준으로 학습을 위한 언어(language for learn)의 이해 및 표현 그리고 또래 및 다양한 대상자들과의 대화에서 어려움을 느낀다. 또한 자신의 의견 및 주장을 다른 사람에게 전달해야 하는 다양한 담화 상황에서 어려움을 인식하게 된다. 학령기의 언어발달장애는 언어학습장애(language learning disabilities)와 혼용하여 사용되기도 하며, 말하기, 듣기, 읽기 및 쓰기에 있어서 상징을 학습하거나 사용하는 데 어려움을 겪는다(권도하, 김시영, 2019). 학령기 언어발달장애 아동들은 학습에 기초 능력이 되는 언어능력의 결핍으로 인해 읽기, 쓰기, 철자법의 언어기반 기능을 이해하는 데 어려움을 보였다(강은희 외, 2019). 따라서 임상실습 내용은 초기 언어발달 시기를 거친 학령기 아동들의 언어수준과 요구에 적절한 진단・평가 및 치료계획과 적용의 과정으로 구성될 수 있다. 이 장에서는 학령기 언어발달장애의 주 영역을 세 가지로 나누어 제시하고자 한다. 첫째, 언어치료를 시작하기에 앞서 임상가와 아동 및 보호자의 만남을 통한 첫 면담의 정보수집 내용과 방법을 소개하고, 둘째, 아동의 언어문제에 대한 진단내용과 진단보고서 작성, 이에 따른 장단기 치료계획서, 회기 치료계획서, 진전보고서 작성 방법을 살펴본다. 셋째, 치료계획 및 실시에서는 학령기 언어발달장애 아동의 치료계획과 치료절차를 자세히 살펴보고자 한다.

1. 초기 면담

학령기 언어발달장애 아동들의 초기 면담은 아동들의 언어적 특성 및 관련 환경들과의 관련성을 확인하고 예측할 수 있는 중요한 과정이다. 아동들의 언어 습득 및 학습과 관련이 있는 발달력, 진단력, 치료 및 교육력, 가족관계 등의 정보를 수집해야 한다. 현재 언어발달장애가 학령전의 언어발달 지연과 관련되어 있는지 혹은 학령기에 접어들어 나타난 것인지를 살펴보기 위한 발달 정보들이 필요하다. 특히 학교에서의 의사소통능력이나 학습문제 여부, 또래관계 등 학교생활과 관련된 정보도 수집하여야 한다.

1) 초기 면담 시 정보수집 내용

(1) 초기 면담

학령기 아동들의 초기 면담은 언어발달 문제를 부모가 전화 상담 및 직접 방문을 통해 이루어지게 된다. 임상실습에서 초기면담은 학생임상가들보다는 실습책임자에 의해 이루어지며 이후 학생임상가에게 전달된다. 초기 면담을 바탕으로 학생임상가는 대상자의 강 · 약점을 파악하고 일부 내용은 직접적인 부모 상담을 통해 확인하거나 보충하게 된다.

① 아동 배경정보

학령기 언어발달장애 아동의 배경정보에서는 가족력, 발달력, 진단력, 교육력 등을 알아본다.

- 기본정보를 기록하도록 하며 이름, 연령, 학교, 정보제공자, 면담일 등을 확인한다.
- 가족사항, 기관 방문 이유 등을 구체적으로 기술하도록 한다.
- 소아정신과 전문의, 언어재활사, 임상심리전문가 등의 전문가 진단을 통해 언어발달장애 또는 난독증(읽기장애)의 진단력을 알아본다.
- 언어발달장애와 관련된 치료력 및 발달력, 교육력을 알아본다.

② 언어발달 및 문해 관련 문제

아동의 주 문제인 언어발달 및 문해 관련 어려움에 대해 면담을 통해 알아본다.

- 학령전 언어발달 지연 및 발음, 유창성 등의 언어적 문제를 알아본다.
- 현재 또래 언어발달 수준과의 비교 및 대화, 담화의 어려움 등을 알아본다.
- 읽기와 쓰기에 관련된 초기 발달 지연 및 유창성을 확인한다.
- 언어와 관련된 어려움에 대한 자기인식 수준을 알아본다.
- 언어와 기초 학습에 관련된 어려움을 알아본다.

③ 언어 및 문해 치료교육 경험

아동의 언어 및 문해의 어려움과 관련된 치료 경험과 치료를 통한 아동과 부모의 요구 및 기대를 알아본다.

- 언어치료 및 관련된 치료 경험 여부, 치료 기간, 치료 기관 형태 등을 알아본다.
- 치료 경험에 대한 인식과 기대 등을 알아본다.
- 아동의 문제와 관련된 부모교육 여부 및 내용을 알아본다.

2. 평가계획 및 실시

아동의 평가계획은 면담과정을 통해 알아낸 문제들을 공식 검사 및 비공식 검사, 행동 관찰 등을 통해 객관적인 평가 결과를 도출해 내는 것을 목표로 한다. 평가를 위해 언어 평가 도구와 평가 방법에 대해 실제적인 이해와 실행 능력이 필요하다. 아동에게 적절한 평가를 통해 아동의 언어문제 선별과 강 · 약점 파악, 그리고 예후를 알아볼 수 있다.

1) 언어평가

(1) 학령기 아동 언어검사(Language Scale for School-aged Children: LSSC, 2016)

만 7세에서부터 12세까지 초등학교 1학년부터 6학년 학령기 아동들의 전반적인 언어능력을 평가할 수 있다. 검사를 통해 언어발달장애나 발달지체를 평가하는 것을 목표로 한다. 검사의 내용은 총 11개의 하위검사로 상위개념 이해와 상위어 표현, 동의어 표현, 구문 이해, 비유문장 이해, 문법오류 판단 · 수정, 복문 산출, 단락 듣기 이해, 문장 따라말하기로 구성되어 있다. 검사를 통해 학령기 언어발달 문제의 판별 및 언어적 측면의 강 · 약점을 파악하고 언어중재의 효과를 측정할 수 있다(이윤경 외, 2016).

(2) 한국어 이야기평가(Korean Narrative Assessment: KONA, 2018)

만 4세에서부터 13세까지 학령전기와 학령기 아동의 이야기 수준을 살펴볼 수 있는 준거-참조 평가검사이다. 학령전기 아동에게는 '그네 이야기'와 '공 이야기' 그림카드를 보면서 이야기를 들려준 후, 아동의 회상 산출 능력을 근거로 이야기 능력을 평가하고, 초등학생에게는 'Frog, where are you?'(Mayer, 1969) 그림책을 보여 주면서 이야기를 들려준 후, 아동의 회상 산출능력을 바탕으로 이야기 능력 및 언어적 결속표지 사용력, 구문 및 문법 형태소 사용능력 및 유창성에 대한 평가를 통해 또래와의 수준비교로 그에 알맞은 중재 여부와 방향설정을 할 수 있다(권유진 외, 2018).

(3) 한국아동 메타-화용언어검사(Korean Meta-Pragmatic Language Assessment for Children: KOPLAC, 2022)

만 5세부터 12세 아동의 메타-화용언어 능력을 평가하기 위한 검사이다. 아동들이 메타-화용언어 발달이 정상적으로 이루어지고 있는지의 여부와 화용능력의 요소인 의사소통 조율 인식능력, 이야기 담화 정보 인식능력, 상위언어 인식능력을 분석하여 사회(화용) 의사소통 장애 진단 및 아동들의 메타-화용 언어 능력을 평가하는 데 활용할 수 있다(김영태 외, 2022)

(4) 언어문제해결력검사(Top of Problem Solving: TOPS, 2000)

만 5세부터 12세 아동의 논리적 사고과정을 언어화하는 상위 언어기술을 측정할 수 있다. 학령기 아동들의 언어장애 유무를 판단하고 발달 정도를 측정하여 동일 연령 집단 내의 상대적인 위치를 파악할 수 있는 규준참조검사이다. 다양한 화용론적 측면의 언어 사용을 지도하기 위한 기초 자료로 사용할 수 있다(배소영 외, 2000).

2) 문해평가

(1) 한국어 읽기검사(Korean Language based Reading Assessment: KOLRA)

초등학교 1학년부터 6학년까지의 읽기학습 대상자들의 읽기능력을 평가하는 검사도구이다. 검사는 선별검사(읽기 설문지, 낱말읽기 유창성), 핵심검사(해독, 읽기이해, 문단읽기 유창성, 듣기이해), 상세검사(음운처리능력, 쓰기) 검사로 구성되었다. 검사를 통해 아동의 읽기수준을 파악하고 하위영역별 강·약점을 제공하여 중재 방향 및 중재 효과를 살펴볼 수 있다(배소영 외, 2015).

(2) 기초학습기능 수행평가체제-읽기검사(Basic Academic Skills Assessment-Reading: BASA-Reading, 2011)

초등학교 1학년부터 성인까지 읽기 부진 아동의 선별, 읽기장애 진단을 위한 읽기유창성 검사이다. 실시가 간편하고, 시간이나 비용이 적게 들기 때문에 자주 실시할 수 있는 지역규준의 개인용 표준화 검사이다. 읽기능력을 진단하고, 형성평가로 활용이 가능하며, 학습효과를 확인하고 이에 맞게 진도나 교수계획, 중재계획을 수립하는 데 유용하게 사용할 수 있다. 또한 읽기능력을 직접 측정할 수 있기 때문에 아동이 전체 집단에서 차지하는 상대적인 위치에 대한 정보를 넘어서 읽기와 관련하여 어떤 부분이 부진한가를 확인해 볼 수 있다는 장점이 있다. 진단과 더불어 교수계획이나 중재의 효과를 평가하고 아동의 읽기수행능력에 대한 성장을 모니터링하는 데에도 사용할 수 있다(김동일, 2011).

(3) 기초학습기능 수행평가체제-쓰기검사(Basic Academic Skills Assessment - Written Expression: BASA-Written Expression, 2011)

초등학교 1학년부터 성인까지 쓰기 문제를 가진 학생을 지도하기 위한 쓰기 능력의 발달 수준 측정 및 평가를 목적으로 한다. 이 평가체제는 쓰기 문제를 가진 학생을 지도하기 위해 현재 수행 수준을 정량적, 정성적으로 평가하고, 교육적 의사결정을 위해 상대적으로 짧은 기간(매주)에 아동의 쓰기 능력의 발달과 성장을 측정하는 데 유용하다. 아동의 쓰기 능력의 발달을 반복되는 측정을 통하여 나타낼 수 있고, 쓰기 부진아동이나 특수교육대상자를 위한 교육적 정보제공에 도움이 된다. 특히 교사나 치료자가 전체 집단보다는 아동 개개인을 지도하고자 할 때 프로그램의 효과를 판단하기에 적합하다(김동일, 2011).

3) 비공식 평가

학령기 언어발달장애 아동의 중재 목표 및 방향 설정과 중재 효과 측정을 위해서는 특정 영역에서 대상자의 수행수준을 평가하는 준거참조(criterion-referenced)검사가 유용하다. 예를 들면, 학교에서 선생님이 주로 사용하는 어휘나 교과서 어휘들을 이해하는지를 확인하거나 자발화에서 복문의 사용 비율이 얼마나 되는지, 이야기 내용을 얼마나 이해하는지 등으로 언어의 다양한 영역을 평가할 수 있다. 학령기 언어발달장애 아동을 대상으로 실시할 수 있는 권도하 등(2013)이 제시한 비공식 평가 항목을 〈표 9-1〉에 제시하였다.

〈표 9-1〉 학령기 언어발달장애 관련 비공식 평가

평가영역		측정 항목
음운론		• 특정 문맥 내에 포함된 발음하기 어려운 단어들을 산출하기 • 무의미단어(nonword) 따라 말하기 • 빠른 자동화된 이름대기 과제(Rapid Automatic Naming: RAN task)
의미론		• 단어정의하기 • 한자어 이해 및 사용 • 동음이의어에 대한 이해 • 비슷한 말/반대말 • 비유언어 이해 및 사용: 직유, 은유, 관용어, 속담 등 • 어휘다양도(TTR) 분석
구문론		• 전체 발화에서 복문의 사용 비율 • 사동/피동문 이해 및 표현 • 문법 오류 판단 및 수정하기 〈이야기 회상 산출에 의한 구문 평가〉 • 총 T unit 수 • 총 종속절 수 • T unit 당 평균 종속절 수 • 평균 T unit 길이 – MLTw(T unit 당 평균 내용어 수) – MLTm(T unit 당 평균 형태소 수) • 문법형태소 오류율
화용론	대화	• 명료화 요구하기 • 대화 수정하기 • 대화 상대방에게 눈 맞춤 및 집중하기 • 전제 능력 • 참조적 의사소통 능력 • 주제 시작하기 • 주제 유지하기 • 대화 차례 지키기 • 대화 상대자에 따른 적절한 사용역(register) 능력 • 대화에 적절한 비구두 행동(예: 대화자와의 적정 거리 유지하기, 경청의 메시지를 담은 고개 끄덕임 등)
	이야기	〈이야기 이해〉 • 사실적 정보 이해력 • 텍스트 연결 추론 이해력 • 빠진 정보 추론 이해력

		〈이야기 표현〉 • 이야기 문법 전체 회상률 • 이야기 문법 종류별 회상률 • 완전한 일화 수 • 총 결속표지 사용 수 • 적절한 결속표지 사용 수 • 부적절한 결속표지 사용 수 • 결속표지 정확율
읽기		• 음소인식 평가: 음소분리/음소합성/소리 변별 • 낱말재인 평가 • 읽기유창성 평가 • 읽기이해 평가
쓰기		• 빈칸 채우기 • 선다형에서 바른 것 찾기

3. 치료계획 및 실시

학령전기 언어발달에 문제를 가졌던 아동들은 학령기에 이르러서도 지속적인 문제를 보일 우려가 있다. 특히 학령기의 언어 문제는 아동의 학업 성취와 많은 관련을 가진다. 읽기, 쓰기, 철자에 주로 영향을 미치는 학습장애를 언어에 기반을 두고 있다고 하여 따로 언어학습장애(Language Learning Disabilities: LLD)라 부르기도 하는데(Paul, 2007) 학령기 언어장애아동들 중 다수가 언어학습장애를 동반할 것이다. 학령기 언어발달장애 아동의 평가와 중재에 관해 언어의 다양한 영역을 언급하겠지만, 여기서는 학령전기 언어발달장애 아동의 임상실습장과 중복되는 부분들을 제외하고 이야기와 문해 능력을 중심으로 알아보고자 한다.

1) 치료계획

학령기 언어발달장애 아동의 치료에 있어서는 낱말과 문장보다 큰 언어 단위인 담화, 즉 대화와 이야기 능력 발달을 위한 중재 및 학교교육을 기반으로 하는 읽기, 쓰기의 중재가 함께 이루어져야 한다. 물론 이 시기의 아동들도 학령전기 언어장애 아동들의 중재 초점이 되는 문장 길이 증가, 어휘 확장 등의 중재가 동반되어야 하는 경우도 많다. 학령기 언어발달장애 아동들의 중재에서 목표로 삼을 수 있는 영역들은 비공식 평가에서 다루었던 모든 항목들이 가능하다. 부연하면, 학년에 맞는 교과서 어휘 이해하기, 교실 상황에서 사용되는 언어 기술(질문하기, 대조하기, 평가하기, 분석하기 등) 습득하기, 수수께끼 이해하고 사용하기, 구어와 동일한 표현의 읽기 자료 찾기 등이 있다.

학생임상가들은 이 책에서 편의상 나누어 놓은 단계를 대상 아동의 생활연령에 맞추어 적용하는 오류를 범해서는 안 된다. 아동이 학령기 연령에 속해 있더라도 수준이 낮다면 아동의 발달 수준에 기초하여 중재의 목표를 수립해야 한다.

2) 치료절차

(1) 이야기 중재

학령기에 접어든 언어발달장애 아동들 중 단순한 단답형 질문에 대답하거나, 간단한 지시 따르기에 어려움이 없어도 탈맥락화된 상황에서 자신의 개인적 이야기를 전달하거나, 교과서에 게재된 허구의 이야기들을 이해하고 표현하는 데 뚜렷한 문제를 나타내게 됨으로써 부모로 하여금 언어장애가 오히려 심해지는 것이 아닌가 하는 걱정을 낳게 하기도 한다. 또한 각각의 언어발달 영역(수용 및 표현 어휘력, 언어이해 및 언어표현력, 구문의 미이해력)의 수행능력에 훨씬 미치지 못하는 이야기 이해와 표현 능력이 학생임상가들을 의아하게 할 수도 있다. 따라서 학령기 아동의 언어중재에서는 의미, 구문, 화용론적 측면을 두루 다룰 수 있는 이야기 중재를 중심으로 기술하고자 한다.

① 이야기 이해 중재

이야기 이해를 촉진시킨다는 것은 대개 이야기 속에 포함된 사실적인 정보를 이해하거나 더 나아가 결속표지들로 연결된 추론적인 정보들을 유추하게 하여 전반적인 이야기를 이해하도록 이끄는 것을 일컫는다. 이야기 이해를 돕기 위해 흔히 사용되는 방법은 스토리 맵(story mapping, 이야기 문법지도 그리기)이나 이야기 흐름 도표(story flow chart)를 이용하는 것이다. 스토리 맵은 그림이나 글을 이용하여 이야기 흐름에 맞게 정보를 제시함으로써 이야기 구조를 이해할 수 있도록 돕는 시각적인 중재 방법이다. 다양한 형태로 변형해서 사용 가능하지만, 일반적인 스토리 맵 양식의 예는 [그림 9-1]과 같다. 이렇게 시각적으로 도식화된 자료의 제공은 아동으로 하여금 이야기에 포함된 사실적 정보나 추론적 정보를 잘 찾아내도록 도와주고 전체적인 이야기 이해를 촉진한다.

이야기 제목:

관련 그림	주요 등장인물
관련 그림	배경
관련 그림	문제
관련 그림	주요 사건들 1. 2.
관련 그림	이야기 결과

[그림 9-1] **이야기 문법에 기초한 스토리 맵**

이야기 문법 요소들을 확인하기 위해 아동과 함께 이야기를 한 후 다음과 같은 일련의 질문들에 아동이 답하도록 한다.

- 그 이야기는 어디에서 일어났니?
- 거기에서 누가 중요한 사람이니?
- 그 이야기에서 무슨 일이 일어났니?
- 사람들이 그 문제를 해결하기 위해 어떻게 시도했니?
- 이야기의 끝은 어떻게 되었니?

이러한 질문들은 물론 아동의 이야기 기능 수준에 따라 첨가하거나 생략할 수도 있다. 제시한 질문들에 대해 아동과 충분한 논의를 하는 동안 스토리 맵을 작성하여 이야기 이해를 돕는다. 아동의 연령이나 수준을 고려하여 이야기 도식화 과정에서 그림 단서를 사용할지, 글자 단서들을 사용할지를 결정하는 것은 치료사의 역량에 좌우된다. 따라서 아동의 발달 수준을 막론하고 학생임상가들은 임상실습 과정 동안 아동의 반응에 따라 치료 방법을 탄력적으로 운용하는 연습을 해야 한다.

② 이야기 표현 중재

학령기 언어발달장애 아동들은 아동 자신이 가진 어휘력과 구문능력에 비해 이야기

이해 및 표현 능력이 저하되는 특징을 가지고 있다. 이야기 표현 능력을 향상시키기 위해 아동에게 제시할 수 있는 활동들은 다음과 같다.

- 이야기의 핵심 어휘 찾기: 이야기의 전반적인 흐름에서 반드시 이해해야 할 어휘들을 함께 찾아낸다. 예를 들면, 주인공의 이름이나 사건의 촉매제가 되는 사물 또는 등장인물, 문제해결의 실마리가 되는 사물 또는 등장인물 등이 있다.
- 구문 훈련: 아동이 짧은 내용어나 핵심어 위주로 이야기를 전개할 경우, 구문 구조를 별도로 훈련해야 할 필요가 있다. 그러나 이야기 중재의 핵심은 이야기 전개에 따른 전반적인 이해와 전체 에피소드를 연결한 이야기 표현에 있으므로, 구문 훈련은 이야기 전체 흐름에서 크게 벗어나지 않는 범위 내에서 하거나, 구문 훈련 후 다시 이야기로 중재의 핵심을 전환하는 것이 필요하다.
- 이야기 문법 훈련: 부분적인 이야기 이해 및 표현에는 어려움이 없으나 전체적인 이야기 흐름을 표현하는 데 어려움이 있는 아동들에게 유용하다. 아동이 이야기를 하는 동안 흐름을 벗어나거나, 생략되는 이야기 문법이 있을 경우, 미리 만들어 둔 이

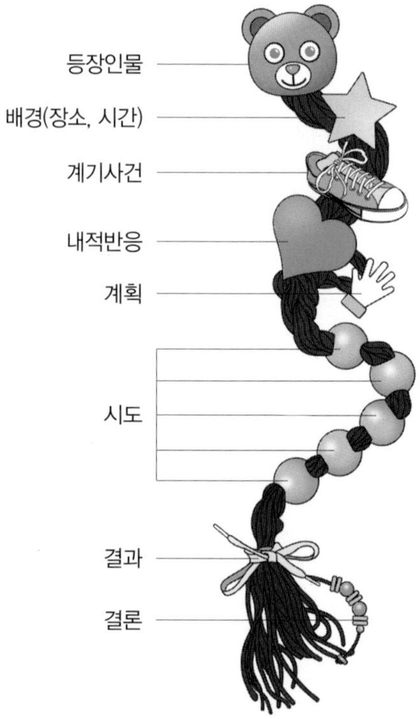

[그림 9-2] 이야기 문법 인형

야기 문법 인형(story grammar)을 제시하여 아동의 이야기 표현을 도울 수 있다. 이야기 문법 인형은 글자를 읽을 수 있고, 어느 정도 언어발달 수준이 있는 학령기 아동들뿐만 아니라 보다 수준이 낮은 아동들의 경우도 사용할 수 있다. 이야기 문법 전체를 인형의 구성물을 제시함으로써 전체 흐름을 이해하도록 도울 수 있다.

이상의 중재에 덧붙여 아동의 이야기 표현 능력을 향상시키기 위한 활동에는 아동이 산출한 이야기에 대해 문법적으로 수정해 주거나, 빠진 정보를 추가하여 보다 높은 수준의 발화로 확장시켜 주는 것 등이 있다.

(2) 문해 중재

① 음운인식 중재

음운인식은 음운처리 기술 중 말소리의 구조에 대한 지각력으로써 해독기술의 발달을 돕는 중요한 기술이다. 낱말의 음운구조에 대한 명확한 인식이 낱말의 소리와 글자를 연결하는 역할을 해 준다. 음운인식 능력은 낱말의 음절 및 음소 수준에서 개별적인 음절이나 음소를 인식하거나 빼거나, 더하거나, 더 작은 단위로 나누거나 바꾸는 등의 상위언어 능력을 통해 이루어진다. [그림 9-3]에 목표 언어수준과 이에 따른 음운인식 과제를 도식화하였다.

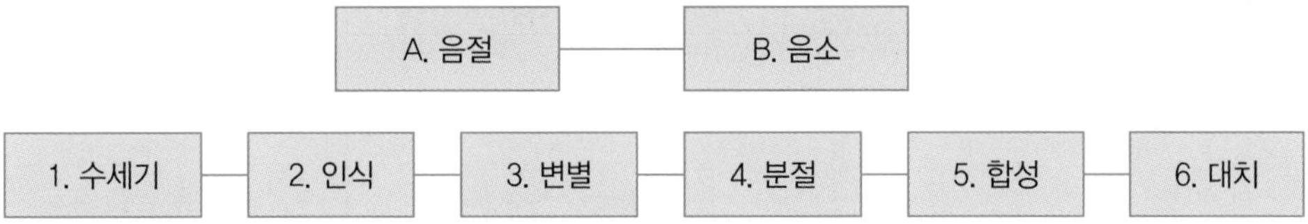

[그림 9-3] 음운인식 과제 유형

음운인식 중재는 친숙한 낱말을 말소리를 통해 인식하고 음절 및 음소 단위에서 수세기, 인식, 변별, 분절, 합성 대치 과제를 수행하도록 훈련한다. [그림 9-3]에 제시되어 있는 'A. 음절' 단위에서 '1. 수세기'~'6. 대치' 항목까지 순서 또는 순서에 관계없이 아동의 음운능력에 따라 음운과제를 제시하고 90% 이상 적절한 반응을 보인 후 다른 음운인식 과제로 진행하게 된다. 음절 단위 달성 후, 'B. 음소' 단위에서 '1. 수세기'~'6. 대치' 항목까지 순서 또는 순서에 관계없이 아동의 음운능력에 따라 음운과제를 제시하고 90% 이상 적절한 반응을 보이면 음운인식과제는 마무리된다. 이후 실제 읽기와 쓰기 상황에서 음운인식 과제를 일반화하여 사용할 수 있도록 한다. 음운인식 훈련 시 다른 수준(음절, 음소)의 단위를 동시에 진행하지 않는다. 또한 동시에 1~2개 정도의 음운인식 과제를 목표로 두어 아동이 혼동하지 않도록 한다.

② 읽기 중재

초기 읽기능력은 글자와 소리의 관계의 이해를 통해 발현된다. 한글은 소리글자로서, 소리와 글자의 대응 규칙을 적용하여 낱말을 읽어내는 것이다. 초기 해독 능력은 친숙한 낱말이나 글자와 소리가 일치하는 낱말을 읽을 때 적용된다. 파닉스 읽기가 능숙해질수록 점차 아동들은 낱말 읽기를 위해 글자와 소리 대응을 일일이 적용하지 않고 많은 낱말을 일견단어(sight words)로 빠르고 유창하게 읽게 된다. 이후 철자 단계로 접어들며 철자 유형에 따라 소리와 불일치되는 낱말들도 자동적으로 읽어내게 된다. 이 시기의 자소와 음소가 일치하지 않는 낱말을 읽기 위해서는 글자와 소리에 적용되는 음운규칙들을 이해해야 하며 자소-음소 불일치 낱말에는 한 개나 그 이상의 음운규칙들이 적용된다. 이러한 음운규칙에는 연음화, 된소리음화, 비음화, 기식음화, 구개음화, 설측음화 등이 포함되며, 해독 능력 발달의 마지막 단계에 속한다(배소영 외, 2015).

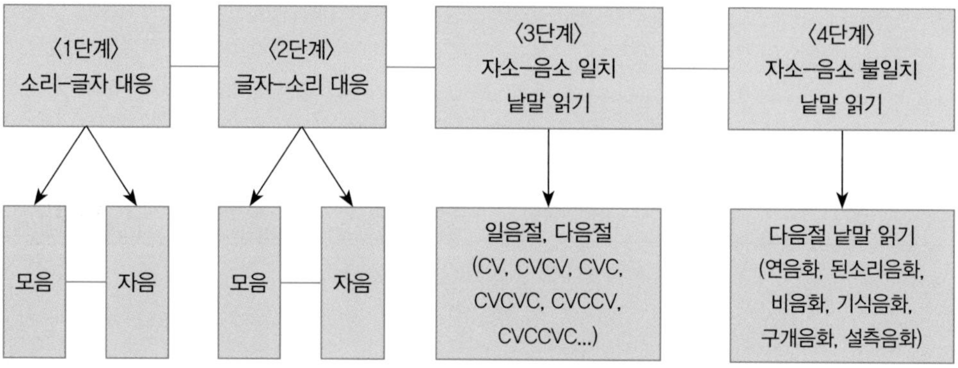

[그림 9-4] 한글 파닉스 훈련 단계

한글 파닉스의 초기 해독과정은 [그림 9-4]에 도식화하여 제시되었으며, 한글 파닉스 훈련 단계는 다음과 같다.

- 1단계: 소리-글자 대응. 모음의 소리-글자 대응을 훈련한다. 우선 'ㅏ, ㅓ, ㅗ, ㅜ,

ㅡ, ㅣ, ㅔ(ㅐ), ㅑ, ㅕ, ㅛ, ㅠ' 단모음을 중심으로 소리를 듣고 글자를 찾아 가리키도록 한다. 아동은 단모음 훈련 이후 가능하면 이중모음으로 확장한다.

- 2단계: 글자-소리 대응. 글자를 보고 모음의 소리를 떠올려 말하도록 한다. 모음의 1단계와 2단계가 끝나면, 자음에서 1단계와 2단계 훈련을 순차적으로 진행한다. 이 두 단계에서 소리-글자(글자-소리)의 대응이 어려운 경우 입술모양 등의 다양한 단서 자극을 활용하여야 한다.
- 3단계: 자소-음소 일치 낱말 읽기. 각각의 모음과 자음의 소리를 이해한 후 아동은 자음(consonant, c)과 모음(vowel, v)을 합성하여 글자를 소리로 표현하며 읽게 된다. 1음절의 CV, CVC, 2음절의 CVCV, CVCVC, CVCCV, CVCCVC로 순차적으로 음절 수를 확장한다. 의미낱말과 무의미 낱말을 고려하여 목표낱말을 설정한다.
- 4단계: 자소-음소 불일치 낱말 읽기. 글자와 소리가 일치하지 않는 낱말을 읽는 단계이다. 예를 들어, '국물'은 [궁물]로 비음화하여 읽게 된다. 받침소리가 있는 다음절 글자 중 글자와 소리가 음운규칙의 적용으로 글자와 다르게 소리나게 된다. 이러한 음운규칙에는 연음화, 된소리음화, 비음화, 기식음화, 구개음화, 설측음화 등이 있다. 훈련은 각각의 음운규칙을 범주화하여 '낱말' '낱말+조사' '낱말+어미' 등 다양한 낱말 환경에서 목표 음운규칙을 적용한 읽기 훈련을 실시한다. 회기에 음운규칙의 목표는 한 개 정도가 좋으며, 집중하여 적용하면서 읽도록 한다.

③ 읽기유창성

읽기유창성은 낱말 이상의 문장이나 문단을 정확하고 빨리, 그리고 운율적 표현을 가지고 읽는 능력을 말한다(NICHD, 2000). 글에 나오는 낱말을 정확하고 빨리 유창하게 읽어내는 낱말유창성과 문장과 문단 이상에서의 읽기유창성이 있다. 유창성은 정확성, 신속성, 운율성의 세 가지 측면을 다루고 있다(김영숙, 2017). 읽기유창성과 읽기이해력은 높은 상관관계를 보이고 있어 읽기유창성은 읽기이해력에 도움이 되는 필수적 요소이다(Kim, 2017). 읽기유창성은 낱말유창성에서 글 읽기유창성으로 발달한다. Rasinski(2003)는 읽기유창성 지도의 기본 원칙을 다음과 같이 제시하였다(김영숙, 2017에서 재인용).

- 교사나 다른 아동의 유창한 읽기 시범
- 아동이 바르지 않게 읽은 것을 바로 고치기
- 글 반복 읽기

• 의미 단위로 표현력 있게 읽기

4. 보고서 작성

초기 면담에서부터 치료가 종료될 때까지 학생임상가들이 작성해야 할 각종 보고서의 개괄적인 내용은 제4장에서 이미 다루었다. 이 절에서는 학령기 언어발달장애 아동의 임상실습 시 각종 보고서에 기록되어야 할 내용들을 중심으로 설명하고자 한다.

1) 진단보고서

학령기 언어발달장애 아동의 진단보고서에는 초기 면담에서 도출한 배경정보에서부터 평가 시 관찰된 행동 특성과 공식 및 비공식 검사 결과들을 기술한다. 보고서의 구성은 배경정보, 평가도구 및 평가 시 태도, 언어평가 결과, 기타 사항, 평가결과 및 요약, 권고사항으로 구성된다. 배경정보 기술 시, 주호소, 임신 및 출산력, 발달력, 발달 환경, 교육력, 치료력 등을 기술하고, 학령기를 고려하여 학교생활과 학습수준, 또래관계에 대한 정보 관련 기술을 포함하도록 한다. 배경정보의 수집 내용 중 아동의 언어발달과 관련된 사항을 중심으로 기록한다.

평가절차 및 평가 시 태도는 평가를 위해 사용한 공식 평가도구 및 비공식 평가 방법을 기록한다. 평가 시 태도는 관찰된 행동 특성을 기술하고 아동의 행동 발달과 인지 및 언어발달과의 연관성을 염두에 두고 기록한다. 예를 들면, 아동이 평가에 집중하거나 거부하는 모습, 대화 태도, 대화 내용 등 의사소통 수준이 어느 정도인가를 관찰하여 행동을 중심으로 기술한다.

평가 결과에 대한 내용은 읽기 및 쓰기, 언어능력, 조음 및 관련 영역으로 구분하여 공식 및 비공식 검사 결과를 정확히 기술하고 검사 결과를 쉽게 알아볼 수 있도록 표와 도표 등을 첨가하여 작성한다. 또한 공식검사 결과를 기술할 때는 수치적인 객관적 결과뿐만 아니라 검사 결과를 분석하여 질적인 결과도 함께 기술함으로써 장단기 치료계획을 위한 의미 있는 자료로 기능할 수 있도록 해야겠다. 평가 결과는 평가 결과 요약 및 권고사항의 내용과 일관성이 있도록 기술해야 한다.

2) 장단기 치료계획서

장단기 치료계획을 수립할 때는 치료 기간을 고려해야 한다. 학교 임상실습실 환경과 실제 임상 현장에서 장기목표를 계획할 때 그 기간에서 다소 차이가 있을 수 있다. 장단기 치료계획을 수립할 때는 언어치료 제공 기간 동안 자신이 사례를 담당하는 기간을 고려하여 실제 도달 가능한 현실적인 목표를 수립해야 한다.

보편적으로 장단기 치료계획서에는 사례 일반정보와 진단결과 요약 및 현행수준을 먼저 기록한 후 장단기 치료계획을 기술한다. 학령기 언어발달장애 아동의 경우, 발달 수준이나 치료 기간에 따라 장기목표의 수가 다르지만, 대개 언어능력 발달 수준 및 읽기와 쓰기 발달 수준을 고려하여 아동에게 시급한 영역을 중심으로 3~4개의 장기목표를 계획하고 그에 따른 하위 단기목표를 계획한다. 단기목표는 후에 진전보고서와 연계가 이루어진다는 것을 고려하여 구체적이고 측정 가능한 목표 행동으로 기술해야 한다.

3) 회기별 치료계획서

회기별 치료계획서에는 단기목표에 도달하기 위해 매 회기마다 수립하는 치료목표와 그 목표에 도달하기 위한 구체적인 치료활동, 강화 방법 그리고 치료에 따른 결과 등을 기술한다. 회기별 치료계획 수립 시에는 가장 먼저 가르칠 목표 활동을 선정하고, 그에 따른 치료 활동 및 사용할 자료와 강화 방법 등을 계획한다. 매 회기 치료에서 아동이 나타낸 반응 및 치료 결과를 기록하여 다음 회기 계획 수립에 정보 제공 기능을 한다. 따라서 회기별 치료계획서의 결과란에는 치료 목표에 따른 아동의 반응을 기록하되 준거에 따른 객관적 결과와 오반응 시 아동이 나타낸 특이 사항도 간략히 기록할 것을 권고한다.

4) 진전보고서

치료에 대한 과정평가의 일환으로 일정 주기에 따라 또는 치료가 종료되는 시점에 장단기 치료계획에 따른 진전보고서를 작성한다. 학교 임상 환경에서는 대개 담당 사례가 전환되는 시기나 월 단위로 진전보고서를 작성할 것을 요구한다. 진전보고서는 해당 기간을 제시하고 치료 전후가 비교되도록 기록하는 것이 바람직하다. 진전보고서는 치료 전 수준과 치료의 진전 평가 결과, 장단기 목표에 따른 세부적인 진전 상황, 그리고 평가

결과에 따른 앞으로의 계획 등의 권고사항을 기록한다.

5. 보고서 작성 예시

1) 진단보고서 예시

진단보고서

이름: ○○○(남)	생년월일: 2013년 ○○월 ○○일(만 9;2)
학년:	평가일: 2022년 ○○월 ○○일
연락처:	정보제공자:
언어 · 읽기 진단명: (해독형) 난독증	

1. 배경정보

본 아동은 9세(초등학교 3학년)의 남아로 학교에서 실시한 기초학력 평가에서 '미도달' 수준, 한글 해득검사(한글 또박또박)에서 '한글 미해득' 수준으로 평가되어 담임선생님의 권유로 본 기관에 방문하였다.

임신 및 출생 시 특별한 문제는 없다고 하였다. 신체발달 및 언어발달 측면에서 정상발달을 보였으나, 발음이 부정확하다고 하였다. 유치원부터 초등학교 2학년 때까지 한글 · 수학을 가르쳐 주는 학원에 다녔으나 한글습득에 진전이 보이지 않아 현재는 그만두었다고 한다. 아동은 읽기를 거부하는 경우가 종종 있으며, 읽기 속도와 쓰기 능력이 또래에 비해 부족한 편이고, 학습하는 데 어려움을 보인다고 하였다.

2. 평가절차 및 평가 시 태도

1) 검사 절차

공식검사: 한국어 읽기검사(KOLRA; 배소영 외, 2015)
수용 · 표현 어휘력 검사(REVT; 김영태 외, 2009)
한국 비언어 지능검사-2(K-CTONI-2; 박혜원, 2014)

2) 평가 시 태도

검사를 진행하는 동안 아동은 검사자의 질문에 간단하게 단답형으로 대답을 하며 조금씩 긴장이 풀리는 듯한 모습이 관찰되었으며, 해독 및 문단글 읽기 검사에서 목소리가 작아지고, 발음을 어눌하게 하는 모습이 관찰되어 읽기에 자신감이 없는 듯하였다. 하지만 그림을 제시하여 실시한 검사들에서는 적극적으로 참여하는 모습을 보였다. 보호자가 말씀한 부정확한 발음(조음)의 문제는 특별히 관찰되지 않았다.

3. 평가 결과

1) 읽기 및 쓰기(Reading & writing)

(1) 읽기 관련 언어처리 통합과제별 수행 수준

아동의 읽기 전체 성취도를 나타내는 읽기지수 1(해독+읽기이해)에서는 표준점수 36점, 1%ile 미만을 보였다. 또한 읽기유창성 검사가 포함된 읽기지수 2(해독+읽기이해+읽기유창성)에서는 표준점수 37점, 1%ile 미만으로 학년지수 1학년 평균 미도달로 나타나 읽기 성취도가 낮은 것으로 확인되었다.

아동의 읽기능력과 언어능력인 듣기이해력을 포함하였을 때 읽기 성취도에서는 읽기 · 언어지수 1(해독+읽기이해+듣기이해)이 표준점수 57점, 1%ile을 보였다. 읽기 · 언어지수 2(해독+읽기이해+듣기이해+읽기유창성)에서는 표준점수 59점, 1%ile로 학년지수 1학년 평균 미도달로 학령기 수준에 도달하지 못하여 어려움을 보이는 것으로 나타났다.

≪읽기 관련 언어처리 통합과제별 수행 수준≫

핵심검사	표준점수	백분위	학년지수
읽기지수 1	36	1%ile 미만	
읽기지수 2	37	1%ile 미만	1학년 평균 미도달
읽기 · 언어지수 1	57	1	
읽기 · 언어지수 2	59	1	1학년 평균 미도달

2) 읽기 하위 영역별 검사 결과

아동의 읽기 하위 능력을 살펴보면, 2음절 낱말을 읽는 해독 검사에서는 원점수 24점, 표준점수 32점, 1%ile 미만으로 나타났으며, 읽기이해 검사에서는 원점수 0점, 표준점수 59점, 1%ile 미만으로 나타났다. 또한 문단글을 얼마나 유창하고 정확하게 읽었는지를 보는 읽기유창성 검사에서는 원점수 7.9점, 표준점수 60점, 1%ile 미만으로 나타나 세 가지 읽기평가 모두에서 또래와 비교하여 어려움을 보이는 것으로 나타났다. 반면, 이야기를 듣고 질문에 대답하는 듣기이해평가에서는 원점수 14점, 표준점수 112점, 78%ile로 또래와 비교하여 평균수준을 보이는 것으로 나타났다.

(3) 읽기 하위 영역 상세 내용

아동의 해독능력을 좀 더 자세히 살펴보면, 의미 낱말, 무의미 낱말, 자소-음소 일치형, 자소-음소 불일치형 낱말에서 5%ile 미만으로 모두 25%ile 미만을 보였다. 아동의 반응을 살펴보면, 자소-음소 일치형 낱말에서 종성(받침)이 포함된 낱말에서 읽기에 어려움을 보였는데, 2음절 낱말 중 종성이 1개 포함된 낱말에서도 종성을 생략(예: 소설→/소서/, 동도→/도도/, 판두→/파두/ 등)하거나 대치하여(예: 시장→/시작/, 수젤→/수젠/, 벙미→/번미/, 비줄→/비준/) 읽어 글자에 해당하는 소리를 적절히 대응시켜 읽는 데 어려움을 보이는 것으로 나타났다.

문단글 읽기유창성에서는 10초당 정확하게 읽은 음절수가 7.9개로 나타났다. 총 358음절로 이루어진 글을 읽는 동안 5분 52초(352초)가 소요되었다. 아동은 문단글의 제목인 '산과 바다'를 '산과 물다'로 읽었으며, 읽는 동안 음절생략과 대치가 가장 많이 나타났고, 전체적으로 부정확한 발음으로 정확하게 해독하지 못하는 모습이 관찰되었다(예: '선호하고→○○해고', '산은 정상에 →산으 ○○에' 등).

읽기이해의 경우, 1~5문항까지만 수행할 수 있었으며 '만약 배가 아프(데는) 병원에 가야 돼.' '나무꾼이 도끼(로 바안요) 나무를 찍었습니다.' '선반 위의 과자를 꺼내(머거네) 손을 뻗었습니다.' 등으로 맥락에 적절한 내용을 적는 것에 어려움이 있었다. 그러므로 아동은 글자를 읽는 해독능력, 읽고 이해하는 읽기이해능력, 글을 유창하고 정확하게 읽는 유창성능력 모두에서 또래와 비교하여 낮은 수행력을 보이는 것으로 나타났다. 반면, 언어적으로 듣고 이해하는 데는 또래와 비슷한 수준을 보였다.

≪해독 하위점수≫

	원점수	백분위				
			5	10	25	25<
의미	14	◆				
무의미	10	◆				
일치	18	◆				
불일치	6	◆				

(4) 읽기 관련 영역

아동이 보이는 읽기의 어려움을 좀 더 자세히 파악하기 위해 상세검사를 실시한 결과, 아동은 음운인식, 빠른 이름대기 검사에서 5%ile 미만, 음운기억 검사에서는 10~25%ile로 확인되었다. 아동의 반응을 살펴보면 음절수준에서 합성 및 탈락과제에서 8/10의 정반응을 보였으나, 음소수준에서는 합성과제에서 1개의 정반응을 보여 음운인식에 어려움을 보였다. 즉, 아동은 말소리 자체에 대한 인식력과 친숙한 글자나 숫자를 시각적으로 처리한 후 빠르게 인출하고 음운정보를 효율적으로 저장하고 처리하는 데 어려움을 보이는 것으로 나타났다.

≪핵심검사의 하위영역 결과프로파일≫

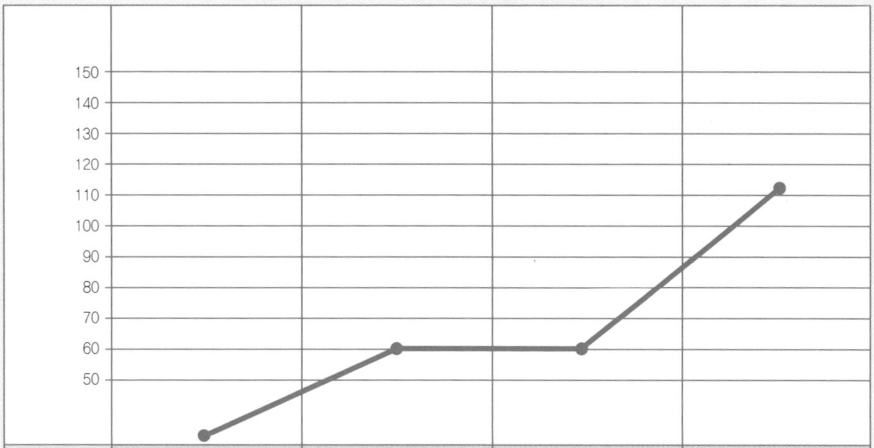

검사명	1. 해독	2. 읽기이해	3. 문단글 읽기유창성	4. 듣기이해
원점수	24	0	7.9	14
표준점수	32	59	60	112
백분위	1%ile 미만	1%ile 미만	1%ile 미만	78

(5) 쓰기

마지막으로 쓰기검사의 하위검사인 받아쓰기에서는 백분위 5%ile 미만으로 나타나 음운정보를 철자정보로 바꾸는 데 어려움을 경험하고 있는 것으로 나타났다. 총 30개 어절 중 아동이 정확하게 쓴 어절은 3개(나라, 버섯, 옛날)로 나타났다. 아동은 자소-음소 일치형에서 대치를 하거나 종성을 생략하는 오류(예: 필통→피포, 즐거워요→지것워요)가 나타났다. 아동의 꿈에 대해 쓰는 주제글쓰기 검사에서 5%ile으로 나타나 학년 수준의 긴 글 구성에 어려움을 갖는 것으로 확인되었다. 아동은 자신의 꿈을 '군인'이라고 단순 나열하여 적어내 학년 수준의 내용 및 형식 구성에 어려움이 있었다.

≪상세검사 결과≫

	음운처리능력								쓰기							
	원점수	백분위							원점수	백분위						
			5		10		25	25<			5		10		25	25<
5. 음운인식	8	◆														
6. 빠른 이름대기	38.92	◆														
7. 음운기억	60					◆										
8. 받아쓰기									4	◆						
9. 주제글 쓰기									0	◆						

2) 언어(Language), 조음 및 기타

(1) 언어

REVT-수용 검사로 낱말 이해력을 측정한 결과, 원점수 93점, 10%ile 미만, '-1SD~-2SD'로 나타나 또래와 비교 시 '약간 지체' 수준에 속하였다.

(2) 조음 및 관련 영역 평가 결과

검사 전반에서 조음 오류 및 구강구조 기능의 이상은 관찰되지 않았다.

(3) 동반 어려움(심리, 지능, 행동 등)

한국어 비언어 지능 검사를 실시한 결과, 지능지수 93, 32%ile로 나타나 지능이 정상 범주에 속하였다.

4. 평가결과 및 요약

본 아동은 현재 9세 2개월의 초등학교 3학년에 재학 중인 남아로, 지능이 정상 범주에 속함에도 불구하고, 학교에서 실시한 '한글 또박또박' 검사 결과, 한글 미해득 수준으로 확인되어 담임선생님의 권유로 본 기관에 검사 의뢰되었다.

1) 해독: 아동의 읽기 해독력을 살펴보았을 때 해독에 어려움이 확인되었다. 해독의 하위영역에서는 의미, 무의미, 일치형, 불일치형의 모든 영역에서 어려움이 나타났다. 자소-음소 일치형 낱말해독에서 복잡한 음절구조(CVCCV, CVCVC, CVCCVC)에서 받침을 생략하거나(예: CVCCV, CVCVC 음절구조 - '소설→소서', '동도→도도', '판두→파두' / CVCCVC 음절구조 - '총성→총서', '한숨→한수', '냉정→내정', '종둔→종두) 음소를 대치하여(예: CVCCV, CVCVC 음절구조 - '시장→시작', '수젤→소젠', '벙미→번미' / CVCCVC 음절구조 - '전철→전천', '달만→단만') 읽는 것으로 보였다. 따라서 아동은 받침이 있는 낱말을 읽을 때에는 다른 말소리로 대치하여 읽는 모습을 보여 받침 낱글자와 말소리와의 관계에 대한 이해에 어려움이 확인되었다.
2) 유창성: 아동은 읽기유창성에서 속도와 정확도 측면에서 모두 어려움을 보였다. 친숙한 어휘를 읽을 수는 있지만 때로 자소-음소 일치형 낱말도 틀리게 읽으며 음운규칙을 적용하지 못하기도 하였다.
3) 읽기이해: 아동은 읽은 내용을 기초로 문제를 풀이하는 것이 어려웠으며, 거부반응이 관찰되었다.
4) 쓰기: 철자 쓰기와 긴 글 구성에 모두 어려움을 갖는 것으로 확인되었다. 특히 철자 쓰기의 어려움은 자소-음소 일치형 어절에서부터 나타나고 있어 정확히 쓸 수 있는 어절이 제한적이며, 쓰기의 거부반응이 관찰되었다.
5) 언어능력: REVT 수용어휘력 검사에서 원점수 93점, 백분위 10%ile 미만, 등가연령 만 9세 6개월~11개월, 표현어휘력은 원점수 76점, 백분위 10%ile 미만, 등가연령 만 7세 0개월~5개월로 확

인되었다.

이와 같은 것을 종합하였을 때 학습을 수행하기 위한 읽기 관련 능력이 낮은 것으로 읽기를 통한 학습적인 과제를 수행하는 데 어려움이 있음으로 추측된다. 아동은 각각의 낱글자와 그에 해당하는 소리의 대응 관계를 완벽히 습득하지 못한 것으로 보인다. 또한 읽기유창성, 읽기이해, 쓰기의 어려움이 동반되고 있다. 이러한 읽기의 어려움은 음운처리의 문제가 영향을 미치는 것으로 확인되었다. 따라서 글자를 소리내어 읽는 것에서부터 어려움을 보이는 해독형 난독증이 지속되고 있는 것으로 판단된다.

5. 권고사항

아래와 같은 목표로 주 2~3회의 개별 읽기 및 언어치료를 권고하는 바이다.

(1) 음운인식: 음소 단위의 소리조작 및 종성 유무 확인 활동
(2) 자소-음소 일치형 낱말의 해독력 증진, 주로 종성의 낱글자 말소리 조작활동과 함께 목표 종성이 포함된 비친숙한 낱말 해독 중재를 계획할 수 있을 것이다.
(3) 자소-음소 불일치형 낱말의 해독능력 향상을 목표로 한 중재가 필요하다. 자소-음소 일치형 낱말을 스스로 읽을 수 있는 단계 이후 적용이 가능할 것이다. 읽기 초기에 발달하는 연음화 및 경음화의 음운규칙 읽기를 위주로 한 세부 목표의 설정이 필요할 것이며, 이때 조사 및 연결어미, 어말어미 등의 문법형태소를 활용하여 활동을 계획할 수 있을 것이다.
(4) 해독 목표와 함께 쓰기 활동을 연계하여 쓰기능력을 향상시킬 수 있도록 계획하는 것이 도움이 될 것이다.
(5) 아동에게 친숙한 낱말 및 읽을 수 있는 낱말을 고려한 읽기유창성 과제를 제공하고 이를 바탕으로 한 유창성 향상의 중재가 필요하다. 유창성 과제를 제공함과 동시에 읽기이해 과제를 실시하는 것도 도움이 될 것이다.

읽기교육 시 아동의 읽기에 대한 동기부여와 자신감을 높이기 위해 아동의 흥미와 학령을 고려한 활동 자료 또는 낱말/읽기 자료의 선택이 필수적이다.

2) 장단기 치료계획서 예시

장단기 치료계획서

이 름: ○○○(남)	생년월일: 2013년 ○○월 ○○일(만 9;2)
학년: 3	평가일: 2022년 ○○월 ○○일
연락처:	정보제공자:
언어 · 읽기 진단명: (해독형) 난독증	

1. 아동의 읽기 · 쓰기 현행수준

본 아동은 초등학교 3학년에 재학 중인 남아로 읽기능력의 문제로 본 기관에 방문하여 검사 실시하였다.

1) 읽기 능력 검사 결과: 검사 결과, 아동은 '듣기이해'를 제외한 '해독, 읽기이해, 읽기유창성' 영역 모두 1%ile 미만으로 어려움이 있는 것으로 나타났다. 읽기지수 2(해독+읽기이해+읽기유창성)에서 표준편차 37점, 1%ile 미만으로 '1학년 평균 미도달', 읽기 · 언어지수 2(해독+읽기이해+읽기유창성+듣기이해)에서 표준점수 59점, 1%ile로 '1학년 평균 미도달'로 확인되었다. 해독에서는 낱말에서 음소 대치 오류가 관찰되었으며, 종성의 경우에도 생략이 되거나 대치되는 등 낱글자와 말소리 간의 이해가 완벽히 이루어지지 않았다. 또한 자소-음소 불일치형 낱말에 대해 음운규칙을 적용하는 데에도 어려움이 있는 것으로 나타났다. 아동의 경우 읽기의 어려움은 음운처리문제와 동반되어 나타나고 있으며, 말소리를 듣고 조작하는 것, 빠르게 음운을 인출하는 것, 음운을 기어가는 능력 등 모든 영역의 저하가 읽기의 어려움에 영향을 미치고 있을 것으로 확인되었다. 철자쓰기의 어려움 또한 읽기에서 나타난 것처럼 말소리의 조작 및 자소-음소 일치형 낱말의 쓰기에서부터 시작되어 있으며 독립적으로 받아쓰거나, 글을 구성하여 쓰는 것에 어려움이 있는 것을 알 수 있었다.

2) 어휘력: 아동의 어휘력 수준을 확인하기 위해 실시한 공식 검사에서 수용어휘는 만 9세 6개월~11개월, 표현어휘는 만 7세 0개월~5개월로 나타났다.

위의 결과들을 종합하면, 학습을 수행하기 위한 읽기 관련 능력이 낮은 것으로 읽기를 통한 학습적인 과제를 수행하는 데 어려움이 있음으로 추측되며 낱글자와 소리를 대응하여 해독하는 것부터 어려움을 보이는 해독형 난독으로 진단될 수 있을 것이다.

2. 목표(2022년 ○○월 ~ 2022년 ○○월)

영역	목표	세부 계획 및 전략
음운 인식	1. 말소리를 듣고 음소 수준에서의 탈락, 분절, 합성, 대치 과제를 주어진 기회의 90% 이상 수행할 수 있다. 1-1. 말소리를 듣고 종성이 없는 단어로 음소 수준에서 변별, 탈락, 분절, 합성, 대치 과제를 주어진 기회의 90% 이상 수행할 수 있다. 1-2. 말소리를 듣고 종성이 있는 단어를 음절체+종성 수준에서 변별, 탈락, 분절, 합성, 대치 과제를 주어진 기회의 90% 이상 수행할 수 있다. 1-3. 말소리를 듣고 종성이 있는 단어를 음소 수준에서 탈락, 분리, 합성, 대치 과제를 주어진 기회의 90% 이상 정확하게 수행 할 수 있다.	[목표 진행 방법] * 목표 접근법: 수직적 접근법 ① 중재 전 평가(회기 단위) - 의미 낱말 5개, 무의미 낱말 5개를 제시하여 합성 및 분절 과제를 실시하여 오반응을 보이는 것을 확인한다. ② 중재활동 - 목표 말소리 선정: 아동의 읽기 학습 동기를 향상시키기 위해 아동이 좋아하는 캐릭터 이름을 이용한다. 이후 연령에 맞는 고빈도 어휘를 선정한다. - 목표를 소개한다. - 제시된 낱말을 이용하여 합성 및 분절 과제를 실시한다. - 틀린 낱말에 대해서는 시각적 단서를 제시하여 보다 쉽게 과제를 수행하도록 한다(예: 토큰, 블록 등). a. 변별 a-1. CV가 동일한 구조의 종성이 있는 1음절 낱말과 없는 1음절 낱말의 짝을 들려주고 종성의 유무를 확인한다. a-2. CV-CV가 동일한 2음절 낱말의 어말 종성이 있는 낱말(CV-CVC)과 어말 종성이 없는 낱말(CV-CV)의 짝을 들려주고 어말 종성의 유무를 확인한다. b. 음소 수준의 말소리 합성 b-1. C와 V를 더하여 1음절 낱말을 완성한다. b-2. CV와 C를 더하여 1음절 낱말을 완성한다. b-3. C와 VC를 더하여 1음절 낱말을 완성한다. c. 음소 수준의 분절 c-1. CV 낱말을 듣고 V를 확인한다. c-2. CV 낱말을 듣고 C를 확인한다. c-3. CV 낱말을 듣고 스스로 C와 V를 나눈다. c-4. CVC 낱말을 듣고 C를 확인한다. ③ 중재 후 평가 - 중재 전 평가에서 제시한 낱말을 준비하여 합성 및 분절 과제를 실시하여 평가한다. 오류를 보인 것은 다음 회기 및 목표에서 반영하여 활동을 계획한다.

낱말 해독	2. 낱글자의 말소리를 90% 이상 이해할 수 있다. 2-1 단모음, j계열, W계열 모음 낱글자의 말소리를 90% 이상 이해하고 자소-음소를 대응하여 말할 수 있다. 2-2 자음(평음, 경음, 격음) 낱글자의 말소리를 90% 이상 이해하고 자소-음소를 대응하여 말할 수 있다. 2-3 종성 낱글자의 말소리를 90% 이상 이해하고 자소-음소를 대응하여 말할 수 있다.	[목표 진행 방법] - 낱글자의 말소리 확인 ① 중재 전 평가(회기단위) - 아동에게 낱글자를 제시하여 아동이 정확히 말소리를 인지하는 것과 오류가 있는 것을 확인한다. ② 중재 활동: 중재 전 평가 시 오류를 보인 것을 중심으로 모델링을 해 준다. a. 목표 낱글자 선정: 초성 자음, 단모음, 종성 자음, 이중모음의 범주로 나누어 과제를 제시한다. b. 목표를 소개한다. c. 낱글자에 대해 모델링 해 주기: 낱글자의 말소리를 아동이 이해하도록 하고 개별 말소리를 익히도록 한다. 여러 번 반복하여 익히도록 한 이후에 오반응을 보인 경우는 첫째, 틀린 낱글자에 대해서 다시 한번 천천히 말해 보도록 하고, 그것을 종이에 써 보도록 한다. 둘째, 틀린 낱글자는 자모음 자석글자판을 이용하여 찾아보도록 하고 다시 한번 더 모델링을 해 준다. d. 반복 익히기: 오반응을 보인 글자를 다른 방법(ex: 색칠해 보기, 형태 찾기) 등을 통하여 다시 한번 더 정확하게 읽을 수 있도록 한다. e. 연상되는 의미 낱말을 활용하여 익히기: 모음 /ㅏ/는 잠자고 있는 아기 위에 그려보면서 의미적으로 연합하여 보기 ③ 중재 후 평가 - 낱글자를 제시하여 아동이 해당 낱글자의 말소리를 정확히 인식하는지를 평가한다. 오류를 보이는 것은 가정에서 반복하도록 하고, 다음 회기 및 목표 설정에 반영하도록 한다.
낱말 해독	* 자소-음소 일치형 낱말 3. 자소-음소 일치형 낱말을 낱말 및 문장 수준에서 90% 이상 정확하게 읽을 수 있다.	[목표 진행 방법] ① 중재 전 평가(회기단위) - 아동에게 준비한 과제를 읽게 하여 목표를 기준으로 정확히 읽은 것과 오류가 있는 것을 확인

	3-1 종성을 포함하지 않은 친숙한 자소-음소 일치형 낱말 및 어절 수준에서 주어진 기회의 90% 이상 정확하게 읽을 수 있다. 3-2 종성을 포함하지 않은 비친숙한 자소-음소 일치형 낱말 및 어절 수준에서 주어진 기회의 90% 이상 정확하게 읽을 수 있다. 3-2 종성을 포함한 친숙한 자소-음소 일치형 낱말 및 어절 수준에서 주어진 기회의 90% 이상 정확하게 읽을 수 있다. 3-3 종성을 포함한 비친숙한 자소-음소 일치형 낱말 및 어절 수준에서 주어진 기회의 90% 이상 정확하게 읽을 수 있다.	②-1 중재 활동-1 〈자소-음소 일치형〉 a. 목표 낱말 선정: 아동의 읽기 학습 동기를 향상시키기 위해 아동이 좋아하는 캐릭터 이름을 이용한다. 이후 연령에 맞는 고빈도 어휘를 선정한다. b. 목표 자음소가 포함된 일음절 단어로(소, 차, 파)로 음운인식 활동을 통해 음소의 합성 및 분리조작이 가능한지 확인한다. c. 목표 낱말에 맞는 낱글자와 말소리를 대입하고 합성하여 읽을 수 있도록 한다. d. 오반응 보인 글자 수정하기: 낱글자의 말소리를 다시 떠올리도록 하고 천천히 합성 과제를 실시할 수 있도록 한다. e. 의미 단위를 생각하며 읽기: – 아동이 선호하는 캐릭터 이름 사용 시: 캐릭터의 이름을 정확하게 읽은 후 캐릭터와 매칭하고 그 캐릭터에 대해 설명할 수 있도록 한다. – 학령기 고빈도 어휘사용 시: 아동에게 글자를 읽도록 하고 낱말의 의미를 아는지 확인한 후 읽도록 한다. f. 일견 어휘 읽기 : 아동에게 지금까지 배운 낱말을 글자카드로 보여 주고 아동이 혼자서 읽도록 한다.
	* 자소-음소 불일치형 낱말 4. 자소-음소 불일치형 낱말을 낱말 및 어절과 문장 수준에서 90% 이상 정확하게 읽을 수 있다. 4-1. 연음 규칙을 적용하여 낱말 및 문법형태소를 포함한 어절과 문장 수준에서 주어진 기회의 90% 이상 정확하게 읽을 수 있다. 4-2. 경음화 규칙을 적용하여 낱말 및 문법 형태소 포함한 어절과 문장 수준에서 주어진 기회의 90% 이상 정확하게 읽을 수 있다.	②-2 중재 활동-2 〈자소-음소 불일치형〉 a. 목표 낱말을 선정 : 목표 낱말 선정 시 음운 변동이 일어나는 전후 음운문맥을 다양하게 고려하여 선정하고, 낱말단위 및 문법형태소가 포함된 어절 단위에서 규칙이 실현되는 경우를 함께 고려한다. 또한 전 회기에 습득한 음운규칙이 목표 낱말 선정 시 포함될 수 있도록 전 회기까지 습득한 음운규칙이 복습되도록 한다. b. 목표를 소개: 회기에 습득할 음운규칙을 명시적으로 가르친다. c. 자석글자 및 아동이 선호하는 교구를 활용하여 음운규칙이 실현되는 과정에서 바뀌는 음소를 직접 조작해 보도록 연습한다. d. 명사+조사, 어간+어미의 형태로 다양한 문법형태소를 포함한 매트릭스를 활용하여 음운규칙이 실현되는 단어를 읽어보고 읽을 때와 쓸 때가 다름을 확인한다.

	4-3. 연음규칙과 경음화 규칙을 모두 적용하여 문법형태소를 포함한 어절과 문장 수준에서 주어진 기회의 90% 이상 정확하게 읽을 수 있다. 4-4. 기식음화 규칙을 적용하여 낱말 및 문법형태소를 포함한 어절과 문장 수준에서 주어진 기회의 90% 이상 정확하게 읽을 수 있다. 4-5. 'ㅎ' 탈락 규칙을 적용하여 낱말 및 문법형태소를 포함한 어절과 문장 수준에서 주어진 기회의 90% 이상 정확하게 읽을 수 있다. 4-6. 기식음화와 'ㅎ' 탈락 규칙을 적용하여 낱말 및 문법형태소를 포함한 어절과 문장 수준에서 주어진 기회의 90% 이상 정확하게 읽을 수 있다.	e. 낱말 카드 읽기: 목표 낱말을 글자 카드로 제시하여 읽도록 한다. 오반응 시 수정할 기회를 주고, 해당 음운규칙을 다시 한 번 확인한다. f. 게임을 통하여 읽기: 텍스트 내에서 목표 음운규칙이 적용된 단어 및 어절을 찾아서 동그라미 치기, 빙고 게임하기, 글자 조각들 붙이기 등을 활용할 수 있다. ③ 중재 후 평가 – 중재 전 평가에서 제시한 낱말을 동일하게 제시하여 아동이 읽을 수 있는지를 평가한다. 이때는 피드백하지 않고 반응 결과를 중재 전과 비교하여 어떤 진전을 보였는지 확인한다. 그리고 그 내용을 점검하여 추후 회기에 반영한다.
읽기 유창성	5. 초등학교 3학년 교과 과정에서 다루는 주제와 관련된 일치, 불일치 낱말이 포함된 문장 및 문단글을 정확하고 유창하게 읽을 수 있다. 5-1 일치형 낱말이 포함된 어절 및 문장을 정확하고 유창하게 읽을 수 있다. 5-2. 초등 3학년 교과 과정에서 다루는 주제와 관련된 일치형 낱말이 주로 포함된 문단글을 정확하고 유창하게 읽을 수 있다. 5-3. 자소-음소 불일치 낱말이 포함된 어절 및 문장을 정확하고 유창하게 읽을 수 있다.	[목표 진행 방법] * 해독 목표 이후에 유창성 목표 실시 * 유창성 목표는 읽기이해 목표와 함께 실시 ① 중재 전 평가 – 아동에게 준비한 짧은 덩이글을 읽게 한다. 이때 정확히 읽은 것과 오류가 있는 것을 확인한다. 그리고 읽기이해 질문을 하여 대답하도록 한다. ② 중재 활동 – 중재 전 평가 시 오류를 보인 낱말을 중심으로 피드백을 제공한다. a. 글의 주제에 대한 배경지식을 나누기. 글과 관련된 간단한 질문을 확인한다. b. 중재 전 평가 시 오류를 보인 낱말 읽기

<table>
<tr>
<td></td>
<td>5-4. 불일치형 낱말이 포함되고 초등 3학년 교과 과정에서 다루는 주제와 관련된 문장글을 정확하고 유창하게 읽을 수 있다.</td>
<td rowspan="2">c. 소리 내어 글을 읽기: 제시된 자료를 읽어보도록 한다. 읽는 방법은 아동의 손가락을 대어 읽기로 실시하고 오류를 보이는 낱말을 중심으로 낱말단위에서 재확인하는 과제를 한 번 더 거친다.
d. 글에서 모르는 어휘를 확인 후 의미 추론 하기: 아동이 모르는 어휘가 적용된 다양한 문장 또는 글 속의 의미를 통하여 낱말의 뜻을 유추하도록 한다.
e. 이야기 및 설명 내용 확인: 질문을 통하여 내용을 확인하도록 한다. 미리 제시된 질문에 대해 아동이 스스로 찾아보도록 하고, 질문에 대한 문장에 밑줄을 그어보도록 한다. 그리고 치료사의 질문에 구어로 대답할 수 있도록 한다.
f. 이야기 및 설명 도식을 만들어 보기
g. 가정 과제: 가정에서 본 회기에 읽었던 과제를 반복하여 읽도록 한다.

③ 중재 후 평가
– 중재 전 평가에서 제시된 덩이글을 다시 읽게 하여 오류를 보이는 낱말을 확인한다. 그리고 이해과제에 대하여 대답하도록 한다. 그 결과를 중재 전과 비교하여 다음 회기에 반영한다.</td>
</tr>
<tr>
<td>읽기 이해</td>
<td>6. 초등학교 3학년 교과 과정에서 다루는 주제가 포함된 이야기 및 설명글을 읽고 내용과 관련된 질문에 적절히 대답할 수 있다.

6-1. 초등 3학년 교과 과정에서 다루는 주제가 포함된 이야기 글을 읽고 이야기문법과 관련된 질문 10개 중 80% 이상 적절하게 대답할 수 있다.

6-2. 초등 3학년 교과 과정에서 다루는 주제가 포함된 이야기 글을 읽고 사실 이해와 관련된 질문 10개 중 80% 이상 적절하게 대답할 수 있다.

6-3. 초등 3학년 교과 과정에서 다루는 주제가 포함된 이야기 글을 읽고 텍스트 내용을 연결한 추론 질문 10개 중 80% 이상 적절하게 대답할 수 있다.

6-4. 초등 3학년 교과 과정에서 다루는 주제가 포함된 설명글을 읽고 사실정보와 관련된 질문 10개 중 80% 이상 적절하게 대답할 수 있다.</td>
</tr>
</table>

3) 회기별 치료계획서 예시

회기별 치료계획서

이 름: ○○○(남)	생년월일: 2013년 ○○월 ○○일(만)
학년: 3	교육일시: 2022년 ○○월 ○○일
연락처:	작성자:

단기 활동목표

1-1 말소리를 듣고 종성이 없는 단어로 음소 수준에서 변별, 탈락, 합성, 대치 과제를 주어진 기회의 90% 이상 수행할 수 있다.

3-1 종성을 포함하지 않은 친숙한 자소-음소 일치형 낱말을 낱말 및 어절 수준에서 주어진 기회의 90% 이상 정확하게 읽을 수 있다.

1. 활동내용 및 결과

<table>
<tr><th>영역</th><th>활동목표</th><th>세부활동계획</th><th>진전노트</th></tr>
<tr><td>음운
인식</td><td>1-1 말소리를 듣고 종성이 없는 단어로 음소 수준에서 변별, 탈락, 합성, 대치 과제를 주어진 과제를 주어진 기회의 90% 이상 수행할 수 있다.</td><td rowspan="2">1-1. 합성 및 분절
3-1. 자소-음소 일치형 낱말 읽기

• 목표 단어 선정 시 고려점: 읽기 동기를 향상시키기 위해 아동이 가장 좋아하는 '포켓몬' 캐릭터 이름을 활용함.

• 목표 진행방법
–목표 단어선정 시 고려한 점: 종성이 없으며 단모음과 자음으로 구성된 캐릭터 이름으로 선정하며, 캐릭터의 이름이 800개 이상이 되므로 아동이 원하는 캐릭터를 타입별(불꽃타입, 물타입 등)로 나누어 구성하며, 낱말은 3음절까지로 선정함.</td><td rowspan="2">① 중재 전 평가
<table><tr><td>목표</td><td>읽기</td></tr><tr><td>가디</td><td>가드</td></tr><tr><td>리자드</td><td>+</td></tr><tr><td>마그마</td><td>+</td></tr><tr><td>마그비</td><td>+</td></tr><tr><td>코터스</td><td>코트스</td></tr><tr><td>바오키</td><td>바오크</td></tr><tr><td>부스터</td><td>+</td></tr><tr><td>바오프</td><td>바오트</td></tr><tr><td>파이리</td><td>+</td></tr><tr><td>파이어</td><td>+</td></tr></table>
② 중재 후 읽기와 쓰기에서 10/10 정반응</td></tr>
<tr><td>낱말
해독</td><td>3-1 종성을 포함하지 않은 친숙한 자소-음소 일치형 낱말을 낱말 및 어절 수준에서 주어진 기회의 90% 이상 정확하게 읽을 수 있다.</td></tr>
</table>

해독		① 중재 전 평가: 아동에게 낱말(캐릭터 이름)을 제시하여 정확하게 읽는 것과 오류가 있는 것을 확인한다. –목표 단어 습득을 위한 어떤 활동 절차를 사용하여 어떤 단계로 훈련을 할 것인지, 정반응 시 강화방법과 오반응 시 단서를 어떤 차례로 제시할 것인지? ② 중재활동 a. 목표를 소개한다. b. 제시된 낱말을 이용하여 합성 및 분절과제를 실시한다. –합성: 치료사가 들려주는 말소리를 합성한다. –분절: 캐릭터의 이름을 듣고 음소를 분절한다. –틀린 낱말에 대해서는 시각적 단서를 제시하여 보다 쉽게 과제를 수행하도록 한다. c. 목표 낱말에 맞는 낱글자와 말소리를 대입하고 합성하여 읽을 수 있도록 한다. d. 오반응 보인 글자 수정하기: 낱글자의 말소리를 다시 떠올리도록 하고 천천히 합성 과제를 실시할 수 있도록 한다. –읽기 후 쓰기도 함께 진행한다. ③ 중재 후 평가 –중재 전 평가에서 제시한 낱말을 동일하게 제시하여 아동이 읽을 수 있는지를 평가한다. 이때는 피드백하지 않고 반응 결과를 중재 전과 비교하여 어떤 진전을 보였는지 확인한다. 그리고 그 내용을 점검하여 추후 회기에 반영한다.	

2. 활용교재 및 교구

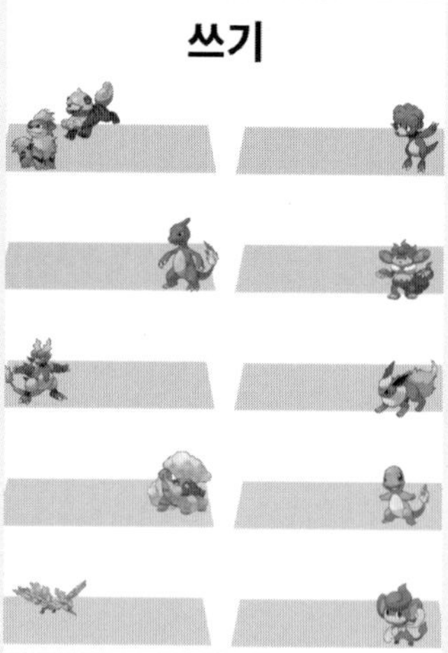

3. 차기 교육 시 고려사항

아동이 모음(ㅡ, ㅣ, ㅓ), 격음에서 낱자–말소리 대응을 하는 데 오류를 보여, 다음 회기 단모음 평음으로 이루어진 낱말을 시작으로 격음, 경음 순으로 자소–음소 대응의 정확한 확인이 필요하다. 음소 합성과 분리에 어려움을 보이므로 가정에서 부모님과 함께 연습할 수 있도록 부모교육 자료도 필요하다.

4) 진전보고서 예시

진전보고서

이 름: ○○○(남)	생년월일: 2013년 ○○월 ○○일(만)
학년:	평가일: 2022년 ○○월 ○○일
작성일:	작성자:

1. 배경정보

어머니의 보고에 의하면, 아동은 만 4세부터 초등 입학 전까지 캐나다에서 지냈으며, 이중 언어 환경에서 생활하였다고 한다. 4세 이전까지 발달과정에서 언어사용은 또래의 발달단계를 따랐는데, 캐나다에서 거주하는 동안에 영어환경에서 주로 노출되어 있어서 해당 연령에서 습득되는 한국어(어휘, 문법형태소) 습득이 어려웠다고 보고되었다.

2. 평가절차

공식검사:

1. 수용 · 표현 어휘력 검사(REVT; 김영태 외, 2009)
2. 한국어 읽기 검사(KOLRA; 배소영 외, 2015)
3. 한국 비언어 지능검사-2(K-CTONI-2; 박혜원, 2014)

3. 진전평가 결과

1) 읽기 및 쓰기(Reading & writing)

〈한국어 읽기 검사(KOLRA)〉

<table>
<tr><th colspan="3" rowspan="3">영역</th><th colspan="2">원점수</th><th colspan="2">백분위수</th><th colspan="2">표준 점수</th><th colspan="4">학년지수</th><th colspan="6">결과 해석</th></tr>
<tr><th rowspan="2">전</th><th rowspan="2">후</th><th rowspan="2">전</th><th rowspan="2">후</th><th rowspan="2">전</th><th rowspan="2">후</th><th colspan="2" rowspan="2">전</th><th colspan="2" rowspan="2">후</th><th colspan="2">도움필요</th><th colspan="2">평균</th><th colspan="2">평균이상</th></tr>
<tr><th>전</th><th>후</th><th>전</th><th>후</th><th>전</th><th>후</th></tr>
<tr><td rowspan="13">읽기/쓰기</td><td rowspan="5">낱말해독</td><td>의미</td><td>8</td><td>38</td><td>〈5</td><td>25〈</td><td></td><td></td><td colspan="2"></td><td colspan="2"></td><td>√</td><td></td><td></td><td>√</td><td></td><td></td></tr>
<tr><td>무의미</td><td>16</td><td>37</td><td>5-10</td><td>25〈</td><td></td><td></td><td colspan="2"></td><td colspan="2"></td><td>√</td><td></td><td></td><td>√</td><td></td><td></td></tr>
<tr><td>일치</td><td>22</td><td>40</td><td>〈5</td><td>25〈</td><td></td><td></td><td colspan="2"></td><td colspan="2"></td><td>√</td><td></td><td></td><td>√</td><td></td><td></td></tr>
<tr><td>불일치</td><td>2</td><td>35</td><td>〈5</td><td>25〈</td><td></td><td></td><td colspan="2"></td><td colspan="2"></td><td>√</td><td></td><td></td><td>√</td><td></td><td></td></tr>
<tr><td>총점</td><td>24</td><td>75</td><td>〈1</td><td>94</td><td>49</td><td>123</td><td rowspan="3">1 학년 평균 미도달</td><td rowspan="4">1 학년 평균 미도달</td><td rowspan="3">3.4 학년</td><td rowspan="4">3.0 학년</td><td>√</td><td></td><td></td><td></td><td></td><td>√</td></tr>
<tr><td colspan="2">읽기 유창성</td><td>6.9</td><td>32.5</td><td>1</td><td>54</td><td>65</td><td>101</td><td>√</td><td></td><td></td><td>√</td><td></td><td></td></tr>
<tr><td colspan="2">읽기이해</td><td>0</td><td>10</td><td>9</td><td>46</td><td>80</td><td>98</td><td>√</td><td></td><td></td><td>√</td><td></td><td></td></tr>
<tr><td colspan="2">듣기이해</td><td>4</td><td>12</td><td>21</td><td>73</td><td>88</td><td>109</td><td></td><td></td><td></td><td></td><td>√</td><td>√</td><td></td><td></td></tr>
<tr><td rowspan="2">쓰기</td><td>받아쓰기</td><td>1</td><td>27</td><td>〈5</td><td>25〈</td><td></td><td></td><td colspan="2"></td><td colspan="2"></td><td>√</td><td></td><td></td><td>√</td><td></td><td></td></tr>
<tr><td>주제글</td><td>0</td><td>11</td><td>〈5</td><td>25〈</td><td></td><td></td><td colspan="2"></td><td colspan="2"></td><td>√</td><td></td><td></td><td>√</td><td></td><td></td></tr>
<tr><td rowspan="3">음운처리</td><td>음운인식</td><td>18</td><td>28</td><td>25</td><td>25〈</td><td></td><td></td><td colspan="2"></td><td colspan="2"></td><td></td><td></td><td>√</td><td>√</td><td></td><td></td></tr>
<tr><td>빠른이름대기</td><td>46.5</td><td>31.7</td><td>〈5</td><td>10-25</td><td colspan="6"></td><td>√</td><td>√</td><td></td><td></td><td></td><td></td></tr>
<tr><td>음운기억</td><td>65</td><td>69</td><td>25〈</td><td>25〈</td><td colspan="2"></td><td colspan="4"></td><td></td><td></td><td>√</td><td>√</td><td></td><td></td></tr>
</table>

〈치료 전 수준 요약〉

≪읽기 관련 언어처리 통합과제별 수행 수준≫

핵심검사	표준점수	백분위	학년지수
읽기지수 1	53	1	
읽기지수 2	56	1	1학년 평균 미도달
읽기 · 언어지수 1	63	1	
읽기 · 언어지수 2	67	1	1학년 평균 미도달

'KOLRA(한국어 읽기 검사)'를 진행한 결과, 읽기 지수 2(낱말해독+읽기이해+읽기 유창성) 56, 백분위 1%ile로 나타나 전반적인 문해력이 '1학년 평균 미도달' 수준인 것으로 확인되었다. 문해력에 영향을 미치는 언어 능력인 '듣기이해력'이 포함된 '읽기 · 언어 지수 2'는 표준점수 67, 백분위 1%ile로 '1학년 평균 미도달' 수준인 것으로 나타났다.

≪핵심검사의 하위영역 결과프로파일≫

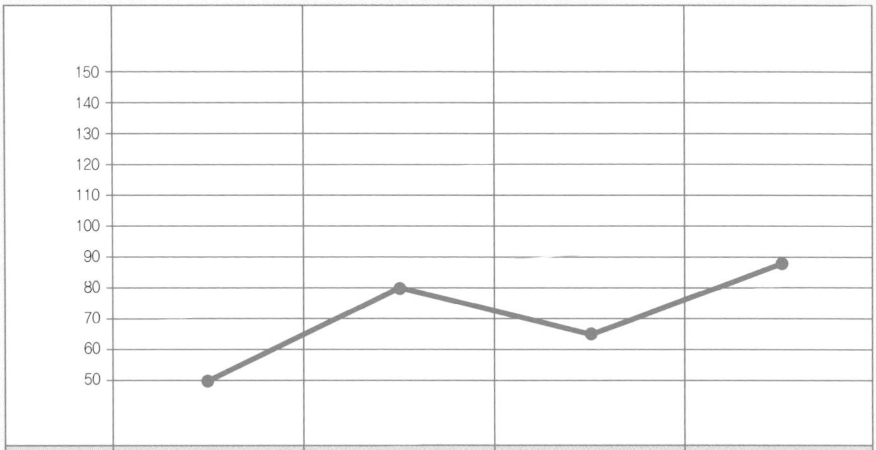

검사명	1. 해독	2. 읽기이해	3. 문단글 읽기유창성	4. 듣기이해
원점수	24	0	6.9	4
표준점수	43	80	65	88
백분위	1%ile 미만	9	1	21

낱말해독 검사 결과, 원점수 24점(1학년 평균: 58점), 백분위 1%ile 미만, 표준점수 43으로 확인되어 '또래보다 지체'되는 것으로 평가되었다. 읽기이해 검사 결과, 원점수 0점, 표준점수 80, 9%ile로 확인되어 '또래보다 지체'되어 있는 것으로 평가되었다. 문단글 읽기유창성 검사 결과, 원점수 6.9, 표준점수 65, 백분위 1%ile로 나타나 '또래보다 지체'로 평가되었다.
듣기이해 검사 결과, 원점수 4점, 표준점수 88, 백분위 21%ile로 확인되어 '평균 하' 수준의 듣기이해력을 보였다.

〈치료 후 수준 요약〉

≪읽기 관련 언어처리 통합과제별 수행 수준≫

핵심검사	표준점수	백분위	학년지수
읽기지수 1	115	85	
읽기지수 2	110	74	3.4
읽기 · 언어지수 1	113	81	
읽기 · 언어지수 2	109	72	3.0

'KOLRA(한국어 읽기 검사)'를 진행한 결과, 읽기 지수 2(낱말해독+읽기이해+읽기 유창성) 110, 백분위 74%ile로 나타나 전반적인 문해력이 '3.4학년' 수준인 것으로 확인되었다. 문해력에 영향을 미치는 언어 능력인 '듣기이해력'이 포함된 '읽기 · 언어 지수 2'는 표준점수 109, 백분위 72%ile로 '3.0학년' 수준인 것으로 나타났다.

≪핵심검사의 하위영역 결과프로파일≫

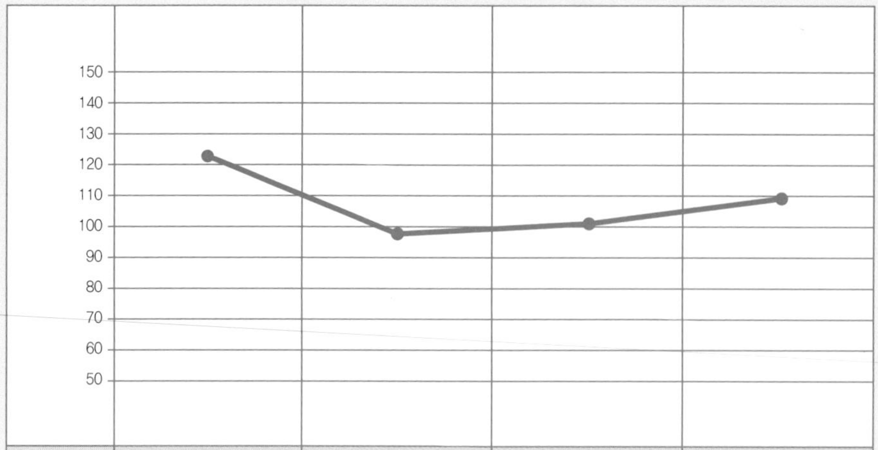

검사명	1. 해독	2. 읽기이해	3. 문단글 읽기유창성	4. 듣기이해
원점수	75	10	32.5	12
표준점수	123	98	101	109
백분위	94	46	54	73

낱말해독 검사 결과, 원점수 75점(2학년 평균: 61점), 백분위 94%ile, 표준점수 123으로 확인되어 '평균 상'으로 평가되었다. 읽기이해 검사를 실시한 결과, 원점수 10점, 표준점수 98, 46%ile로 확인되어 '또래수준'으로 평가되었다. 문단글 읽기유창성 검사를 진행한 결과, 원점수 32.5, 표준점수 101, 백분위 54%ile로 나타나 '또래수준'으로 평가되었다. 듣기이해 검사를 진행한 결과, 원점수 12점, 표준점수 109, 백분위 73%ile로 확인되어 '평균' 수준의 듣기이해력을 보였다.

2) 언어(Language)

	영역		평가결과						결과 해석					
			원점수		백분위수		표준편차		도움필요		평균		평균이상	
			전	후	전	후	전	후	전	후	전	후	전	후
어휘력	REVT	수용	47	88	〈10	30-40	-2	표준	✓			✓		
		표현	59	92	〈10	40-50	-2	표준	✓			✓		

〈치료 전 수준 요약〉

아동의 어휘력을 검사하기 위해 REVT를 실시한 결과, 수용어휘 원점수 47점, 백분위 10%ile 미만, 등가연령 4세 6~11개월 수준으로 생활연령대 평균과 비교 시 '어휘력 지체'에 속하는 것으로 나타났다. 표현어휘 원점수 59점, 백분위 10%ile 미만, 등가연령 5세 0~5개월 수준으로 생활연령대 평균과 비교 시 '어휘력 지체'에 포함되는 것으로 나타났다.

〈치료 후 수준 요약〉

아동의 어휘력 진전 정도를 확인하기 위해 치료 전 실시한 REVT를 실시한 결과, 수용어휘 원점수 88점, 백분위 30~40%ile, 등가연령 9세 0~5개월 수준으로 생활연령대 평균과 비교 시 '평균'에 속하는 것으로 나타났다. 표현어휘 원점수 92점, 백분위 40~50%ile, 등가연령 9세 0~5개월 수준으로 생활연령대 평균과 비교 시 '평균'에 포함되었다.

4. 목표별 진전 결과

구분	장단기 목표	치료 전 수준	진전 정도
이중모음	이중모음의 소리를 알고, 이중모음이 포함된 낱말을 해독할 수 있다(ㅘ, ㅖ, ㅒ, ㅝ, ㅟ, ㅢ, ㅙ, ㅚ, ㅞ).	이중모음 소리를 자음과 연결하여 해독하지 못하였다.	다른 형태의 같은 소리를 내는 이중모음이 포함된 준동음어를 구분하여 해독할 수 있다. 모든 이중모음 소리를 자음과 연결하여 해독할 수 있다.
종성	종성이 포함된 자소-음소 일치 낱말 및 문장을 정확하게 읽을 수 있다.	종성의 끝소리 규칙을 적용하여 해독하지 못하였다.	종성의 끝소리 규칙을 이해하여 정확히 해독할 수 있다. 겹받침이 포함된 낱말 및 문장을 정확히 해독할 수 있다.
음운규칙	자소-음소 불일치 낱말을 음운변동 규칙을 적용하여 정확하게 읽을 수 있다.	모든 음운규칙을 적용하여 해독하지 못하고, 쓰기 소릿값대로 읽었다.	연음화, 'ㅎ'의 발음, 격음화, 구개음화, 경음화, 비음화, 유음화, 음소첨가, 사이시옷 등 모든 음운변동 규칙을 이해하고 적용하여 정확히 해독할 수 있다.
쓰기	음운규칙이 적용되는 낱말이 포함된 문장을 쓰기 소릿값대로 정확하게 받아쓰기 할 수 있다.	기본자음과 단모음으로 구성된 받침 없는 낱말에서도 쓰기 오류가 빈번하게 발생한다.	모든 음운변동 규칙이 적용되는 낱말을 듣고 쓰기 과제에서 쓰기 소릿값대로 정확히 받아쓰기 할 수 있다. 겹받침의 발음도 듣고 정확히 받아쓰기 할 수 있다. 다른 형태의 비슷한 소리를 내는 준동음어(모음)를 혼동하여 쓰기오류를 보이기도 한다.
유창성	제시문을 읽는 동안 첨가, 대치, 생략, 반전에 대한 읽기 오류 없이 어절 단위로 읽기 속도를 유지하며 읽을 수 있다.	100어절 제시문을 3분 이상의 시간을 사용하여 읽었다. 어절단위로 나누어서 읽지 않고 어절 중간에 쉬거나 음절단위로 나누어서 읽는 경우가 빈번했다. 첨가, 대치, 반전, 생략 오류가 빈번하게 발생하였다.	100어절 제시문을 2분 이내로 시간 단축하여 읽을 수 있다. 제시문을 읽는 동안 첨가, 대치, 생략, 반전이 나타났던 오류들이 90% 이상 감소하였다.

읽기 이해	1~2학년 수준의 설명담화를 읽은 후 글의 중심 내용을 파악할 수 있다.	읽은 설명담화의 중심 내용을 파악하지 못하였다. 읽은 글의 중심생각을 찾는 과제에서 핵심 낱말을 찾지 못하였다.	첨가, 대치, 생략, 반전에 대한 읽기 오류 없이 제시한 설명담화를 소리 내어 읽었으며, 읽은 설명담화의 중심 내용을 잘 파악하였다. 읽은 글의 중심생각을 찾는 과제에서 핵심 낱말을 찾는 데 다소 어려움이 있다. 읽은 글에서 사실을 표현한 글은 모두 구분하였으나, 의견 글은 사실 글로 잘못 해석하기도 하였다.

5. 임상적 인상 및 기타 참고사항

음운인식과제 수행 결과, 치료 전에는 CV로 구성된 음소수준 과제에서만 수행이 가능하였으나, 탈락/합성음소 과제의 CVC, CVCV 등 복잡한 과제 수준에서는 수행이 어려웠다. 치료 후에는 합성음소 과제의 CVCV, CVCVC 등 복잡한 과제 수준에서만 수행이 어려웠다.

해독 측면에서 아동은 치료 전에 해독 수행에 어려움이 있는 것으로 확인되었으며, 의미, 무의미, 일치형, 불일치형 모든 영역에서 어려움을 나타냈다. 자소-음소 불일치형의 낱말에서 음운규칙을 적용하여 읽지 못하는 경우를 빈번하게 보일 뿐만 아니라, 받침이 포함된 자소-음소 일치형 낱말에서도 해독오류를 빈번하게 나타냈다. 치료 후에는 모든 자소-음소 불일치형의 낱말을 정확하게 해독할 수 있었고, 겹받침이 포함된 낱말을 문장수준에서도 정확히 해독하였다.

-어휘력 측면에서 수용어휘능력은 치료 전에 원점수 47점, 백분위 10%ile 미만, 등가연령 4세 6~11개월 수준으로 '어휘력 지체'에 해당되었으나, 치료 후에는 원점수 88점, 백분위 30~40%ile, 등가연령 9세 0~5개월 수준으로 생활연령대 평균과 비교 시 '평균'에 해당되어 진전을 나타냈다. 표현어휘능력은 치료 전에 원점수 59점, 백분위 10%ile 미만, 등가연령 5세 0~5개월 수준으로 '어휘력 지체'에 해당되었으나, 치료 후에는 원점수 92점, 백분위 40~50%ile, 등가연령 9세 0~5개월 수준으로 생활연령대 평균과 비교 시 '평균'에 해당되어 진전을 나타냈다.

6. 평가결과 요약 및 권고사항

아동은 20○○년 ○○부터 20○○년 ○○월 ○○일까지 1년 동안 언어치료를 실시하였다. 그 결과, 이중모음, 겹받침 포함 종성, 음운변동 규칙을 적용한 읽기 등 치료 전에 어려움을 나타냈던 해독문제들이 모두 해결되었고, 모든 읽기 과정에서 정확한 해독이 가능해졌다. 쓰기과제에서 치료 전에는 받침 없는 낱말쓰기에서도 오류가 빈번하게 발생하였는데, 치료 이후에 모든 음운변동 규칙이 적용되는 낱말을 듣고 소릿값대로 정확히 받아쓰기 할 수 있다. 이뿐만 아니라, 겹받침의 발음도 듣고 정확히 받아쓰기 할 수 있다. 다만, 다른 형태의 비슷한 소리를 내는 모음을 혼동하여 쓰기 오류를 보이기도 하므로, 이에 대한 지속적인 연습이 필요하겠다.
유창성 과제에서는 치료 전과 비교했을 때 치료 이후에 제시문을 읽는 시간이 100어절당 2분 이내로 단축되어 또래 수준의 정상적인 속도를 유지할 수 있으며, 첨가, 대치, 생략, 반전 등 읽기 오류들도 거의 나타나지 않았다. 반면, 읽기이해 과제에서는 1~2학년 수준의 설명담화를 읽고 중심생각을 찾는 과제에서 핵심 낱말을 찾거나, 의견 글과 사실 글을 해석하는 데 아직 어려움을 가지고 있었다. 따라서 아동의 학년 수준에 적합한 설명담화, 이야기담화 과제를 중심으로 읽기이해력을 촉진하기 위한 다양한 읽기활동이 필요하겠다. 추후 아동은 위와 같은 목표로 주 1회 이상의 가정지도를 권고한다.

• 요약 •

이 장에서는 학령기 언어발달장애의 특성을 살펴보고, 임상실습에서의 평가 및 보고서, 계획서를 작성하기 위한 내용들을 제시하였다. 이를 간단히 요약하면 다음과 같다.

1. 학령기 언어발달장애는 학습을 위한 언어의 이해 및 표현에서의 어려움으로 인해 다른 사람들에게 자신의 의견과 주장을 전달하거나 다양한 담화상황에서 어려움을 겪는 것으로 인식된다. 초기 언어발달 시기를 거친 학령기 아동들의 언어수준과 요구에 적절한 진단과 평가가 이루어져야 한다.
2. 학령기 아동들의 초기 면담은 언어적 특성 및 관련 환경들과의 연관성을 확인하여야 한다. 특히 학교에서의 의사소통능력이나 학습문제 여부, 또래관계 등 학교 환경과 관련된 정보를 수집하여야 한다.
3. 학령기 아동들의 표준화된 언어진단 도구에는 언어능력을 평가하는 학령기아동발달검사, 한국어이야기평가, 메타-화용검사, 언어문제해결력검사 등과 문해평가를 위한 한국어 읽기 검사, 기초학습기능 수행평가체제-읽기검사, 기초학습기능 수행평가체제-쓰기검사 등이 있다.
4. 학령기 언어발달장애 아동들의 치료계획은 담화, 즉 대화와 이야기능력 발달을 위한 중재와 학교 교육을 기반으로 하는 읽기, 쓰기의 중재가 함께 이루어져야 한다. 학년에 맞는 교과서 어휘 이해하기, 교실 상황에서 사용되는 언어 기술(질문하기, 대조하기, 평가하기, 분석하기 등)을 습득하고 구어와 동일한 표현의 읽기 자료 등을 활용하도록 계획한다.
5. 문해중재는 음운인식, 해독, 읽기유창성, 쓰기 기술을 중재하며, 초기 읽기중재단계에는 음운인식, 해독이 있다. 음운인식은 음운처리 기술이자 말소리의 구조에 대한 지각력으로서 해독 기술의 발달을 돕는 중요한 요소이다. 해독은 소리-글자 대응 규칙을 적용하여 낱말을 읽어내는 것이다.
6. 보고서 작성은 진단보고서, 장단기 치료계획서, 회기 치료계획서, 진전보고서가 있으며, 각종 보고서의 특성에 맞추어 작성되어야 한다. 보고서의 주요 내용은 언어능력, 조음 및 관련 영역, 읽기와 쓰기 능력에 대한 평가, 중재를 위한 장단기 계획, 세부적인 회기계획, 중재 후의 진전내용을 작성한 진전보고서가 있다.

연습문제

1. 언어학습장애의 언어적 결함 특성은 무엇인가?

2. 학령기 언어발달장애 아동의 초기 면담 시 포함되어야 하는 내용은 무엇인가?

3. 학령기 아동 대상의 표준화된 언어 및 읽기 능력 평가 검사는 무엇이 있는가?

4. 이야기 문법 중재를 위한 시각적 제시 방법을 설명할 수 있는가?

5. 음운인식 과제의 내용을 설명할 수 있는가?

6. 소리-글자 일치 낱말과 소리-글자 불일치 낱말의 예를 제시할 수 있는가?

7. 진단보고서에 포함되어야 하는 내용을 설명할 수 있는가?

참고문헌

강은희, 고영욱, 권미지, 김시영, 김유경, 김효정, 박은실, 유재연, 이명순, 이옥분, 장현진, 최선영, 허명진, 황상심, 황하정(2019). **의사소통장애 진단평가**. 서울: 학지사.

권도하, 김시영(2019). **언어치료학사전(3판)**. 경북: 물과길.

권도하, 신명선, 김효정, 박은실, 장현진, 신혜정, 황하정, 김수형, 이무경, 황보명, 박상희, 강은희, 손은남, 김연은, 이명순, 이옥분, 김선희, 황영진, 황상심(2013). **언어치료 임상방법**. 경북: 물과길.

권유진, 진연선, 배소영(2018). **한국어 이야기평가(KONA)**. 서울: 인싸이트.

김동일(2011). **기초학습기능 수행평가체제**. 서울: 학지사 심리검사연구소.

김영숙(2017). **읽기&쓰기 교육**. 서울: 학지사.

김영태, 송승하, 김효창, 김정아(2022). **한국아동 메타-화용언어검사(KOPLAC)**. 서울: 파라다이스.

배소영, 김미배, 윤효진, 장승민(2015). **한국어 읽기검사**. 서울: 학지사 심리검사연구소.

배소영, 임선숙, 이지희(2000). **언어문제해결력검사(TOPS)**. 서울시립장애인종합복지관.

이윤경, 허현숙, 장승민(2016). **학령기 아동 언어검사(LSSC)**. 서울: 학지사 심리검사연구소.

Kim, Y, S, G. (2017). Why the Simple View of Reading Is Not Simplistic: Unpacking component skills of reading using a direct and indirect effect model of reading (DIER). *Scientific Studies of Reading, 21*(4), 310-333.

Mayer, M. (1969). *Frog, where are you?* NY: Dial Books for Young Readers.

National Institute of Child Health and Human Development (NICHD) (2000). Report of the National Reading Panel. Teaching children to read: An evidence-based assessment of the scientific research literature on reading and its implications for reading instruction (NIH Publication No. 00-4769). Washington, DC: U. S. Government printing Office.

Paul, R. (2007). *Language disorders from infancy through adolescence: Assessment and intervention* (3rd ed.). St. Louis, MO: Mosby.

Rasinski, T. V. (2003). *The fluent reader. Oral reading strategies for building word recognition, fluency, and comprehension*. New York: Scholastic.

제10장

유창성장애 임상실습

김수형

이 장의 학습목표

- 말더듬 사례 정보수집과 면담을 절차대로 수행할 수 있다.
- 말더듬 사례에 대해 외현적 · 내면적 평가 수행 및 결과를 해석할 수 있다.
- 산출된 결과를 바탕으로 보고서를 작성할 수 있다.
- 말더듬 사례에 적절한 치료계획을 수립하고 수행할 수 있다.

핵심 용어

- 단위반복수(unit of repetition) 각각의 반복에서 정상 발음이 나오기 전에 되풀이한 단위(음, 음절, 단어 등)의 수를 말한다.
- 자발유창성(spontaneous fluency) 말더듬 치료의 이상적인 결과, 정상인의 정상유창성을 뜻한다. 말의 속도, 운율이 정상적이며, 정신적 · 육체적 노력을 요하지 않는다.
- 조절유창성(controlled fluency) 말을 조절하여 겉으로는 자발유창성에 버금가는 유창성을 보이는 상태로, 의도적으로 자기의 말을 감시하고 말을 조절 및 통제, 말을 하는 데 노력과 부담이 있다.
- 수용말더듬(acceptable stuttering) 눈에 띄지만 그리 심하지 않은 비유창성을 보이는 말더듬을 의미한다. 말을 더듬되 편한 마음으로 더듬으며 말할 때 드는 노력과 부담이 최소화된다.
- 유창성 형성접근(fluency shaping approach) 말더듬의 외현적 특징에 초점을 맞추는 치료 방법으로, 말더듬이 감소되면 말더듬과 함께 나타났던 부수적인 문제들도 함께 개선된다고 보는 입장이다.
- 말더듬 수정접근(stuttering modification approach) 말을 더듬되 보다 쉽게 정신적 부담 없이 더듬게 하는 것을 목적으로 하는 방법으로, 공포와 관련된 회피행동을 줄여서 말하는 것에 대한 긍정적인 태도를 갖도록 하는 데 중점을 둔다.

1. 초기 면담

1) 사례지 작성

부모면담 전 사례지를 작성하도록 한다. 일반적인 유창성장애 사례지 양식에 포함되는 내용은 〈표 10-1〉에 제시하였다. 사례지 작성 후 부모(또는 주양육자)와의 면담을 통해 작성된 내용에 대해 구체적인 정보 수집을 한다.

〈표 10-1〉 **일반적 사례지 내용**

① 일반적인 개인 정보	② 발달사	③ 언어발달	④ 말더듬 발달사
⑤ 말더듬 행동의 변화	⑥ 가계력	⑦ 가정 및 생활환경	⑧ 치료경험

2) 초기 면담 시 정보 수집 내용

평가의뢰 대상자의 연령대에 따라 차이가 있지만 성인을 제외한 대부분은 부모(또는 주양육자)가 전화 또는 기관 방문을 통해 평가의뢰한다. 평가의뢰 후, 부모(또는 주 양육자)가 사례 면담지를 작성하면 사례 면담지를 중심으로 임상가는 부모(또는 주양육자) 면담을 실시한다. 학생임상가는 면담이 시작되면 면담 및 평가 진행과정에 대해 설명하고 대상자의 구어샘플 분석을 위해 촬영에 대한 동의서를 받으며, 배경정보에 대한 구체적인 정보 수집을 하는데 구체적인 내용은 다음과 같다.

(1) 항목별 정보 수집 내용

① 일반적인 개인정보

아동의 성명, 생년월일(생활연령), 주소, 연락처, 가족사항 작성 여부를 체크하고 가족의 성격 및 말 특성이 빠진 경우 어떠한지 물어 작성한다. 추가적인 정보수집을 위해 이메일 주소를 작성하도록 하는 것도 좋다.

② 발달사

아동의 부모 또는 보호자가 작성한 출산 전/후, 신체발달 과정, 장애 여부, 병력과 관련된 내용을 체크하고 정상 발달 여부를 파악한다.

③ 언어발달

의미 있는 첫 낱말의 산출 시기, 첫 문장 산출 시기 등을 작성한다. 부모 또는 보호자가 정확한 산출 시기를 잘 모를 경우, 또래와 비교하여 또래 수준인지 또래보다 늦었는지 여부를 체크한다.

④ 말더듬 발달사

아동의 말더듬 발달사에 대한 체크는 평가에 중요한 정보를 얻는 것이다. 말더듬이 시작된 시기가 언제인지, 누가 발견하였는지, 말더듬이 시작되기 전 특별한 일이 있었는지, 처음 더듬었을 때 상황은 어떠하였는지, 갑자기 더듬었는지, 처음 더듬었을 때 나타난 말더듬의 형태는 어떠하였는지, 또한 처음 더듬었을 때 아동의 반응은 어떠하였는지 작성된 것을 체크한다. 이때 주로 보인 형태가 '반복'이라면 반복의 단위(예: 전체반복, 부분반복 등)와 횟수는 어느 정도였는지, 단위반복수는 어느 정도였는지, 반복의 간격과 속도는 어떠하였는지를 체크한다. 반복의 단위가 작을수록, 단위반복수가 많을수록, 반복의 간격과 속도가 불규칙할 경우 말더듬으로 간주할 수 있기 때문이다. 또한 연장의 길이는 어느 정도였는지, 막힘을 보였다면 수반행동은 없었는지를 꼼꼼히 체크한다. 그리고 말더듬 행동 시 아동이 보인 반응은 어떠하였는지 보호자를 통해 정보 수집한다.

⑤ 말더듬 행동의 변화

처음과 비교해서 현재의 말더듬에 변화와 관련된 사항을 체크한다. 말더듬의 빈도, 단위반복수, 막힘 등의 변화가 증가하였는지, 감소하였는지, 증가하였다가 감소하였다를 반복하는지를 체크한다. 만일, 증가와 감소를 반복하였다면 환경에 대한 부분을 좀 더 세밀히 체크할 필요가 있다. 예를 들면, 유치원 상황과 친구들과의 놀이 상황에서는 더듬지 않았는데, 부모와의 대화 상황에서 많이 나타났었는지 체크가 요구된다.

⑥ 가계력

가족 및 친척 중 구어에 문제가 있는지 여부를 체크한다.

⑦ 가정 및 생활환경

가정에서 아동의 말더듬에 대해 어떻게 반응하였는지, 또한 말더듬을 지속시킨 환경(예: 형제자매 사이의 경쟁관계 등)을 파악해야 하며 이런 정보를 통해 말더듬 치료에 부모를 참여시키는 방법을 강구한다.

⑧ 치료경험

아동의 말더듬에 대해 치료받은 경험이 있는지 체크되어 있다면 중재에 따라 이전과 비교해서 진전된 부분이 무엇인지 체크하고, 치료 시 기대효과를 어떻게 보고 있는지를 물어보고 이에 대해 면담을 진행한다.

(2) 부모 반응 체크하기

첫 면담에서 학생임상가는 아동의 말더듬과 관련된 행동에 대해 부모의 이해와 반응을 포함한 부모의 감정을 살펴야 한다. 왜냐하면 부모들은 아동의 말더듬에 대한 자신의 감정과 반응에 대해 혼란스러워하는 경우가 많기 때문이다. 나이가 어린 아동일수록 부모에게 아동과 함께 간단한 상호작용놀이를 하도록 유도하고, 놀이 중 아동이 말더듬 행동을 보일 때 부모의 표정변화(예: 놀람, 응시, 회피 등)에 대해 체크하고 모니터링해 줄 수 있어야 한다.

3) 학생임상가가 면담에서 해야 할 일

(1) 부모의 죄책감 완화시키기

부모 중 한 사람이 지금까지 말을 더듬는다면 부모들은 면담 과정에서 종종 심한 죄책감을 동반할 수 있는데, 말더듬의 원인에 대한 부족한 정보 혹은 잘못된 정보에서 기인할 수 있다. 그러므로 학생임상가는 선천적인 요인 외에도 환경적인 요인으로 인한 부분을 설명하며 부모가 가지는 죄책감을 완화시켜 줄 수 있도록 해야 한다.

(2) 치료과정 설명하기

면담지에 작성된 치료에 대한 기대효과를 살펴보며 몇몇 부모들은 치료 효과에 대해 비현실적인 기대를 하는 경우도 있다. 말더듬과 같은 복잡한 행동을 바꾸기 위해서는 시간과 집중력, 인내와 끈기가 필요함을 알려야 한다. 때론 치료 시작 후 말더듬 행동이 급

격히 감소하는 허니문효과(honeymoon effect) 기간이 있을 수 있고 이후 급격히 증가할 수 있음을 알려야 한다. 하지만 치료계획이 견고하면, 이러한 후퇴는 오래 가지 않으며 아동의 유창성에 변화를 가져올 만큼 합리적인 기간 동안 지속적인 태도를 취하도록 부모를 격려할 필요가 있다.

2. 평가계획 및 실시

1) 공식적인 평가

말더듬을 주소로 의뢰된 학령전 아동의 경우 말더듬의 문제 외에도 조음의 문제 또는 언어발달의 문제를 동반될 수 있다. 그러므로 아동이 보이는 문제를 기반으로 종합적인 평가계획을 세우는 것이 중요하다. 학령기 및 성인 대상자의 경우 내면적 평가와 다양한 상황에 따른 연령별 유창성평가에 포함할 검사 및 준비물을 〈표 10-2〉에 제시하였다.

〈표 10-2〉 **유창성평가에 포함될 검사 및 준비물**

검사내용		준비사항
외현적 평가	파라다이스-유창성검사(P-FA-II)	검사 도구, 기록지, 녹음기, 캠코더
	말더듬 중증도 검사(SSI)	
	유창성 인터뷰(FI)	
내면적 평가	말더듬 성인용 자아효능감 척도(SESAS)	검사 양식지
	의사소통 태도검사(유아용, 학령기 이상)	
	말더듬 지각검사(PSI)	
	행동통제소 검사(LCB)	
부모-아동 상호작용 놀이, Palin 부모평가		검사 양식지
조음평가(U-TAP2, APAC 등)		검사도구, 양식지
언어평가(PRES, REVT 등)		검사도구, 양식지

(1) 외현적 특성 평가

① 파라다이스-유창성 검사-II(Paradise-Fluency Assessment: P-FA-II, 심현섭, 신문자, 이은주, 2010)

P-FA-II는 국내에서 처음으로 표준화된 유창성 검사도구로 모든 연령대를 평가할 수 있도록 구성되어 있으며, 말더듬의 외현적 특성과 내면적 특성을 함께 평가할 수 있는 검사도구이다.

- 필수과제 및 선택과제: 학령기 전, 초등학생, 중학생 이상으로 나누어 실시되며, 학령기 전 아동은 '문장그림' '말하기 그림' '그림책'이며 '말하기 그림'과 '그림책'의 구어 표본은 300음절 이상 나올 수 있도록 유도해야 한다. 초등학생은 '읽기' '이야기그림' '말하기그림'이며, '읽기' 자료는 초등학교 저학년용과 고학년용으로 나누어져 있다. 중학교 이상은 '읽기' '말하기 그림' '대화'로 구성되어 있다. 선택과제는 '낱말그림' '따라 말하기'로 구성되어 있다.
- 비유창성 기준: 정상적 비유창성(Normal Disfluency: ND)과 병리적 비유창성(Abnormal Disfluency: AD)으로 분류하여 체크한다. 정상적 비유창성에는 '주저'(Hesitation: H), '간투사'(Interjection: I), 미완성 구/수정(Unfinished Revision: UR), 단어 전체반복(Repetition: R1)이 있으며, 병리적 비유창성에는 '비정상적 주저'(Ha), '비정상적 간투사'(Ia), '비정상적 미완성 구/수정'(Ura), 단어 부분반복(R2), '비운율적 발성'(Disrhythmic Phonation: DP)이 있다.
- 검사 결과 해석: 평가지에 기록된 구어평가 과제에서의 비유창성 점수는 정상적 비유창성 점수(ND)와 가산점을 포함한 병리적 비유창성 점수(AD)를 합산하여 점수분포표에서 해당 백분위 점수의 범위와 말더듬의 심한 정도를 구한다. 부수행동의 정도를 0~4점 척도로 구하여 점수분포표에서 해당 점수를 찾아 산출한다. 대상자가 초등학교 이상인 경우 본인의 의사소통 태도에 대해 부정적으로 보는지 여부를 파악하기 위해 의사소통 태도 평가를 실시하고 양식지에 체크된 일치한 점수를 합산하여 점수분포표를 이용하여 심한 정도를 구한다.

② **말더듬 중증도 검사**(Stuttering Severity Instrument for Children & Adults: SSI, Riley, 2009)

Riley가 개발하여 1994년에 3판이 나왔으며, 국내에서는 SSI-1을 권도하(1986)가 번안하여 사용했고, 현재 4판(SSI-4, Riley, 2009)이 출시되었다. 해외에서 많이 사용되는 검사도구이며 국내에서는 표준화가 되지 않았지만, 이 검사도구를 사용할 수 있는 것은 언어(Language)평가가 아닌 말더듬 유무를 판단하는 구어(speech)평가이므로 사용 가능하다.

- 말더듬 빈도: 말더듬 행동은 음/음절 반복, 연장(유성/무성)의 형태로 체크한다.
- 지속시간: 가장 긴 말더듬 행동 시간 3개의 평균으로 구한다.
- 신체적 수반행동: 네 가지 범주의 신체적 특징과 주의를 끄는 소리를 0~5점 척도로 나타낸다.
- 검사 결과 해석: 이 검사도구는 말더듬 행동의 빈도, 지속시간, 신체적 수반행동 특징 등의 매개변수를 측정한다. 또한 각각의 매개변수 점수를 더한 총점을 표준데이터에 있는 점수와 비교함으로써 백분위수로 나타내거나 최경도(very mild), 경도(mild), 중도(moderate), 고도(severe), 최고도(very severe) 등으로 심한 정도를 나타낸다.

③ **유창성 인터뷰**(Fluency Interview: FI, Ryan, 2001)

Ryan(1974)이 개발한 SI(Stuttering Interview) 항목을 수정 보완한 것으로, 선별 및 진단, 치료 프로그램을 계획하는 정보를 제공할 수 있다.

- 말더듬 빈도: 분당 말더듬 빈도(SW/M)로 계산하며, 단어 전체반복은 병리적 비유창성으로 체크한다.
- 구어 속도: 읽기, 독백, 대화 과제에서 읽은 음절, 독백 동안의 음절, 대화 시 말한 음절과 시간으로 분당 읽은 구어 속도, 독백 속도, 대화 속도를 구한다.
- 말더듬 형태: 말더듬 형태는 단어 전체반복, 단어 부분반복, 연장, 투쟁순으로 심한 정도를 체크하며, 한 단어 내에서 2개 이상의 말더듬 형태가 나타나면 가장 심하게 나타나는 형태로 체크한다.
- 검사 결과 해석: 말더듬 빈도, 구어 속도, 말더듬 형태별 점수 합산 평균값으로 심한 정도를 평가한다.

(2) 내면적 특성 평가

① 말더듬 성인용 자아효능감 검사(Self-Efficacy Scaling for Adults Stutterers: SESAS, Ornstein & Manning, 1985)

Bandura(1977)의 지각적인 자아효능감 척도에 기초하여, 성인 말더듬인에 대해 50개 특정한 상황에 접근했을 때 얼마나 유창성 수준을 유지할 수 있는가에 대한 자신감 정도를 측정하기 위한 목적으로 개발되었다. 국내에서는 말더듬 성인용 말하기 효능검사(김효정 외, 2012)가 개발되어 이를 활용하여 평가할 수 있다.

② 의사소통 태도검사(Modified Erickson Scale of Communication Attitudes: S-24, Andrew & Cutler, 1974)

P-FA-II(심현섭 외, 2010)의 의사소통 태도 평가를 사용하여 평가할 수 있으며, S-Scale을 Andrew와 Cutler(1974)가 24개 항목으로 수정한 것을 사용할 수 있다. 환자의 치료 전 태도와 치료 후의 태도 변화를 평가하여 진전 정도와 다음 단계의 치료계획 및 종결 시기를 결정하는 데 기초 자료가 된다.

③ 말더듬 지각검사(Perception of Stuttering Inventory: PSI, Woolf, 1967)

Woolf(1967)가 개발한 검사이며, 성인과 청소년 말더듬인을 대상으로 하여 회피(avoidance), 투쟁(struggle), 예기(expectancy)의 정도를 본인이 평가하도록 설계되었다. 대상자는 문항(60문항) 중 자신의 특성에 해당하는 것만 체크하면 된다.

④ 행동통제소 검사(Locus of Control of Behavior scale: LCB, Craig, Franklin, & Andrews, 1984)

Craig 등(1984)은 대상자가 자신의 행동을 통제하는지(내적), 외부요인에 의해 통제하는지(외적)에 대한 믿음 정도를 평가한다. 총 17문항이며, 0~5점 리커트 척도로 체크하고, 1, 5, 7, 8, 13, 15, 16의 값은 역으로 산출하여 계산한다.

2) 비공식적 평가

(1) 구어 샘플

구어 샘플 수집은 말더듬 평가 및 진전에 대한 평가 시 중요한 요소이다. 구어 샘플을 수집할 때는 말더듬인을 가장 대표할 수 있는 샘플을 수집하고, 다양한 상황에서 구어 샘플(예: 경험 말하기, 설명하기 등)을 수집해야 한다. Riley(1994)는 최소한 200~300개 단어 길이로 수집해야 한다고 하지만, Yairi와 Ambrose(2005)는 최소 600음절 이상을 권고하였지만 확실한 비유창성 데이터를 얻기 위해서는 1000음절 이상을 권고하였다. 이러한 샘플을 통해 정상적 비유창성(nonfluency)과 병리적 비유창성(disfluency)의 유형에 대한 다양한 분석을 할 수 있을 것이다.

(2) 부수행동 측정

다양한 도피(escape) 및 회피(avoidance) 행동들이 보이는지 체크리스트를 통해 평가한다.

3. 치료계획 및 실시

1) 치료방향 설정

일반적으로 유창성장애 아동의 유창성 능력은 매우 가변적이라 할 수 있다. 초기 면담과 평가를 통해 얻은 결과가 있다 하더라도 치료의 시작 여부는 여러 가지를 고려해야 할 것이다. 이러한 치료 시작 여부에 대해 Zebrowski(1997)는 치료를 위한 의사결정 방향(decision stream) 요소로서 말더듬 시작 이후의 경과 기간, 진단 시 연령, 가계력, 성별, 말더듬 형태, 부수행동, 음운적 · 언어적 또는 인지적 문제 등으로 제시하였다. 이러한 요소를 참조하여 각 결정 방향에 따라 부모상담 및 교육, 그리고 간접치료 중재를 할 것인지 아니면 직접적인 중재를 권고해야 할 것인지 결정해야 할 것이다.

말더듬 치료목표 설정에서 가장 이상적인 결과는 자발유창성(spontaneous fluency)이라 할 수 있지만, 조절유창성(controlled fluency), 수용말더듬(acceptable stuttering) 중에서 어떤 것이 되느냐 하는 것은 말더듬의 심한 정도와 치료방법 등에 따라서 달라질 수 있다. 먼저 자발유창성은 일반적으로 유창한 사람들의 구어유창성 수준으로, 어떠한 노력을 기울이지 않고 모든 상황에서 유창하게 말하는 수준이다. 조절유창성은 말의 내용뿐만 아니라 말의 형식에도 신경을 쓰며 말하는 수준이며, 수용말더듬은 말을 더듬기는 하지만 의사소통에 큰 방해를 주지 않고 수용 가능한 수준의 말더듬이 있는 상태로 성인의 말더듬 치료에서 목표 수준으로 삼기도 한다. 이러한 치료목표 설정은 말더듬 시기, 말더듬 심한 정도에 따라 달라질 수 있을 것이다.

2) 치료목표 설정

(1) 말더듬 시기에 따른 치료목표 설정

앞서 말더듬 평가를 통해 말더듬 심한 정도를 파악하였다면, 연령에 따른 말더듬의 치료목표와 절차를 어떻게 할 것인지를 계획해야 한다. 학령전기 말더듬 아동의 경우 아동의 의사소통 환경에서 말더듬을 유발할 수 있는 환경을 파악하여 제거하는 것과 유창한 구어를 더 강화하는 것이 치료목표가 될 수 있다. 학령기 및 청소년·성인기 말더듬의 경우 본인의 내면적 평가 결과 '긍정적'으로 보느냐 '부정적'으로 보느냐에 따라 달라질 수 있다.

① 학령전기 말더듬의 치료목표

경계선급 말더듬의 궁극적인 치료목표는 자발적인(spontaneous) 유창성이며, 아동과 자주 상호작용을 이루는 가족 및 주변사람들의 행동 변화에 있고, 말더듬과 연관된 환경적인 요인을 제거(예: 시간 압박, 빠른 구어패턴, 끼어들기, 개방형 질문 등)하고 아동의 유창성을 증진시키는 것을 치료목표로 할 수 있다. 그러므로 아동의 느낌과 태도를 직접적으로 다루지 않으며, 유창성을 향상시키기 위한 다양한 구어패턴(예: 빠르고/느린 구어속도, 높고/낮은 음도, 크고/작은 강도 등) 활동이 요구된다. 또한 유창한 구어를 강화하는 프로그램[예: 리드콤 프로그램(Lidcome program, Onslow et al., 2003)]으로 진행한다.

② 학령기 말더듬 치료목표

학령전기와 다르게 학령기 말더듬 아동에 대한 치료목표 설정 시에 고려해야 할 사항은 내면적 평가에 대한 결과를 포함하는 것이다. 특히 내면적 평가 결과가 '심함(severe)', 외현적 평가 결과는 '약함(mild)'으로 나왔다면 심리치료적인 중재까지 고려해야 할 것이다(심현섭 외, 2010). 학령기 말더듬 아동의 치료는 유창한 말·언어 증진을 위한 직접치료로 구성되며, 본인의 병리적 비유창성 확인, 구어 시작조절, 말더듬 순간 조절과정 등을 치료목표로 구성한다(박진원, 2008, 2013; 안종복, 2012; 전희숙 외, 2011). 또한 아동에 따라 내면적인 부분까지도 치료목표로 설정해야 한다.

③ 청소년 및 성인기 말더듬 치료목표

이미 오랜 기간 말을 더듬어 온 대상자라면 다양한 의사소통 상황에서 부정적 경험이 반복적이고 지속적으로 이어져 왔으며 사회적 활동에도 제한적으로 참여하였을 것이다. 또한 여러 중요한 결정상황에서 '능숙한 회피자'로 소극적인 반응을 보였을 수 있다. 이들을 위한 치료목표는 '수용 말더듬'으로 개개인의 특성을 고려하여 구조화된 치료가 아닌 '상담'과 같은 측면이 강조될 수 있다(고영옥, 2007; 허도련, 2015). 이는 단순히 유창성 증진을 목표로 하는 것이 아니라 대상자가 바라보는 말더듬에 대한 관점의 변화와 주체적인 삶을 살아갈 수 있도록 도와주는 것을 목표로 하여야 한다.

3) 치료절차

(1) 확립(establishment) 단계

대상자의 연령과 심한 정도에 따라 유창성 형성 접근법과 말더듬 수정 접근법을 활용하는데 이들의 장점을 활용하여 통합적으로 접근할 수 있다. Guitar(2014)의 통합적 접근법 절차를 인용하여, 확립 단계에서는 우선적으로 대상자가 보이는 말더듬 패턴에 대해 좀 더 객관적인 자세를 가질 수 있도록 다양한 활동(예: 호흡 및 발성메커니즘 등)을 통해 정상적인 말과 병리적인 말에 대해 인식하도록 한다. 이후 새로운 구어패턴을 형성하기 위해 아동에게 적절한 유창성 향상 기법(예: 느린 구어, 가벼운 조음접촉, 부드러운 시작 등)을 활용하여 구어의 시작조절을 연습하며, 언어적 단위 중 단어 수준에서 시작하여 짧은 구, 운반구, 문장순의 위계(hierarchy)에 따라 진행한다. 이는 발화의 길이와 복잡성의 증가에 따라 말더듬 행동의 발생빈도를 최소화하기 위함이다. 이후 말더듬 순간을 조절할 수 있도록 '취소(cancellation)' '말소(빠져나오기, pull-out)' '예비세트(예비책, preparatory set)'를 활용한 중재 절차를 진행한다.

(2) 전이(transfer 혹은 generalization) 단계

확립 단계에서 형성된 구어시작 조절과 말더듬 순간 조절 활동을 임상가와 치료실 내 상황을 연계하여 사용할 수 있도록 한다. 이를 위해 '의도적 말더듬(voluntary stuttering)'

을 활용하게 되고, 다양한 활동을 통해 치료실 내 임상가 또는 다른 임상가 및 상황에서 성공하였다면 치료실 밖에서도 조절할 수 있도록 상황접근을 위계적으로 진행한다.

(3) 유지(maintenance) 단계

치료가 종결된 이후 일정 수준으로 유창성이 지속되는지를 보는 것이다. 지속적인 추수치료(follow-up)를 통해 체크해야 한다.

4. 보고서 작성

1) 진단보고서

(1) 사례력 작성

사례 면담지에 작성된 내용을 바탕으로 주 호소, 출생력, 신체발달력, 언어발달력, 병력, 말더듬과 관련된 보고(발생 시기, 상황, 말더듬 초기 형태, 수반행동 여부 등)를 요약하고, 가족력 및 가정환경, 교육력 등을 정리한다.

(2) 검사태도

검사 시 아동의 태도를 중심으로 작성하되 말더듬 행동은 치료실에 입장하는 순간부터 평가가 시작되므로 아동의 주의집중 정도, 구어속도, 비유창성 형태, 부수행동 등 관찰 가능한 행동을 중심으로 작성한다.

(3) 검사도구 및 결과

외현적 검사와 내면적 검사를 실시하는데, 연령에 따라 앞의 〈표 10-2〉에 제시된 검사도구들을 사용하여 검사한다. 그리고 언어발달의 지연, 조음의 부정확함을 호소한다면 해당 언어검사와 조음・음운 검사를 실시하여 검사 결과를 산출하여 작성한다.

(4) 결과 요약 및 권고사항

유창성검사 및 언어평가 결과를 요약하고 결과를 바탕으로 향후 중재방향에 대해 권고사항을 작성한다. 위 내용을 토대로 작성된 예는 '5. 보고서 작성 예시(언어진단보고서 예시)'를 참고하라.

2) 장단기 치료계획서

(1) 간접치료에 따른 치료계획서 작성

간접치료에 대한 치료계획의 핵심은 말더듬 아동을 둘러싼 환경을 개선하는 것으로서, 부모교육을 통해 말더듬의 이해도를 증진시키는 것과 부모의 말·언어, 의사소통 특성에 대해 파악하고 변화시키는 것, 다양한 유창성 놀이 활동을 목표로 해야 할 것이다.

(2) 직접치료에 따른 장단기 계획서 작성

직접치료로 시작되면 다양한 구어패턴에 대한 활동을 목표로 선정하고 이에 따른 단기목표를 잡아야 할 것이다. 장단기 치료계획서에 대한 예시는 '5. 보고서 작성 예시(장단기 치료계획서 예시)'를 참고하라.

3) 회기별 치료계획서

(1) 회기목표 설정 및 활동

회기목표는 내용(Contents), 조건(Condition), 준거(Criterion)를 명확히 제시하여 작성한다(예: 대상자는 임상가가 제시하는 느린 구어를 단어 수준에서 모델링 없이 90% 이상 정확히 산출할 수 있다). 말더듬 치료회기 구성 시 고려해야 하는 것은 강화 유형 및 스케줄과 브랜칭(branching) 단계라 할 수 있다. 브랜칭 단계란, 대상자가 하나의 단계를 실패할 때 부가적인 훈련을 하도록 하는 하나의 과정을 말한다. 각 단계에 따른 수행도에 따라 토큰 강화를 제공하는 것이 필요할 것이다.

4) 진전보고서

(1) 진전을 위한 매개변수

말더듬 진전 체크를 위해 매번 P-FA-II(심현섭 외, 2010)를 할 수는 없다. 그러므로 주기적인 진전에 대한 체크를 위해 읽기(읽기 수준 이전 아동인 경우는 그림장면), 독백, 대화 수준에서 말더듬 빈도(예: SW/M 또는 %SS)를 체크하는 것이 필요하다. 이 외에 평균단위반복수,

구어속도, 읽기속도, 복합비유창성 비율 등 객관적인 데이터를 수집해야 한다.

(2) 사전/사후 비교

각 단기목표별 진행 전 현재 수준을 체크하고 이후 일정 기간 동안 진행 후 사전/사후 진전내용을 작성한다.

5. 보고서 작성 예시

1) 진단보고서 예시

진단보고서

1. 일반적인 정보

이름	이○○	성별	M
생년월일	20○○. ○.○	생활연령	6;1
주소	경기도 00시 00구 00로 00, 000동000호		
연락처	010-0000-0000	평가일	20○○. ○.○
학생임상가	박○○	임상감독자	김○○

2. 배경정보

본 아동은 만 6세 1개월의 남아로, 말더듬을 주 호소로 어머니와 함께 내원하였다. 어머니의 보고에 의하면, 아동은 임신 및 출산 중 별다른 이상이 없었다고 하였다.

신체발달력은 걷기가 또래와 비교했을 때 늦지 않았다고 하며 소변가리기는 또래에 비해 빨랐다고 하였다.

언어발달력은 고모의 양육으로 아동의 첫 낱말은 잘 기억나지 않으나 언어발달이 늦지는 않다고 하였다.

가계력은 가족이나 친척 중 말 더듬는 사람은 없다고 하며, 가족 중 어머니의 말이 빠른 편이라고 하였다.

아동은 만 5세 여름방학부터 말더듬이 나타났다고 하며, 특별한 계기가 있었던 것은 아니라고 하였고, 유치원을 보낼 때는 말더듬이 나타나지 않는다고 했으며, 방학이어서 보내지 않을 때는 나타난다고 하였다. 말더듬이 시작되었을 때, 첫소리를 길게 늘이는 연장패턴이었고, 아동은 말더듬을 인식하지 못하였다고 하였다.

말더듬 행동의 변화를 살펴보면, 말더듬 빈도, 막히는 시간, 단어당 반복하는 횟수, 말속도, 말더듬을 때 긴장하는 정도가 모두 증가했다고 하였다. 아동이 말 더듬는 때는 흥분할 때, 질문할 때, 전화할 때, 가족, 낯선 사람, 친구에게 말할 때라고 하였다. 아동은 현재 자신의 문제를 인식하고 있으며, 부끄러워하고 있다고 하였다. 아동의 말더듬이 악화된 기간은 5세 겨울이며, 부모님과 떨어져 있어서 더 심화된 것 같다고 하였다.

아동은 가정에서는 초기에 아동이 말을 더듬을 때는 화를 냈다고 하며, 보통은 천천히 생각하고 이야기하라고 했다고 하였다.

3. 검사태도

아동은 말을 시작할 때, 막힘을 빈번히 보였다. 또한 말더듬이 나타날 때 평가자의 시선을 회피하며 다른 쪽을 보고 말하거나, 위쪽을 올려다보는 모습이 빈번히 관찰되었다. 아동은 자신이 모르는 것이나 더듬을 것 같을 때는 "몰라요" "싫어요"로 일관하며 평가를 수행하지 않으려 하였다.

4. 검사도구

1. 실시한 말 · 언어검사

1) 수용 · 표현어휘력검사(Receptive & Expressive Vocabulary Test: REVT, 김영태, 홍경훈, 김경희, 장혜성, 이주연, 2009)

2) 파라다이스-유창성검사(Paradise-Fluency Assessment(second edition): P-FA-II, 심현섭, 신문자, 이은주, 2010)

5. 검사 결과

1) REVT

아동의 수용 및 표현 어휘능력을 알아보기 위해 실시한 REVT 결과, 수용어휘력은 원점수 80, 등가연령 8세~8세 5개월, 백분위점수 77%ile로 나타났으며 이는 6세 초반의 수용어휘 평균 점수인 70.39(SD 8.08)과 비교했을 때, 아동의 수용어휘력은 +1~+2SD에 속하였다. 표현어휘력은 원점수 70, 등가연령 6세 6개월~11개월, 백분위점수 20~30%ile로 나타났으며, 이는 또래 평균 점수인 74.18점(SD 7.19)과 비교해 아동의 표현어휘는 −1SD~평균에 속하였다.

〈표 1〉 REVT 결과

구분	연령	원점수	등가연령	백분위점수(%ile)
수용어휘	6;1	80	8;0~5개월	77%ile
표현어휘	6;1	70	6;6~11개월	20~30%ile

2) P-FA-II

(1) 선택과제

낱말그림 과제수행 결과, 비정상적 비유창성(AD)이 2회(R2) 나타났다. AD점수는 13점으로 '중간' 정도(61~80%ile)로 나타났다. 수반행동은 나타나지 않았다.

따라 말하기 과제수행 결과, 목표음절 111음절 ND는 나타나지 않았으며, AD 중 Ia(4회), R2(9회), DP(13회)로 AD점수는 36.1점으로 '심함' 정도(91~99%ile)로 나타났다. 수반행동은 비정상적인 호흡과 조음포즈를 보였다.

(2) 필수과제

문장그림 과제수행 결과, ND는 I(3회), UR(1회), R1(1회)로 ND점수는 4.7점, AD는 Ia(2회), URa(1회), R2(3회), DP(7회)로 AD점수는 18.2점으로 총점수는 22.9점으로 나타났다. 과제수행 시 비정상적 호흡, 발 구름, 조음포즈 등의 수반행동을 보였다.

말하기 그림 과제수행 결과, ND는 UR(1회), R1(2회)로 ND점수는 1.3점, AD는 Ia(1회), URa(4회), R1a(1회), R2(11회), DP(19회)로 AD점수는 22.7점으로 총 점수는 24점으로 나타났다. 과제수행 시 비정상적 호흡, 조음포즈 등의 수반행동을 보였다.

그림책 과제수행 결과, ND는 I(1회), R1(1회)로 ND점수는 1.6점, AD는 Ia(3회), R1a(1회), R2(8회), DP(16회)로 AD점수는 33.9점으로 총 점수 35.5점으로 나타났다. 과제수행 시 비정상적 호흡, 조음포즈 등의 수반행동을 보였다. 필수과제에서 총 82.4점으로 '심함' 정도(91~99%ile)로 나타났다. 수반행동의 정도에 대한 평가에서 '매우 거슬림'으로 평가되어 '심함'으로 평가되었다.

〈표 2〉 **P-FA-II 결과**

		총 점수	백분위점수	말더듬 정도
필수과제(문장그림, 말하기그림, 그림책)		82.4	91~99%ile	심함
선택과제	낱말그림	13	61~80%ile	중간
	따라 말하기	36.1	91~99%ile	심함
부수행동 정도		3	91~99%ile	심함

6. 요약 및 권고사항

이○○ 아동은 만 6세 1개월의 남아로 말더듬을 주 호소로 본 기관을 방문하였다. 아동의 수용·표현어휘 능력을 알아보기 위해 실시한 REVT 결과, 수용어휘력의 등가연령은 8세~8세 5개월(백분위 77%ile), 표현어휘력의 등가연령은 6세 6개월~11개월(백분위 20~30%ile)로 나타났다.

말더듬 정도를 알아보기 위해 실시한 P-FA-II 결과, 필수과제 총점수 82.4점으로 '심함' 정도(백분위 91~99%ile)로 나타났다. 아동의 주된 핵심행동은 반복을 동반한 막힘이 26회로 가장 빈번히 나타났으며, 부수행동으로는 막힘 시 비정상적 호흡, 조음포즈로 매우 거슬릴 정도를 나타내었다.

앞의 내용을 종합해 볼 때, 아동은 유창성장애(말더듬)로 판단되며, 이에 대한 권고사항은 다음과 같다.
첫째, 가정환경에서 말더듬을 유발하는 상황을 제거하기 위한 부모교육이 필요하다.
둘째, 다양한 구어 패턴과 구어 시작 조절 중재를 권고한다.
셋째, 주2회 언어재활 중재를 권고한다.

2) 장단기 치료계획서 예시

장단기 치료계획서

1. 일반적인 정보

이름	이○○	성별	M
생년월일	20○○. ○.○	생활연령	6;2
장애유형	유창성장애(말더듬)	작성일자	20○○.○.○
학생임상가	박○○	임상감독자	김○○

2. 장단기 치료목표

장기목표	단기목표
1. 부모교육을 통해 가정환경에서의 말더듬 빈도를 감소시킨다.	1-1. 부모는 아동과의 대화 시 아동의 반응에 따라 긍정적인 강화를 제공할 수 있다. 1-2. 아동과의 대화 시 발화의 속도를 조절할 수 있다. 1-3. 아동의 비유창성을 증가시킬 수 있는 상황을 찾아내어 개선할 수 있다.
2. 아동은 놀이상황에서 임상가가 제시하는 다양한 말 패턴을 자발적으로 조절할 수 있다.	2-1. 아동은 임상가가 제시하는 구어속도(느리게/빠르게)를 90% 이상 스스로 조절할 수 있다. 2-2. 아동은 임상가가 제시하는 음도조절(높게/낮게)을 90% 이상 스스로 조절할 수 있다. 2-3. 아동은 임상가가 제시하는 강도조절(크게/작게)을 90% 이상 스스로 조절할 수 있다.
3. 아동은 놀이상황에서 임상가가 제시하는 구어 시작 조절훈련을 통해 유창성을 향상시킬 수 있다.	3-1. 아동은 임상가가 제시하는 '가볍게 반복하기(의도적 말더듬)'를 90% 이상 스스로 조절할 수 있다. 3-2. 아동은 임상가가 제시하는 '가볍게 조음접촉하기'를 90% 이상 스스로 조절할 수 있다. 3-3. 아동은 임상가가 제시하는 '연장'을 90% 이상 스스로 조절할 수 있다.

3) 회기별 치료계획서 예시

회기별 치료계획서

1. 일반적인 정보

이름	이○○	성별	M
생년월일	20○○. ○.○	생활연령	6;5
장애유형	유창성장애(말더듬)	언어재활일자	20○○.○.○
학생임상가	박○○	임상감독자	김○○

회기목표	3-3-1. 아동은 임상가가 제시하는 '연장(길게 말하기)' 패턴을 90% 이상 수행할 수 있다. 3-3-2. 아동은 임상가가 단어수준에서 제시하는 '연장(길게 말하기)' 패턴을 90% 이상 수행할 수 있다.			
단계	학생임상가	아동	자료	강화방법
도입	인사 나눈 후, 지난 시간에 내준 숙제(연습)를 확인한다.	임상가에게 숙제(연습)내용을 보여 준다.		
전개1	3-3-1. 임상가는 아동에게 컬러점토를 제시하고 이를 이용하여 '연장'에 대한 개념을 설명한다. 점토를 늘어뜨리면서 모음발화를 한다. 이후 늘리면서 발화하는 다양한 놀이활동을 한다.	아동은 임상가의 모델을 따라 칼라점토를 늘리면서 발화한다. 이때 임상가는 늘어나는 길이만큼 발화를 잘하면 강화한다. 만약, 일치하지 않으면 임상가와 함께 속도를 맞출 수 있도록 한다.	컬러점토, 고무줄, 유토	사회적 강화 (칭찬)
전개2	3-3-2. 임상가는 다양한 범주어 카드(과일, 교통수단 등)를 제시하며 '연장' 패턴을 훈련시킨다.	아동은 임상가가 제시하는 카드를 보며 '연장' 패턴을 수행한다. 정확히 산출 시 강화하며 오류 시 이전 활동수준에서 연습 후 재시작한다.	범주카드 (과일, 교통수단 등)	토큰강화
정리	오늘 한 어휘를 랜덤으로 제시하여 정확히 수행하는지 체크한다.	아동은 임상가가 제시하는 카드에 대해 연장발화로 답한다.		
상담	현재 배운 구어시작 패턴에 대해 설명하고, 부모에게 연습용 카드를 제공한다.			

4) 진전 보고서 예시

진전보고서

1. 일반적인 정보

이름	이○○	성별	M
생년월일	20○○. ○.○	생활연령	6;6
장애유형	유창성장애(말더듬)	언어재활기간	20○○.○.○~20○○.○.○
학생임상가	박○○	임상감독자	김○○

단기목표:
.....(중략)....
3-3) 아동은 임상가가 제시하는 '연장'을 90% 이상 스스로 조절할 수 있다.

세부목표	세부활동	치료결과 진전사항	
		치료 전	치료 후
3-3-1. 아동은 임상가가 제시하는 '연장(길게 말하기)' 패턴을 90% 이상 수행할 수 있다.	임상가는 '연장' 패턴을 활용하기 위한 활동으로 전개(예: 컬러점토, 고무줄, 유토 등)	긴장이 동반되었으며, 제시된 활동을 하면서 길게 발화하는 타이밍이 잘 맞지 않았음.	긴장이 감소하였으며, 부드러운 호흡과 함께 길게 발화하기가 가능해짐.
3-3-2. 아동은 임상가가 단어수준에서 제시하는 '연장(길게 말하기)' 패턴을 90% 이상 수행할 수 있다.	다양한 범주어 카드를 제시하여 연장 패턴으로 발화하도록 유도.	긴장과 함께 첫 음절에서 반복패턴이 보였음.	부드러운 호흡과 함께 긴장 없이 첫 음절을 길게 산출하여 연장발화할 수 있었음.
3-3-3. 아동은 임상가가 구/문장 수준에서 제시하는 '연장(길게 말하기)' 패턴을 90% 이상 수행할 수 있다.	다양한 구/문장을 '신호하기' 활동과 연계하여 연장 패턴을 발화하도록 유도.	제시된 구/문장을 산출할 경우 '신호하기'가 주어졌을 때 바로 연장패턴으로 연결되지 못하였음.	서로 역할을 바꿔가며 자연스럽게 '신호하기'가 주어졌을 때 연장패턴을 자연스럽게 활용함.

• 요약 •

이 장에서는 말더듬 사례(심한 정도, 연령대에 따른)에 대해 초기 면담에서 평가, 평가 후 결과 보고, 중재 목표설정 및 중재 절차과정에서 학생임상가가 주의해야 할 부분과 체크해야 하는 사항을 중심으로 서술하였다. 보고서 예시 또한 학생임상가들이 접근하기 용이한 학령전기 및 학령기 말더듬 아동을 중심으로 작성하였다.

1. 초기 면담 시 말더듬 발달사와 말더듬 행동의 변화에 대한 구체적인 정보 수집이 중요하다.
2. 초기 면담 시 학생임상가가 해야 할 일은 부모의 죄책감을 완화시키고 치료과정에 대한 설명을 통해 신뢰감을 형성한다.
3. 대상의 연령에 따른 검사도구들의 유형을 파악하여 적절하게 수행할 수 있어야 하며, 결과 산출을 정확히 할 수 있어야 한다.
4. 평가 결과를 토대로 치료 방향과 치료목표 설정 시 대상자의 의사소통 환경, 심한 정도, 의사소통 태도를 고려하여 설정해야 한다.

연습문제

1. 사례 면담지를 통한 정보 수집 시 말더듬으로 인식되는 '반복'의 특성은 어떠한가?

2. 면담 시 학생임상가가 해야 할 일은 무엇인가?

3. 외현적 말더듬 평가에 활용되는 검사도구는 무엇인가?

4. 파라다이스-유창성 검사(P-FA-II) 평가에서 연령대별 필수과제는 무엇인가?

5. 내면적 평가도구 유형은 무엇인가?

6. 말더듬 치료의 목표설정 시 가장 이상적인 목표는 무엇인가?

7. 학령전기 말더듬 아동의 치료목표는 무엇인가?

8. 학령기 말더듬 아동 중 외현적 평가는 '약함'이나 내면적 평가 결과 '심함'으로 평가된 경우 중재 시 고려사항은 무엇인가?

9. 회기 목표에 따른 회기 프로그램 구성 시 고려해야 하는 두 가지는 무엇인가?

참고문헌

고영옥(2007). 게슈탈트치료가 유창성 장애 성인의 말더듬 행동 및 자각에 미치는 효과. 대구대학교 대학원 석사학위논문.

김영태, 홍경훈, 김경희, 장혜성, 이주연(2009). 수용 · 표현어휘력검사. 서울: 서울장애인종합복지관.

김효정(2013). 한국말더듬지각검사 개발 연구. 언어치료연구, 22(1), 191-205.

김효정, 장현진, 전희숙, 신명선(2012). 말하기 효능감 검사 개발을 위한 예비 연구. 언어치료연구, 21(2), 191-207.

박진원(2008). 리드믹한 구어훈련이 아동 말더듬의 유창성과 의사소통 태도 개선에 미치는 효과. 대구대학교 대학원 석사학위논문.

박진원(2013). 유창성 모니터링 프로그램을 이용한 학령기 말더듬 아동의 치료사례. 언어치료연구, 22(2), 1-22.

심현섭, 신문자, 이은주(2010). 파라다이스-유창성검사-II. 서울: 파라다이스복지재단.

심현섭, 신문자, 이은주, 이경재, 이수복(2022). 유창성장애 평가와 치료. 서울: 학지사.

안종복(2012). 구어 산출메커니즘 협응 프로그램을 통한 말더듬 치료 사례 연구. 언어치료연구, 19(3), 35-52.

전희숙, 권태영, 신명선, 김효정, 장현진(2011). FU프로그램이 학령전 말더듬 아동의 유창성증진에 미치는 효과. 언어치료연구, 20(4), 197-216.

허도련(2015). 수용 · 전념 치료를 활용한 의사소통중재 프로그램이 말더듬 성인의 내면적 특성과 말더듬 행동에 미치는 영향. 대구대학교 대학원 석사학위논문.

Andrew, G., & Cutler, J. (1974). Stuttering therapy: The relation between changes in symptom level and attitudes. *Journal of Speech and Hearing Disorders, 39*, 312-319.

Bandura, A. (1997). Toward a unifying theory of behavior change. *Psychological Review, 1*, 191-215.

Craig, A. R., Franklin, J., & Andrews, G. (1984). A scale to measure locus of control of behaviour. *British Journal of Medical Psychology, 57*, 173-180.

Erickson, R. L. (1969). Assessing communication attitudes among stutterers. *Journal of Speech and Hearing Research, 12*, 711-724.

Guitar, B. (2014). *Stuttering: An integrated approach to its nature and treatment* (4th ed.).

Baltimore, MD: Lippincott Williams & Wilkins.

Onslows, M., Packman, A., & Harrison, E. (2003). *The Lidcome Program of early stuttering intervention: A clinician's guide.* Austin, TX: Pro-ed.

Ornstein, A. F., & Manning, W. H. (1985). Self-efficacy scaling by adult stutterers. *Journal of Communication Disorders, 18*(4), 313-320.

Riley, G. (1994). *The Stuttering Severity Instrument for Adults and Children* (SSI-3)(3rd ed.). Austin, TX: Pro-ed.

Riley, G. (2009). *SSI-4: Stuttering Severity Instrument for Adults and Children* (4th ed.). Austin, TX: Pro-ed.

Ryan, B. (1974). *Programmed therapy for children and adults who stutter.* Springfield, IL: Charles C. Thomas.

Ryan, B. (2001). *Programmed therapy for stuttering in children and adults* (2nd ed.). Springfield, IL: Charles C Thomas.

Woof, G. (1967). The assessment of stuttering as struggle, avoidance and expectancy. *British Journal of Disorders of Communication, 2*, 158-171.

Yairi, E., & Ambrose, N. G. (2005). *Early childhood stuttering: For clinicians by clinicians.* Austin, TX: Pro-ed.

Zebrowski, P. M. (1997). Assisting young children who stutter and their families: Defining the role of the speech-language pathologist. *American Journal of Speech-Language Pathology, 6*(2), 19-28.

제11장

음성장애 임상실습

유 재 연

이 장의 학습목표

- 음성평가 결과를 토대로 음성진단 보고서를 작성할 수 있다.
- 음성평가 결과에 따라 효과적인 치료계획을 세울 수 있다.
- 음성장애의 원인과 증상에 따라 효율적인 치료를 진행할 수 있다.

핵심 용어

- 음향학적 평가 음성평가에서, 마이크로폰으로 입력된 음성을 매개변수인 음도(pitch), 강도(loudness), 음질(quality) 등으로 음성 특성을 알아보는 방법이다.
- 공기역학적 평가 음성평가에서, 음성을 산출하기 위해 필요한 폐활량, 호기율, 성문하압, 발성효율성, 최대연장발성시간 등을 알아보는 방법이다.
- 음성위생 건강한 음성기능을 유지하기 위해 음성과 성대를 관리하는 방법이다.
- 음성촉진기법 음성의 음도, 강도, 음질 등을 개선하기 위해 음성증상 따라 적용하는 음성치료 방법이다.
- 총체적 음성치료 접근법 음성산출의 하위체계인 호흡, 발성, 공명 모두에 초점을 두어 전반적인 음성산출 기능을 향상시키는 치료 방법이다.

음성장애는 목소리 산출에 어떤 문제가 발생한 경우이다. 음성문제는 신체 건강 상태, 생활 습관 및 환경적인 요인과 같은 다양한 요인에 의해 발생할 수 있다. 음성장애는 연령과 성별 등과 관계없이 누구에게나 발생할 수 있고 음성문제가 발생할 경우, 의사소통을 효과적으로 하는 데 어려움이 발생한다. 음성장애의 일반적인 증상은 목쉰 음성, 기식성 음성, 거친 음성, 긴장된 음성, 약하거나 떨리는 음성 등이며 때로는 말하거나 노래하는 것에 어려움이 나타나기도 한다. 또 어떤 사람들은 말하거나 삼킬 때 통증이나 불편감을 경험하기도 한다. 음성장애는 다음과 같은 다양한 요인에 의해 발생할 수 있다.

첫째, 후두염, 위산역류, 성대폴립, 신경학적 장애와 같은 의학적 질병으로 인해 발생할 수 있다. 둘째로, 소리를 지르거나 큰 소리로 말하거나 잘못된 노래 발성과 같은 음성남용 또는 음성오용으로 발생할 수 있다. 셋째로, 흡연, 음주 또는 약물 사용으로 인해 나타날 수 있다. 넷째로, 오염된 공기와 알레르기 유발 요소에 노출되는 것 같은 환경적인 요인으로 발생할 수 있다. 다섯째, 수술이나 부상으로 인한 목이나 성대의 외상으로 인해 발생할 수 있다.

음성장애 치료는 음성장애의 근본적인 원인에 따라 다르게 적용되며, 음성치료의 방법으로는 행동적 음성치료, 약물복용, 음성수술 또는 생활 습관을 변화시키기 등이 포함된다. 일반적으로 언어재활사와 이비인후과 의사가 음성장애를 진단하고 치료를 담당한다.

1. 초기 면담

전기 및 전자공학의 발전과 함께, 음성을 평가하는 데 여러 가지 기기가 개발되어 유용하게 임상 현장에 널리 사용되고 있다. 이러한 기기를 사용하여 음성장애의 원인을 정확히 파악하는 것은 효과적인 치료에서 매우 중요하다. 한편으로 음성장애 평가에서 비기기적 평가 중 상담, 설문지 조사, 관찰 등을 통한 사례조사 역시 환자의 문제 발견에 중요한 정보를 제공할 수 있다.

1) 사례조사

(1) 설문양식

설문조사를 통해 환자의 음성문제를 좀 더 쉽게 이해하고 체계적인 치료 접근법을 계획하는 데 도움이 될 수 있는 정보를 얻을 수 있다. 일반적으로 설문을 통해 얻을 수 있는 정보는 〈표 11-1〉과 같다.

〈표 11-1〉 음성설문 항목 및 내용

음성문제	음성 증상, 발병 시기, 음성문제 변화, 음성치료 경험 유무
의학적 측면	질병유무, 수술경력, 약물복용
음성 사용	음성 오남용, 힘을 주어 발성
음성 위생	음주, 흡연, 건강 관리, 스트레스 관리, 식습관
가정 및 직장	가계력, 가족관계, 직업유형, 직장에서 음성 사용
발달 정보	청력, 운동발달, 언어발달, 인지발달
개인적 정보	성격, 사회성, 음성사용 습관

출처: 권도하 외(2013).

음성장애에 관한 설문지 및 사례사 수집에서는 다음의 항목에 초점을 두어야 한다.

① 가족에 관한 자료

부모의 직업, 형제자매의 수, 가족 환경, 가족의 음성문제, 가족의 일반적인 건강 패턴 등에 관한 정보를 확인한다.

② 음성문제의 발생

음성문제의 시작은 진단에서 중요하다. 음성문제가 갑작스럽게 나타난 것인지 서서히 점진적으로 나타난 것인지, 신체적인 문제로 인한 것인지 혹은 심리적인 문제로 인한 것인지 등을 알아볼 필요가 있다.

③ 발달과정

음성장애의 발달과정은 만성적인 의료적 문제, 직업적 스트레스의 축적, 어떤 신체적 성숙 시기, 가족관계에서의 변화, 재정적인 어려움의 악화 등과 병행해서 나타날 수 있다. 또한 음성문제와 관련된 환경 등에 대해서도 알아보아야 한다. 예를 들면, 음성문제가 발생하는 동안, 음성장애의 변화가 개인의 습관(흡연, 음주), 작업 환경(지나친 소음, 스트레스), 의료적 조건(천공, 알레르기) 등에서의 변화와 관련이 있을 수 있다.

④ 하루 동안의 음성사용과 음성문제 변화

음성의 변화가 하루 중 언제 일어나는지 알아보는 것도 음성에 영향을 줄 수 있는 요인에 대한 정보가 된다. 예를 들면, 환자의 일과와 음성사용과의 관련성이나 하루 중 음성이 비교적 깨끗하게 산출되는 시간대와 그렇지 않은 시간대에 대해 알아볼 필요가 있다.

⑤ 사회적 적응

음성은 개인의 자아개념, 성격 등과 밀접하게 관련이 있다. 성격 유형과 음성과의 관련성에 대한 정확한 결과는 없지만, 일반적으로 성격과 음성은 관련성이 있는 것으로 알려져 있다. 예를 들면, 음성 오남용은 내성적인 성격의 사람보다 외향적인 성격의 사람에게서 많이 나타나며 성대결절의 발생과도 밀접한 관련이 있을 수 있다.

⑥ 직업

직업과 음성과의 관련성을 평가할 때, 직업적으로 음성을 많이 사용하는지를 알아보아야 하며, 직업적 환경이 음성산출에 불리한 조건인지를 확인해 볼 필요가 있다. 예를 들면, 교사들은 일반적으로 음성을 많이 사용함으로써 음성장애 발생 위험성이 일반적으로 높다.

⑦ 건강

언어재활사는 환자의 일반적인 건강 상태와 질병, 수술, 약물 복용 등을 포함한 신체적인 발달사에 대한 정보를 얻어야 하며 흡연, 음주, 약물 사용과 같은 건강과 관련된 습관들에 대한 자료를 얻을 필요가 있다.

(2) 음성상담

설문을 통해 얻은 정보 이외에 추가적인 정보를 얻기 위해 음성상담을 실시한다. 음성상담 동안 언어재활사는 시청각적 관찰을 통해 환자의 음성관련 정보를 얻게 되고 치료에서의 친밀감 형성에도 도움이 된다.

음성상담은 음성장애와 관련된 정서적 및 심리적 측면에 중점을 둔 음성치료에서의 필수적인 부분이기도 하다. 음성상담 동안, 대상자에 대한 지원(support), 교육 및 지침 등을 제공하여 음성문제와 관련된 정서적 측면을 대처할 수 있도록 도울 수 있다. 또한 음성상담을 통해 대상자에게 음성이 개선될 수 있다는 확신을 심어 주어 음성치료에 적극적으로 참여하는 동기를 부여하는 것도 필요하다.

- 친밀감 형성: 대상자와 언어재활사 간의 치료적 신뢰와 친밀감을 형성하여 대상자가 자신의 문제를 공개적으로 이야기하는 분위기를 조성한다. 언어재활사는 상담 전반에 걸쳐 공감과 적극적인 경청을 해야 한다.
- 음성장애 원인 및 치료 과정에 대한 정보 제공: 발성 메커니즘의 해부학적 및 생리학적 측면과 음성치료를 통한 음질 향상과 음성건강에 대한 정보를 제공한다.
- 정서적 지원: 음성장애로 인한 자존감, 자신감 및 삶의 질에 미칠 수 있는 감정적 영향을 확인한다. 치료 전반에 걸쳐 정서적 지원을 제공하여 대상자가 음성문제로 인한 스트레스, 불안 등을 관리하도록 돕는다.
- 음성문제 대처 방법: 음성장애와 관련된 문제를 관리하기 위한 다양한 대처 방법을 지도한다. 여기에는 이완 기술, 스트레스 관리, 운동, 호흡 및 보컬 워밍업 등이 있다.

2. 평가계획 및 실시

1) 비기기적 평가

(1) 청지각적 평가

음성의 청지각적 평가는 음도(pitch), 강도(loudness), 음질(quality) 및 공명(resonance)과 같은 지각적 특성을 기반으로 사람의 목소리를 주관적으로 평가하는 것이다. 이러한 유형의 음성평가는 종종 음성장애의 정도를 평가하거나 음성치료의 효과를 알아보기 위해 언어재활사 또는 다른 음성 관련 전문가들이 실시한다. 음성의 청지각적 평가에는 GRBAS와 CAPE-V가 주로 사용된다.

음성의 청지각적 평가로 알 수 있는 지각적 특성은 다음과 같다.

- 음도: 인지되는 목소리의 높낮이 정도
- 강도: 인지되는 음성의 크기
- 음질: 명료함, 거칢, 기식성 또는 목쉰 음성 등을 포함한 전반적인 목소리의 질
- 공명: 성도와 얼굴 부위에서 감지되는 목소리의 진동 또는 공명

음성평가에서 언어재활사는 모음의 연장발성, 낭독 또는 대화와 같은 음성산출의 다양한 측면을 평가하기 위해 여러 가지 구어과제를 사용한다. 청지각적 음성평가의 결과를 바탕으로, 언어재활사는 대상자의 음성장애에 대한 적절한 치료 계획을 세울 수 있다. 음성의 청지각적 평가 외에도 음향학적 분석이나 성대 영상 관찰 등을 통해 대상자의 음성 산출 기능에 대한 보다 자세한 정보를 얻을 수 있다.

(2) 음성설문 평가

음성설문 평가는 일반적으로 대상자가 직접 음성설문에 대해 자신의 음성 특성 및 문제를 보고하는 것으로 실시된다. 임상에서 주로 사용되는 음성설문지로는 음성장애지수(Voice handicap index), 음성과 관련된 삶의 질(Voice-related of quality of life) 평가 등이 있다(〈표 11-2〉 참조).

〈표 11-2〉 **음성장애지수 설문지**

한국어판 음성장애지수(Korean-Voice Handicap Index: KVHI)

다음은 목소리와 목소리가 생활 속에 미치는 영향을 설명하는 것들입니다. 여러분이 얼마나 자주 경험하는지를 동그라미로 표시해 주십시오.

0=결코 그렇지않다	1=거의 그렇지않다	2=때때로 그렇다	3=거의 그렇다	4=항상 그렇다

F1. 다른 사람들이 내 목소리 때문에 내 말을 알아듣기 어려워한다.	0	1	2	3	4
F2. 시끄러운 곳에서 사람들이 내 말을 이해하기 어려워한다.	0	1	2	3	4
F3. 집 안에서 가족을 부를 때 가족들이 내 말을 알아듣기 힘들어한다.	0	1	2	3	4
F4. 전화통화를 하고 싶지만 피하게 된다.	0	1	2	3	4
F5. 내 목소리 때문에 사람들이 많은 곳에 가는 것을 꺼리는 경향이 있다.	0	1	2	3	4
F6. 내 목소리 때문에 친구, 이웃이나 친척들과 상대적으로 덜 이야기한다	0	1	2	3	4
F7. 얼굴을 마주보고 말할 때에도 상대방이 못 알아듣고 말한 것을 반복해 달라고 한다.	0	1	2	3	4
F8. 내 목소리 때문에 나의 일상생활이나 사회생활에 어려움을 겪는다.	0	1	2	3	4
F9. 내 목소리 때문에 대화에 끼어들지 못한다는 느낌을 갖는다.	0	1	2	3	4

F10. 내 목소리로 인해 내 수입에 영향을 받는다.	0	1	2	3	4
P1. 말할 때 숨이 찬다.	0	1	2	3	4
P2. 내 목소리는 하루에 시간에 따라 변한다.	0	1	2	3	4
P3. 사람들은 내게 "목소리에 무슨 문제 있어요?"라고 물어본다.	0	1	2	3	4
P4. 내 목소리가 갈라지고 탁하게 들린다.	0	1	2	3	4
P5. 목소리를 내기 위해 힘을 줘야 된다고 느낀다.	0	1	2	3	4
P6. 내 목소리가 언제 명료하게 들릴지 예측하기가 힘들다.	0	1	2	3	4
P7. 내 목소리를 변화시키기 위해 노력한 적이 있다.	0	1	2	3	4
P8. 나는 말할 때 많은 노력이 필요하다.	0	1	2	3	4
P9. 저녁에 내 목소리가 더 나빠진다.	0	1	2	3	4
P10. 말하는 도중에 내 목소리가 '지쳐서' 나오지 않을 때도 있다.	0	1	2	3	4
E1. 내 목소리 때문에 다른 사람들에게 말할 때 긴장하게 된다.	0	1	2	3	4
E2. 사람들이 내 목소리가 거슬린다고 한다.	0	1	2	3	4
E3. 다른 사람들이 내 목소리 문제를 잘 이해해 주지 못한다.	0	1	2	3	4
E4. 내 목소리 문제 때문에 화가 난다.	0	1	2	3	4
E5. 내 목소리 문제 때문에 덜 외향적이다.	0	1	2	3	4
E6. 내 목소리로 인해 나는 장애가 있다고 느낀다.	0	1	2	3	4
E7. 사람들이 다시 말을 해 달라고 할 때마다 비참하다.	0	1	2	3	4
E8. 사람들이 다시 말을 해 달라고 할 때마다 당황스럽다.	0	1	2	3	4
E9. 내 목소리로 인해 무능력하다고 느낀다.	0	1	2	3	4
E10. 내 목소리 장애가 부끄럽다.	0	1	2	3	4

출처: 대한후두음성언어의학회(2016).

2) 기기적 평가

(1) 음향학적 평가

음성의 음향학적 평가는 음도, 강도, 음질 및 공명주파수(formant)와 같은 목소리의 다양한 음향학적 특성을 분석하고 측정하는 것이다. 이 평가는 음성장애를 진단하고 음성치료의 효과를 평가하는 데 유용할 수 있다. 음성의 음향학적 평가에 사용되는 다양한 검사장비와 검사방법은 다음과 같다(고도홍 외, 2015).

① 스펙트로그램

스펙트로그램은 시간 경과에 따라 음성 신호의 주파수와 강도를 시각적으로 보여 주는 것이다. 이것은 비브라토 또는 공명주파수대 유무와 같은 음성 특성을 확인하는 데 유용하게 사용될 수 있다.

② 음도 분석

음높이는 인지되는 소리의 높음 또는 낮음을 의미하며 기본주파수를 측정함으로써 음도를 확인할 수 있다. 음도 분석장비를 사용하여 음성장애 진단에 유용할 수 있는 평균 음도와 음도범위에 대한 정보를 얻을 수 있다.

③ 강도 분석

강도는 인지되는 소리의 크기를 의미하며 데시벨(dB)로 측정할 수 있다. 강도 분석장비를 사용하여 음성치료의 효과를 평가하는 데 유용한 평균강도와 강도범위에 대한 정보를 얻을 수 있다.

④ 음질분석

음질은 인지되는 소리의 깨끗함(또는 음색)을 의미하며 다양한 음질 파라미터로 측정할 수 있다. 음질 분석장비를 사용하여 음질문제의 유무, 음질문제의 정도를 측정하고 음성치료의 효과를 알아보는 데 유용한 주파수변동률(jitter), 진폭변동률(shimmer), 소음대배음비(NHR)에 대한 정보를 얻을 수 있다.

전반적으로 음성의 음향학적 평가를 통해 음성장애를 이해하고 음성치료와 관련된 소중한 정보를 얻을 수 있을 뿐만 아니라 음성산출에 대한 이해를 높이는 데에도 도움이 될 수 있다.

(2) 공기역학적 평가

음성의 공기역학적 평가는 목소리 생성과 관련된 기류와 기압을 측정하는 평가 방법이다. 이 평가는 음성장애를 확인하고 진단하며 음성치료의 효과를 평가하는 데 유용할 수 있다. 음성의 공기역학적 평가에 사용되는 검사방법은 다음과 같다(고도홍 외, 2015).

① 기류 및 압력 측정

이 방법은 성대를 통해 지나가는 공기의 양과 공기가 가하는 압력을 측정할 수 있다. 이러한 측정은 성대마비(vocal paralysis) 또는 연축성발성장애(spasmodic dysphonia)와 같이 기류를 생성하거나 제어하는 데 문제가 있는 음성장애를 확인할 때 유용하다.

② **발성역치압력**

발성역치압력(Phonation Threshold Pressure: PTP)은 성대진동을 시작하고 소리를 생성하는 데 필요한 최소 기압을 의미한다. 발성역치압력은 압력변환기(pressure transducer)를 사용하여 측정할 수 있으며, 성대마비와 같은 성대진동을 시작하고 유지하는 문제를 보이는 음성장애를 진단하는 데 유용하다.

③ **성문하압**

성문하압(subglottal pressure: Psg)은 성대진동과 소리 생성에 필요한 성대 아래 공기의 압력을 의미한다. 성문하압은 구강 내 압력 센서를 사용하여 측정할 수 있고 말하는 동안 성문하압이 안정적으로 얼마나 잘 유지할 수 있는지에 대한 정보를 제공하며 음성장애를 진단하고 치료하는 데 유용하다.

전반적으로 음성의 공기역학적 평가는 음성장애를 이해하고 치료하는 데 있어 언어재활사에게 유용한 정보를 주며 음성산출과 관련된 공기의 흐름, 양, 압력 등을 이해하는 데 유용하다.

3. 치료계획 및 실시

1) 치료 방향 설정

음성치료 방법은 크게 간접적인 치료방법과 직접적인 치료방법이 있다.

간접적인 음성치료는 음성장애를 유발할 수 있는 심리적 또는 정서적 요인을 해결함으로써 목쉰 음성이나 기식성 음성과 같은 음성장애를 치료하는 데 사용되는 치료 유형이다. 음성기능을 향상시키는 훈련에 초점을 두는 전통적인 음성치료와는 달리, 간접적인 음성치료는 상담, 이완 및 스트레스 감소와 같은 기술을 사용하여 음성문제를 해결하는 것이다.

간접적인 음성치료의 목표는 자신의 음성장애를 유발하는 정서적 및 심리적 요인을 확인하고 관리하도록 하는 것이다. 여기에는 목소리에 영향을 줄 수 있는 불안, 우울증, 스트레스 또는 기타 심리적 또는 정서적 문제를 해결하는 것이 포함된다. 간접적인 음성치료는 심호흡이나 점진적인 근육이완과 같은 이완기술을 교육하여 신체의 긴장을 줄이고 발성기능을 향상시키는 데 도움이 될 수 있다. 간접적인 음성치료는 음성산출과 관련된 신체적 및 정서적 요소 둘 다를 다루는 방식이다. 이는 심리적 또는 정서적 요인으로 음성장애가 발생한 경우에 매우 효과적인 치료방법이다.

직접적인 음성치료는 음성산출의 신체적 측면에 직접적으로 초점을 두어 다양한 유형의 음성장애를 치료하는 데 사용되는 치료 유형이다.

직접적인 음성치료의 목표는 음성장애를 유발하는 근본적인 신체적 요인을 해결하여 음성 효율성과 음질을 향상시키는 것이다. 여기에는 음성산출과 관련된 근육의 긴장도를 줄이는 테크닉뿐만 아니라 호흡, 성대폐쇄, 공명 및 발음 개선 등이 있다. 직접적인 음성치료는 일반적으로 음성장애 유형과 대상자의 요구에 맞게 일련의 연습과 테크닉을 실시한다. 직접적인 음성치료 방법은 호흡, 발성, 공명 기능을 향상시키는 다양한 방법들을 사용하여 음성장애를 가진 대상자의 음성을 매우 효과적으로 개선시킬 수 있다.

(1) 간접적 치료

음성치료에서 간접적 치료 방법으로는 음성상담, 음성교육 그리고 음성위생 준수 등이 있다. 음성위생은 건강한 발성기능을 유지하기 위해 음성과 성대를 관리하는 방법을 말한다. 좋은 음성위생을 유지하기 위한 몇 가지 방법은 다음과 같다.

- 수분 공급: 성대에 수분을 유지하기 위해 하루 종일 물을 충분히 마시는 것이 필요하다. 성대를 탈수시킬 수 있는 카페인과 알코올 섭취를 피하는 것이 좋다.
- 음성 워밍업: 목소리를 광범위하게 사용하기 전에 허밍, 입술 트릴 또는 사이렌 소리와 같은 부드러운 운동으로 성대를 워밍업한다.
- 음성휴식: 목소리가 피곤하거나 긴장된 경우, 휴식을 취하고 음성을 가급적 사용하지 않는 것이 좋다. 큰 소리로 또는 장시간 말하거나 노래하는 것을 피하는 것이 좋다.
- 흡연 및 간접흡연 피하기: 흡연 및 간접흡연에 노출되면 성대가 손상되어 음성문제가 발생할 수 있다. 또한 후두암의 가장 주요한 원인은 흡연이며 금연은 후두암 예방에서도 매우 중요하다.
- 목청 가다듬기 피하기: 목청을 가다듬는 행동은 성대를 손상시킬 수 있다. 목청을 가다듬기 대신에 물을 마시는 것이 적절하다.
- 좋은 자세 유지: 좋은 자세는 건강한 호흡과 발성 기능을 지원하는 데 도움이 된다.

어깨를 뒤로 하고 머리를 위로 한 채 똑바로 서거나 앉은 자세로 말하는 것이 적절하다.

- 과도한 기침 피하기: 기침은 성대에 부담을 줄 수 있으므로 과도하게 기침하는 것을 피해야 하며 기침이 지속되면 의사의 진료가 필요하다.

(2) 직접적 치료

① 음성수술

음성장애의 외과적 치료는 언어치료(행동적 음성치료)나 약물치료와 같은 보존적 치료로 음성증상이 충분히 완화되지 않거나 음성장애가 성대나 후두의 신체적 이상으로 인해 발생한 경우에 적용할 수 있다. 음성장애의 외과적 중재 방법은 다음과 같다.

- 성대주입술: 콜라겐이나 히알루론산(hyaluronic acid)과 같은 물질을 성대에 주입하여 성대폐쇄를 개선하고 목소리의 강도를 높이는 수술
- 성대수술: 성대 기능에 영향을 줄 수 있는 성대결절, 성대폴립, 성대낭종, 종양 등을 수술을 통해 제거
- 갑상연골성형술(thyroplasty): 성대폐쇄를 개선하거나 성대를 약간 외전시키거나 음도를 높이거나 낮추기 위해 후두의 연골 구조를 재형성하는 수술
- 레이저수술: 레이저를 사용하여 성대에 발생한 조직이나 병변을 제거
- 기관절개술(tracheotomy): 음성산출에 영향을 줄 수 있는 상기도의 장애물을 우회하기 위해 기관에 작은 구멍을 만드는 수술

② 약물치료

약물은 일반적으로 음성장애의 일차적인 치료법이 아니지만 음성치료의 보조적인 수단으로 사용하거나 음성증상을 관리하기 위한 임시적인 조치로 사용할 수 있다. 일반적으로 음성장애에 처방될 수 있는 약물은 다음과 같다.

- 코르티코스테로이드(corticosteroids): 성대의 염증을 줄이는 데 사용되며 알약, 주사 또는 흡입기 등의 방법으로 투약된다.
- 제산제(antacid): 위산역류(acid reflux)는 성대를 자극하여 음성문제를 일으킬 수 있

으며 제산제는 위산 역류 증상을 줄이는 데 도움이 된다.

- 근육이완제(muscle relaxants): 과도한 긴장을 수반한 음성장애의 경우, 후두 주변 근육의 긴장을 줄이는 데 사용할 수 있다.
- 항생제(antibiotics): 음성장애의 원인이 박테리아 감염으로 인한 경우, 근본적인 감염을 치료하기 위해 항생제를 처방할 수 있다.

일반적으로 약물만으로는 음성장애를 치료하기에 충분하지 않으며 최적의 치료 결과를 얻기 위해서는 음성치료를 포함한 포괄적인 치료 계획이 필요하다.

③ 행동적 음성치료

행동적 음성치료는 음성장애를 유발하는 행동과 습관을 바꾸는 데 중점을 둔 치료 유형이다. 음성치료 영역 중 행동적 음성치료는 일반적으로 언어재활사가 실시하며, 이 음성치료의 목표는 다음과 같다.

- 발성 기술 개선: 발성 능력을 향상시키기 위해서는 적절한 호흡을 사용하고 편안하고 부드러운 음성으로 말하는 것과 같이 건강하고 효율적인 방법으로 음성을 사용하도록 지도한다.
- 음성 남용 줄이기: 소리를 지르거나 큰 소리 또는 높은 소리로 말하는 것 등은 음성장애를 일으키는 원인이 될 수 있다. 행동적 음성치료는 대상자가 이러한 음성장애를 유발할 수 있는 음성산출 행동을 확인하고 이를 줄이거나 제거하기 위한 방법을 지도한다.
- 근본적인 정서적 요인 해결: 스트레스나 불안과 같은 심리적 요인으로 음성장애가 발생할 수 있다. 행동적 음성치료는 대상자가 음성증상을 관리하도록 하기 위해 음성문제를 일으키는 이러한 근본적인 정서적 요인을 해결하는 것이 필요하다.
- 발성 지구력 구축: 가수나 교사와 같이 자신의 음성을 직업적으로 광범위하게 사용하는 경우, 행동적 음성치료는 발성 지구력(vocal endurance)을 구축하고 음성피로를 줄이는 데 도움이 될 수 있다.

언어재활사는 일반적으로 대상자에게 새로운 발성습관과 발성기술을 개발하고 연습하기 위해 행동적 음성치료를 실시한다. 행동적 음성치료는 경우에 따라 약물을 함께 복용하거나 성대수술과 같은 외과적 처치와 함께 사용함으로써 다양한 유형의 음성장애에 대해 매우 효과적일 수 있다.

2) 치료 절차

음성치료는 대상자마다의 요구 사항에 따라 달라질 수 있는 개별화된 치료 접근이지만 일반적으로 다음과 같은 치료 절차를 거친다.

(1) 초기 평가

음성치료의 첫 번째 단계는 음성장애를 전문으로 하는 언어재활사가 실시하는 초기 평가이다. 이 평가에서 치료사는 대상자의 음질, 음역, 호흡 및 음성장애를 일으킬 수 있는 요인을 평가한다.

(2) 목표 설정

평가 결과를 토대로 언어재활사는 음성치료 회기 목표를 설정하기 위해 대상자와 협의한다. 이러한 목표에는 음질 개선, 음성피로 감소 또는 음역 증가 등이 포함된다.

(3) 치료 계획

목표가 설정되면 치료사는 대상자가 치료목표를 달성하는 데 도움이 되는 특정한 훈련과 기술이 포함된 개별화된 치료 계획을 세운다. 치료 계획에는 호흡 개선, 성대 강화 또는 성대긴장 감소 등을 위한 음성훈련이 포함된다.

(4) 치료회기

음성치료는 일반적으로 언어재활사와 대상자 간의 일대일 치료로 진행된다. 이 치료 회기 동안, 언어재활사는 대상자와 협력하여 치료 계획에 설명된 음성연습과 음성산출 기술을 지도한다. 언어재활사는 또한 대상자가 치료목표를 향해 나아가도록 돕기 위해 적절한 피드백과 지침을 제공한다.

(5) 과제

치료 회기에서 배운 음성산출 기술과 연습을 강화하기 위해 언어재활사는 대상자가 치료 회기 외에 연습할 음성훈련 과제를 제시한다.

(6) 진행 상황 점검

음성치료 과정 전반에 걸쳐 언어재활사는 대상자의 음성개선 진행 상황을 점검하고 필요에 따라 치료 계획을 조정한다.

3) 음성촉진 기법

음성치료 임상 현장에서 주로 사용되는 음성촉진 기법은 〈표 11-3〉과 같다.

〈표 11-3〉 **음성치료 촉진 접근법**

음성 촉진 기법	영향을 미치는 음성 파라미터		
	음도	강도	음질
청각적 피드백	-	o	o
강도 변경	o	o	o
노래조로 말하기	-	o	o
저작하기	o	o	o
비밀스러운 음성	-	o	o
상담(문제 설명)	o	o	-
손가락 조작법	o	-	o
남용 제거	-	o	o
새로운 음도 확립	o	-	o
음성 배치	o	o	o
성대 프라이	o	o	o
머리 위치 변경	o	-	o
계층적 분석	o	o	o
흡기 발성	o	o	-
후두 마사지	o	-	o
차폐	o	o	-
비음/유음 자극	-	-	o
구강개방 접근법	-	o	o
음도 억양	o	-	-

발성 변경법	o	o	o
이완	o	o	o
호흡 훈련	-	o	o
혀 내밀기 /i/	o	-	o
시각적 피드백	o	o	o
하품-한숨	o	o	o

출처: 유재연 외(2014).

4) 총체적 음성치료법

총체적 음성치료(holistic voice therapy)란 호흡, 발성, 조음, 공명 등 음성산출의 전반적인 측면에서 음성산출 능력을 개선하는 것이다. 총체적 음성치료법의 유형으로는 악센트기법(Accent Method: AM), 성대기능훈련(Vocal Function Exercises: VFEs), 공명음성치료(Resonant Voice Therapy: RVT), 리실버만 음성치료(Lee Silverman Voice Treatment: LSVT) 등이 있다.

(1) 악센트기법

악센트기법은 발화 동안에 말소리는 연속적으로 억양이 변하면서 산출된다는 관점에서 치료활동 동안에 다양한 리듬의 억양으로 음성을 부드럽게 산출하는 데 초점을 둔다. 악센트기법을 사용하면 호흡량의 증가, 후두 근육의 긴장도 감소, 발성 시 정상적인 성대 진동패턴 등이 나타난다. 이 기법은 복부-횡격막 호흡을 안정적으로 하면서 악센트가 포함된 리듬감 있는 발성과 동시에 적절한 신체 움직임을 조화롭게 사용한다. 치료단계는 ① 호흡훈련, ② 모음놀이 활동(라르고 리듬, 안단테 리듬, 알레그로 리듬), ③ 조음훈련(연결구어로의 전이), ④ 일상대화의 순으로 진행된다. 이 기법은 과기능적 및 과소기능적 음성장애 치료에 유용하다.

(2) 성대기능훈련

성대기능훈련은 후두근육의 부피 증가, 후두근력 개선, 후두근육 간의 협응 능력 개선 등을 위해 실시하는 체계적인 일련의 후두근육 강화훈련으로 볼 수 있다. 이 치료법은 4단계로 이루어져 있으며 ① 준비운동 단계(편안한 음도로 연장발성), ② 수축 단계(높은 음에서 낮은 음으로 활창), ③ 신전 단계(낮은 음에서 높은 음으로 활창), ④ 내전 근력운동 단계

(다양한 음계로 연장발성)로 진행된다. 발성훈련 동안 대상자는 각 단계에서 이완된 상태로 공명음성으로 산출하는 것이 중요하다. 이 기법은 과기능적 및 과소기능적 음성장애 치료에 효과적이다.

(3) 공명음성치료

공명음성치료는 성악발성 지도와 비슷한 음성치료 방법이다. 이 치료법은 최소한의 성문하압과 낮은 근력으로 공명음성(resonant voice)을 산출하는 훈련이다. 이 기법의 핵심은 공명음성 산출인데, /m/를 허밍함으로써 안면 부위와 치조 부위의 진동되는 공명음성을 느낄 수 있다. 또한 이러한 공명음성은 성대가 약간 외전되거나 거의 내전되려는 위치에서 산출된다. 이러한 성대 모양은 발성 시 후두의 과기능이나 과도한 성대 내전을 수반하는 음성을 산출하는 대상자의 음성치료에 유용하다.

(4) 리실버만 음성치료

리실버만 음성치료는 파킨슨병(Parkinson's disease)과 관련된 과소운동형 마비말장애(hypokinetic dysarthria) 환자의 말명료도를 향상시키기 위해 개발되었다. 이 기법은 전반적인 발화강도를 증가시키는 데 초점을 둔다. 환자에게 적절한 복부횡격막 호흡을 지도하고 복부횡격막 호흡을 통해 호기 시 후두 수축(laryngeal constriction)을 최소화하는 적절한 성문하압이 생성될 수 있다. 또한 대상자에게 '크게 말하는 느낌'을 가지면서 강도를 증가시켜 말하도록 유도한다. 이 기법은 파킨슨병 음성치료 이외에도 노인성 성대휨과 같이 성대접촉의 문제를 나타내는 음성장애 대상자에게 효과적이다.

4. 보고서 작성

1) 진단보고서

음성장애의 진단은 주로 이비인후과에서 이루어진다. 이비인후과 의사는 음성문제를 보이는 대상자에게 후두내시경검사를 실시하여 성대의 병변유무 및 유형, 성대진동 패턴, 성대접촉양상, 점막파동 등을 관찰한다. 그리고 언어재활사는 일련의 음성평가를 실시하는데, 여기에는 음향학적 평가, 공기역학적 평가 그리고 성대운동성 평가 등이 있다. 진단보고서는 음성평가 결과를 토대로 작성한다. 일반적으로 진단보고서에는 배경 정보, 평가도구 및 결과를 상세하게 작성하고 음성치료가 요구될 경우, 음성치료 내용을 간략하게 기술한다.

- 사례 및 배경 정보: 이름, 성별, 생년월일, 병력, 발성 습관, 음성 증상을 기술함
- 후두내시경검사: 후두 및 성대의 구조와 운동성을 평가함
- 지각적 평가: 주로 청지각을 통해 음도, 강도, 음질, 공명 등의 음성증상을 평가함
- 기기적 평가: 음도, 강도, 음질과 관련된 음향학적 평가와 발성 시 기류 양, 성문하압, 연장발성시간 등의 공기역학적 평가를 실시함

이러한 평가 결과를 바탕으로 이비인후과 의사나 언어재활사는 음성장애 진단을 내리거나 추가적인 검사를 권고할 수 있다. 마지막으로 치료가 필요한 경우, 치료목표 및 치료방법 등을 간단하게 기술한다.

2) 장단기 치료계획서

의사소통장애 치료의 목표는 크게 두 가지로 나눠 볼 수 있는데, 하나는 정상적인 말언어 능력을 습득(향상)하는 것이고, 또 하나는 대상자의 현재수준과 요구 등을 고려하여 대상자가 도달할 수 있는 수준으로 말언어 능력을 개선하는 것이다. 음성장애도 마찬가지로 음성장애의 원인, 유형, 증상과 대상자의 요구에 따라 정상적인 음성 회복 또는 일정 수준까지의 음성개선이 치료의 목표가 될 수 있다. 대개 음성치료의 목표는 음성산출, 음질, 음성기능과 관련된 문제를 해결하고 개선하는 것이고 대개 기질적인 후두질환의 소멸과 객관적 평가에서의 음성개선 그리고 대상자의 음성만족도 등을 포함한다.

3) 회기별 치료계획서

회기 치료는 대상자의 음성장애 유형, 심한 정도 등을 고려하고 우선적으로 시도치료를 통해 대상자의 음성개선에 효과적인 치료방법이 무엇인지를 찾는 것에서부터 시작된다. 일반적으로 회기별 음성치료에서는 음성산출 이해, 음성위생 교육, 자세 조정, 근긴장 이완, 음성개선을 위한 호흡, 발성, 공명 훈련 등이 포함된다. 이러한 회기 치료는 대

상자의 음성 특성에 근거하여 일반적으로 개별적인 치료로 진행된다. 회기 치료에서는 다음의 내용들이 포함된다.

- 평가 및 논의: 음성치료 회기 시작 시 언어재활사는 대상자의 협조를 통해 음성에 대한 관심, 병력, 음성변화 등에 대한 정보를 수집하고 이러한 정보를 통해 언어재활사는 대상자의 특정한 요구과 치료목표를 파악한다.
- 보컬 워밍업: 음성치료 활동 이전에 언어재활사는 일련의 보컬 워밍업 연습을 실시한다. 일반적으로 부드러운 스트레칭, 이완 및 부드럽고 쉬운 발성을 유도하는 음성 산출 연습이 이루어진다.
- 목표 활동: 음성치료의 목표에 도달하기 위해 호흡 조정, 음도 조정, 공명, 발성 및 발성기관의 긴장 감소 등의 활동을 실시한다. 언어재활사는 대상자에게 음성산출 모델을 제시하고 대상자가 올바른 발성을 따라할 수 있도록 적절하게 피드백을 제공한다.
- 연습 및 반복: 음성치료는 종종 치료 회기 이외에도 음성산출 훈련을 반복적으로 연습하는 것이 중요하며, 언어재활사는 대상자에게 치료실 이외의 상황에서도 연습할 수 있도록 지도하고 음성진전에 대해 정기적으로 토의해야 한다.

4) 진전보고서

음성치료 기간은 음성장애의 유형과 중증도에 따라 짧게는 몇 분에서부터 길게는 몇 개월에 이르기까지 다양하다. 일반적으로 비교적 장기간의 음성치료가 실시될 경우, 음성증상과 관련된 일련의 음성변화에 대한 평가가 필요하며 음성진전의 여부를 확인하는 것이 중요하다. 이러한 음성증상의 진전을 알아보기 위해 초기평가에서와 마찬가지로 후두내시경검사, 지각적 평가, 기기적 평가 그리고 음성에 대한 환자의 만족도 등을 평가한다. 평가 결과에 대한 논의를 통해 음성 변화, 음성증상 개선 등을 확인하여 대상자가치료에 더욱 잘 참여할 수 있도록 하는 것이 필요하다.

5. 보고서 작성 예시

1) 진단보고서 예시

진단보고서

1. 일반적인 정보

성명: 김○○	성별: 여
생년월일: 1993. 3. 2	연락처: 010-1234-○○○○
주소: 광주광역시 광산구 어등대로	진단명: 성대결절
평가자: 유○○	평가일: 2023.5.2

2. 배경정보

대상자는 30세 여성으로 현재 초등학교 교사이며 교사 경력은 7년이다. 대상자는 2개월 전에 감기가 걸린 이후에 목소리가 좋지 않은 상황에서 계속적으로 수업을 진행해 왔고 이후 이비인후과에 방문하여 후두내시경 검사를 받은 결과 성대결절로 진단받았다. 대상자는 현재 수업을 진행하는 것이 매우 힘들 정도로 심한 목쉰 음성이 산출되며 조금만 말을 해도 음성이 쉽게 피로해지고 종종 음이탈이 발생한다고 보고하였다.

3. 평가결과

1) 청지각적 평가: 대상자의 목소리는 거칠고 기식적인 음성이 산출되고 간헐적인 음성긴장이 나타남. 전반적으로 중등도의 음성 문제를 보임

2) 음향학적 평가: 발화 시 기본주파수는 성인 여성 평균에 비해 다소 낮게 나타났고 간헐적인 음도일탈이 있으며 전체적은 음질 파라미터가 규준치보다 높게 나타남

3) 공기역학적 평가: 대상자는 폐활량은 크게 문제가 없었으나 성문하압이 다소 높게 나타났으며 발성 시 초당 기류율도 규준치보다 높았고 최대연장발성시간은 13초로 나타남

4) 후두내시경 검사: 성대 오남용으로 인한 성대결절이 관찰됨

5) 음성설문검사: VHI 평가에서, 대상자는 음성문제로 인해 신체적으로나 기능적으로 음성문제가 있었고 이로 인해 일상생활 활동과 사회적 상호활동에 부정적인 영향이 미쳤다고 보고함

음향학적 평가		
음도		180Hz
강도		70dB
음질	주파수변동률	1.88
	진폭변동률	5.35
	소음대배음비	0.15
공기역학적 평가		
평균기류율		212mL/sec
성문하압		11.2cmH_2O
최대연장발성시간		13초
청지각적 평가		
G2 R2 B2 A1 S1		
음성설문평가(VHI)		
신체적		15점
기능적		12점
정서적		9점

4. 결과 요약

평과 결과에 의하면, 대상자는 거칠고 기식적이며 다소 긴장된 음성을 산출하고 중등도 수준의 음성문제를 가지고 있는 것으로 나타났다. 성대결절의 원인은 목에 힘을 주는 발성 습관과 다소 많은 주당 수업 시간 등의 음성 오남용과 관련이 있어 보인다. 음성문제로 인해 사회적으로나 직업적으로 어려움을 겪는 것으로 나타났다.

5. 권고사항

1) 음성치료: 음성치료는 발성기술 훈련, 발성 시 긴장을 줄이고 전반적인 발성 건강을 개선하는 전략에 중점을 둠
2) 음성휴식: 음성치료 동안, 가능하다면 큰 소리나 장시간의 음성사용을 지양하고 특히 시끄러운 상황에서의 음성사용을 자제하도록 함
3) 생활습관 변경하기: 음주, 과도한 카페인 섭취 등 음성문제를 더 악화시킬 수 있는 환경적 자극을 피하도록 함

2) 장단기 치료계획서 예시

장단기 치료계획서

1. 일반적인 정보

성명: 김○○	성별: 여
생년월일: 1993. 3. 2	연락처: 010-1234-○○○○
주소: 광주광역시 광산구 어등대로	진단명: 성대결절
언어재활사: 유○○	작성일: 2023.5.9

2. 장기 치료목표

1) 음향학적 평가에서, F_0: 200−250Hz, Jitter: 1.02 이하, Shimmer: 3.81 이하, NHR: 0.12 이하로 회복한다.
2) 청지각적 평가에서 각각의 항목에서 0점(정상)으로 회복한다.
3) 공기역학적 평가에서 성문하압이 정상범위로 나타나고 최대연장발성시간을 20초 정도 유지한다
4) 후두내시경 검사에서 성대결절의 축소 또는 소실이 관찰된다.

3. 단기 치료목표

1. 대상자는 건강한 음성을 유지하기 위한 음성위생을 이해하고 준수한다.
2. 대상자는 일상 활동에서 음성문제를 악화시킬 수 있는 활동을 줄인다.
3. 대상자는 본인의 음성 오남용의 활동을 확인하고 줄인다.
4. 대상자는 부드럽고 이완된 음성산출을 위한 올바른 호흡, 발성을 한다.

3) 회기별 치료계획서 예시

회기별 치료계획서

1. 일반적인 정보

성명: 김○○	성별: 여
생년월일: 1993. 3. 2	연락처: 010-1234-○○○○
주소: 광주광역시 광산구 어등대로	진단명: 성대결절
언어재활사: 유○○	치료날짜: 2023.5.20

2. 치료활동 및 내용

활동	단계	내용
도입	훈련설명 신체이완	• 회기 활동 내용 설명 • 전신이완 및 후두마사지
전개 및 정리	호흡	• 누운 상태에서 복식호흡하기 • 선 상태에서 복식호흡하기 • 호기 시 부드러운 허밍하기
	발성	• 빨대를 물고 편안한 음도로 연장발성하기 • 빨대를 물고 높은 음에서 낮은 음으로 활창하기 • 빨대를 물고 낮은 음에서 높은 음으로 활창하기 • 빨대를 물고 5개 음계에서 연장발성하기 • 볼을 부풀린 상태에서 '부~' 연장발성하기 • 볼을 부풀린 상태에서 '부~' 로 5개 강도로 단속적 발성하기 • 볼을 부풀린 상태에서 '부~'로 익숙한 노래 부르기
	발화	• 부드러운 발성으로 '부~'를 한 번 발성한 후, 부드러운 발성으로 2음절 단어 말하기 • 부드러운 발성으로 '부~'를 한 번 발성한 후, 부드러운 발성으로 3음절 단어 말하기 • 부드러운 발성으로 '부~'를 한 번 발성한 후, 부드러운 발성으로 짧은 문장 발화하기 • 부드러운 발성으로 '부~'를 한 번 발성한 후, 부드러운 발성으로 긴 문장 발화하기

4) 진전보고서 예시

진전보고서

1. 일반적인 정보

성명: 김○○	성별: 여
생년월일: 1993. 3. 2	연락처: 010-1234-○○○○
주소: 광주광역시 광산구 어등대로	진단명: 성대결절
평가자: 유○○	평가일: 2023.6.30

2. 진전 사항

치료 전	치료활동	치료 결과
음성위생에 대한 인식이 낮음	음성위생 권고 및 준수사항 점검	일상생활에서 음성위생을 준수함
흉식호흡으로 발화함	• 흉식호흡과 복식호흡의 차이 설명 • 복식호흡에 유리한 자세로 호흡훈련 실시	습관적으로 복식호흡을 사용하여 발화함
긴장된 음성 산출	• 이완되고 부드러운 음성산출 방법 설명 및 훈련 • 하품한숨, 후두마사지, 노래조로 말하기, 구강개방법 등 실시	발화 시 후두의 긴장 없이 비교적 이완되고 부드럽게 발성함
숨이 차는 듯한 발화	• 깊은 흡기 후 길게 호기하기 연습 • 짧은 시간에 충분한 흡기를 한 후 길게 부드러운 발성유도	• 충분한 흡기를 한 후 발화함 • 적절한 휴지를 하는 동안 숨을 들이마심
기식성의 거친 음성 산출	• 이완된 상태로 부드럽게 발성하기 • 발성 동안 후두의 위치가 올라가지 않도록 점검하기 • 얼굴 주변에서 음성이 나오는 듯한 느낌으로 발성하기	• 부드러운 발성이 유지되고 성대접촉이 향상되어 비교적 깨끗한 음질이 산출됨

• 요약 •

이 장의 내용을 요약하면 다음과 같다.

1. 음성문제는 다양한 원인으로 인해 발생할 수 있으며, 음성치료의 방법으로는 행동적 음성치료, 약물복용, 음성수술 또는 생활 습관 변화시키기 등이 포함된다.
2. 음성장애 치료의 초기 면담에서는 설문평가나 상담을 통해 대상자에 관한 정보와 음성문제과 관련된 여러 가지 사항을 파악하는 것이 필요하다.
3. 주관적인 음성평가에는 지각적 평가와 음성설문평가가 있다.
4. 음성의 기기적 평가는 후두내시경 평가, 음향학적 평가, 공기역학적 평가가 있다.
5. 음성치료는 간접적인 치료와 직접적인 치료로 나눌 수 있으며 간접적인 치료는 음성상담 교육, 음성위생, 음성문제의 심리적 원인 해소 등이 있고, 직접적인 치료에는 음성수술, 약물치료, 행동적 음성치료 등이 있다.
6. 치료의 목표와 방법을 정할 때는 대상자의 현재 음성문제 원인, 음성문제의 중증도, 대상자의 요구 등을 고려하여 시도적인 치료로 음성치료를 시작한다.
7. 행동적 음성치료는 증상적 음성치료와 총체적 음성치료로 나눌 수 있으며, 증상적 음성치료는 주로 음도, 강도, 음질개선에 초점을 두는 반면, 총체적 음성치료는 호흡, 발성, 공명 등의 음성산출 메커니즘의 기능 향상에 초점을 둔다.
8. 음성치료는 초기 평가, 목표 설정, 치료 계획, 치료 실시, 과제 수행, 진전 점검 등으로 진행된다.
9. 음성치료 동안 음성평가 결과에 대한 진단보고서를 작성하고, 진단결과를 토대로 장단기 치료 목표를 설정하고 일일치료계획서를 작성한다. 일정 기간 후 치료를 통한 음성진전을 확인하기 위해 중간평가 및 진전보고서를 작성한다.

연습문제

1. 음성의 초기면담에서 알아보아야 하는 사항은 무엇인가?

2. 음성의 청지각적 평가 내용은 무엇인가?

3. 음성의 음향학적 평가 내용은 무엇인가?

4. 음성의 공기역학적 평가 내용은 무엇인가?

5. 간접적인 음성치료에 대해 설명하라.

6. 직접적인 음성치료 중 행동적 음성치료 방법에 대해 설명하라.

7. 진단보고서 작성에 포함되어야 하는 내용에 대해 설명하라.

참고문헌

고도홍, 김현기, 김형순, 양병곤, 정훈, 유재연, 황영진, 허승덕, 안종복, 이옥분, 하승희, 이현정, 한지연, 전희정, 박희준, 박소형, 장효령, 심희정, 심희백(2015). 음성언어의 측정, 분석 및 평가. 서울: 학지사.

권도하, 신명서, 김효정, 박은실, 장현진, 신혜정, 황화정, 김수형, 이무경, 황보명, 박상희, 강은희, 손은남, 김영은, 이명순, 이옥분, 김선희, 황영진, 황상심(2013). 언어치료 임상방법. 서울: 물과길.

대한후두음성언어의학회(2016). 후두음성언어의학(2판). 서울: 범문에듀케이션.

유재연, 황영진, 한지연, 이옥분(2014). 음성과 음성치료. 서울: 시그마프레스.

제12장

신경언어장애 임상실습

이 옥 분

이 장의 학습목표

- 상담과정에서 수집해야 할 신경언어장애 관련 정보의 영역을 이해하고 그 의미를 설명할 수 있다.
- 뇌 손상으로 발생 가능한 언어 및 구어장애 주요 증상들의 진단평가에서 고려해야 할 주요 사항들을 이해하고 설명할 수 있다.
- 신경언어장애 유형에 따른 치료 방향성을 이해하고 관련 치료전략을 구체적으로 계획할 수 있다.

핵심 용어

- 실어증(aphasia) 후천적인 뇌 손상으로 인한 언어이해 및 표현 곤란으로, 의사소통하는 데 영향을 미칠 수 있는 언어장애이다.
- 마비말장애(dysarthria) 뇌 손상에 기인한 근육의 약화 혹은 마비로 발생하는 구어장애이다.
- 말실행증(apraxia of speech: AOS) 정상적으로 말소리가 생성되도록 관련된 감각운동 근육들의 움직임을 계획하고 프로그램할 수 있는 능력의 문제로 발생하는 신경학적 구어장애이다.
- 착어증(paraphasia) 실어증과 연관하여 빈번하게 나타날 수 있는 의도하지 않은 언어산출 오류이다. 음소착어증, 의미착어증, 신조어 착어증이 포함된다.
- 보속증(perseveration) 실어증 환자의 발화에서 관찰되는 구두 보속적(verbal perseveration)의 일반적 개념은 이전에 산출된 반응을 부적절하게 계속 반복하는 것을 의미한다.

1. 초기 면담

1) 초기 면담 시 정보수집 내용

(1) 개인 정보

대상자의 연령, 학력, 직업, 뇌 손상 전 취미생활 그리고 손잡이에 대해 확인하도록 한다. 주 보호자와 의사소통 대화자(가족, 친척, 지인, 혹은 간병인) 및 환자 언어재활 관련 연락 가능한 이의 전화번호 정보 수집 동의를 구하고 기록한다.

(2) 뇌 손상 정보

① 뇌 손상 발생 원인 및 증상

- 뇌졸중(stroke): 뇌경색, 뇌출혈
- 외성상뇌손상(traumatic brain injury)
- 뇌 종양(brain tumors)
- 뇌 감염(brain infections)
- 퇴행성 운동질환(예: 파킨슨병, 헌팅턴병 등)
- 치매
- 기타

② 뇌 손상 부위

신경학적 손상에 대한 의학적 진단 결과(환자 및 보호자를 통해 진단서 확인 필요)를 확인한다. 언어이해와 표현, 읽기, 쓰기 그리고 말산출 관련 뇌부위의 손상과 정도를 파악하여 현재 상담 상황에서의 환자 수준과 예측되는 동반장애 증상을 확인한다.

③ 뇌 손상 발생 시기에 따른 변화

뇌 손상 발생 직후 상황(인지, 언어, 신체운동, 삼킴 등)에 대한 정보와 의료적 처치 및 재활 여부 그리고 개선의 정도를 알아본다.

2. 평가계획 및 실시

1) 선별검사

선별검사는 뇌 손상으로 인한 실어증의 유무를 확인하고, 실어증의 증상에 대해 종합적인 검사 및 심층검사의 필요성을 확인하는 절차이다. 선별검사의 소요 시간은 대체로 짧은 편이며(대략 평균 15분~20분 내외 정도), 이 검사를 통해 보다 언어치료 서비스의 필요성을 확인할 수 있다(김향희, 허지회, 김덕용, 김정완, 2009). 비교적 간편하게 실시되는 선별검사는 사전 연습을 충분히 거쳐서 실시하도록 한다. 기본적인 말 산출, 구강운동능력, 언어 표현 및 이해, 인지의사소통 그리고 시지각, 청각 등에 관련하여 문제 유무를 감별할 수 있는 표준화된 검사 혹은 비공식적인 검사를 사용할 수 있다.

2) 실어증 진단 및 평가

선별검사에 의한 실어증 유무 확인 후에, 실어증 중증도를 파악하기 위해 종합평가 혹은 총체적 평가를 실시한다. 그리고 특정 언어영역의 손상 정도를 알아보기 위한 심층평가를 실시한다. 그 외 실어증과 동반될 수 있는 마비말장애와 말실행증이 의심될 경우 이에 대한 감별 평가(말운동장애)를 실시한다. 이는 실어증과 말운동장애가 동반될 경우 치료의 우선순위와 비중을 결정하기 위해 중요하다. 실어증 관련 평가는 국내 표준화된 공식 검사와 국외 검사도구의 번역판(비공식 검사)(권미선, 2010)을 균형 있게 활용하도록 한다.

(1) 실어증 진단평가

실어증 진단검사의 기본적인 평가 영역에는 말 유창성, 청각이해력(구어이해력), 따라말하기, 이름대기, 읽기, 쓰기 영역 등이 있다. 이 외에 평가목적에 따라 말운동장애 평가, 우반구손상 진단, 실어증 심한 척도 등이 포함될 수 있다.

- 말 유창성 평가: 구어 유창성을 의미하는 것으로 환자의 전반적인 말소리의 유창함 정도를 평가한다. 관련 검사과제에는 자발화 유도를 위한 그림 설명하기, 자동구어

평가, 질문에 대답하기, 대화 나누기 등이 있다. 이 검사에서는 평가 초점이 전반적인 말 속도, 억양이나 리듬, 발화 길이, 구문 사용 수준 등을 총체적으로 파악한다.

- 청각이해력 평가: 구어 이해력에 대한 평가로 검사자가 제시하는 구어 질문(청각자극)을 듣고 반응하는 정확도를 확인하는 것이다. 주로 질문 듣고 '예/아니요'로 반응하기(구어로 대답하거나 제스처로 표현), 단어 수준에서 문장 수준까지의 질문을 제시하고 관련 그림이나 단어들을 지적하기, 구어 지시 따르기(1단계 명령어~ 다단계 명령어), 단어 듣고 사물 지적하기, 긴 문장의 질문을 듣고 대답하기(설명하기) 등이 포함된다.
- 따라 말하기 평가: 검사자의 구어 자극을 듣고 나서 구어로 따라 말하는 평가이다. 숫자 말하기, 단어 수준에서 긴 문장 수준의 내용 따라 말하기 과제가 포함된다.
- 이름대기 평가: 그림, 사진, 실물을 직접 대면하여 보고 명명하기(대면이름대기 평가)를 주로 실시한다. 이 외에 범주별 이름대기(예: 1분 동안 '동물' 종류 이름대기), 반응적 이름대기(responsive naming), 미완성형 문장 내에서 단어 인출하기 등이 있다.
- 읽기 평가: 글자(문자)-그림 연결, 단어 식별, 단어나 문장 읽고 그림이나 단어 연결, 지문 읽고 이해하기 등의 과제가 포함될 수 있다.
- 쓰기 평가: 친숙한 자신의 이름, 주소, 요일 등을 적거나 단어에서 문장 수준의 지문을 보고 베껴 쓰기 등의 과제를 통해 확인할 수 있다. 읽고 쓰는 과업들을 시행하거나 혹은 시행 전에 환자의 시지각의 문제(예: 시각 실인증, 무시증)는 없는지 확인하도록 한다.

이상의 평가들은 종합적인(comprehensive) 진단검사에 공통적으로 포함될 수 있는 영역이며, 그 외 진단 도구의 특성에 따라 말운동장애나 인지능력을 평가하는 과제들이 다르게 구성될 수 있다. 종합적인 검사 결과와 뇌 손상 특징을 고려하여 실어증자의 유창성 실어증군과 비유창성 실어증군([그림 12-1] 참조) 내에서 가장 적절한 실어증 유형을 진단할 수 있다. 하지만 임상에서는 다양한 뇌 병변으로 인해 앞서 언급된 실어증 유형군에 분류되지 않는 사례들도 있다. 이런 경우 추가 검사가 필요한 언어영역을 실시하고, 실어증의 심한 정도와 언어영역별 중증도를 위계화하도록 한다.

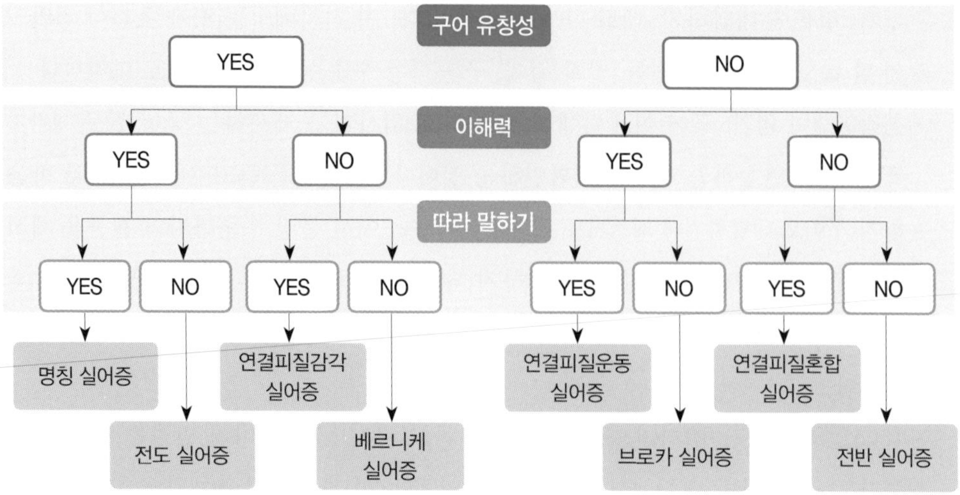

[그림 12-1] **실어증 유형 분류**

(2) 말운동장애 평가

말운동장애는 실어증과 동반되거나 단독으로 발생할 수 있다. 말운동장애는 주로 마비말장애(dysarthria)와 말실행증(Apraxia of Speech: AOS) 두 개 증상을 포함한다. 마비말장애는 뇌 손상으로 인해 말소리 산출 관련된 신경근육들의 약화와 마비에 기인한다. 이로 인해 말소리 산출(호흡, 발성, 공명, 조음, 운율) 관련 근육들의 힘, 움직임 속도, 운동범위, 안정성, 긴장성, 정확도 등에 문제가 발생하고 결과적으로 다양한 특징의 발성 및 발화가 나타난다(〈표 12-1〉 참조). 말실행증은 마비말장애와 달리 뇌 안의 발화산출 관련 정보 처리과정의 문제로 수의적인 발화가 어려워진다. 마비말장애와 말실행증은 자칫 유사한 말소리장애로 간주될 수 있다. 따라서 명확한 기준에 따라 진단하여 구분해야 한다([그림 12-1], 〈표 12-2〉 참조). 왜냐하면 치료의 방향이 확연하게 다르기 때문이다. 먼저 주요 선별평가 과정을 통해 말운동장애 유무와 유형 그리고 그 중등도를 확인하도록 한다.

- 병력 및 개인 사례사: 뇌 손상 원인, 발병시기, 재활 유무 및 유형, 진전상태, 현재 수준 등
- 비구두적 구강운동기능 평가: 모음연장발성시간(MPT), 교대운동평가, 안면 표정 및 구강운동기능 평가 등
- 말 명료도 평가: 단단어에서 문장수준의 발화 과제에 대한 청지각적 평가
- 음향학적 및 생리학적 평가: 발성 및 발화의 음향학적, 성대 운동기능에 대한 평가

〈표 12-1〉 마비말장애 유형별 특징

유형	손상 위치	주요 문제
이완형	하위운동신경원	약화(weakness), '과대비성'
경직형	상위운동신경원	경직(spasticity), '억압되고 쪼여진 발화' (조음)
실조형	소뇌회로	불협응, '갑작스러운 조음붕괴'
과소운동형 (파킨슨병)	기저핵조절회로 도파민 부족	Rigidity/ROM 감소됨, 조급한 듯한 발화
과대운동형	기저핵조절회로	불수의적운동, 갑작스러운 음성일탈, 변화(발화)
UUMN	편측UMN	약화, 불협응, 경직(경도 수준의 조음문제)
혼합형	하나 이상	하나 이상

〈표 12-2〉 마비말장애와 말실행증의 감별 특징

- 말실행증: 조음운동 계획(프로그래밍 문제)에 의한 말실행 문제
- 마비말장애: 조음근육의 약화와 마비에 의한 실행(운동) 문제

양상	마비말장애	말실행증
근육약화(마비)	있음	없음
조음오류	일관적	비일관적
브로카 실어증	동반 가능	빈번하게 동반
모색행동	없음	있음
반복 발화 시 오류 변화	조음오류 일관적	조음오류 다소 완화
말속도	대체로 느림 (과소운동형: 다소 조급함)	대체로 느림
교대운동	유형에 따라 일관된 패턴	'퍼터커'(SMR)가 AMR보다 수행 어려움

3. 치료계획 및 실시

1) 치료 방향 설정

신경언어장애 언어재활은 회복적 관점과 보상적 관점이 있다. 회복적 관점의 치료접근은 손상된 언어능력의 회복에 초점을 두며, 보상적 접근은 손상된 언어 및 의사소통 기능을 보완 및 대체할 수 있는 치료접근법들이다. 이 방향성은 실어증자의 손상, 언어

능력, 회복시기, 진전 수준에 따라 단일적으로 혹은 병행될 수 있다.

실어증 치료기법의 유형은 분류 기준에 따라 다양해지는데, 대체로 기대효과에 따라 손상된 언어 회복의 초점을 둔 방법과 의사소통 기반 방식들로 구분할 수 있다. 적용방식 측면에서 단일 양식 혹은 다중양식(multimodal) 기반 치료방식으로 분류될 수 있다. 손상기반 치료(impairment-based) 접근법으로는 특정 언어영역(청각이해력, 말하기, 읽기, 쓰기)을 직접적으로 자극할 수 있는 방법들을 체계적으로 적용하여 언어기능을 개선(회복)하는 것이다. 일례로 멜로디억양치료기법(MIT) 혹은 시각적동작치료기법(VAT) 등이 포함될 수 있다. 그리고 의사소통 기반(communication-based) 접근은 환자와 가족(보호자)들을 함께 격려하여 그들 상호 간의 효과적인 의사소통이 될 수 있는 모든 가능한 다양한 전략들을 포함한다.

2) 치료접근법

(1) 실어증 치료

실어증자를 위한 다양한 방식의 치료접근법들은 궁극적으로 대상자의 의사소통 기능 증대를 통한 삶의 질 향상을 추구한다. 실어증 치료법들은 크게 '청각이해력, 표현력 증대, 의사소통 기능 강화'로 구분해 볼 수 있다. 이 단원에서는 치료문헌들에서 빈번하게 보고된 '표현언어 중심 중재'로 몇 가지 치료접근법들을 간단히 소개하고자 한다. 다음에 제시되는 치료접근법들 중에서 실어증자에게 적용하고자 할 경우 보다 자세한 내용들을 부가적으로 공부하여 치료접근 원리를 충분히 숙지한다. 그런 다음 각 치료법의 내용들을 장단기 치료목표에 맞추어 구체적인 계획을 짜도록 한다.

① 통제유발 언어치료(Constraint-Induced Language Therapy: CLIT)

구어표현 증진에 초점을 둔 치료접근법이다. 실어증 환자가 구어 대신 표현할 수 있는 보상적인 의사소통전략(예: 지적하기, 그리기, 쓰기 등)의 사용을 제한(통제)함과 동시에 구어로 표현할 수 있도록 자극한다. CILT는 다소 고강도 훈련 접근이다. 비유창성 실어증(예: 브로카 실어증)에게 다소 효과적인 것으로 보고되었으나 환자의 언어장애 유형과 중등도, 동기부여에 따라 차이가 있음을 고려해야 할 것이다(Marcotte et al., 2018).

② 멜로디억양치료법(Melodic Intonation Therapy: MIT)

이 치료접근법은 브로카 실어증 화자의 언어표현 개선에 효과적인 것으로 보고되었고, 임상에서 빈번하게 활용되는 기법이다(Albert, Sparks, & Helm, 1973). 손상되지 않은 우반구의 운율(멜로디)(예: 음도, 리듬, 억양, 강세 등) 처리 기능을 기반으로 언어 표현이 보다 자연스럽게 산출되도록 유도한다. 언어표현이 제한적인 비유창한 실어증자나 말실행증에게 적용할 수도 있다. 발화 목표의 언어적 길이를 간단한 단어나 짧은 구문에서부터 점진적으로 그 길이를 늘려 가면서 운율감을 병행하여 표현력을 유도한다. 실어증자의 표현력 촉진을 위해 시각 및 촉각적 단서를 활용할 수 있다.

③ 반응정교화훈련(Response Elaboration Training: RET)

실어증자의 표현능력 향상을 위한 방법으로, 실어증자 발화 내용어(content words) 수를 증가시키는 데 초점을 둔다. 의미를 정확히 이해하기 힘든 모호한 자발화(구어표현)에 주요 내용어들을 부가하여 재산출하도록 유도하면서 분명한 메시지가 전달될 수 있도록 훈련하는 방법이다(Wambaugh & Martinez, 2000).

④ 제스처 활용한 이름대기 지도

단어인출(word retrieval) 결함으로 발생하는 이름대기 문제는 실어증자들에게서 보편적으로 나타나는 증상이다. 제스처 사용은 실어증자의 단어인출력을 촉진하기 위한 단서로 많이 활용된다. 행위(제스처)와 언어는 밀접한 연관성을 가지고 있기에, 특정 단어들과 충분히 연관되는 제스처를 훈련하고, 이 제스처가 단어인출을 돕기 위한 통로로 활용된다(Caute et al., 2013). 이 테크닉은 브로카 실어증 환자들의 이름대기 촉진에 빈번하게 활용되는 편이다. 이러한 관점에서 시각적동작치료법(VAT) 또한 제스처 및 몸짓을 활용하여 중증 실어증자의 어휘기능을 이해 및 표현하도록 지도한다.

⑤ Phonological Component Analysis (PCA)

이 접근법은 이름대기 문제가 있는 실어증자에게 자발적 단어찾기 능력을 촉진하는 데 도움이 된다. 의미자질분석법(SFA)과 유사한 원리로서, 단어의 음소를 분석하는 방법을 지도한다(Marcotte et al., 2018). SFA 접근법에서 목표 어휘의 주요 속성 및 자질을 분석하여 단서를 단어 인출을 촉진하듯이, PCA 접근법도 동일한 방식으로 실시한다. 예를 들면, 목표 그림의 관련 도식 조직(graphic organizer)을 활용하여 치료사가 대상자에게 다음의 질문을 제시한다.

- 첫 음소: 어떤 음소로 시작되나요?
- 첫 음소와 연관된 단어: 이 그림의 첫 음소와 동일한 음소로 시작되는 다른 단어는?
- 종성 음소: 이 단어는 어떤 음소로 끝이 나나요?
- 라임 질문: 이 운율은 무엇인가요? 음절은 몇 개인가요?

⑥ **의미자질분석법**(Semantic Feature Analysis: SFA)

의미자질분석(SFA) 접근은 실어증자의 이름대기 능력을 향상시키기 위한 치료테크닉이다. 이 방법은 실어증자가 최대한 스스로 단어를 생각해 낼 수 있도록 자극할 수 있게 한다. 목표 어휘와 관련된 의미적 정보(뇌 정보처리)에 접근하는 과정을 지도하고, 자가단서주기 방식을 통해 단어인출을 보다 용이하도록 촉진시킨다(Boyle, 2010). 기본적인 치료절차는 목표로 하는 단어의 그림카드(예: 가정에서 사용하는 물건들)를 사용하여, 그 그림에 대해 치료사가 다음과 같은 질문을 통해 목표어휘(그림)에 관련된 의미자질을 연상할 수 있도록 한다. 다음은 각 질문의 목표어휘와 밀접한 의미를 연상할 수 있는 질문들의 패턴이다.

- 이것을 보면 무엇이 생각나나요?
- 이것은 무엇인가요?
- 이것의 속성을 설명해 보세요(예: 크기, 사이즈, 색깔 등)
- 이것은 주로 어디에 있나요?
- 이것은 어디에 사용하나요?

⑦ **시각적동작치료법**(Visual Action Therapy: VAT)

이 치료법은 전반 실어증(global aphasia)과 같은 중증 실어증 사례를 대상으로 적용될 수 있는 비구두적 방식 치료이다. 이 치료법은 구어로 지시를 하지 않고, 주로 제스처(혹은 몸짓)나 판토마임을 사용한다. 이 치료 활동에서는 어떤 말도 필요하지 않으며 목표사물(실물)에 대해 자발적으로 제스처(몸짓)로 표현하는 것을 지도한다. 이 치료법은 12개의 단계들로 구성되며, 단계별 난이도가 점진적으로 증가한다. 기초 단계에서는 아주 단순하게 그림의 흔적을 따라 그리는 활동(손가락) 수준에서 시작한다. 그런 다음 그림과 연결하고, 제시된 사물(목표)에 대한 제스처를 이해할 수 있도록 연계해 간다. 최종 단계에서는 보여지지 않는 사물(숨겨진 사물)에 대해서 그 사물의 기능을 제스처로 표현해 낼 수 있도록 한다(Helm-Estabrooks & Albert, 2004).

⑧ 실어증자-의사소통효용성 촉진법(Promoting Aphasics' Communicative Effectiveness: PACE)

PACE 접근법은 언어재활사와 실어증자가 대등한 대화 파트너 관계로서, 서로가 청자 및 화자 입장에서 대화를 주고받는 방식으로 진행된다. 이 접근법의 목적은 구조화된 담화 환경을 통해 실어증자의 자연스러운 대화기능을 향상시키고 일반적인 의사소통의 확대를 목적으로 한다.

언어재활사와 실어증자가 각 대화 상황에서 화자입장이 될 때 상대방에게 의사소통하고자 하는 그림이나 메시지를 보여 주지 않은 채, 메시지 전달을 위해 다양한 방식으로 소통한다. 만약 상황에 따라 필요한 경우, 언어재활사는 피드백이나 메시지 전달을 도울 수 있는 적절한 촉구를 할 수 있다.

⑨ 실어증문장산출프로그램(Sentence Production Program for Aphasia: SPPA)

SPPA는 실문법증(agrammatism) 혹은 문장구조와 구문표현에 어려움이 있는 실어증자(예: 브로카 실어증)에게 도움이 될 수 있다. 기본적인 치료방식은 유사한 형식(format)의 문장들을 준비하고(각기 다른 단어의 다른 의미가 내포된 문장), 언어재활사가 실어증자에게 준비된 문장들이 포함된 이야기를 제시한다. 이를 실어증자가 반복하게 하고, 그런 다음 그 반복한 문장들을 스스로 말할 수 있도록 질문한다(Helm-Estabrooks & Nicholas, 2000).

⑩ 단어인출 전략(Word Retrieval Cuing Strategies)

이 치료테크닉은 실어증자의 단어인출을 촉진하기 위해 음소 단서 혹은 의미적 단서를 활용한다. 음소 단서는 목표 단어에 대한 첫 음소를 제시하는 것이고, 의미 단서는 단어의 가장 밀접한 문맥적 정보(의미 정보)를 제공하는 것이다. 예를 들어, 음소 단서는 '컴퓨터'라는 단어의 인출을 촉구하기 위해, 언어재활사가 'ㅋ(ㅓ)'라는 첫 음소를 단서로 제시하는 경우이다.

⑪ 대화 파트너 동반 중재접근

이 접근법은 의사소통 기능 향상에 초점을 두고, 실어증자의 주된 대화파트너(가족)의 참여 중심으로 이들과의 효율적인 의사소통방식을 지도해가는 접근법이다.

(2) 실어증 치료 시 고려사항

실어증자의 치료 시에는 다음과 같은 사항을 고려해야 한다.

- 실어증자의 보속증이나 불수의적 발화 증세가 심한 경우 이를 먼저 완화시킬 수 있는 중재를 실시하도록 한다(Helm-Estabrooks & Albert, 2004).
- 청각이해력 손상이 심한 실어증자의 경우 치료 초기에 시각적 자료(예: 문자, 그림)를 우선적으로 활용하여 이해력을 자극하고, 이 시각자극물을 말소리와 연계하여 지도함으로써, 점진적으로 청각이해력(말소리이해력)을 향상시켜 가도록 한다.
- 실어증자의 이해력 수준을 고려하여 치료사는 최대한 간결하게 쉽게 설명하도록 한다.
- 시각적 무시(neglect) 증상이 확인된 경우 치료환경에서는 실어증자가 충분히 인지할 수 있는 시야 범위 내에 자극물을 제시하도록 한다.
- 브로카 실어증으로 진단될 경우 말실행증 동반 가능성이 높기에 이에 대한 동반 여부를 충분히 확인하고 치료 방향의 우선순위와 비중을 잘 계획해야 한다.

(3) 말운동장애 치료접근법

① 마비말장애 중재 전략

마비말장애 치료의 궁극적 목표는 '말 명료도(speech intelligibility)'의 향상에 있다. 마비말장애 유형별 특징에 따른 병리적 원인과 양상을 확인하고, 마비말장애 유형에 가장 적합한 치료전략을 파악하여 지도한다. 기본적인 치료 방향은 말산출 하위 시스템(호흡, 발성, 공명, 조음, 운율)의 기능 활성화와 말소리 연계를 강화하는 것이다. 가능한 한 의사소통 기능을 고려하여, 말 명료도 향상에 가장 효과적일 수 있는 근거기반치료를 판단해야 한다. 마비말장애 화자의 말 명료도 저하에 가장 큰 영향을 미치는 말산출 시스템을 고려하여 관련 접근법을 우선 적용하거나(〈표 12-3〉 참조), 기존 보고된 임상문헌을 참고로 하여 대상자별 발화 특성에 맞추어 실시한다.

〈표 12-3〉 **말산출 시스템의 영역별 관련 치료접근법**

말산출 시스템	관련 중재 전략의 예 (행동주의적 언어치료)
호흡계	• 자세조정에 따른 안정된 호흡조절 • 최대 연장발성 훈련
발성계	• LSVT (큰 강도로 발성 및 발화하기) • 강도 및 음도조절 훈련, 성대 내외전근(력) 조절에 따른 발성 훈련(과소내전, 과다내전에 따른 발성 조절)
공명계	• 지속적 구강압 증가를 위한 행동주의적 접근
조음계	• 전통적 조음치료 접근법 적용 • 구강운동훈련 연계한 발음훈련 • 보상구어전략(예: 과조음하기)
운율계	• 말속도 조절(예: 느린 속도)을 위한 치료테크닉 적용 • 구어 호흡 조절, DAF 이용한 지도 등

② 말실행증

말실행증 중재 전략의 초점은 수의적 발화의 자연스러운 조절이다. 치료 시작에서 치료의 목표와 방식을 대상자에게 먼저 설명하고 치료사의 모델링을 선행으로 치료활동의 개념을 충분히 이해할 수 있도록 한다. 치료과정에서 언어재활사는 대상자에게 최대한의 지시적인 어투로 과제지시하지 않도록 주의해야 한다. 치료의 방향은 대체로 조음운동적 접근(articulatory kinematic approaches)과 운율(속도)-리듬 조절접근으로 구분할 수 있다. 조음운동적 접근은 말산출에 필요한 조음기관의 운동(동작)을 일정횟수 반복하는데 이때 비구두 혹은 구두적 산출과제를 연계하여 지도할 수 있다. 대표적인 치료법의 예로, Rosenbeck-8-steps와 SPT(sound production treatment)(Wambaugh & Mauszycki, 2010; Wambaugh et al., 2017)가 있다.

운율(속도)-리듬 조절접근은 말소리의 리듬이나 운율(속도)의 조절에 의해(혹은 이것에 의지하여) 최대한 자연스럽게 말하도록 유도한다. 손박자, 메트로놈, MIT 기법 응용 등이 도움이 될 수 있다. 말실행증 정도가 심한 경우 보완대체의사소통(AAC) 도구를 이용해서 의사소통에 초점을 두어 지도할 수 있다.

4. 보고서 작성

1) 진단보고서

(1) 배경정보

치료 대상자의 인적 정보와 손잡이를 정확히 확인하고, 보호자 혹은 환자 본인과의 상담을 통해 뇌 손상 발생 정황과 원인, 뇌 손상 발생 시기, 이후의 의료적 처치 및 재활 유무와 정도 그리고 개선 정도에 대해 파악하도록 한다. 실어증 진단도구를 실시할 때 환자 혹은 주 보호자로부터 환자의 개인적인 정보를 수집하기 때문에 이를 충분히 배경정보에 참고하도록 한다. 다음은 배경정보 작성 시 포함될 수 있는 내용들이다.

- 의료적 정보(뇌 손상 원인과 부위)
- 뇌 손상에 따른 신체운동 및 감각정보(시지각, 청각, 촉감각 등)
- 학력 및 교육수준, 직업정보
- 취미생활 혹은 개인적 주된 관심분야
- 문화적 및 언어적 배경(외국어 사용유무와 수준)
- 기본적인 의사소통 환경(거주환경, 가족관계, 주된 대화파트너 등)
- 환자의 실어증과 기타 의사소통문제 증상에 대한 이해 정도
- 현재 환자와 가족의 주된 호소점

(2) 행동관찰

환자와의 상담, 선별검사 그리고 종합적인 검사 등을 통하여 실어증 관련 증상들(예: 착어증의 유무와 유형, 보속증, 건망증, 둘러말하기, 상동구어 등)의 발생 유무와 정도, 자발적인 발화의 명료도와 이해도, 기능적인 의사소통 수준, 말운동장애(마비말장애, 말실행증) 동반 유무와 관련 증상 그리고 삼킴기능을 살펴보고 기술하도록 한다. 더불어 신체운동 문제(예: 편마비 양상), 시지각 문제(예: 좌편 무시증, 시각 실인증 등), 청력문제 유무, 글자 읽기와 쓰기 등의 영역도 확인하도록 한다. 그 외에 뇌 손상 원인과 범위에 따른 발생 가능한 증상들의 유무를 관찰하여 기술하도록 한다.

(3) 진단 및 평가 결과 기록

실어증 대상자에게 실시한 검사와 그 결과에 대해 전반적인 언어문제 정도(예: 실어증 정도) 및 언어영역별 손상 정도 등을 최대한 핵심적으로 기술하도록 한다. 공식 검사와 신경학적 정보(예: 뇌손상 부위)를 기반으로 대상자의 실어증 유형 혹은 동반되어 나타날 수 있는 말운동장애가 의심되는 경우 이에 대한 별도의 공식 혹은 비공식적 평가를 실시하여 그 여부를 확인할 수 있는 내용을 작성한다.

① 검사도구 및 결과

- 실어증 진단검사 결과: 실어증의 유형, 심한 정도, 언어영역별 문제 정도 등을 종합적으로 파악할 수 있는 검사를 실시한다. 공식 및 비공식 검사를 통해 환자의 연령, 학력, 실어증의 심한 정도와 손상된 언어능력 파악, 포괄적 언어영역에 대한 평가(예: 유창성, 청각적 이해력, 이름대기, 따라 말하기, 읽기와 쓰기 능력 등의 평가 포함) 결과를 기록하도록 한다(김향희, 나덕렬, 2012; 정옥란, 2006).
- 심층검사(deep test) 결과: 진단검사 및 실어증의 유형에 따른 주요 언어문제 증상을 기반으로 요구되는 심층검사의 결과가 기술되어야 한다. 예를 들어, 이름대기 능력에 대해서는 '한국판 보스턴 이름대기 검사(K-BNT)'(김향희, 나덕렬, 2008)를 실시하거나, 청각언어 이해력 평가 관련하여 '토큰 테스트(token-test)'(신문자 외, 2010)를 실시할 수 있다.
- 인지평가(cognitive test): 국내 표준화된 인지능력 감별검사(예: MMSE나 K-MOCA)의 결과를 제시하도록 한다.
- 기능적 의사소통능력 평가: 일상적인 생활환경에서의 기능적인 소통능력을 다양한 측면으로 평가하여 환자에게 중요한 의사소통 관련 중재영역을 확인할 수 있도록 제시한다. 더불어 이 평가를 통해 구어표현이 힘든 실어증자의 경우에도 제스처, 얼굴표정, 손짓, 기타 AAC 도구를 활용하여 기능적인 소통의 정도를 확인할 수 있다.
- 말운동장애 평가: 실어증과 함께 말운동장애(마비말장애, 말실행증)의 동반이 의심되는 경우, 이에 대한 감별평가를 실시하여 유무를 기술하고, 심한 정도에 대한 정보가 제시되도록 한다. 이는 치료접근의 우선순위(예: 실어증과 말운동장애)를 어디에 두어야 할지, 그리고 각각 치료활동에 대한 비중을 결정하는 데 중요할 수 있다.

② 진단 결과

실어증자의 경우 앞의 언급된 검사들을 공식 및 비공식적으로 실시하여 실어증자의 언어능력 수준에 대한 평가를 핵심적으로 정리하여 기술한다. 말소리 유창성(혹은 발화 유창성), 청각언어이해력, 이름대기 능력, 따라 말하기 능력, 읽기 및 쓰기 능력 등에 대해 요약적으로 기술하고, 종합적으로 문제 정도가 가장 심한 언어영역들을 위계화한다. 그리고 다른 운동구어장애의 동반유무가 있는지 명확히 기술해야 한다. 기타 삼킴장애나 비실어증적 증상 여부에 대한 부분도 간단히 기술하도록 한다.

(4) 요약 및 권고사항

검사결과들을 총체적으로 정리하여, 실어증 유형과 의사소통기능 향상에 가장 우선하는 언어영역들을 순차적으로 기술하고, 대상자에게 확인된 긍정적인 능력(예: 그리기, 쓰기 등)을 작성한다. 그리고 환자나 보호자의 요구사항을 함께 고려하여 가장 적절한 치료전략을 제시한다.

2) 장단기 치료계획서

(1) 장기목표

학생 치료사는 실습 기간을 고려한 장기목표를 수립하도록 한다. 그리고 성인 신경언어장애의 치료접근 방식은 발달기 아동의 언어촉진 지도나 학령기 아동의 학습수행력 증진을 위한 지도 등과 '관점이 다름'을 기억해야 한다. 대상자의 실어증 유형과 중증도 그리고 언어장애 증상에 맞춘 치료전략을 파악하여, 근거기반중심의 치료방법(EBP)을 선택하도록 한다. 면밀한 진단검사의 종합적인 결과, 대상자 및 가족의 주 호소, 효과 보고된 임상근거 등을 기반으로 치료목표를 계획한다. 이때 실어증자의 잠재능력을 충분히 활용하여 손상된 언어능력을 함께 회복시키는 데 연계할 수 있는 치료전략도 도움이 될 수 있다. 청각적 이해력, 구어 표현력, 의사소통 기능 등의 측면에서 화자에게 우선하고 대화기능에도 직접적인 연계성이 강한 목표를 위계화하도록 한다.

(2) 단기목표

실어증자의 말하기, 듣기, 읽기, 쓰기 그리고 의사소통 기능 증진에 초점을 둔 장기목표에 맞추어 점진적으로 성취해 나갈 수 있는 하위단계들을 수준별(난이도 조정)로 계획한다. 최대한 대상자의 일상적인 활동과 의사소통 환경을 고려하여 충분히 직간접적으로 연계될 수 있는 목표를 고려해야 한다. 이는 구체적인 회기별 치료활동(목표 어휘, 지문, 그림 자료, 기타 활동)을 계획할 때 꼭 참고해야 한다. 실어증자의 연령대와 생활환경, 의사소통 요구도 그리고 보호자(가족)의 의견을 충분히 고려하도록 한다.

(3) 실어증 중재목표

다음은 실어증 유형에 따른 지도 가능한 치료목표의 예를 제시하였다. 단, 동일한 실어증 유형의 환자라도 개별적 특성과 의사소통 기능에 도움될 수 있는 잔존 능력, 동기부여 정도 등에 따라 치료접근 방식은 달라질 수 있다.

① 실어증 유형별 치료목표의 예

- 베르니케 실어증(Wernicke's aphasia): 청각이해력 증진(손상된 언어기반 지도), 단어이해 및 표현(인출) 증진–시지각 단서(글자, 지문, 제스처 등) 활용에서 점진적으로 청각자극 의존 이해력 증진
- 브로카 실어증(Broca's aphasia): 단어인출, 발화 유창성 증진, 구문이해력 향상 등
- 전도 실어증(conduction aphasia): 단어인출력(속도) 증진, 읽기지문 이해력 증진, 점진적인 구문 복잡성에 따른 유창성 증진, 이야기 산출력 증진 등
- 명칭 실어증(anomic aphasia): 단어 인출의 정확도와 속도 증진, 복잡한 구문(담화)의 이해와 표현(설명하기) 증진 등
- 전반 실어증(global aphasia): 친숙한 생활어휘 및 기능(행위)에 대한 청각이해력 증진, 낱말(단어) 재인능력 증진, 시지각 단서(제스처, 동작, 판토마임 등)를 활용한 생활어휘 이해 및 표현 지도, 보완대체의사소통(AAC)을 이용한 의사소통 증진

② 중증 수준에 따른 치료목표의 예

- 경도(mild) 수준의 실어증: 단어인출 훈련(정확도 및 속도 증진 초점), 다양한 주제 담화 이야기 이해 및 표현 증진, 복잡한 구문의미 이해력 및 표현 기술 증진(읽기, 쓰기 활동력 증진) 등
- 중증(severe) 실어증: 친숙한 어휘와 기능어 중심의 이해력 증진, 친숙 어휘에 대한 이름대기 증진, 발성 및 발화와 제스처를 활용한 표현력 향상, 보완대체의사소통(AAC) 기반 의사소통 기능의 점진적 향상 등

3) 회기별 치료계획서

단기목표들과 밀접한 치료활동을 계획해야 한다. 각 활동들의 자료(도구), 자극 제시 유형–감각 양식(시각, 청각, 후각, 그리고 촉감각 등), 자극제시 순서(순차적, 동시적) 등을 실어증자의 수준에 적합하도록 구성해야 한다. 특정한 언어능력 촉진을 목표로 할 때, 가능한 한 목표 어휘나 지문들의 친숙성 정도(사용 빈도)를 고려하여 난이도 조정을 할 수 있도록 한다. 특정 치료접근법을 적용할 경우 회기별 계획서에 치료법의 지도방법이 구체적으로 제시되도록 기술한다.

4) 진전보고서

- 치료실습 종결 시점에 작성하는 '치료종결보고서'에는 초기 평가에 실시한 검사도구(공식 및 비공식 검사)의 재실시를 통해 치료 전 · 후 결과를 비교 · 기술한다.
- 종결 보고서에 장기 및 단기 치료목표에 따른 초기 수준과 종결 시점 수준의 진전 상황을 요약 · 정리 · 보고한다.
- 치료실습 과정 중 회기별 치료활동에 대한 진전보고서를 작성할 경우, 치료목표와 방법, 활동 등의 대상자 반응 수준과 진전 여부가 확인될 수 있도록 작성한다. 이는 치료 과정에서 대상자 본인과 가족과의 상담에서도 중요한 동기부여가 될 수 있다.
- 치료 진전사항을 작성하는 방식은 치료 주요 효과에 대한 핵심 내용 서술식 또는 최대한 수치화(예: 00개 중 몇 개 정반응, %, 척도 방식 등)할 수 있는 객관식 보고가 있다.

5. 보고서 작성 예시

1) 진단보고서 예시

진단보고서

1. 일반적인 정보

성명(성별): ○○○(남)	생년월일: ○○년 ○월 ○일 (만 50세)
뇌손상: 뇌출혈	학력: 대졸, 손잡이(오른손)
장애유형: 전도 실어증	학생임상가: ○○○

2. 배경정보 및 행동관찰

1) 배경정보

환자와 보호자(아내)에 의하면 언어치료실을 방문하기 6개월 전 갑작스러운 뇌출혈로 인해 쓰러져 급히 병원에서 수술을 받게 되었다고 한다. 평소 담배를 피우긴 하였으나 술은 드시지 않았고, 정기적으로 운동을 하였다고 한다. 뇌출혈은 좌반구의 두정엽과 측두엽 사이에 걸쳐 있었으며(의료 진단서 근거), 발생 초기에는 매우 심한 편이어서 거의 아무 말도 하지 못했고, 입술주위의 근력 약화로 침 흘리기가 심했다고 한다. 즉각적인 수술로 인해 위험한 고비를 넘겼으나 3개월 동안 병원 입원 치료를 받았다고 한다. 현재까지 왼쪽 상하지에 경도 수준의 약화가 있어 재활을 받고 있으나 자발적인 움직임에는 크게 문제가 없다고 한다. 그리고 전반적인 대화이해력은 문제가 없으나 말소리가 어둔하고, 단어가 잘 생각나지 않는다고 한다. 그리고 이전처럼 생각하는 말이 유창하게 표현되지 않아 답답하다고 한다. 현재 ○○병원에서 주 1회 재활치료를 받고 있으며, 개인적으로 운동삼아 꾸준하게 집근처에서 걷기를 하고 있다고 한다. 그리고 정상적인 식사를 하고 있으며 씹기와 삼키기에는 문제가 없다고 한다.

2) 행동관찰

환자와의 대화와 선별검사를 통해 관찰한 결과, 기본적인 생활주제의 대화이해력(청각이해력)은 비교적 정상적이었으나, 듣고 반응하는 속도가 다소 느렸다. 전반적인 말속도는 느린 듯하며 발음이 약간 왜곡되었으나 어느 정도 알아들을 수 있는 명료도 수준이었다. 일상적인 주제로 대화할 때 자발화는 대체로 유창(억양, 운율, 속도)한 편이었으나 다소 표현이 어려운 경우 발화 도중 쉼이 빈번하고 길어지기도 했다. 따라 말하기 과제에서는 단단어나 간단한 구문은 비교적 잘 수행하였으나, 긴 문장은 어려워하였고 발화 도중 말을 더듬는 듯한 증상이 나타났다. 발화에서 의미착어와 음소

착어 증가가 간헐적으로 나타났다. 환자의 주 호소점은 대화 도중 단어인출(이름대기)의 곤란이었다(둘러말하기, 지시대명사 표현 많음). 침 흘리기가 간헐적으로 나타났다(환자 스스로 수건으로 인식하고 입술을 닦음). 시지각이나 청력 문제는 관찰되지 않았으며, 삼킴기능에도 문제 증상은 관찰되지 않았다.

3. 검사도구 및 결과

(간략 제시)

1) 파라다이스 한국판 웨스턴 실어증 검사(P-K-WAB-R, 김향희, 나덕렬, 2012)

검사 결과, AQ지수 66으로 중등도 수준에 해당하였다. 스스로 말하기 14/20, 알아듣기 7/10, 따라말하기 6(10), 이름대기 6(10)으로 산출되었다.

2) 한국판 보스톤 이름대기 검사(K-BNT, 김향희, 나덕렬, 2008)

대상자는 원점수 41/60점으로 학령과 연령을 고려한 백분위수는 1%ile로 나타났다.
의미단서 후 정반응 수 6개, 음절(음소)단서 제시 후 정반응 수 7개로 나타났다.

3) 조음기관 구조·기능 선별검사(SMST, 신문자, 김재옥, 이수복, 이소연, 2010)

교대운동속도(AMR)와 일련운동속도(SMR): (말 명료도 저하에 따른 구강운동기능 평가) /퍼/는 1초당 4.4회, /터/는 1초당 3회, /커/는 1초당 3회로 다소 느린 속도가 나타났다. 그러나 교대운동패턴은 규칙적이었다. /퍼터커/는 1초당 2.3으로, 음절반복 교대운동(AMR)에 비해 좀 더 느린 속도가 나타났다.

4) 한국판 몬트리올 인지평가(K-MOCA, 강연욱 외, 2009)

검사 결과, 집행기능에서 5/5점, 이름대기에서 3/3점, 주의력에서 6/6점, 언어에서 2/3점, 추상력에서 1/2점, 지연회상에서 2/5점, 지남력에서 6/6점으로 총 30점 중 25점으로 나타났다.

4. 진단결과

대상자는 PK-WAB-R에서 AQ(실어증 지수) 66점(중등도, moderate)으로 전도 실어증(conduction aphasia)으로 진단되었다. 대상자는 문법적 복잡성 및 길이가 증가한 지시문 이해에 어려움이 확인되었으며, 문장 수준의 따라 말하기에서는 수행력이 다소 저조하였다. K-BNT에서는 원점수 47/60점으로, 단어인출(이름대기)에 분명한 문제가 확인되었다. SMST 평가에서 입술 주위(왼쪽) 경미한 약화(처짐)가 있었으나 그 외 구조·기능은 비교적 양호하였다. 단, 교대운동속도가 약간 느린 편이었다. K-MOCA 결과, 21점(총30점) 인지에 약간 어려움이 있는 것으로 나타났다.

5. 요약 및 권고

검사 결과, 대상자는 PK-WAB-R검사 결과 중등도 수준이며, 실어증 유형은 전도 실어증에 속하는 것으로 확인된다. 스스로 말하기와 알아듣기는 다소 양호한 편(각 항목의 평균 이상의 점수)이었으나, 문장길이 증가에 따른 이해력에 어려움(혼동)이 많이 나타났다. 따라 말하기 능력은 유창성과 이해력에 비해 상대적으로 부족한 편이었으며, 이름대기 능력도 많은 어려움이 있는 것으로 나타났다. 이에 대상자는 구문복잡성 증가에 따른 청각 이해력 증진과 그리고 단어인출 능력 향상에 중점을 둔 중재가 필요하다. 더불어 현 수준보다 유창하고 정확한 문장표현(대화 상황) 증대를 위한 치료전략도 요구된다. 현재 대상자는 자신의 발화의 곤란 상황을 인지하고 있고 치료에 대한 적극적인 동기부여가 확인된다. 따라서 대상자의 연령과 상황(적극적 사회적 활동 참여 원함)을 고려하여 청각 이해력 향상 및 문장의 유창성, 이름대기 능력 향상을 목표로 한 집중적인 언어치료를 권고한다.

2) 장단기 치료계획서 예시

장단기 치료계획서

1. 일반적인 정보

성명(성별): ○○○(남)	생년월일: ○○년 ○월 ○일 (만 30세)
뇌손상: 뇌출혈	학력: 대졸, 손잡이(오른손)
장애유형: 전도 실어증	학생임상가: ○○○

2. 장단기 치료목표

〈장기목표 1〉 대상자는 구조화된 대화상황(구어 이외 다른 표현 제한)에서 치료사가 제시하는 자극물과 질문에 적절하게 대답할 수 있다.

〈단기목표〉

1-1. 대상자는 치료사가 제시하는 그림(사진)을 보고 제한된 시간 내 90% 자발적으로 이름대기를 할 수 있다.

1-2. 대상자는 치료사가 제시하는 질문을 듣고 목표어휘를 90% 이상 정확히 이름대기를 할 수 있다.

1-3. 대상자는 치료사가 제시하는 사건이나 상황에 필요한 주요 어휘들을 90% 정확하게 이름대기 할 수 있다.

〈장기목표 2〉 대상자는 치료사가 제시하는 문장(다양한 구문)을 듣고 질문에 90% 이상 정확히 대답할 수 있다.

〈단기목표〉

2-1. 대상자는 치료사가 제시하는 한 줄 문장(4~6단어)을 듣고 관련 구어 질문에 90% 이상 정확히 대답할 수 있다.

2-2. 대상자는 치료사가 제시하는 2~3줄의 문장을 듣고 관련 질문에 90% 이상 정확히 대답할 수 있다.

2-3. 대상자는 치료사가 제시하는 4~5줄 문장의 이야기를 듣고 관련 질문에 90% 이상 정확히 대답할 수 있다.

〈장기목표 3〉 대상자는 치료사가 제시하는 주제(사건, 상황)에 맞는 적절한 내용어로 이야기할 수 있다.

3-1. 치료사가 제시하는 미완성형 문장의 지문을 읽고, 이야기의 내용들을 90% 이상 정확히 설명할 수 있다(30초~1분).

3-2. 대상자는 치료사가 제시하는 상황 장면(4~5컷 그림카드)에 해당하는 핵심 단어와 내용을 90% 이상 정확히 설명할 수 있다.

3-3. 대상자는 구조화된 상황 스크립트에 맞추어 적절한 핵심단어로 대화를 유지(30초~1분)할 수 있다.

3) 회기별 치료계획서 예시

회기별 치료계획서

1. 일반적인 정보

성명(성별): ○○○(남)	생년월일: ○○년 ○월 ○일 (만 30세)
뇌손상: 뇌출혈	학력: 대졸, 손잡이(오른손)
장애유형: 전도 실어증	학생임상가: ○○○

2. 단기 치료목표

1-1 대상자는 치료사가 제시하는 그림자료를 보고 제한된 시간 내 90% 자발적으로 이름대기를 할 수 있다.

2-2. 대상자는 치료사가 제시하는 2~3줄의 문장의 질문을 듣고 관련 핵심내용을 90% 이상 대답(설명)할 수 있다.

3-3. 대상자는 구조화된 상황 스크립트에 맞추어 적절한 핵심단어로 대화를 유지(30초~1분)할 수 있다.

단계	치료내용 및 활동		유의점 및 자료
	치료사	대상자	
도입 (5분)	• 일상적인 대화 나누기 (국내외 주요 뉴스에 대한 의견 나누기)	대화	• 대화기능 체크리스트
전개 I (15분)	1-1. 대면 이름대기 ① 친숙단어(훈련단어) 30개를 각 제한된 시간(5초) 내외 이름대기 실시한다. ② 치료사는 5초 간격으로 ppt 화면(목표 그림) 자동 전화 설정한다. ③ 활동②-5초 내 이름대기-전체 수행 후, 오반응 어휘에 대해 의미단서(->음소단서)를 제시하고 이름대기를 실시한다. ④ 5초 제한으로 훈련어휘 이름대기를 실시한다. (활동 ③과 같이 반복한다.)	1-1. 훈련단어 30개 이름대기	• 훈련어휘에 대한 정확도 체크리스트 • 훈련어휘 S세트 1(30개) 총 3세트 준비
전개 II (10분)	2-2. 질문 듣고 이름대기(SFA 방법을 응용하여 이름대기와 설명하기 향상시키기) (훈련어휘 20개를 하나씩: 아래 질문을 제시한다) • 이것을 보면 무엇이 생각나나요? • 이것은 무엇인가요? / • 이것에 속성을 설명해 보세요.(크기, 사이즈, 색깔 등) • 이것은 주로 어디에 있나요?/ • 이것은 어디에 사용하나요? 각 질문에 대한 대답시간을 5초로 제한한다. (전체 질문에 대해 모두 대답을 마친 후에, 목표단어 이름대기를 한다.)	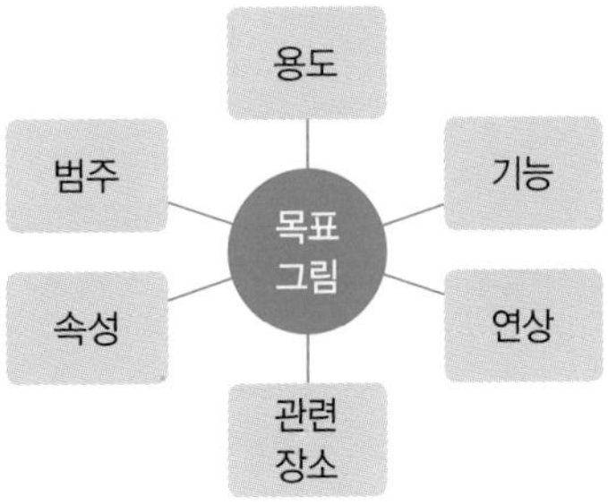	
전개 III	3-3. 스크립트 상황을 활용한 대화나누기 (상황 1: 음식 주문하기, 관련 사진 및 영상 장면들) ① 10개의 질문(상황)에 대한 가능한 대답(설명)을 3~4개 정도씩 준비한다. ② 대화의 전체적인 흐름과 예상 스크립트를 미리 제시해 준다. ③ 각 질문에 대한 대상자의 답변을 간단히 메모한다. ④ 대상자의 답변(②)이 다소 모호한 경우, 치료사는 그 발화를 좀 더 명료한 문장으로 만들어 준다. 그리고 다시 대상자가 반복하여 표현하도록 한다. ⑤ 준비된 10개의 질문에 대해 위와 같이 실시한 다음, 대상자의 답변의 정확성과 유창성을 고려하여, 점진적으로 난이도를 높여 나간다.	제시된 상황 스크립트의 내용을 살펴본다. 내용의 흐름에 대한 대상자의 의견을 수렴한다. 스크립트에 따라 질문-대답(대화)을 한다.	• 스크립트 상황에 맞는 대화 지문들, 그림 혹은 사진, 영상 자료

	(예) 피자 주문하기 질문 1) 이 곳(사진)에서 피자 주문한 적이 있나요? -예, 가끔씩 주문했어요. -아니요, 한 번도 주문해본 적이 없어요. -네, 얼마전 친구랑 함께 이곳에서 주문을 했었어요. 질문 2) 메뉴에서 먼저 샐러드를 주문해 볼까요? -네, 나는 과일이 있는 샐러드로 할게요. -네, 나는 닭가슴살과 달걀이 있는 걸로 할게요. -네, 나는 다양한 과일들이 있으면 좋겠어요. 대신, 소스는 약하게.		
마무리	치료 활동에 대한 환자의 의견을 확인한다. 목표에 따른 활동의 주요 어휘나 내용들에 대해 질문한다(복습). 홈 기반 과제를 제시한다.		

4) 진전보고서 예시

진전보고서

1. 일반적인 정보

성명(성별): ○○○(남)	생년월일: ○○년 ○월 ○일 (만 30세)
뇌손상: 뇌출혈	학력: 대졸, 손잡이(오른손)
장애유형: 전도 실어증	학생임상가: ○○○

2. 진전 내용(장기목표 중심으로 요약)

〈장기목표 1〉 대상자는 구조화된 대화상황(구어 이외 다른 표현 제한)에서 치료사가 제시하는 자극물과 질문에 적절하게 대답할 수 있다.

치료 초기 훈련어휘(치료어휘)에 대한 이름대기의 정확성은 대략 40% 수준이었으나 치료 종결 시점에서 90% 이상의 정확도가 나타났다. 그리고 치료에 활용되지 않은 비훈련단어(30개)에 대해서도 치료 초기 30% 수준에서 종결 시점 70% 정도로 향상된 결과가 나타났다.

〈장기목표 2〉 대상자는 치료사가 제시하는 문장(다양한 구문)을 듣고 질문에 90% 이상 정확히 대답할 수 있다.

치료 초기 평가(지문 듣고 대답하기) 과제에서 60% 수준의 정확도(질문에 대한 주요 핵심어휘로 대답)를 보였으나, 치료 종결 시점에서는 평균 80% 이상의 정확도가 나타났다. 비교적 짧은 지문이나 질문에 대해서는 정확률이 많이 증가하였다. 비친숙한 주제나 긴 지문 듣고 대답하기 과제에서는 대략 70% 정도의 수준을 보였다.

〈장기목표 3〉 대상자는 치료사가 제시하는 주제(사건, 상황)에 맞는 적절한 내용어로 이야기할 수 있다.
대상자는 단기목표 3-1의 미완성형 지문(A4 절반 분량의 이야기 지문 10개)에 대한 다시 설명하기 평가에서 산출된 핵심어휘 표현의 수가 치료 초기(약 45%)에 비해 40% 증가된 85% 수준으로 향상되었다. 단기목표 3-2에서는 치료자료 연속 그림 설명하기에서 치료 초기(약 40%)와 비교하여 치료 종결 시 약 78% 수준으로 향상되었다.

• 요약 •

1. 선별평가에서는 대상자의 신경언어장애 증상의 유무를 확인하고, 종합적 진단검사를 통해 총체적인 언어이해와 표현, 말산출 능력, 읽기 및 쓰기 능력, 말운동장애 동반 유무 등을 평가하도록 한다.
2. 실어증유형은 유창성 실어증군과 비유창성 실어증군으로 구분될 수 있다.
3. 실어증 치료접근법들은 손상된 언어 회복에 초점을 둔 방법과 의사소통 기반 방식들로 구분될 수 있다. 그리고 단일양식 혹은 다중양식(multimodal) 사용 기반의 치료방식으로도 분류될 수 있다.
4. 말운동장애는 뇌 손상에 의한 말소리 산출장애이며, 마비말장애와 말실행증이 포함된다. 마비말장애는 말산출 관련 근육의 약화와 마비로 인해 발생하며, 말실행증은 말소리 산출과정의 실행계획과 프로그래밍의 문제로 수의적인 발화가 어려워진다.
5. 마비말장애는 뇌 손상 원인과 위치에 따른 두드러진 말장애 양상의 차이가 있으나 관련 치료법들의 궁극적 목표는 말 명료도 개선에 있다.

연습문제

1. 실어증 유형들을 구분할 수 있는 주요 감별 평가 영역들은 무엇인가?

2. 유창성 실어증과 비유창성 실어증의 주요한 차이점은 무엇인가?

3. 브로카 실어증 유형에 적절한 치료접근법은 무엇인가?

4. 실어증 선별검사와 심층검사의 차이점은 무엇인가?

5. 마비말장애 화자의 선별검사 시 주요 과제들은 무엇인가?

6. 마비말장애와 말실행증의 감별 특징은 무엇인가?

7. 마비말장애 치료접근법들의 궁극적 목표는 무엇인가?

참고문헌

강연욱, 박재설, 유경호, 이병철(2009). 혈관성 인지장애 선별검사로서 Korean-Montreal Cognitive Assessment (K-MoCA)의 신뢰도, 타당도 및 규준 연구. **한국심리학회지**, 28, 549-562.

권미선(2010). 실어증의 평가. **뇌신경재활**, 3(1), 12-19.

김향희, 나덕렬(2008). **한국판 보스톤 이름대기**. 서울: 학지사.

김향희, 나덕렬(2012). **파라다이스 한국판 웨스턴 실어증 검사(개정판)**. 서울: 파라다이스복지재단.

김향희, 허지회, 김덕용, 김정완(2009). **실어증-신경언어장애 선별검사**. 서울: 학지사.

신문자, 김영태, 정부자, 김재옥(2010). **한국아동토큰검사**. 서울: 학지사심리검사연구소.

신문자, 김재옥, 이수복, 이소연(2010). **조음기관 구조 · 기능 선별검사**. 서울: 학지사.

정옥란(2006). **대구실어증 검사**. 서울: 시그마프레스.

Albert, M. L., Sparks, R. W., & Helm, N. A. (1973). Melodic intonation therapy for aphasia. *Archives of Neurology, 29*(2), 130-131.

Boyle, M. (2010). Semantic feature analysis treatment for aphasic word retrieval impairments: What's in a Name? *Topics in Stroke Rehabilitation, 17*(6), 411-422.

Caute, A., Pring, T., Cocks, N., Cruice, M., Best, W., & Marshall, J. (2013). Enhancing communication through gesture and naming therapy. *Journal of Speech-Language, and Hearing Research, 56*(1), 337-351.

Helm-Estabrooks N., & Nicholas M. (2000). *Sentence Production Program for Aphasia (SPPA)*. Austin, TX: Pro-Ed, inc.

Helm-Estabrooks, N., & Albert, M. L. (2004). *Manual of aphasia and aphasia therapy* (2nd ed.). USA: PRO-ED.

Marcotte, K., Laird, L., Bitan, T., Meitzer, J., Graham, S. J., Leonard, C., & Rochon, E. (2018). Therapy-induced neuroplasticity in chronic aphasia after phonological component analysis: A matter of intensity. *Frontiers in Neurology, 9,* 225.

Wambaugh, J. L., & Martinez, A. (2000). Effects of modified response elaboration training with apraxic and aphasic speakers. *Aphasiology, 14,* 603-617.

Wambaugh, J., & Mauszycki, S. (2010). Sound production treatment: Application in severe apraxia of speech. *Aphasiology, 24,* 814-825.

Wambaugh, J., Nessler, C., Wright, S., Mauszycki, S. C., DeLong, C., Berggren, K., & Bailey, D. J. (2017). Effects of blocked and random practice schedule on outcomes of sound production treatment for acquired apraxia of speech: Results of a group investigation. *Journal of Speech, Language, and Hearing Research, 60*, 1739-1751.

제13장

청각장애 임상실습

김 유 경

이 장의 학습목표

- 청각장애로 인한 말 · 언어 문제를 표준 및 비표준 검사로 진단 · 평가할 수 있다.
- 청능과 말 · 언어 평가 결과를 해석하여 대상자에게 적절한 청각재활과 말 · 언어치료 목표를 수립할 수 있다.
- 청각장애 대상자의 개별 특성을 고려하여 청능훈련을 계획하고 제공할 수 있다.

핵심 용어

- **청력** 소리가 있음을 느끼는 최소한의 감각 역치를 의미하는 것으로 개인의 노력, 훈련 등으로 변화될 수 없다.
- **청능** 청력으로 들을 수 있는 인지적 능력으로 청각적 잠재력을 포함한다. 노력, 훈련 등으로 변화될 수 있다.
- **잔존청력** 청력 손실은 가청범위의 모든 소리를 듣지 못하는 것이 아니다. 잔존청력은 남아 있는 청력을 의미하며 보통 청력도로 잔존청력을 살펴본다.
- **보청청력** 보청기나 인공와우를 착용한 상태의 청력 역치를 말한다. 보통 청각 보조기를 착용하고 실시한 청력검사 결과로 보청청력을 살펴본다.
- **말지각 평가** 말소리를 들려주고 감지, 변별, 확인, 이해할 수 있는지를 살펴보는 평가이다. 말소리의 음향학적 특징, 과제 조건, 말의 언어학적 단위와 의미를 고려하여 다양한 수준의 말지각 능력을 평가할 수 있다.
- **감지** 소리 유무를 지각하는 능력으로 유무에 따른 조건화된 행동으로 살펴본다.
- **변별** 두 가지 이상의 청각자극이 같은지 다른지를 아는 능력이다.
- **확인** 소리를 듣고 무슨 소리인지를 정확하게 아는 능력으로 소리의 음향학적 특징이 온전하게 전달되는지에 중점을 둔다.
- **이해** 소리를 듣고 무슨 의미인지를 아는 능력으로 인지, 언어 발달과 밀접하게 연관된다.

1. 초기 면담

1) 초기 면담 시 정보수집 내용

청각장애는 청각기관의 손상으로 인해 발생한 청력손실이 듣기에 어려움을 야기하여 개인의 의사소통, 사회적 활동에 제한을 초래하는 감각장애이다. 청각장애 대상자의 재활에서 언어재활사는 청력손실과 관련하여 나타나는 말, 언어, 의사소통 문제에 보다 관심을 가지고 대상자를 지원한다. 청각장애인은 청력손실로 자연스러운 듣기를 통해 말, 언어, 의사소통을 발달시키거나 유지하는 것이 어렵다. 보통 청력역치가 20dB 이하인 건청인처럼 듣지 못할 때 청력손실이 있다고 본다(2023WHO, 2023). 따라서 언어재활사는 청각장애로 인한 말・언어장애 대상자의 특성을 살펴볼 때, 듣기 능력과 관련된 요인들에 대한 정보를 반드시 수집하고 이해해야 한다. 특히 언어재활사가 평가하거나 처방하지 않는 청력손실 정도, 청력손실 유형, 청력손실 시기, 청력형, 청각보조기 유형, 보청효과 등은 면담 과정에서 보호자 상담 또는 전문가 간의 소통으로 조사해야 한다.

또한 청력손실은 말-언어능력, 인지능력, 사회・정서적 적응능력 등에 부차적인 영향을 미치기 때문에 대상자에 따라 광범위한 영역의 정보수집이 필요할 수 있다. 그러나 이 부분은 일반적인 언어재활 상담 내용과 동일하기 때문에 상담 시 수집되어야 할 정보이지만 앞 장에 제시되어 있으므로 이 장에는 구체적으로 제시하지 않았다. 다만 언어재활사는 보호자와의 면담으로 여러 발달 영역의 정보를 수집할 때 청력손실과의 관련성을 고려하여 질문하고 설명할 수 있어야 하므로 면담 전에 청력과 다른 영역과의 관련성을 충분히 이해하고 있어야 할 것이다.

청각장애 대상자의 초기 면담에서 수집해야 할 정보들은 〈표 13-1〉과 같으며, 청각장애로 인해 특별히 더 살펴봐야 할 정보들을 기록할 수 있는 상담지는 이 장의 '5. 보고서 작성 예시'에 제시해 두었다. 따라서 청각장애 대상자를 상담할 때는 앞 장에 제시된 언어발달장애 상담지에 청각장애 대상자를 위한 상담지를 추가하여 초기 면담을 실시할 것을 권한다.

〈표 13-1〉 청각장애 대상자 초기 면담에서 수집해야 할 내용

영역	내용
일반적 정보	이름, 성별, 생년월일, 생활연령, 의뢰인, 검사일 등
청력관련 정보	청력손실 정도, 청력손실 유형, 청력손실 원인, 청력손실 시기, 청력손실 진단 기관, 청력검사 결과, 청각장애 진단 유무, 동반장애 유무 등
청각 보장구 관련 정보	착용 중인 청각보조기 유형 및 착용 귀, 청각보조기 착용 시기, 청각보조기 모델 및 특징, 청각보조기 처방 및 사후관리 기관(담당자), 청각보조기 착용 효과, 청각보조기 조절(fitting, mapping) 현황, 청각보조기 정기검사 일자 및 간격 등
듣기 및 의사소통 환경 정보	듣기 환경, 대상자의 의사소통 수단(구어/수어) 등
발달적 정보(아동의 경우)	신체 및 운동발달, 말-언어발달, 인지발달, 사회 · 정서 발달 등
의학적 정보	병력, 약물 복용, 유전적 요인(가족력), 출생력 등
교육적 정보	교육력, 교육배치 현황, 특수교육 지원 정도 등
기타 개인적 정보	성격, 생활습관, 문제행동, 가족관계, 가족의 재활 의지 및 지원 정도, 가정환경, 직업생활, 청력손실로 발생한 문제 등

2) 청각장애 관련 정보 수집 시 고려사항

청각장애 또한 다른 장애처럼 대상자의 생활 연령, 발달 수준, 호소 내용 등에 따라 초기 면담에서 조사할 정보, 관찰할 행동, 상담의 초점이 다를 수 있다. 청각장애로 인해 특별히 조사되어야 할 정보들의 초기 면담 시 고려사항을 살펴보면 다음과 같다.

(1) 청력관련 정보

청각장애 대상자는 모두 청력손실을 가지고 있으며, 청력손실과 관련된 말, 언어, 의사소통 문제를 주 호소로 언어재활사를 찾아온다. 언어재활사는 장 · 단기 목표 수립, 치료계획, 예후 판단을 등을 위해서 우선적으로 대상자의 청력손실을 명확히 이해해야 한다.

① 청력손실 정도

일반적으로 20~25dB HL까지의 청력역치는 정상범위로 보는데 아동의 경우는 관련 영역의 발달을 살펴볼 때 성인보다 낮은 15dB HL 이상을 임상적인 청력손실로 판단할 필요가 있다(Moore et al., 2020). 보통 청력손실의 정도에 따라 90dB HL 이상이면 농(deaf), 그 이하이면 난청(hard-of hearing)이라 하며, 국제표준기구(International

Organization for Standardization: ISO)에 따라 26~40dB HL은 경도(mild), 41~55dB HL은 중등도(moderate), 56~70dB HL은 중등고도(moderate severe), 71~90dB HL은 고도(severe), 91dB HL 이상은 농(profound)으로 나눈다. 청력손실 정도는 3분법, 4분법 또는 6분법으로 산출한 평균순음역치(Pure Tone Average: PTA)를 기준으로 하는데 주파수별 역치를 알 수 없는 경우는 객관적 검사의 결과를 사용하기도 한다(석동일 외, 2007).

② 청력손실 유형

청각기관의 손상 부위에 따라 전음성, 감각신경성, 혼합성, 청각처리장애로 분류할 수 있다. 손상이 전음기관인 외이나 중이에 있으면 전음성 난청, 감각 · 신경 계통인 내이나 청신경에 있으면 감각신경성 난청, 전음기관과 내이 모두에 있다면 혼합성 난청, 대뇌의 청각경로에 있다면 청각처리장애로 분류한다. 전음성 난청은 골도청력은 정상이나 기도청력에 결함이 있으며 청력손실은 60~70dB HL을 넘지 않는다. 임상현장에서는 잦은 중이염 등으로 일시적인 청력손실을 겪는 영유아를 만날 수도 있다. 이들은 영구적 청력손실은 없지만 반복적인 전음기관의 손상으로 영구적 청력손실이 생길 수도 있으며 청력손실 기간에 따라 말-언어 발달이 손상될 수도 있다. 따라서 발달기 영유아의 전음성 청력손실은 일시적이더라도 주의 깊게 살펴봐야 한다. 감각신경성 난청은 골도청력과 기도청력 모두 결함이 있으며, 두 역치 간 차이가 거의 없다. 대상자마다 청력손실 정도, 청력형, 원인 등이 달라 보청기로 일상생활 듣기가 가능한 경우도 있지만 인공와우 이식이 필요한 수준까지 다양하다. 혼합성 난청은 골도청력과 기도청력 모두 결함이 있으나, 골도청력이 기도청력보다 10dB 이상 좋다. 혼합성 난청은 감각신경성 난청자가 일시적으로 중이에 이상이 생기거나, 만성 중이염의 악화로 중이뿐 아니라 내이에 이상이 생기는 경우 발생할 수 있다(한국청각학교수협의회, 2017). 중추청각처리장애는 정상 범위의 청력을 보이나 소리를 분석, 저장, 통합, 종합하는 청각신호 정보처리에 문제가 있다.

③ 청력손실 시기

청력손실 시기는 출생 시점을 기준으로 선천적, 후천적으로 구분할 수도 있으며, 언어습득 시기를 기준으로 언어습득 전, 언어습득 후로 구분할 수도 있다. 청력손실 시기는 소리를 들은 경험, 언어 습득 정도와 관련되어 구어 발달의 예후를 판단할 때 고려해야 하기 때문에 언어재활사는 정확한 청력손실 시기를 조사해야 한다. 언어습득 시기는 학자들마다 이견이 있지만 보통 모국어를 이해하고 말하는 시점인 2~3세로 보며, 언어

습득 전 청력손실보다 언어습득 후 청력손실이 구어발달 예후가 좋다(고은, 2017; Tye-Murray, 2009).

④ 청력손실 원인

청력손실 원인은 대상자의 청각적 특징뿐 아니라 관련 요인들에 대한 많은 정보를 준다. 따라서 언어재활사는 청력손실의 원인에 따른 청각적 특징과 기타 관련 특징들에 대한 지식을 사전에 숙지하고 면담해야 한다. 보통 유전적 요인, 증후군, 이과적 질병, 청각기관의 손상에 인한 청력손실은 그 원인을 알 수 있다. 그러나 감각신경성 농의 25%는 원인을 알지 못하거나 확신할 수 없기 때문에(Tye-Murray, 2009) 원인으로 추측되는 정보만을 수집해야 하는 경우도 많다.

⑤ 청력검사 결과

보호자 또는 대상자 면담만으로 앞서 제시한 청력손실 정보들을 수집하는 것은 쉽지 않다. 전문 용어의 어려움, 기억 오류 등이 있을 수 있기 때문에 가능한 한 언어재활사는 전문가 간 소통으로 대상자의 청력손실에 대한 정보를 문서로 수집하는 것이 좋다. 보통 청력검사 결과지에는 실시한 검사, 검사 일자, 검사한 귀, 검사 결과(청력도, ABR 역치 등), 담당 전문가 등이 제시되어 있는데 사례에 따라 결과가 구체적으로 해석되어 있지 않을 수 있다. 따라서 언어재활사는 청력손실 진단검사에 대한 청각학 지식을 반드시 숙지하고 있어야 하며, 청력검사 결과를 이해하여 언어재활을 계획할 수 있어야 한다.

(2) 청각 보장구 관련 정보

청력손실이 확인되면 가능한 한 빨리 보청기를 착용하고 재활을 시작하는 것이 좋다. 특히 영유아들은 언어, 인지, 사회·정서 발달 측면에서 생후 6개월 전에 재활을 시작하는 것이 좋다(한국청각학교수협의회, 2017). 이에 우리나라도 국가 사업으로 신생아 청각선별검사를 실시하고 있어 6개월이 되지 않은 갓난아기들이 보청기를 착용하고 언어재활사를 찾아온다. 청각장애 재활은 최적의 듣기 조건을 갖추는 것부터 시작하기 때문에 청력에 적절한 보청기 착용이 필수적이다. 대부분은 청력손실 진단 직후 보청기를 처방받아 초기 면담을 온다. 언어재활사는 초기 면담에서 보장구를 육안으로 확인할 수 있으며, 상담으로 보장구 착용 시기, 보장구 모델, 조절 상태 등을 조사하여 향후 간단한 조작(켜기/끄기, 배터리 교환 등), 고장 점검, 청각행동 관찰 등을 할 수 있어야 한다.

한편 영유아들은 보청기를 처방받았더라도 착용을 거부하거나, 불확실한 청력 정보로 최적의 조절이 되어 있지 않은 경우도 많다. 이 경우 언어재활사는 청각 보장구 조절 계획 및 스케줄, 보장구 조절을 위해 청능사가 언어재활사에게 요청하는 내용 등을 구체적으로 면담할 필요가 있으며, 원활한 소통을 위해 담당 청능사의 정보를 알아두면 좋다. 더욱이 영유아가 심한 청력손실로 인공와우 이식 대상자라면 보청기의 효과를 더욱 세밀하게 평가하고 최적의 상태로 조절(fitting)할 수 있도록 보청기에 대해 더욱 관심을 둬야 하며, 언어재활사는 아동의 말-언어 발달 측면에서 보청기와 인공와우의 차이를 설명해 줄 수 있어야 한다.

대표적인 청각 보장구로 보청기와 인공와우가 있다. 보청기와 인공와우는 소리의 전달 방법이 다르기 때문에 착용 상태와 형태 등으로 구분할 수 있다. 심한 편측성 난청을 제외하면 양쪽 귀에 보장구를 착용하는 것이 보편적인데 양쪽 귀 모두 인공와우, 양쪽 귀 모두 보청기, 각 귀에 인공와우와 보청기 형태로 착용할 수 있다. 보통 착용하고 있는 보장구의 제조사, 모델명 등에 대한 정보는 보호자와의 면담으로 수집할 수 있다. 그리고 보청기 증폭량, 보장구를 착용한 보청 청력 검사 결과 등이 있다면 청능훈련 시 유용한 정보이므로 수집할 것을 권한다.

(3) 듣기와 의사소통 환경 정보

청력은 대상자의 듣기(listening)를 예측할 수 있는 가장 큰 요인이다. 그렇다면 청력 범위 내에 있는 모든 소리를 항상 들을 수 있을까? 들리던 소리라도 의미가 없는 소음으로 인식되면 어느 순간 들리지 않는다. 여기서 말하는 '듣기'는 들을 수 있는 능력인 청능(listening ability)을 의미한다. 청력(hearing level)은 소리가 있음을 느끼는 최소한의 감각 역치를 의미하는 것으로 개인의 노력, 훈련 등으로 변화시킬 수 없지만, 청능은 청각적 잠재력으로 노력, 훈련 등으로 향상시킬 수 있다(이필상 외, 2015). 유사한 청력을 가진 대상자더라도 개인의 청각적 경험, 자극에 대한 관심 및 흥미에 따라 듣기는 차이가 날 수 있다. 따라서 초기 면담 시 청능, 즉 소리에 대한 반응, 소리를 구별하는 행동 등에 대해 조사하고 관찰할 필요가 있다.

청능에 영향을 주는 외적 요인으로 일상생활 속 청각 자극이 있다. 보통 구어적 의사소통 상황에서 많은 청각 자극을 받을 수 있기 때문에 대상자의 의사소통 환경을 살펴볼 필요가 있다. 특히 대상자의 부모가 수어를 사용할 때는 구어 의사소통 상황에 대해 세밀하게 조사해야 하고 향후 대상자의 주요 의사소통 수단에 대한 상담도 필요하다.

(4) 발달적 정보

발달적 정보는 발달기 유아 및 아동을 면담할 때 중요하다. 발달적 정보는 다른 장애와 마찬가지로 생활연령에 적절한 발달이 이루어지고 있는지를 발달 영역별로 살펴보면 된다. 특별히 청각장애 영유아는 청능 발달에 대한 조사가 필요하며, 청능 발달과의 관련성을 고려하여 말-언어 발달을 살펴보면 된다. [그림 13-1]과 같이 청능 발달은 여러 청각 자극에 대한 반응들로 크게 탐지, 변별, 확인, 이해 단계로 구분한다. 건청 아동의 청능 발달 행동은 생후 12개월이 되기 전에 보호자가 판단할 수 있을 정도로 확실하게 관찰되는 경우가 많다. 따라서 생애 초기에 발달하는 청능 발달 지표 행동들은 생활연령으로 비교하지 않고 청능 발달의 위계적 순서에 따라 살펴본다. 청능 발달 지표 행동들은 청각장애 관련 서적에서 찾을 수 있다.

청능 발달은 연령이 증가할수록 수용언어 발달 과제들로 평가할 수 있는데, 이때 주의할 것은 청각적으로 제시된 자극에 대한 반응만이 청능 발달 행동이라는 점이다. 결론적으로 아동의 청능 발달 행동은 입모양, 손짓 등의 시각적 자극을 배제한 수용언어 과제에서 또는 청각적으로 제시된 비구어 자극에 대한 반응 과제에서 살펴볼 수 있음을 명심하여 보호자에게 구체적으로 설명해야만 청능 발달에 대한 정확한 정보를 수집할 수 있다.

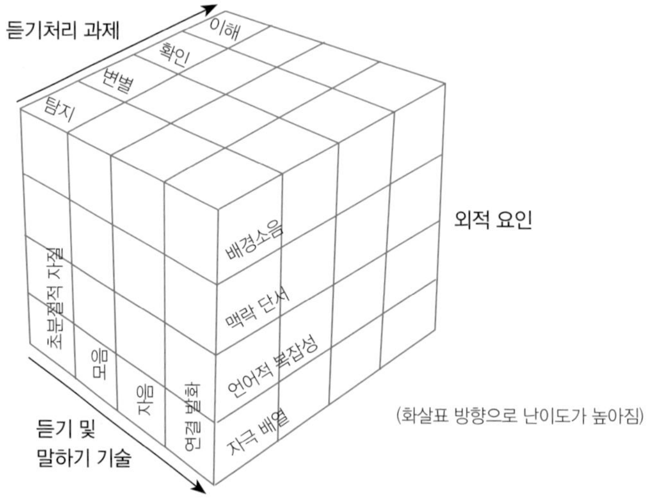

[그림 13-1] **청각 및 말 · 언어 발달 모델**

출처: Easterbrooks & Estes (2019).

2. 평가계획 및 실시

언어재활사는 청각장애 대상자를 진단 · 평가할 때 청력손실로 나타날 수 있는 말, 언어, 의사소통 문제를 모두 평가해야 한다. 청각장애 또한 다른 장애와 동일하게 말 능력은 조음 · 음운 평가와 음성평가로, 언어능력은 구어의 수용 및 표현 언어 평가와 읽기 및 쓰기 평가로, 의사소통 능력은 대화 기술이나 이야기 평가 등으로 살펴본다. 이 내용들은 앞 장에 제시되어 있으므로 여기서는 청각장애에 특별히 요구되는 청능 평가를 중심으로 제시하였다.

1) 평가 영역

(1) 청능

청능은 청각 자극에 대한 행동적 반응 능력으로 일상생활에서 의미 있는 모든 소리, 즉 환경음과 말소리에 대한 청지각 행동으로 평가한다. 청능은 청력과 직결되는 능력으로 대상자의 청력도를 해석하여 들을 수 있는 소리들을 예측할 수도 있지만 대상자의 경험, 인지 · 학습 능력, 언어 능력 등에 따라 청능 발달 단계가 다를 수 있기 때문에 평가가 필요하다. 언어재활사는 청력이 아닌 청능을 평가하기 위해 환경음과 말소리에 대한 청지각 검사를 실시한다. 이 중 말소리에 대한 청지각 능력을 말지각 능력이라고 하는데 언어재활사는 말지각 훈련으로 말-언어-의사소통 능력을 향상시키기 때문에 청각장애 언어재활에서 말지각 검사는 큰 비중을 차지한다. 또한 청능 발달 면에서 환경음 지각을 말 지각의 선행 능력으로 보고 '말지각'을 보다 포괄적 용어로 간주하여 청능이 아닌 말지각 능력으로 평가 영역을 기술하기도 한다.

(2) 검사도구

청능 평가 도구는 청능 발달의 낮은 수준부터 높은 수준까지를 평가할 수 있는 여러 하위 검사들로 구성된 종합적인 검사(battery)도 있으며, 특정 자극이나 청능 발달 단계의 청지각 능력을 살펴볼 수 있는 개별 검사들도 있다. 현재 국내 표준화 청능 검사 도구로는 국립특수교육원 말지각 발달 검사도구(KNISE-DASP: 송영준 외, 2011, 이하 KNISE-DASP)가 있다. 여러 책에 종합적인 검사로 EARS-K(이상흔 외, 2003)도 소개되어 있는데 비표준화 검사이며 현재 구입이 어렵다. 종합적인 검사는 대상자의 청능 발달 수준을 파악할 수 있는 장점이 있으나 특정 단계를 심층적으로 평가하기에 부족함이 있다. 따라서 대상자의 청능을 평가할 때는 종합적인 검사와 더불어 대상자의 수준을 고려하여 임상 현상에서 보편적으로 사용하고 있는 여러 비공식적 및 비표준화 검사들을 함께 사용해야 한다. 현재 청각장애 재활을 중점으로 하는 기관에서는 자체 개발 비표준화 검사들을 사용하고 있기도 하며, 이미 전공책에 공개된 비표준화 말지각 검사들도 많다. 이에 여러분은 청능 평가 도구를 이해할 때, 명칭이 다르더라도 검사의 내용을 이해하여 대체할 수 있는 말지각 검사들을 사용해도 좋다.

① KNISE-DASP

KNISE-DASP는 〈표 13-2〉와 같이 8개의 하위 검사들로 구성된 종합적 검사이다. 하위 검사는 제시 자극, 청능 발달 단계, 제시 방법, 언어 수준 등에 따라 구분되며 검사 결과는 하위 검사에 따라 준거 또는 규준으로 분석한다. 청각장애 아동의 경우 3세부터 17세까지를 대상으로 하고, 말지각 평가가 필요하다면 건청 아동도 3세부터 12세까지 사용할 수 있다. 말지각 검사는 기본적으로 AO(Auditory Only: 입모양을 가림)로 청각 자극을 제시하고 검사에 따라 피검자에게 요구되는 반응이 다르다. 청각 자극은 제공된 음원이나 육성으로 제시할 수 있으며 피검자의 반응은 청능 발달 단계에 따라 다음과 같다(송영준 외, 2011).

- 탐지: 청각 자극의 유무를 행동으로 표현하기
  (예) 구슬 넣기, 손 들기, 말로 대답하기("네" 또는 "들었어요") 등
- 변별: 두 청각 자극이 같은지 또는 다른지를 행동으로 표현하기
  (예) 말로 대답하기("같아요/달라요"), 제스처로 표현하기, ○× 카드 선택하기 등
- 확인: 청각 자극을 구성하고 있는 소리를 인지한 것을 행동으로 표현하기
  (예) 그림카드 찾기, 따라 말하기 등
- 이해: 청각 자극의 의미를 파악한 것을 행동으로 표현하기
  (예) 질문에 답하거나 그림카드 선택, 들은 단어 설명하기, 내용 다시 말하기 등

② CAP

CAP(Categories of Auditory Performances; Archbold et al., 1995)는 난청 아동의 청각적

〈표 13-2〉 KNISE-DASP의 하위검사 구성과 내용

하위검사명	제시 방법	제시 자극	청능 발달 단계	내용
Ling 6음 검사	Closed	음소	탐지 변별 확인	Ling 6음 [a,i,u,m,s,ʃ]을 들려주어 탐지 또는 확인을 평가함. 6개 음소에 대한 그림 자극을 제공하고 있으며, 필요에 따라 변별 검사를 실시함.
자 · 모음 검사	Closed /Open		변별 확인	7개 모음과 10개 자음을 들려주어 확인을 평가함. 따라 말하기 또는 글자판에서 들은 소리 찾기로 평가함. 필요에 따라 변별 검사, 자 · 모음 결합이 다른 말소리 확인 검사 등을 실시함.
단어패턴 · 인지 검사	Closed	단어	패턴 인지 (변별) 확인 이해	음절수가 서로 다른 단어 3개, 6개, 12개 중에서 들려준 단어 찾기로 확인을 평가함. 음절수 차이에 따른 길이 패턴으로 단어를 확인하는지를 평가할 수 있음.
단어인지 검사	Closed			1음절 또는 2음절 단어를 들려주어 확인을 평가함. 동일한 음절수를 가진 12개의 단어들 중에서 들은 단어를 그림판에서 찾기로 평가함.
문장인지 검사	Closed Open	문장	확인 이해	문장을 들려주어 그림판에서 지적하기 또는 따라 말하기로 확인 또는 이해를 평가함. 피검자의 언어 수준에 따라 쉬운 또는 어려운 수준을 실시함.
문장이해 검사	Closed Open			정보를 이해하여 질문에 대답하게 하여 이해를 평가함. 질문에 대한 반응은 그림판에서 찾기 또는 말로 함. 피검사의 언어 수준에 따라 쉬운 또는 어려운 수준을 실시함.
문장기억 · 순서화 검사	Closed			사물, 색깔, 동사, 위치 범주의 핵심 단어들로 조합된 문장수준의 지시를 들려주고 지시 따르기로 이해를 평가함. 지시 따르기 행동은 제시된 구체물을 조작하는 것이며, 지시는 시간적 의미 유무, 구체물 조작 행동의 복잡성 등에 따라 난이도가 다름.
이야기이해 검사	Open	연결 발화		2~6개 문장으로 된 이야기를 들려준 뒤 내용을 묻는 질문(1개 또는 2개)에 대답하기로 이해를 평가함. 이야기 길이, 내용에 따라 난이도가 다름.

주) Closed: 반응에 대한 보기가 제시된 상황(예: 그림판 또는 글자판에서 지적하기)
Open: 반응에 대한 보기가 제시되지 않은 상황(예: 듣고 따라 말하기, 질문에 대답하기 등)

수행력을 청능 발달 위계에 따라 구분된 여덟 범주로 평가하는 척도 검사이다. CAP는 청능 발달 단계를 〈표 13-3〉과 같이 환경음 탐지가 불가능한(범주 0) 매우 낮은 청능 발달 수준부터 친숙한 대상과 전화 통화가 가능한(범주 7) 높은 수준까지 포함하고 있어 광범위한 청능 발달 과정에서 대상자의 현 수준을 간편하고 빠르게 평가할 수 있는 장점이 있다. 이 검사는 전문가뿐 아니라 부모나 학교 교사 등 비전문가도 사용할 수 있다. CAP는

〈표 13-3〉 CAP의 한글 번역본

0. 환경음 탐지 불가 귀꽂이(earmold)가 잘 맞춰진 보청기를 착용한 상태에서 아동이 어떤 환경음에도 자발적으로 들었다는 반응을 보이지 않는다. 또한 아동이 환경음에 반응했다는 보고가 없다.
1. 환경음 탐지 아동이 집, 학교, 언어치료실, 야외 등에서 약 6개 이상의 환경음에 대해 자발적으로 반응하는 것이 관찰된다. 이때 아동의 반응은 환경음을 지각한 것이 아니라 단지 탐지한 것을 의미한다.
2. 말소리 반응 아동은 간단한 지시를 따를 수 있다. 예를 들면, 아동은 30~60㎝ 거리에서 일상 회화음의 크기로 "던져" 혹은 "시작"과 같은 지시를 듣고 공을 던지는 등의 행동을 할 수 있다.
3. 환경음 지각 아동이 일상생활에서 약 6개 이상의 환경음(예: 초인종, 전화벨, 부모 목소리, 자동차 소리 등)에 일관적으로 반응하는 것이 관찰된다. 관찰자는 아동이 듣기를 통해서 자신의 환경을 탐색하고 있다는 것을 확신한다(예: 아동은 전화벨 소리를 듣고 전화기를 가져오는 것과 같이 환경음을 듣고 적절한 행동을 할 수 있다).
4. 두 가지 이상의 말소리 변별 아동은 입 모양을 보지 않은 상태에서 일상 회화음의 크기로 들려주는 Ling 5음 [a,i,u,s,ʃ] 중에서 두 개 이상의 말소리를 일관적으로 변별할 수 있다.
5. 입 모양을 보지 않고 일상생활 문장 이해 아동은 친숙한 상황에서 일상생활 문장을 확인할 수 있다. 예를 들어, 아동은 보기가 있는 조건의 문장 검사를 수행하거나 친숙한 상황에서 간단한 질문(예: "이름이 뭐니?" "엄마 어디 있니?" "몇 살이야?")에 대답하거나 들려주는 설명을 듣고 몇 개의 그림 중에서 알맞은 그림을 고를 수 있다.
6. 입 모양을 보지 않고 친숙한 사람과 대화 아동은 조용한 장소에서 친숙한 사람(예: 부모나 교사)과 정해지지 않은 간단한 주제로 입 모양을 보지 않고 대화할 수 있다. 아동은 간단한 질문에 의사소통 단절 없이 정확하게 대답할 수 있어야 한다.
7. 친숙한 사람과 전화 통화 아동은 전화로 친숙한 사람과 특정 주제가 아니더라도 간단한 대화를 주고받을 수 있다. 아동은 간단한 질문에 의사소통 단절 없이 정확하게 대답할 수 있어야 한다.

출처: 대한청각학회(2015).

평가자가 대상자의 가정 및 학교 등 실제 생활에서 보이는 청각적 수행력에 대한 양육자 보고나 행동 관찰에 근거하여 각 범주별로 제시된 청능 행동의 조작적 정의에 가장 부합하는 범주를 선택하는 간접평가로 실시한다(대한청각학회, 2015).

③ Ling 6음 검사

Ling의 6음은 Ling(1989)에 의해 개발된 오래된 검사로 임상현장에서 보편적으로 사용하고 있다. KNISE-DASP의 하위검사로 포함되어 있으나 오래전부터 사용되고 있었기 때문에 인터넷 검색으로 쉽게 6음의 그림 상징과 실시방법을 구할 수 있다. Ling의 6음은 [a, i, u, m, s, ʃ]이며, 각각의 말소리는 250~8,000Hz 범위 내에 특정 주파수 영역을 대표하는 소리이다. Ling 6음 검사는 6음에 대한 대상자의 반응 과제를 다르게 하여 탐지, 변별, 확인 청능 발달 수준을 평가할 수 있다. Ling 6음 검사를 실시할 때는 [그림 13-2]와 같은 음향적 특성으로 [a, i, u, m, s, ʃ]을 대상자에게 들려주는 것이 중요하다. 따라서 처음 실시할 때는 KNISE-DASP에서 제공하는 6음의 자료를 들어볼 것을 권한다. 필자의 경험에서 학생임상가들은 [s, ʃ]에 모음을 붙여 유성음 [스, 쉬]로 산출하는 실수를 종종 하는데, 이 두 소리는 반드시 무성음으로 산출해서 들려줘야 한다. 또한 Ling 6음 검사는 진단뿐만 아니라 진전 평가, 매일의 청각 보조기 상태 점검 및 청력 변화 확인, 청력손실 선별 검사 등으로도 실시되기 때문에 검사 방법과 해석에 대해 정확히 숙지하고

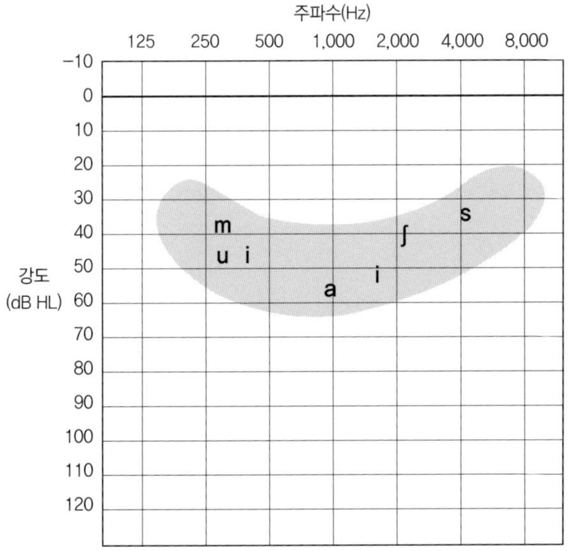

[그림 13-2] Ling의 6음에 대한 강도 및 주파수 특성

이해할 필요가 있다. 특히 청능훈련 회기를 시작할 때 대상자의 듣기 상태 점검을 위해 매 회기 도입부에 Ling 6음 검사를 실시할 것을 권한다.

④ MAIS

청각통합능력검사(Meaningful Auditory Integration Scale: MAIS)는 부모 보고에 근거하여 일상생활에서의 청각 수행력을 평가하는 간접평가 방식의 설문검사이다. 영유아는 의사표현이 어렵고 행동이 명확하지 않을 뿐 아니라 직접 평가에 협조하지 않는다. CAP를 제외하면 앞서 제시한 검사들은 모두 직접평가 방식이기 때문에 영유아의 청능 발달을 평가하려면 설문검사가 필요하다. 특히 청각장애는 신생아 청각선별검사로 조기 선별되어 매우 어린 시기에 언어재활사를 찾아오기 때문에 직접평가가 힘든 영유아에게 청능을 평가하려면 MAIS 같은 설문검사가 적절하다. 현재 임상 현장에서 사용하고 있는 MAIS는 여러 연구자들에 의해 번역된 것으로 연구 논문이나 EARS-K에서 구할 수 있다. MAIS는 영유아에게 적용될 수 있도록 Zimmerman-Phillips 등(2001)에 의해 수정 · 보완되어 IT-MAIS(Infant-Toddler-Meaningful Auditory Integration Scale)와 MAIS가 있다. IT-MAIS는 문항에 대한 구체적 질문이나 예시가 영유아의 청각 행동에 보다 맞추어져 제시되어 있으며, MAIS와 청각 보조기 착용 시 발성 행동에 대한 변화를 묻는 문항에서 차이가 있다. IT-MAIS는 총 10문항으로 구성되어 있으며 '발성행동(1~2문항)' '소리에 집중하기(3~6문항)' '소리로부터 의미 도출하기(7~10문항)' 세 영역을 평가한다. MAIS는 첫 번째 영역을 발성의 변화가 아닌 보장구 사용에 대한 거부감 또는 수용에 대해 질문으로 '보장구에 대한 친밀감'을 평가하는 것만 다르고 나머지는 동일하다. 각 문항별로 0~4점(전혀, 거의, 가끔, 자주, 항상) 다섯 단계로 평점하며 40점을 획득하면 최상의 청각행동을 보인다고 할 수 있다.

⑤ 그 외 말지각 검사

앞서 제시한 말지각 검사들로는 청능 발달 연속선상에 있는 모든 대상자를 평가하는 데 한계가 있을 수 있다. 이에 추가적으로 몇 가지 비공식 검사들을 간단히 제시하고자 한다. 일반적으로 초기 청능 발달은 말소리보다 환경음, 기계음 등과 같은 비구어음의 탐지 및 변별에서 먼저 나타나기 때문에 청각 보조기 착용 직후 청능훈련은 대부분 환경음에 대한 듣기 훈련이 포함되어 있다. 이 발달 수준에 있는 대상자를 평가하려면 말소리뿐 아니라 환경음에 대한 청능 평가가 필요하며 EARS-K의 하위검사인 Lip-profile 검사(이상흔 외, 2003), 일반환경음검사(배희경, 2003) 등을 실시할 것을 추천한다.

대상자가 말소리를 탐지하고 변별하기 시작할 때는 말소리의 초분절적 특징, 즉 말소리의 길이, 반복성, 강세 등과 같은 패턴을 기억하고 패턴의 차이로 말소리를 구분한다. 이러한 청능 발달 순서에 따라 초기 청능훈련 자극으로 패턴 특징이 큰 의성어 · 의태어가 많이 사용된다. 의성어 · 의태어는 환경음을 말소리로 바꾸어 표현한 단어이며, 초기 발달 어휘라는 측면에서도 영유아의 초기 청능훈련에 적절한 자극이다. 따라서 단어 확인은 어렵지만 환경음 변별 및 확인, 말소리 패턴 변별이 가능하다면 의성어 · 의태어를 듣고 찾는 검사를 실시할 것을 권하며, EARS-K의 하위검사인 Lip-profile 검사(이상흔 외, 2003), 말소리환경음검사(배희경, 2003), 나사렛패턴인지검사(대한청각학회, 2015, p.85) 등을 사용할 수 있다.

대상자가 문장수준의 듣기가 가능하다면 문장을 구성하고 있는 핵심단어의 수, 문장의 길이 등이 듣기 난이도에 영향을 미친다. 문장을 구성하고 있는 단어들 중에 의미를 이해하는 데 필수적인 단어들을 핵심단어라고 한다. 청능훈련에서는 문장의 이해력을 향상시키기 위해 어절 수보다 핵심단어 수로 난이도를 조절하기 때문에 문장 수준의 듣기를 훈련받고 있는 대상자는 핵심단어 수에 따른 문장 확인 및 이해 청능평가가 필요하다. 특히 3~4개 핵심단어 듣기 훈련 단계에 있다면 EARS-K의 하위검사인 Closed-set Sentence Test로 문장듣기를 평가할 것을 추천한다.

대상자가 단어를 듣고 확인할 수 있으나 음성학적 유사성에 따라 듣기에 차이를 보인다면 음성학적으로 유사한 단어 변별 및 확인을 평가할 필요가 있다. KNISE-DASP의 자모음검사로 살펴볼 수 있지만 유의미 단어의 확인을 평가하고자 한다면 음성적 유사성을 가진 단어들로 자극을 구성한 자모음확인검사(SNUH-Speech feature test, 대한청각학회, 2015, p.119)를 실시할 것을 추천한다.

(3) 말-언어 능력

청력손실은 말-언어 능력에 부정적 영향을 미치며, 언어습득 전 청력손실은 대부분 말-언어 발달 지연을 동반한다. 말-언어 능력은 대상자의 청력손실 정도, 청능 발달 정도, 인지 능력 등에 따라 지연 정도가 다르다. 언어 발달기 대상자라면 현재의 말-언어 수준에 따라 언어발달장애 아동과 동일한 방법으로 말-언어 평가를 계획하고 실시하면 된다. 일반적으로 심한 청력손실 아동은 말, 언어, 의사소통 전반에 대한 평가가 필요할 수 있으며, 경도의 청력손실 아동은 조음 · 음운능력의 평가만 필요할 수도 있다. 후천적 청력손실의 경우는 음성 및 조음능력 중심의 평가가 요구된다.

2) 평가 시 고려사항

청능 검사를 실시할 때는 대상자의 제한된 말-언어 능력이 결과에 반영되지 않도록 해야 한다. 많은 청능 검사는 언어 자극을 들려주고 대상자의 수행 능력을 살펴본다. 청력손실 대상자가 말-언어 능력에 손상이 있다면 언어 자극에 대한 듣기 문제가 아닌 언어 문제로 수행에 오반응이 나타날 수 있다. 혹은 언어 자극에 대해 말 산출 반응이 요구될 때는 대상자의 조음 문제로 수행에 오반응이 나타날 수도 있다. 말-언어 문제로 인한 오반응은 청능이 아닌 말-언어 능력을 평가한 것이다(Tye-Murray, 2009). 이러한 오류를 범하지 않으려면 대상자의 수용 및 표현 언어능력, 말 능력을 평가한 후 말지각 검사를 실시할 것을 권한다. 또는 말지각 검사를 할 때 언어 자극에 대한 이해 여부를 검사 실시 전에 반드시 확인해야 한다(송영준 외, 2011).

역으로 언어평가를 할 때도 청능 문제가 반영되지 않도록 해야 한다. 특히 청각 자극을 듣고 수행하는 언어 평가 과제에서 청각장애 대상자가 청력손실로 인해 자극을 놓치지 않도록 주의해야 한다. 따라서 대상자에게 언어 자극을 제공할 때는 건청 아동과 달리 청각적 집중을 확인하고 명료하게 언어 자극을 제공하며, 독화를 할 수 있도록 입모양을 잘 보여 주어야 한다.

3. 치료계획 및 실시

청각장애로 인한 언어재활 대상자들이 보이는 청능, 말-언어 특성은 매우 다양하다. 이는 청능과 말-언어 능력이 서로 긴밀하게 관련되어 연속적으로 장기간 광범위하게 발달하기 때문이다. 청력손실 대상자의 연령대 또한 영유아부터 성인까지 다양하기 때문에 청각장애 언어재활을 계획하고 실시할 때는 고려해야 할 것들이 많다. 특히 청각장애는 언어재활과 함께 청능훈련을 제공해야 한다는 점에서 다른 장애와 차이가 있다. 청능훈련은 자연스러운 듣기를 통해 말과 언어가 습득되는 것을 기대하기 때문에 말-언어 훈련보다 우선시된다. 물론 청능훈련으로 향상되지 않거나 향상을 기대하기 어려운 말-언어 능력은 청각 이외의 자극을 사용한 언어재활로 향상시켜야 할 것이다. 청능훈련은 대상자의 청능 평가 결과에 근거하여 청능발달 단계에 맞추어 계획하며 언어재활은 청능훈련 시 사용하는 언어 자극의 발달 수준을 맞추어 보통의 언어발달장애와 동일한 방법으로 치료를 계획하고 실행하면 된다. 따라서 여기에는 청능훈련을 중점적으로 제시하기로 한다.

1) 청각장애 영유아의 언어재활

(1) 청능훈련 목표 수립 및 활동

언어 습득 전 청력손실은 성장 과정에서 자연스럽게 이루어지는 여러 청각 정보에 대한 경험을 양적, 질적으로 방해한다. 난청 아동은 어린 시절 청각 경험의 부족으로 청능이 충분히 발달하지 못하며, 이는 청력손실이 클수록 더욱 심하다. 가청 아동이라면 특

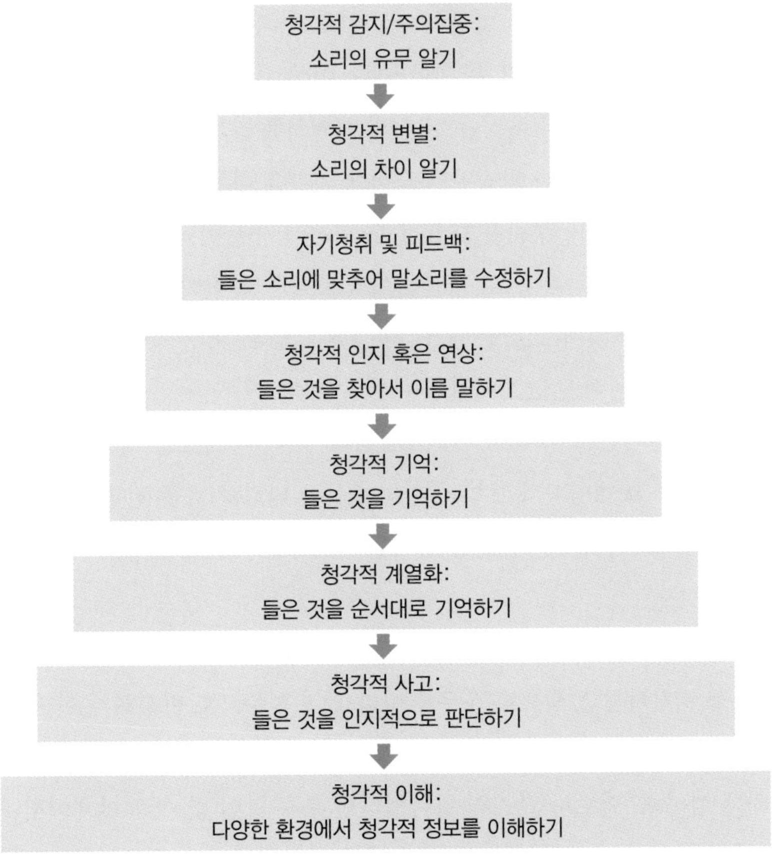

[그림 13-3] 가청 아동의 청능발달 단계

출처: 이필상 외(2015).

별한 중재 없이 [그림 13-3]의 청능발달이 자연스럽게 이루어지지만, 청력손실 대상자는 특별한 청각적 환경을 만들어 주어 소리를 수용하고 활용할 수 있도록 지원하여 청각 경험을 보완해 주어야 청능이 발달할 수 있다. 청능훈련은 청능을 발달시킬 수 있도록 듣기 환경을 구조화한 훈련으로 의사소통에 필요한 듣기 기술을 습득하여 청각 정보를 처리하는 능력을 향상시키는 절차와 과정이다(이필상 외, 2015).

청력손실 영유아의 청능훈련 목표는 청능발달 순서에 따라 발달적 접근 전략으로 수립하면 된다. 청능훈련 과제의 발달 순서 및 난이도는 듣기기술 단계, 자극요소, 활동 유형, 언어 과제 등에 따라 달라진다. 듣기기술은 크게 감지-변별-확인-이해 순으로 동시적 또는 순차적으로 발달하는데, 들어야 하는 청각 자극의 특징(소리의 유형, 말소리의 음향학적 특징, 말소리의 언어 단위 등)에 따라 발달 순서는 달라질 수 있다. 보통 환경음/기물음에 대한 듣기가 말소리보다 먼저 발달하고, 말소리의 경우는 짧은 언어 단위부터 긴 단위 순(단어 → 문장 → 이야기/연결발화)으로 듣기가 발달한다. 그리고 언어 자극을 사용하는 과제들은 언어능력과 매우 밀접하게 관련되기 때문에 대상자의 언어발달에 따라 발달 편차가 발생한다. 또한 단어 수준이더라도 언어 자극의 음향적 유사성이 높거나 청각적으로 듣기 어려운 음향적 특징을 변별 및 확인하는 분석적 청능훈련 과제의 수행은 늦게 발달된다. 많은 요인들이 청능발달 순서에 영향을 미치지만 듣기 기술과 청각 자극의 특징만 고려하여 각각의 수준을 대표할 수 있는 청능훈련 과제들을 〈표 13-4〉에 제시해 두었다. 단, 각 단계들은 서로 구분되어 있으나 연속적이기 때문에 실제 상황에서는 각 단계를 구분하는 것이 모호할 때가 많다. 예를 들어, 어떤 자극은 변별 단계에 머물러 있는데 다른 자극은 확인 단계에서 훈련할 수 있다. 또 언어적 자극들은 확인과 이해가 언어능력과 관련되면서 경계가 매우 모호하다. 따라서 치료를 제공할 때는 청능발달의 연속성을 이해하고 대상자가 보이는 청능 행동에 따라 치료를 진행해 나가야 할 것이다. 듣기 기술 단계별 목표행동과 활동 과제를 살펴보면 다음과 같다.

① 감지

소리 유무를 지각하는 능력으로 유무에 따라 특정 행동으로 반응하게 한다. 보통 청각 자극의 의미와 관계없는 단순한 행동(손 들기, 뛰기, 구슬 넣기, 자동차 출발 시키기, 몸 흔들기 등)을 하게 할 수도 있으나 말소리 자극이라면 추후 확인 및 이해 단계에서 그 의미를 이해해야 하기 때문에 자극과 관련된 의미 행동으로 훈련하면 좋다. 예를 들어, 대상자는 현재 '쏙' 의미를 모르지만 '쏙'소리가 들리면 고리를 꽂는 행동을 감지 단계에서 훈련시키면 자연스럽게 '쏙'의 소리가 '넣는다'는 의미와 연결되어 이해 단계로 연속될 수 있다. 단, 이 단계는 이해가 아닌 감지, 소리에 대한 반응을 목표로 하기 때문에 대상자가 충분히 들을 수 있는 자극으로 선정해야 하며, 소리에 반응하는 행동을 강화해야 한다. 또한 이 단계는 대상자가 소리에 대해 집중하는 듣기 자세를 형성하고, 생활 속에서 스스로 소리를 탐색하고 감지한 행동을 표현하게 하여 자발적 감지 능력을 향상시키고 대상자가 들을 수 있는 소리에 대해 치료사가 파악하는 것 또한 중요하다. 기본적으로 청능훈련 시 모든 청각자극은 AO상황에서 제공하는데, 대상자가 충분히 들을 수 있는 소리에 감지 행동을 보이지 않는다면 AV상황에서 연습한 후 AO상황으로 진행한다.

- 듣기 자세 형성: 소리를 들어야 할 때 치료사는 자신의 귀를 가리키며 "들어봐."를 지시하여 아동이 '듣고 있어요'라는 특정 자세를 하게 한다.
- 자발적 감지 행동 형성: 소리가 들렸을 때 치료사는 자신의 귀를 가리키거나 두리번거리며 "소리가 들렸어."를 보여 주며 대상자가 자발적으로 소리를 감지하였을 때 이 행동을 스스로 하게 한다.

[그림 13-4] 듣기 자세 형성 촉구 행동

② 변별

두 가지 이상의 청각자극이 같은지 다른지를 아는 능력으로 같은 소리를 찾게 하거나 두 자극이 같은지 다른지를 행동으로 반응하게 한다. 변별 훈련에 사용하는 청각자극은 대상자가 감지할 수 있는 자극들로 하며 제시된 자극들 간의 차이를 인식시키는 데 중점을 두어야 한다. 그런데 '같다/다르다'의 의미를 이해하려면 적어도 2세 이상의 언어능력이 요구되기 때문에 영유아의 변별은 보통 '같다/다르다'의 반응이 아닌 두 개의 청각자극 중에서 찾기 반응으로 훈련한다. 또한 변별 과제는 자극의 유사성에 따라 난이도가 크게 다르기 때문에 초기에는 음향적 차이가 큰 것으로 짝지어 훈련한다. 그래서 필자는

〈표 13-4〉 듣기 기술 수준과 청각 자극 단위별 청능훈련 과제

	환경음/기물음	음소	패턴	단어	문장	이야기/연결발화
감지	내부 환경음(초인종, 휴대폰, 청소기, TV 등), 외부 환경음(자동차, 사이렌, 새소리, 물소리 등), 악기, 장난감 소리 듣고 반응하기 음악이 들리는 동안 반응하기	Ling 6음 듣고 반응하기 우리말 자음 또는 모음 듣고 반응하기	대상자 혹은 타인을 부르는 소리에 반응하기 어떠한 단어든 듣고 반응하기 예: '쏙' 말소리에 구슬끼우기 단어가 들리는 동안 단어의 길이에 따라 손인형 입 움직이기 예: 밥/사과/아이스크림 단어를 듣고 손인형 움직이기		문장 수준의 말이 끝나면 반응하기 말소리가 들리는 동안 반응하기 예: 책을 읽어주는 동안 페이지 넘기지 않기 책을 읽어주는 말이 끝나면 페이지 넘기기 노래를 불러주는 동안 몸 흔들기 말하는 사람을 말하는 동안 주시하기 말을 멈추었을 때 쳐다보기	
초기 변별	악기, 장난감, 동물소리, 환경음 -듣고 같은 소리 찾기 -듣고 2개의 보기에서 찾기	Ling 6음을 짝지어 제시하였을 때 -듣고 같은 소리 찾기 -듣고 2개의 보기에서 찾기	엄마 목소리와 아빠 목소리 찾기 길이, 음절수, 억양이 서로 다른 의성어 · 의태어 듣고 찾기 예: 빵/꼬끼오, 멍멍/음~~모, 삐용삐용/부릉부릉 음절수가 서로 다른 단어 듣고 찾기 -2~3개의 보기에서 찾기(예: 빵, 과자, 바나나)		문장의 억양을 구분하여 반응하기 예: 묻는 문장/지시 문장 문장의 강도, 음도, 유무성을 구분하여 반응하기 예: 조용한 음성 / 큰 강도 음성 속삭이는 음성 / 조용한 음성	
확인	악기, 장난감, 동물소리, 환경음 -듣고 3개 이상의 보기에서 찾기 -open-set에서 듣고 소리 알아 맞히기	Ling 6음을 듣고 따라 말하기 또는 카드(그림) 찾기 우리말 자음 또는 모음, 무의미 음절 듣고 따라 말하기	의성어 · 의태어 -듣고 3개 이상의 보기에서 찾기 -open-set에서 듣고 소리 알아 맞히기/따라 말하기	단어 듣고 따라 말하기/보기에서 찾기 -듣고 4개 이상의 보기에서 찾기(보기 수 증가) -open-set에서 듣고 따라 말하기	문장 듣고 따라 말하기/보기에서 찾기 -핵심단어가 2개인 문장 -핵심단어가 3개인 문장 -핵심단어가 4개 이상인 문장	
이해				단어 듣고 의미 알기 -open-set에서 듣고 그림 그리기, 단어 의미 설명하기	문장 듣고 질문에 대답하기 문장 듣고 지시 따르기 (짧은 문장 → 긴 문장)	이야기, 대화 듣기 -내용 확인, 추론 질문에 대답하기 -내용 다시 말하기 -주제 말하기, 주제 유지하며 대화하기
후기 변별	음향적으로 유사한 환경음 듣고 변별 예: 바이올린-첼로, 참새 소리-병아리 소리	음향적으로 유사하여 대상자가 변별하기 어려운 두 음소 듣고 변별 예: ㅉ/ㅆ, ㅌ/ㅋ, s/ʃ	단어의 초분절적 특징 변별 예: 강세 차이(빵집,빵집)	음향적으로 유사한 유의미 단어 듣고 변별 예: 목/몸, 북/붓	음향적으로 유사한 문장 듣고 변별 예: 콩/통을 주워요/부어요. 밥을 먹었어요/먹겠어요.	목소리로 성별, 연령에 특징 변별

음향학적 차이나 초분절 차이가 큰 청각자극을 듣고 소수의 보기에서 찾기는 초기 변별 과제로, 유사성이 높은 두 자극을 구분하는 것은 확인 과업보다 어려울 수 있기 때문에 후기 변별과제로 구분하여 〈표 13-4〉에 제시하였다.

③ 확인

소리를 듣고 무슨 소리인지를 정확하게 아는 능력으로 closed-set에서 들은 소리 찾기, opne-set에서 따라 말하기 등으로 반응하게 한다. 발달 단계를 구분하는 것은 모호하지만 소리의 패턴(길이, 억양, 강세 등)으로 들은 소리를 구분하는 수준은 변별로, 정밀한 음향적 특징으로 소리를 구분하는 수준은 확인으로 보았다. 따라서 〈표 13-4〉에 길이, 즉 음절수가 동일한 단어들 중에서 들은 단어를 찾아내는 과제는 패턴 단서가 없기 때문에 확인 활동이다. 그리고 무의미 음절을 따라 말하거나 의미가 있더라도 들은 단어의 의미보다 들은 말소리에 중점을 두고 정확히 따라 말하는 과제 또한 확인 활동이다. 확인 과제는 closed-set에서 open-set으로 진행하며, closed-set 활동은 보기의 수를 점차 늘려나가면서(3개 → 4개 → …12개…) 진행하며, 대상자가 보기에 덜 의존하면 open-set 확인 활동을 실시한다. 또한 다음절 단어보다 일음절 단어를 어려워하는데 이는 일음절 단어가 이웃 단어가 더 많고, 다음절 단어보다 음향적 단서가 적기 때문이다. 확인 활동을 하다 보면 대상자가 혼동하는 말소리들이 있는데 이는 대부분은 음향적 단서가 유사하다. 대상자가 듣기 어려워하는 말소리들은 별도의 변별 활동인 분석적 청능훈련을 계획하여 진행한다.

언어 자극의 확인 활동은 자연스럽게 이해 단계로 연속된다. 따라서 단어의 음향적 듣기에 중점을 두더라도 의미를 연결시킨 활동이 좋다. 그리고 대상자가 한 단어를 확인할 수 있으면 청각적 기억폭을 증가시키기 위해 여러 단어 듣기(2개 핵심단어 → 3개 핵심단어 → 4개 핵심단어)로 진행한다. 초기는 단순하게 두 단어를 듣고 찾는 확인 수준으로 시작하지만 언어발달에 맞추어 문법표지가 포함된 문장, 어순을 이해해야 하는 문장 등을 제시하여 자연스럽게 문장의 이해와 연속되게 진행한다.

④ 이해

소리를 듣고 무슨 의미인지를 정확하게 아는 능력으로 인지, 언어발달과 밀접하게 연관된다. 단어는 의미를 가진 최소한의 단위이기 때문에 단어 이상의 언어 자극으로 듣기를 훈련할 때는 이해가 최종 목표이다. 이해 단계 활동은 언어발달지연 아동의 수용언어 능력을 촉진시키는 과제와 유사하다. 차이점은 청각 자극을 듣고 이해하는 것이 핵심적이기 때문에 자극을 제시할 때 시각자극은 제시하지 않아야 한다. 즉 입모양을 가리고 언어 자극을 청각적으로 제시하였을 때 듣고 이해하는 여러 과제들로 활동한다. 이 단계는 청각자극(closed-set → limited-set → open-set), 언어단위(단어 → 문장 → 연결발화/이야기), 주제의 친숙도(친숙 → 비친숙), 소음(무소음 상황 → 소음 상황), 자극을 구성하고 있는 단어 수준(초기발달 단어 → 후기발달 단어) 등으로 과제의 난이도를 증가시키며 진행한다.

2) 수용 및 표현 언어 목표 수립 및 활동

구어는 듣기를 통해 가장 쉽게 습득된다. 청능훈련으로 발달된 청지각은 자연스럽게 구어를 듣고 말하게, 즉 수용 및 표현 언어능력을 향상시킨다. 따라서 청각장애 영유아의 수용 및 표현 언어 목표는 청능훈련 목표에 맞추어 수립하면 된다. 특히, 언어목표는

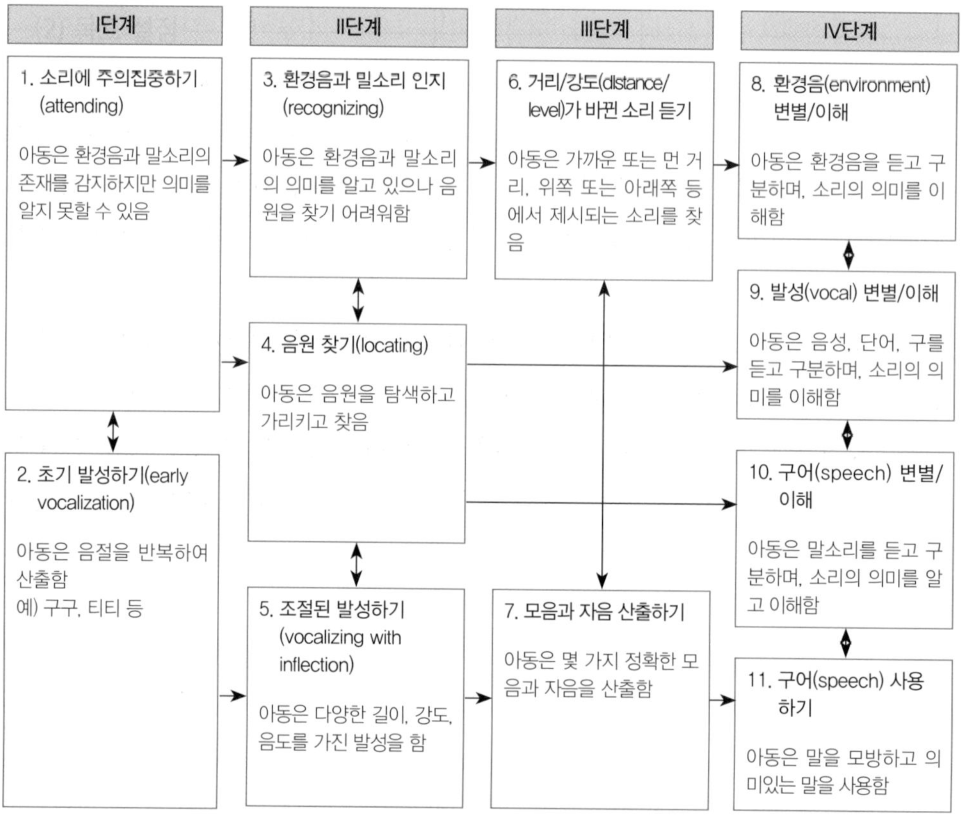

[그림 13-5] SKI-HI의 청능 발달 단계 및 목표

출처: Watkins & Clark (1993): 최성규 외(2015)에서 재인용.

청능훈련에 사용하는 언어 자극과 긴밀하게 관련된다. 예를 들어, 청각장애 아동을 위한 가정 중재 프로그램인 SKI-HI(Sensory Kids Impaired-Home Intervention, 1993)에서는 [그림 13-5]와 같이 청능발달 단계에 발성과 말 산출을 반영하고 있다. 이는 영유아의 청능발달이 자연스럽게 산출로 나타나기 때문이다. 또 다른 예로 아동이 말소리를 산출할 수 있는 수준이라면, 단어 확인 활동은 조음 능력과 직결되며, 의미 이해와 연결되어 수용 및 표현 어휘 능력으로 반영되기 때문에 조음 능력, 수용 및 표현 어휘력 향상이 공동 목표가 된다.

따라서 청각장애 아동의 언어 목표는 일차적으로 청능훈련을 통해 성취되도록 하되, 언어발달을 살펴보며 자연스럽게 발달되지 않는 영역에 대해 일반적인 언어발달 촉진 방법을 적용한다. 다만, 발달되지 않는 영역은 듣기의 문제와 관련되기 때문에 건청 아동보다 시각, 촉각 등과 같은 청각을 보완해 줄 수 있는 감각 자극을 적극적으로 사용하여 구어를 촉진시켜야 한다.

청능훈련은 잔존 청력을 극대화하는 훈련으로 손실된 청력을 회복시키지는 못한다. 또한 충분한 청각 지원과 훈련으로도 극복할 수 없는 듣기 영역은 있을 수 있다. 대상자가 청력손실로 인해 명백하게 들을 수 없는 소리는 청능훈련으로 향상되지 않으며 부족한 청각정보는 구어 이해와 표현에 오류를 일으킨다. 따라서 언어재활사는 대상자의 청력도와 말지각 평가를 근거로 청능훈련으로 발달될 수 있는 언어에 대해 예측하고 대체감각으로 특별히 중재해야 할 수용 및 표현 언어 목표를 별도로 수립하고 적극적으로 중재해야 할 것이다.

(3) 영유아의 청능 및 언어 발달 중재 시 고려사항

① 부모 참여

영유아의 듣기 환경은 대부분 가정이며, 주양육자는 일상적인 듣기 환경을 구조화시켜 많은 청각 경험을 제공해 줄 수 있는 사람이다. 다른 장애도 마찬가지이지만 청각장애 영유아는 부모가 치료에 참여하는 것이 가장 이상적이며 매우 중요하다. 청각장애는 조기선별 제도로 매우 어린 시기에 진단되며, 6개월 전에 중재를 시작하는 것이 청능발달에 중요한 변수이기 때문에 청각장애 영유아를 대상으로 한 언어재활은 간접치료가 큰 비중을 차지한다. 간접치료는 청각장애아의 발달 단계에 맞추어 가족이 대상자에게 지원해야 하는 것 또는 가족이 외부에서 지원받아야 하는 것 등과 관련된 여러 정보와 기술 학습으로 구성되어 있다. 간접치료 시 사용할 수 있는 자료로 국립특수교육원 온맘(https://www.nise.go.kr/onmam)의 '청각장애 양육 길라잡이'를 추천한다.

② 청각 및 말 · 언어 발달을 위한 일반적 사항

청각장애 영유아를 재활하는 데 있어서 청각 및 말 · 언어발달 모형과 관련되어 알아두어야 할 사항들을 간략히 살펴보면 다음과 같다(Easterbrooks & Estes, 2019).

- 가능하면 빨리 아동에게 청각 보조기를 착용시켜야 한다. 아동이 인공와우 이식 수술 대상자로 고려되더라도 청각 보조기(보청기)를 착용시켜야 한다. 보통 청력손실이 확인되는 즉시 착용한다. 또한 영유아가 깨어 있는 동안 청각보조기를 거부하지 않고 양 귀에 착용하는 것도 재활에 포함된다.
- 청각 자극뿐 아니라 시각, 촉각 자극을 포함한 자극 환경을 만들어 줘야 한다. 영유아기는 오감으로 외부 세계를 수용한다. 자칫 청능 발달에 초점을 두고 청각 이외의 감각을 제한하는 경우가 있는데 영유아기의 발달은 다양한 감각의 수용 및 통합이 필요하다.
- 의사소통과 관련된 자연스러운 시각 제스처를 사용해야 한다. 제스처는 자연스러운 소통 수단이다. 구어를 청각적으로 이해하기 전에 제스처는 이해의 단서가 되어 초보적인 소통 수단이 된다. 제스처는 아동의 흥미 파악에 도움이 되기 때문에 자연스러운 제스처는 활용되어야 한다.
- 상호작용 활동으로 언어를 학습시킨다. 영유아의 언어학습은 상호작용 상황에서 학습된다. 상호작용 활동과 모델 제공으로 듣기와 언어를 경험하게 한다.
- 독화 단서를 주어야 하는 상황을 바로 알고 입모양을 제공해 주어야 한다. 새로운 듣기 기술을 가르칠 때는 입을 가리지만, 자연스러운 대화 상황에서는 독화 단서가 유용하다. 건청 아동들도 소리를 구분하기 위해 독화 단서의 도움을 받는다. 특히 청력손실로 온전하게 수용되지 않는 청각자극으로 인해 조음이 방해받을 때는 독화 단서로 정확한 조음을 출현시키는 것이 효과적이다.
- 아동과의 근접성을 높여 자극의 수용력을 증가시킨다. 많은 자극을 아동에게 가져다주고, 아동과 시야의 높이와 범위를 맞추고, 아동의 청각 보조기 가까이에서부터 자극을 제공한다.
- 아기식 말투를 사용한다. 노래하듯이 말하거나, 천천히 늘여서 말해 주어 소리를 변

별하는 시간을 제공해 준다. 영유아의 기억을 고려하여 구와 문장의 길이도 줄여서 말한다.

- '기다리기 시간'을 모니터한다. 유아는 자신이 들은 것에 대해 생각할 시간이 필요하다. 중재를 하는 동안 대답을 재촉하거나 촉구하기보다 필요한 시간을 고려하여 중재 활동을 연장한다.

2) 학령기 청각장애 아동의 언어재활

초등학교 저학년 시기는 의사소통 능력을 발달시켜 다른 학생들과 사회적 관계를 맺고 학교생활에서 학습과 관련된 듣기와 언어를 연결 짓는 것이 중요하다(Easterbrooks & Estes, 2019). 중복장애가 없고 듣기를 통해 언어를 학습할 수 있는 청능이 CAP 6 또는 7 범주인 아동은 대부분 일반학교에서 건청 아동들과 함께 수업을 받으며 생활한다. 그러나 학교는 여러 사람들이 모여 있는 장소로 소음이 매우 많으며 들어야 할 신호들이 중첩되거나 시작을 예측할 수 없을 때가 많아 듣기 환경이 쾌적하지 않다. 또한 또래 아동들은 청각장애 아동의 듣기를 배려하지 않고 빠르고 불명료한 말, 처음 듣는 줄임말, 은어 등을 사용하기 때문에 의사소통 실패가 증가하면서 또래와 오해가 생기고 학교 적응 문제가 대두될 수도 있다(박소현 외, 2015). 집단의 구성원으로서 소속감은 학령기 동안 충족될 필요가 있는데 또래 관계 문제는 이를 방해한다. 따라서 의사소통 단절 시 사용할 수 있는 회복 전략을 아동에게 지도하고 담임교사나 학급 친구들에게 청각장애 이해 교육 등을 제공해 주어 소통의 문제를 해결하고 방지하는 지원이 필요하다. 다음은 의사소통 단절 시 사용할 수 있는 방법이다.

- 교사에게 신호 보내기: 타인의 주의를 끌지 않고 어려움을 교사에게 알릴 수 있는 방법을 만들어 줌으로써 자연스럽게 의사소통을 유지할 수 있게 한다.
- 의사소통 회복 전략 사용하기: 의사소통이 단절되었을 때 반복하기, 단순화하기, 고쳐 말하기, 정교화하여 말하기, 쉬운 단어로 대치하기 등의 방법을 서로 사용하여 의사소통을 유지할 수 있게 한다.
- 반응 범위 제한하기: 아동이 선택할 수 있는 반응들을 제시하여 말한 것에 대해 의사소통을 유지할 수 있는 준비를 하게 한다.
- 알고 있는 정보로부터 시작하기: 아동에게 주제나 중심 생각에 대한 단서가 될 만한

핵심 단어를 골라 제시하고 이해하지 못했던 것을 다시 반복해 준다.

- 피드백 주기: 내용 중에서 이해한 부분에 대하여 피드백을 준다.

사춘기가 되면 청각장애 청소년은 자신의 장애에 직면하면서 정체성 혼란을 겪는다. 이 시기는 자신의 장애와 관련된 고민을 함께 나누고 소통할 수 있는 사람으로서 자신과 같은 청각장애인들과 교류하면서 정체감을 형성하고 싶어 할 수 있다. 청각장애 아동들도 건청 아동이 학령기에 보이는 여러 어려움들을 보이는데 언어재활사는 이들의 어려움이 청력손실과 관련되어 파급되고 커질 수 있다는 것을 유의하여 학령기 아동의 심리적 · 사회적 성장을 지원하는 데 관심을 가져야 할 것이다.

학령기는 학교교육이 제공되는 시기로 교육적 경험을 통한 학습 성취가 중요하다. 청각장애 아동이 수업을 받을 수 있는 기본적인 능력을 발달시켰더라도 학급에서의 듣기는 특별한 주의가 필요하다. 청력손실은 정보처리 속도를 지연시킬 수 있는데 이는 제한된 어휘 및 세상사 지식과 연합되어 정보처리를 더 힘들게 만든다. 청각장애 학생의 정보 처리를 지원하기 위해서는 우선적으로 교실 속 듣기 환경을 쾌적하게 할 필요가 있다. 학교는 소음이 많은 곳이기 때문에 FM 시스템을 사용하거나 좌석 배정, 교실 환경(벽, 바닥, 음향 시스템, 조명 등) 변경 등으로 소음 속 듣기를 개선할 수 있다. 좌석은 청각뿐 아니라 시각을 충분히 활용할 수 있는 위치로 배치받아 구어 정보처리를 도와줄 필요가 있다. 또한 학령기는 문어를 통한 학습이 가능한 시기이므로 읽기와 쓰기 능력 발달이 중요하다. 구두 언어가 지연된 청각장애 아동은 읽기와 쓰기 능력이 지연될 수 있다. 학령기 청각장애 아동은 건청 아동과 마찬가지로 읽기 및 쓰기 능력을 평가하고 결과에 따라 중재를 제공하되, 듣기와 관련되어 음운정보처리에 어려움이 있다면 보다 특별한 음운 지각 및 인식 활동이 필요하다(고은, 2017; Easterbrooks & Estes, 2019).

3) 청각장애 성인의 언어재활

선천적 청력손실로 발달기의 언어 및 의사소통 문제가 성인기까지 지속되었다면 대상자의 요구에 따라 삶의 질을 높일 수 있는 단기적인 의사소통 중재가 적절하다. 반면, 후천적 청력손실 성인은 언어능력이 보존되어 있기 때문에 갑작스러운 청력손실로 인해 변화된 능력, 즉 듣기의 어려움, 의사소통의 불편함 등을 감소시키는 것이 중재 목표가 된다. 일차적으로는 청력손실로 인해 착용한 청각 보조기에 대한 적응과 과거 들었던 소리와 청각 보조기로 듣는 소리를 연결시키는 청능훈련이 필요하다. 보청기나 인공와우를 통해 듣는 소리는 대상자가 건청의 귀로 들었던 소리보다 자연스럽지도 명료하지도 않다. 그래서 인공와우에 대한 이해 없이 수술을 한 성인은 인공와우로 들리는 소리에 불만을 가지는 경우가 많으며 듣기가 기대에 미치지 못해 좌절하거나 기기 사용을 포기하기도 한다. 따라서 청각 보조기를 착용한 이후 듣기의 변화, 훈련과정 등을 상세하게 설명하여 대상자가 새로운 청각 보조기에 성공적으로 적응할 수 있도록 상담을 제공해 주는 것이 필요하다. 성인에게 제공하는 청능훈련은 특정 음소나 음절에 주의하여 듣는 분석적 방법으로 소리를 듣고 기억에 있는 소리와 연관시키는 활동들로 구성한다. 청각 보조기를 통한 듣기가 적응되면 삶의 방식에 따라 전화 통화, TV 소리 듣기, 소음 속에서 듣기 등과 같은 청능훈련을 제공한다(고은, 2017; Tye-Murray, 2009).

4. 보고서 작성

1) 진단보고서

청각장애 대상자의 진단보고서에는 배경정보에 청력과 관련된 정보(진단력, 손실 정도, 청각 보조기 정보 등)와 주요 의사소통 수단(구어, 수어) 등이 제시되어야 하며, 진단평가 영역에 청능(말지각 능력)이 포함되어야 하는 점에서 다른 장애와 차이가 난다.

2) 장단기 치료계획서

선천적 청각장애는 청능, 말-언어 영역의 장기 목표를 작성한다. 영유아는 청능 목표와 함께 청능 발달에 맞춘 말-언어 목표를 제시하고 어린 아동일수록 주양육자를 대상으로 한 간접치료 목표를 수립하여 제시할 것을 권한다. 학령기 아동은 학교환경에서의 청능, 의사소통 기술, 읽기 및 쓰기 등을 주요 목표로 제시한다. 성인기의 후천적 청력손실자는 삶의 방식을 고려하여 청능과 의사소통 회복을 주요 목표로 제시한다. 청능의 단기 목표는 과제 분석적으로 개발된 청능훈련 프로그램인 SPICE(Seech Perception Instructional Curriculum and Evaluation; Moog et al., 1995) 등을 참고하거나 앞서 제시한 청능 발달 위계 및 난이도에 영향을 미치는 요인을 반영하여 작성한다.

5. 보고서 작성 예시

1) 청각장애 대상자를 위한 추가 상담지

*해당 내용만 기입하세요.

<table>
<tr><th colspan="7">청력손실</th></tr>
<tr><td>발견 시기</td><td colspan="2">세 개월</td><td>발견 사유</td><td colspan="3"></td></tr>
<tr><td>확진 시기</td><td colspan="2">세 개월</td><td>확진 기관</td><td></td><td>담당의</td><td></td></tr>
<tr><td>검사 결과</td><td colspan="6">검사명: ABR, ASSR, 순음청력검사
검사결과: 편측/양측, 전음성/감음성/혼합성
경도/중도/고도/최고도 dB
특이사항:</td></tr>
<tr><td>청각장애
등록 유무</td><td colspan="6">장애 등록 시기:
심한 정도:</td></tr>
<tr><td>청력손실
관련 원인</td><td colspan="6">가족력, 증후군, 병력 등</td></tr>
<tr><th colspan="7">청각 보조기</th></tr>
<tr><td rowspan="2">현재 착용
보조기</td><td colspan="3">왼쪽 귀</td><td colspan="3">오른쪽 귀</td></tr>
<tr><td>☐ 보청기</td><td>☐ 인공와우</td><td>☐ 미착용</td><td>☐ 보청기</td><td>☐ 인공와우</td><td>☐ 미착용</td></tr>
<tr><td>모델명
(제조사)</td><td colspan="3"></td><td colspan="3"></td></tr>
<tr><td>착용(이식)
시기/기간</td><td colspan="3">년 월 일(;)
(년 개월 착용)
*특이사항:</td><td colspan="3">년 월 일(;)
(년 개월 착용)
*특이사항:</td></tr>
<tr><td>당담 기관
(의사/청능사)</td><td colspan="3"></td><td colspan="3"></td></tr>
<tr><td>조절 상태
(맵핑/피팅)</td><td colspan="3"></td><td colspan="3"></td></tr>
<tr><td>특이사항</td><td colspan="6"></td></tr>
</table>

<table>
<tr><td rowspan="2">듣기 환경</td><td>부모/주양육자의 청각장애</td><td>□ 유 □ 무</td><td>부모의 의사소통 수단</td><td>□ 구어
□ 수어
□ 구어+수어</td></tr>
<tr><td colspan="4">청각 자극의 양과 질:
소음노출 정도:
기타:</td></tr>
<tr><td>주요 의사소통 수단</td><td colspan="4">□ 구어 □ 수어 □ 구어+수어
기타:</td></tr>
</table>

<table>
<tr><td colspan="11">청력검사 결과</td></tr>
<tr><td colspan="2">역치</td><td>250Hz</td><td>500Hz</td><td>1KHz</td><td>2KHz</td><td>3KHz</td><td>4KHz</td><td>5KHz</td><td>6KHz</td><td>8KHz</td></tr>
<tr><td rowspan="3">미착용</td><td>좌</td><td></td><td></td><td></td><td></td><td></td><td></td><td></td><td></td><td></td></tr>
<tr><td>우</td><td></td><td></td><td></td><td></td><td></td><td></td><td></td><td></td><td></td></tr>
<tr><td>양측</td><td></td><td></td><td></td><td></td><td></td><td></td><td></td><td></td><td></td></tr>
<tr><td rowspan="3">착용</td><td>좌</td><td></td><td></td><td></td><td></td><td></td><td></td><td></td><td></td><td></td></tr>
<tr><td>우</td><td></td><td></td><td></td><td></td><td></td><td></td><td></td><td></td><td></td></tr>
<tr><td>양측</td><td></td><td></td><td></td><td></td><td></td><td></td><td></td><td></td><td></td></tr>
</table>

어음청력검사 결과:

<table>
<tr><td colspan="2">청력도</td></tr>
<tr><td>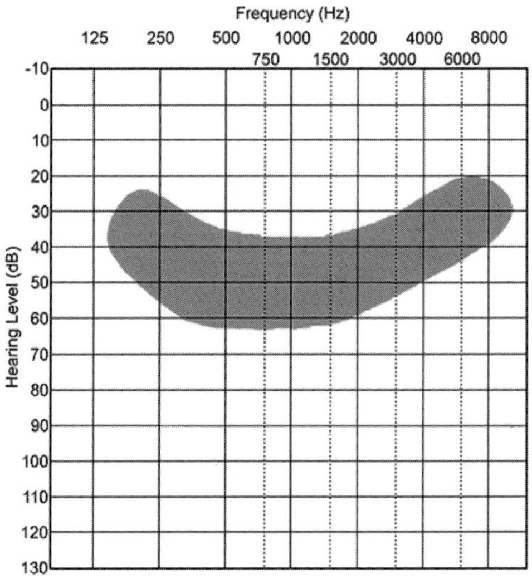</td><td>청력에 대한 서술 및 특이사항</td></tr>
</table>

2) 진단보고서 예시

진단보고서

1. 일반적인 정보

아동명(성별): ○○○(남)	생년월일: 년 월 일(1 ; 11)
장 애 유 형: 청각장애로 인한 언어발달지연	작성일:
작성자:	

2. 배경정보 및 행동관찰

1) 배경정보

이 아동은 청각장애로 인한 듣기 발달의 어려움을 주 호소로 본 기관을 방문하였다. 어머니의 보고에 의하면 아동은 출생 시 목에 탯줄이 감겨 태내에서 약간의 호흡곤란이 있었다고 한다. 아동은 제왕절개로 태어났으며, 출생 시 체중은 3.7kg, 신장은 50㎝였다고 한다. 아동은 특이한 병력이 없으며, 신체 및 인지발달은 또래와 유사하다고 한다.

아동은 신생아 선별검사에서 Non-pass로 청력손실이 의심되어, 생후 3개월경 **병원에서 ABR 검사를 받았다. 검사 결과 양측 모두 90dB에서 반응이 없는 것으로 나타났다고 한다. 이후 생후 4개월경 **대학병원에 ABR 검사를 다시 받았으며, 그 결과 왼쪽 귀 60dB, 오른쪽 귀 70dB에서 반응이 있는 것으로 나타났다고 한다. 현재 아동은 6개월 간격으로 **대학병원에서 정기검진을 받고 있으며, 가장 최근에 실시한 2***년 *월 ABR 검사에서는 오른쪽 귀가 75dB에서 반응이 있는 것으로 나타났으며, 이때 '전정도수관확장증'을 진단받았다고 한다. 아동은 생후 6개월경 귀걸이형 보청기를 착용하기 시작하였으며, 최근 어머니는 인공와우 수술에 대한 고민이 많다고 한다. 현재 아동은 친숙한 사물 가져오기, 지시 따르기 등을 할 수 있지만 어머니는 아동이 몸짓이나 상황을 보고 하는 것 같다고 하였다. 아동은 발성이 동반된 제스처로 의사소통을 하며, 엄마, 아빠와 같은 익숙한 단어들을 표현할 수 있지만 낯선 사람이 있으면 말하지 않는다고 한다. 아동은 동·식물과 자동차를 좋아한다고 한다.

아동은 13개월경부터 사설 센터에서 지속적으로 주 2회 청능훈련 및 언어재활을 받고 있으며, 현재는 주 1회 그룹 청능훈련과 특수학교에서 제공하는 주 1회 개별 교육서비스를 받고 있다고 한다.

2) 행동관찰

아동은 치료실에 들어오면서 낯선 평가자를 쳐다보고 눈 맞춤을 회피하며 어머니의 품에 안겨 얼굴을 보이지 않았다. 평가자가 아동에게 인사를 하며 청각적, 시각적, 촉각적 단서를 제공할수록 더욱 어머니 쪽으로 얼굴을 붙이며 고개를 돌리지 않았다. 평가자와 어머니가 상담하는 동안 아동에게 관심을 기울이지 않자 아동은 평가자를 쳐다보았으나 소통을 위한 발성, 몸짓 등은 나타나지 않았다. 세 번째 회기에 아동은 치료사와 상호작용 놀이를 하면서 발성과 단어 산출(엄마, 네 등)을 간헐적으로 보였다.

3. 실시한 검사

1) EARS-K(이상흔 외, 2003)
2) CAP(Archbold et. al, 1995)
3) 영 · 유아 언어발달 검사(김영태 외, 2003)
4) M-B CDI-K(배소영, 곽금주, 2011)
5) 치료실 및 가정 행동관찰

4. 평가결과

1) 청능

아동은 익숙한 환경음과 말소리를 자발적으로 탐지하며 확인하는 행동을 일관적으로 보여 듣기 수행력은 CAP '범주 3'으로 평가되었다. EARS-K의 Lip-profile 검사 결과 아동은 익숙한 환경음에 대한 탐지가 가능하나 다양한 환경음을 탐지하거나 익숙한 환경음을 확인할 수 없는 것으로 평가되었다. 아동은 듣기를 유도한 상황에서 북, 피리, 트라이앵글 악기음을 듣고 탐지할 수 있으나 자발적인 반응은 비일관되게 나타났으며, 두 개의 악기 소리를 변별하지 못하는 것으로 평가되었다. 아동은 듣기를 유도한 상황에서 Ling의 6음 중 /a, i, u, m/은 일관되게 탐지하나 /s/, /ʃ/는 간헐적으로 탐지하였다. 엄마의 보고에 따르면 가정에서는 엄마의 목소리로 제시된 Ling의 6음은 모두 정확하게 모방하며, 각 소리의 상징 카드를 찾는다고 한다. 아동은 악기나 말로 내는 큰 소리와 작은 소리, 긴 소리와 짧은 소리, 한 번 내는 소리와 여러 번 내는 소리를 변별할 수 있으며, 조용한 곳에서 자신의 이름을 인지하며, 2명의 다른 가족 호명(엄마, 누나)을 비일관적으로 확인할 수 있다고 한다.
MAIS 검사 결과, 아동은 총 16점을 획득하였다. 아동은 깨어 있는 동안 보청기 착용을 거부하지 않으며, 보청기 착용 시 자신의 이름에 스스로 반응하나 소음이 있는 상황에서는 큰 강도의 소리로 반복할 경우에 반응한다고 한다. 또한 규칙적으로 들리는 가정 환경음은 자발적으로 탐지하고 인지할 수 있고, 엄마와 아빠의 목소리, 구어와 비구어 자극을 변별할 수 있으며, 청각만으로 음성의 의미를 인지할 수 있다고 한다. 그러나 자발적으로 새로운 소리를 탐지하고 스스로 주의를 기울이지는 않는다고 한다.

2) 수용 및 표현 언어

SELSI 검사 결과에 따르면, 아동의 수용언어 등가연령은 11개월, 표현언어 등가연령은 12개월로 생활연령 23개월에 비해 약 1년 정도 지연된 것으로 나타났으며, 수용 및 표현 언어능력 모두 또래 기준 1%ile 이하로 확인되었다. 아동은 수용언어 검사에서 '없다'의 이미를 이해하며, 청자와 화자를 변별하거나, 사물 이름을 5개 이상 이해하고 있는 것으로 나타났으나, 제스처 없이 동사만 듣고 이해하거나, 가족의 명칭 이해, 의문사 '누구, 무엇'의 이해, 20개 이상의 사물 이름 이해는 어려운 것으로 나타났다. 표현언어 검사에서는 어른 억양 모방하기, 싫다는 제스처 표현하기, 일관성 있게 낱말 사용하기, 행동이나 말로 도움 청하기를 할 수 있는 것으로 나타났으나, 대답하는 행동이나 소리내기, 도움청하기, 새로운 낱말 모방 시도하기, 4개 이상의 낱말 사용하기는 어려운 것으로 나타났다.

M-B CDI-K(영유아용) 검사 결과에 따르면, 아동이 의미있게 표현하는 어휘수는 10개로 평가되었다. 현재 아동이 표현할 수 있는 단어는 소리 범주(의성, 의태어)와 일상생활(네, 빠이빠이, 뽀뽀, 쉬)에 관련된 표현이 총 7개로 가장 많으며, 그 외 음식(맘마), 장난감(공), 사람 범주(엄마)에서 익숙한 단어들을 3개 표현할 수 있는 것으로 나타났다. 아동은 다양한 제스처와 놀이를 할 수 있으며, 단순 상징 행동이 다양하게 나타나는 것으로 확인되었다.

어머니의 보고 및 행동관찰 결과, 아동은 요구하기, 거부하기, 동의하기, 대답하기와 같은 기본적인 의사표현이 가능하며, 의사표현 시 주로 발성을 동반한 제스처를 사용하는 것으로 확인되었다. 아동의 발성은 주로 반복 음절 구조로 되어 있으나, 자곤 형태의 긴 발성도 관찰되었다. 아동은 '안녕, 엄마, 똑똑, 없네, 빵빵, 어흥'과 같은 친숙한 단어나 의성, 의태어를 간헐적으로 모방하기도 하나, 모방 빈도는 극히 제한적이며, 모방 시 초분절적인 요소들만 유사하게 나타났다. 아동은 치료실과 가정에서 장난감을 가지고 놀면서 의성 · 의태어를 간헐적으로 산출하기도 하나 3회기 동안 자발적으로 산출하는 단어는 '어흥' '빵'만 직접관찰 되었다. 아동은 주로 가리키기로 물건을 요구하며, 자신의 의도가 잘 전달되지 않을 경우에는 고개 젓기 제스처로 반응하나 의사 전달을 위해 추가적인 제스처를 사용하지는 않았다.

5. 요약 및 권고

이 아동은 청각장애로 인해 언어 발달이 생활연령에 비해 1년 정도 지연되는 것으로 평가되었다. 아동은 말소리에 대한 탐지가 비일관적이며, 청각 자극만으로 말소리를 듣고 사물을 찾거나 지시를 따르는 것이 어렵다. 따라서 말소리에 대한 일관된 반응과 이해를 촉진하기 위한 청능훈련이 권고되며, 듣기발달로 자연스럽게 언어를 이해 및 표현할 수 있도록 해야 할 것이다. 또한 이 아동은 지속적으로 청능훈련을 제공받아 왔으나, 소리를 듣고 해당하는 사물이나 그림을 찾는 것을 어려워하며 친숙한 놀이 상황에서 지시를 이해하지 못한다. 따라서 아동의 흥미를 고려한 상호작용 활동들로 청능과 말-언어를 촉진시켜야 할 것이다. 아동의 생활연령을 고려해 볼 때 주양육자와 보내는 시간이 가장 많으며, 치료실과 가정환경 간 말-언어 표현에 차이가 있다고 보고되므로, 가정에서 청능 및 언어를 촉진시킬 수 있도록 부모교육이 필요하다.

3) 장단기 치료계획서 예시

장단기 치료계획서

1. 일반적인 정보

아동명(성별): ○○○(남)	생년월일: 년 월 일(1 ; 11)
장애유형: 청각장애로 인한 언어발달지연	작성일: 년 월 일
계획기간: 년 월 일 ~ 년 월 일(6개월)	
작성자:	

2. 장단기 목표

1) 청능

장기1. Ling 6음과 CV음절 확인
1-1. Closed-set에서 AO상황으로 제시한 Ling 6음을 듣고 90% 이상 해당 카드 또는 상징물을 선택할 수 있다. 1-2. Open-set에서 AO상황으로 제시한 말소리를 듣고 모음을 90% 이상 따라 말할 수 있다. 1-3. Open-set에서 AO상황으로 제시한 말소리를 듣고 모든 말소리를 90% 이상 따라 말할 수 있다.
장기2. 단어 및 문장 확인
2-1. Closed-set에서 AO상황으로 제시한 단어를 듣고 90% 이상 해당 카드 또는 상징물을 선택할 수 있다. 2-2. Open-set에서 AO상황으로 제시한 단어를 듣고 90% 이상 따라 말할 수 있다.
장기3. 단어 및 문장 이해
3-1. 상호작용 놀이상황에서 AO상황으로 제시한 단어를 듣고 이해하여 90% 이상 적절하게 반응할 수 있다. 3-2. 상호작용 놀이상황에서 AO상황으로 제시한 친숙한 문장을 듣고 90% 이상 적절하게 반응할 수 있다.

2) 언어

장기4. 2세 수준어휘 이해 및 표현
4-1. 상호작용 놀이상황(AV상황)에서 2세 수준의 일상생활 어휘를 이해하여 80% 이상 지시를 따를 수 있다. 4-2. 상호작용 놀이상황(AV상황)에서 2세 수준의 일상생활 어휘를 80% 이상 표현할 수 있다.
장기5. 구와 문장 이해
5-1. 상호작용 놀이상황 또는 그림 자극을 제시한 상황에서 5가지 이상의 2어 의미관계 문장을 듣고 이해하여 80% 이상 지시를 따를 수 있다. 5-2. 상호작용 놀이상황 또는 그림 자극을 제시한 상황에서 5가지 이상의 3어 의미관계 문장을 듣고 이해하여 80% 이상 지시를 따를 수 있다.

3) 부모교육

- 가정에서 상호작용 경험을 증가시켜 청능과 의사소통 촉진하기
- 청능을 이해하여 아동의 청능행동을 관찰하고 자연스럽게 자극 제공하기
- 청능–언어–인지–심리・정서–사회성 발달을 이해하고 전반적 발달을 지원하기
- 청각장애 영유아의 특성과 재활, 특수교육, 복지적 지원 등 이해하기

4) 치료계획서 예시

치료계획서(월간)

1. 일반적 정보(생략 가능)

아동명(성별): ○○○(남)	생년월일: 년 월 일(1 ; 11)
장애유형: 청각장애로 인한 언어발달지연	작성일: 년 월 일
계획기간: 년 월 일 ~ 월 일(1개월)	
작성자:	

2. 단기 및 회기 치료목표(단기 목표 생략 가능)

1-1. Closd-set에서 AO상황으로 제시한 Ling 6음을 듣고 90% 이상 해당 카드 또는 상징물을 선택할 수 있다.
Closed-set(3), AO, Ling 6음 80% 이상 카드 찾기 Closed-set(2), AO, [u-m], [s-ʃ] 간 변별 *변별은 아동의 반응을 보고 혼동하는 두 음소로 선정
1-3. Open-set에서 AO상황으로 제시한 말소리를 듣고 모든 말소리를 90% 이상 따라 말할 수 있다.
듣기를 유도하였을 때(자극 제시 전 "들어봐"), AO상황, 의성어・의태어 따라 말하기(예: 야옹, 멍멍, 메~, 꼬끼오, 뿡, 빵, 부릉부릉, 빵빵, 응가, 콩콩콩 등)
2-1. Closed-set에서 AO상황으로 제시한 단어를 듣고 90% 이상 해당 카드 또는 상징물을 선택할 수 있다.
Closed-set(3), AO, 음절수가 같은 단어 듣고 80% 이상 상징물 선택하기 Closed-set(3), AO, 패턴이 다른 단어 듣고 80% 이상 상징물 선택하기
4-1. 상호작용 놀이상황(AV상황)에서 2세 수준의 일상생활 어휘를 이해하여 80% 이상 지시를 따를 수 있다.
소꿉놀이 상황, 밥먹기 관련 어휘 이해, 80% 이상 적절한 반응 (목표 어휘: 먹어, 담아, 주세요, 뜨거(워), 밥, 바나나, 냠냠, 아, 불어 등) 신체놀이 관련 어휘 이해, 80% 이상 적절한 반응 (목표 어휘: 공, 던져, 차, 굴려, 뛰어, 가자, 저기, 주세요 등)

그림 그리기 관련 어휘 이해, 80% 이상 적절한 반응 (목표 어휘: 크레파스, 동그라미, 색칠, 여기 등) 신체부위 및 호칭 어휘 이해, 80% 이상 적절한 반응 (목표 어휘: 귀, 눈, 입, 코, 손, 발, 엄마, 아빠, 누나, 선생님, 아동이름 등) *목표는 K-MBCD-I 및 초기 발달 어휘 카드 목록에서 선정
[부모교육] 상호작용 및 의사소통 촉진 방법, 자발적 듣기 능력 향상 촉진 방법, 아동의 청력과 청능 이해

회기 치료계획 및 결과 보고서

날짜:　　　년　　월　　일(40분) [부모 참여 수업]

구분	목표 및 활동	목표 행동 및 치료 결과
1 (10분)	활동: 카드 찾기 & 활동성 강화 1-1. Ling 6음 확인 ① 입을 가리고(AO상황) [a, i, u, m, s, ʃ] 카드(KNISE-DASP 6음 카드 사용)를 3장 제시한다. *카드를 제시할 때 "들어봐"+몸짓 제공하여 듣기자세 형성 후 자극 제시함. ② 아동에게 제시한 3개의 6음 중 하나를 들려주고 찾게 한다. ■ 정반응: 상징 카드를 선택하면 사회적 강화를 제공해주고 해당 6음을 AO로 들려주고 따라 말하게 함. □ 오반응: 다시 들려주고 찾게 함. 포기하거나 오반응이 지속되면 AV로 제시→반응 행동에 대한 시각단서 제공→엄마가 신체적 촉구 제공 순으로 목표행동을 하게 함. *아동의 산출이 불명료하면 AV로 들려준 뒤 다시 AO로 들려주고 따라 말하게 함. *아동이 활동을 거부하면 스티커, 도장, 점토, 비눗방울 등으로 강화를 변경한다. ③ 아동이 찾은 카드를 제외시키되 다른 카드를 추가하여 closed-set(3)을 유지하면서 2번 이상 각 6음을 듣고 찾게 함. *아동이 혼동하는 6음인 [u-m], [s-ʃ]는 closed-set(2)에서 듣고 찾게 함.	closed-set(3) 카드 찾기 a 2/2 + i 1/2 +, 1/2-(u 선택) u 2/2 + s NR, 1/2+ ʃ 1/2+, 1/2-(s 선택) [s-ʃ] 변별: AO -, AV + 따라 말하기 a + i 입모양 가능하나 왜곡 u 입모양 가능하나 왜곡 s 모방 거부 ʃ 입모양 가능하나, 무성[hu](불기)으로 반응

2 (10분)	활동: 소꿉놀이 2-1. 패턴 다른 단어 확인 4-1. 소꿉놀이 어휘 이해 *자연스러운 듣기를 촉진하기 위해 사물을 제시할 때는 자연스럽게 입모양을 가리면서 명명해 준다. 아동이 모방하지 않으면 엄마가 2초 지연하여 치료사의 말을 모방하는 모델을 보여 준다. ① 소꿉놀이 장난감 '칼'과 '접시'를 아동에게 보여 준 뒤, 명명하며 건네준다. ② '빵' '딸기' '바나나' 모형을 하나씩 보여 주면서 AO로 이름을 들려준 뒤, 책상 위에 나열한다. ③ 아동에게 듣기 자세를 유도 또는 지시한 뒤, 3개의 모형 중 하나의 이름을 들려주고 선택하게 한다. ■ 정반응: 모형을 선택하면 선택한 모형을 칼로 자르게 함. 자르는 동안 평행발화기법으로 2어문 자극을 제공함. □ 오반응: 다시 들려주고 찾게 함. 포기하거나 오반응이 지속되면 선택 사물 감소→AV로 제시→반응 행동에 대한 시각단서 제공→엄마가 신체적 촉구 제공 순으로 목표행동을 하게 함. ④ 아동의 듣고 찾기 반응에 따라 사물을 추가적으로 제공하되 선택해야 할 사물을 3(closed-set 3)개 이내로 한다. 놀이 상황에서 각 사물을 3번 이상 듣고 찾는 기회를 제공한다. 빵, 물, 딸기, 사과, 바나나, 아이스크림 *사물에 따라 상징 행동을 적절하게 변경하며, 아동의 흥미와 참여를 고려하여 복합 상징 행동(자르기→접시 담기→먹기 등)을 유도하며 관련 어휘를 이해시킨다. (담아, 잘라, 먹어, 또, 포크, 주세요) *어휘 이해 활동 초기에는 AV상황에서 몸짓을 사용하다가 점차적으로 시각 단서들을 감소시킨다.	closed-set(3) 사물 찾기 빵 5/5+ 물 2/3+, 1/3-(NR) 딸기 2/5+, 3/5-(비일관) 사과 4/5+, 1/5(NR) 바나나 5/5+ 아이스크림 4/5+, 1/5(바나나 선택) 놀잇감으로 듣기 주의집중이 감소됨. 듣기 자세와 수행력 관련성 높음 따라 말하기 엄마의 모델을 듣고 대부분 모방함. 회기 후반에서는 3회 치료사를 모방함. 2음절 이상 단어는 억양을 모방하나 유사하게 모음을 산출함. [ㅂ, ㅃ] 정확히 산출함. 어휘 이해 먹어(+), 주세요(+) 담아, 잘라, 또, 포크: 상황 및 몸짓 단서로 이해 자발 표현: '아니야', '응' 관찰
	아래는 약식형으로 기술한 것입니다.	
3 (10분)	활동: 풍선놀이, 얼굴그리기 2-1, 4-1 ① 풍선에 유성펜으로 '눈, 코, 입, 귀, 머리'를 그리면서 AV/AO로 집중적 자극을 제공 치료사, 엄마, 아동 풍선 3개 만들기	*어휘 이해(AV) 눈(±), 코(±), 귀(+), 입(+) 머리(-), 던져(-), 잡아(-), 발(+), 빵(+) →몸짓 단서 이해: 모두 +

	② 활동 중 '엄마' '○○○(아동 이름)' 어휘 이해 및 호명에 대한 대답하기 촉구 ③ 풍선 던지고 받기 놀이에서 '던져' '잡아' '뻥' '발' 등 어휘를 AV/AO로 집중적 자극 제공 후 지시 수행 관찰하기	*closed-set(3) 호칭 확인 000(아동이름): 3/3 + 엄마: 3/3+ 선생님: 1/3+, 2/3(NR) *limited-set 의성어 · 의태어 확인 뻥 2/2+, 단속발성 모방+
4 (10분)	활동: 간식먹기 & 부모상담 2-1, 4-1 ① 아동의 간식을 활용하여, 가정에서 할 수 있는 상호작용 촉진 활동, 요구하기, 거부하기, 반응하기 촉진 방법 설명 및 시연 ② 자발적 듣기 행동 촉진 방법, 듣기 촉구 시각 단서 조절 방법 설명 및 시연	

5) 진전보고서 예시

진전보고서

1. 일반적 정보

아동명(성별): ○○○(남)	생년월일: 년 월 일(1 ; 11)
장 애 유 형: 청각장애로 인한 언어발달지연	작성일: 년 월 일
치 료 기 간: 년 월 일 ~ 월 일	
작성자:	

2. 영역별 진전 사항

1) 청능

치료 전	치료 후
장기1. Ling 6음과 CV음절 확인	
Closed-set(2) AO상황에서 Ling 6음을 듣고 해당 카드 또는 상징물을 50% 정도 찾을 수 있었으며, 6음 듣고 따라 말하지 못함. Open-set AO상황에서 들은 말소리를 전혀 따라 말하지 못함.	Closed-set(6) AO상황에서 Ling 6음을 듣고 90% 해당 카드를 찾을 수 있으며, [s]를 제외한 5음을 정확히 따라 말할 수 있음. [s]는 [h]로 따라 말함. Open-set AO상황에서 제시한 말소리를 80% 이상 따라 말할 수 있음(마찰, 파찰, 격음은 왜곡함).

장기2. 단어 및 문장 확인	
Closed-set(2) AO상황에서 단어를 듣고 50% 이하 수준으로 적절하게 반응함. Open-set AO상황에서 단어를 듣고 확인 및 이해하는 행동을 전혀 보이지 않음.	Closed-set(12) AO상황에서 단어를 듣고 90% 이상 참조물, 그림을 찾을 수 있으며, 단어를 명료하게 따라 말할 수 있음(마찰, 파찰, 격음은 왜곡함). Open-set AO상황에서 친숙하지 않은 단어를 듣고 명료하게 따라 말할 수 있음.
장기3. 단어 및 문장 이해	
상호작용 놀이 상황에서 AO로 제시단어나 문장을 듣고 이해하여 적절하게 반응하는 모습을 보이지 않음. 몸짓 단서를 보고 반응하기는 가능함.	상호작용 놀이 상황에서 AO로 제시한 단어나 문장을 듣고 90% 이상 적절하게 반응할 수 있음. −2세 수준의 어휘 약 400개 정도를 듣고 이해할 수 있음. −2개 단어를 듣고 지시수행 가능 (예: 사과 잘라, 엄마 사과 먹어 등) −친숙한 문장 듣고 반응하기 가능 (예: 몇 살이야? 엄마 어디 있지? 등)

2) 언어

치료 전	치료 후
장기4. 2세 수준어휘 이해 및 표현	
아동은 2세 수준의 어휘를 이해하여 지시를 따르는 행동이 적었으며, K M-B CDI 결과 10개의 어휘를 표현함	K M-B CDI 결과 수용어휘 수 412개 표현어휘 수 253개로 확인됨. 적극적으로 촉구하지 않았는데 일상생활에서 습득한 어휘가 증가하고 있음. 상호작용 놀이 상황에서 어휘를 적절하게 표현할 수 있음.
장기5. 구와 문장 이해	
상호작용 놀이상황에서 상황 문맥과 함께 몸짓과 함께 제시된 구, 문장을 이해하여 적절하게 반응하는 모습을 거의 보이지 않음.	상호작용 놀이상황 상황 문맥과 몸짓이 함께 제시된 친숙한 구, 문장을 이해하여 90% 이상 지시를 따를 수 있음. −2~3어문의 지시수행에 어려움이 없으나 조사, 형태소, 어순 이해 어려움 −누구, 무엇 의문사 질문을 이해하여 적절하게 반응할 수 있음

• 요약 •

이 장에서는 청각장애 언어재활 과정에서 이루어지는 상담, 진단 · 평가, 치료 목표 수립, 치료 활동 계획을 위해 요구되는 지식, 고려사항 등을 제시해 두었다. 청각장애 대상자는 영유아부터 성인까지 연령이 다양하고 청력손실의 정도, 유형, 원인 등에 따라 다르기 때문에 말-언어에 영향을 미치는 여러 요인들을 이해하여 언어재활을 제공해야 한다.

1. 청각장애 상담 시 대상자가 나타내는 말, 언어, 의사소통 문제의 심한 정도와 특징은 기본적으로 청력손실과 관련되어 나타나기 때문에 청력손실 시기, 정도, 청력형, 청각 보조기 착용 등과 같은 청력에 대한 정보를 구체적으로 조사해야 한다.
2. 청각장애 진단 · 평가 시 언어재활사는 청능 평가를 실시하여야 하며 청능을 평가할 때, 언어능력이 반영되지 않도록 주의해야 한다. 또한 평가 결과로 대상자의 청능과 말-언어 관련성을 해석할 수 있어야 한다.
3. 효율적인 구어 발달은 듣기를 통한 것이다. 청각장애 치료 목표 수립 시 청능훈련에 대한 목표를 우선적으로 수립해야 하며, 영유아의 경우는 청능 발달에 맞추어 말-언어치료 목표를 수립한다.
4. 청각장애 영유아를 대상으로 한 언어재활은 자연스러운 듣기를 촉진시키는 구조화된 듣기 환경으로 청각 경험을 증가시켜 전반적 발달을 도모하는 것이 중요하다. 청능 발달에 따른 직접 치료뿐 아니라 간접치료 또한 중요하다.

연습문제

1. 청력과 청능의 차이는 무엇이며, 각각은 어떻게 평가하는가?

2. 가청 아동의 듣기 발달 단계는 무엇인가?

3. 말지각 검사가 듣기 난이도에 영향을 미치는 요인으로 고려하고 있는 것들은 무엇인가?

4. 선천적 청력손실 영유아와 후천적 청력손실 성인의 청능 및 말-언어재활의 주요한 차이는 무엇인가?

5. 청능훈련 목표와 말-언어 치료 목표 간의 관련성은 무엇인가?

참고문헌

고은(2017). **청각장애아교육**. 서울: 학지사.

김영태, 김경희, 윤혜련, 김화수(2003). **영 · 유아언어발달검사(Sequenced language scale for infacts: SELSI)**. 서울: 파라다이스복지재단.

대한청각학회 (2015). **말지각검사의 실제**. 서울: 학지사.

박소현, 김자성, 김지연, 박 진, 박영진, 박홍주, 윤주원, 이인애, 이주은, 전소연(2015). **한눈에 보는 언어재활지침서**. 대전: 충남대학교출판문화원.

배소영, 곽금주(2011). **한국판 맥아더-베이츠 의사소통발달 평가(Korean version of M-B-CDI: K M-B CDI)**. 서울: 마인드프레스.

배희경(2003). 환경음을 이용한 유아용 청능평가 도구의 개발. 한림대학교 대학원 석사학위논문.

석동일, 박상희, 허승덕, 이규식, 신혜정, 박희정, 이상희, 김수진(2007). **청각학개론**. 대구: 대구대학교출판부.

송영준, 이효자, 장현숙(2011). **국립특수교육원 말지각 발달 검사 도구(KNISE-DASP)**. 경기: 교육과학사.

이상흔, 박미혜, 허명진(2003). **청각언어 재활을 위한 평가 가이드(EARS-K)**. 서울: 청하출판사.

이필상, 권순황, 김수진, 김시영, 박미혜, 박선희, 성은희(2015). **청각장애아동교육의 이해**. 서울: 학지사.

최성규, 허명진, 박찬희, 김정규, 박찬영, 김미희, 박은주, 송혜경, 이수연, 이정우, 정승희, 주미영, 박비주, 신지현(2015). **쉽게 풀어가는 청각학과 언어**. 경기: 양서원.

한국청각학교수협의회(2017). **청각학개론(2판)**. 서울: 학지사.

2023WHO (2023). Deafness and hearing loss. https://www.who.int/news-room/fact-sheets/detail/deafness-and-hearing-loss(2023.02.13.)

Archbold, S., Lutman, M. E., & Marshall, D. H. (1995). Categories of Auditory Performance. *The Annals of Otology, Rhinology & Laryngology, Supplement, 166*, 312-314.

Easterbrooks, S. R., & Estes, E. L. (2007). *Helping Deaf and Hard of Hearing Students to Use Spoken Language*. Corwin. 김영욱, 김희영, 이윤선, 한효정 역(2019). **청각장애 아동의 듣기, 말하기, 읽기: 부모, 교사 언어재활사를 위한 이론과 실제**. 서울: 학지사.

Ling, D. (1989). *Foundation of spoken language for hearing impaired children*. Washington, DC: Alexander Graham Bell Association for the Deaf Inc.

Moog, J. S., Biedenstein, J. J., & Davidson, L. S. (1995). *SPICE: speech perception instructional curriculum and evaluation*. MO: Central Institute for the Deaf.

Moore, D. R., Zobay, O., & Ferguson, M. A. (2020). Minimal and Mild Hearing Loss in Children:

Association with Auditory Perception, Cognition, and Communication Problems. *Ear and hearing, 41*(4), 720-732. https://doi.org/10.1097/AUD.0000000000000802.

Tye-Murray, N. (2009). *Foundation of aural rehabilitation: children, adults, and their family members* (3rd ed.). NY: Delmar, Cengage Learning. 장현숙, 조수진, 김유경, 최재희 역 (2019). **청능재활의 기초(3판)**. 서울: 박학사.

Zimmerman-Phillips, S., Osberger, M. J., & Robbins, A. M. (2001). *Meaningful Auditory Integration Scale (IT-MAIS) for Infants and Toddlers*. Sylmar: Advanced Bionics Corporation.

제14장

뇌성마비 임상실습

김선희

이 장의 학습목표

- 뇌성마비의 진단과 평가를 위한 내용을 이해하고 실시할 수 있다.
- 뇌성마비 언어재활을 위한 관련 요인을 이해하고 치료에 적용할 수 있다.
- 뇌성마비 진단 및 치료 관련 각종 보고서를 작성할 수 있다.

핵심 용어

- 뇌성마비(cerebral palsy)　출생 전 · 중 · 후에 미성숙하고 비진행성인 뇌손상에 의해서 자세나 움직임에서 영구적인 장애를 갖는 질환 및 질환군으로 다양한 원인에 의해 발생하나, 최근에는 조산이 주요 원인이 된다.
- 조산(prematurity)　제태기간 37주 미만에 분만한 신생아를 말한다. 조산아의 제태기간과 관련된 다양한 질환으로 인해 대뇌 미성숙과 손상이 발생하고 뇌실주변백질연화증(Periventiricular Leukomalacia) 등의 합병증이 발생하며 최근 뇌성마비의 주요 원인이 된다.
- 보조기구(equipment)　신경계 손상 및 기타 운동에 제한이 있는 환자들의 자세 유지에 사용되는 기구들을 말한다.
- 섭식기능(feeding skills)　삼킴 과정 중에서 주로 구강 단계(oral stage)에 포함된다. 평가와 치료 시에 음식의 재질과 맛에 따른 음식물을 섭취할 때 구어 기제(예: 저작 동안의 입술, 볼, 턱, 혀의 움직임) 및 비구어 기제(예: 음료수를 마실 때 호흡의 불규칙성으로 인하여 소음이 들리는지 여부)를 고려한다.
- 흡인(aspiration)　음식물이 성대를 통과하여 기도와 폐로 유입되는 상태를 말한다.

1. 초기 면담

뇌성마비는 출생 전 · 중 · 후의 미성숙하고 비진행성인 뇌손상에 의해서 영구적인 자세와 움직임에 이상이 있는 질환 및 질환군을 말하며(정진엽 외, 2016), 이로 인하여 각 뇌성마비 하위 유형별 호흡, 발성, 공명, 조음 및 운율 등 말산출에서도 문제를 나타낸다(남현욱, 2015). 뇌성마비의 정의에서 설명한 것과 같이 자세 및 운동과 관련하여 언어재활사와 물리치료사 및 작업치료사 등과의 협업은 필수적이다. 또한 뇌성마비인의 의료력을 포함한 다학문적 영역에 대한 배경 정보는 아동의 언어재활에 매우 중요한 영향을 미칠 수 있다. 최근에는 제태기간 37주 미만에 출생하는 조산으로 인한 뇌성마비 발생률이 증가하고 있으며(정진엽 외, 2016), 조산으로 인하여 제태기간에 따른 호흡기관과 빠는 행동의 미성숙 자체와 관련하여 발달 초기부터 오랜 호흡기 착용과 대체식이 사용으로 인한 구강 탐색의 제한으로 인하여 인지 기능 및 구강 기능 발달의 저하와 함께 조음 산출에도 부정적인 영향을 끼치게 된다. 섭식 활동은 뇌성마비인의 발달 초기에 구강 기능 발달과 밀접한 영향을 끼치므로 각 대상자들의 섭식 기능에 대한 파악은 긍정적인 조음기관 기능 향상과 인지 및 의사소통 기능 발달을 도모할 수 있다. 이러한 이유로 각 뇌성마비인들의 언어재활을 위해 초기 면담 시에 의료적인 정보와 언어재활 대상자인 뇌성마비인들과 관련된 다양한 재활 영역에 대한 정보를 파악하는 것이 반드시 필요하고 할 수 있다.

1) 초기 면담 시 정보수집 내용

보호자 및 양육자에게 뇌성마비인의 재활과 관련된 다양한 전문 영역의 소견서를 초기 면담 시에 요청하여 뇌성마비인의 언어재활과 관련된 의료적인 관련 요인과 함께 대 · 소근육 발달, 인지 및 사회성 등의 영역을 평가하기 위한 관련 정보를 파악해야만 한다.

(1) 의료 정보

① 의료적인 조처에 대한 이력 파악

현재의 약물 복용 상태나 출생 전, 중 및 후의 의료적인 조처 유무에 대한 정보를 파악한다. 예를 들면, 경기약 복용 원인과 시기, 복용 중인 경기약 종류, 복용량 및 복용 기간 등과 폐렴이나 중이염 등에 대한 정보를 습득한다.

② 이전 섭식 경험에 대한 파악

현재의 섭식 양상과 이전에 L-tube를 포함한 대체식이(alternative feeding) 사용 이유, 대체식이 사용 기간 및 현재 착용 여부와 그 이유를 파악한다. 예를 들면, 신생아집중치료실(Neonate Intensive Care Unit: NICU) 케어(care) 기간과 이유 및 빨기 반사 및 구강 식이 유무, 역류 등과 관련하여 대체식이를 사용할 수 있다. 또한 아동의 빈번한 중이염 발생이나 음식 알레르기 및 케톤식이 실시 여부 등도 아동의 섭식에 영향을 끼칠 수 있으므로 정보를 미리 파악한다.

③ 기타

조산 아동의 경우 출생 주수, 출생 시 체중 및 출생 시 자가 호흡 여부와 자가 호흡이 어려웠을 때의 조처와 호흡기 사용 기간, 자발적인 빨기 여부와 빨기에 어려움을 보였을 경우 대체식이 사용 기간, 뇌실주위백질연화증(periventricular leukomalacia: PVL), 뇌실내출혈(intraventricular hemorrhage: IVH) 등 현재 뇌성마비인의 발달에 영향을 끼쳤을 의료적인 사항을 면밀하게 조사한다.

(2) 대근육 및 소근육 발달

① 대근육 발달 파악

담당 물리치료사를 통해 뇌성마비인의 하위 유형 및 자세 긴장도 양상과 머리 조절 여부 등의 운동발달 정도를 파악한다. 예를 들면, 경직형(spasticity), 무정위운동형(불수의운동형, athetosis), 실조형(ataxia), 저긴장형(hypotonia) 및 혼합형(mixed type) 중 어느 하위 유형으로 분류되는지를 알아본다. 또한 머리 조절 여부를 파악할 때, 스스로 조절하는지, 치료사의 언어나 신체적인 촉구와 지지가 제공될 때만 고개 조절이 가능한지 여부와 이때 고개 조절의 유지 시간도 확인해야 한다.

② 소근육 및 시지각을 포함한 감각 기능의 발달 파악

아동의 손 사용 여부와 발달 정도, 인지적인 발달과 각성 상태, 시야 범위, 선호하는 자극 등 아동의 직 · 간접적인 인지 기능과 뇌성마비인에게 언어재활 동안에 제공하면 유리한 자극 종류 및 자료 제시 범위를 파악한다.

2. 평가계획 및 실시

초기 면담에서 파악한 뇌성마비인의 언어재활 관련 다양한 의료 및 감각적인 고려사항을 고려하면서 자세, 언어능력, 구강기관 기능, 섭식과 의사소통 사이의 관련성을 파악해야만 한다.

1) 언어능력 평가

(1) 표준화된 평가 도구를 사용한 의사소통 능력 관련 평가

실제 임상 현장에서 뇌성마비인의 신체적인 제한에 따른 선입견으로 표준화된 의사소통 기능 검사를 뇌성마비인이 수행하지 못할 것이라고 생각하여 실시하지 않거나 뇌성마비인을 대상으로 한 의사소통 능력 검사보다 보호자나 양육자가 체크하는 검사만을 실시하는 경향이 있다. 그러나 뇌성마비인이라도 그들의 신체적인 제한은 고려하되 가능한 SELSI, PRES 등의 언어능력을 확인하기 위한 표준화된 의사소통 기능 평가도구와 UTAP2 등을 포함한 표준화된 조음검사 도구를 사용하여 뇌성마비인의 언어 능력과 말소리 산출 능력에 대해 파악한다.

(2) 비표준화된 평가 도구를 사용한 의사소통 능력 평가

뇌성마비인들의 뇌손상과 관련된 인지 기능 저하와 신체적인 제한으로 인해 표준화된 의사소통 및 말소리 관련 검사 실시에 제한이 있을 경우 다음과 같은 비표준화되었으나 뇌성마비인의 의사소통 능력을 파악하기 위한 검사를 담당 언어재활사가 논문이나 관련 교재를 참고로 하여 임의로 제작 · 사용할 수 있다.

① 의사소통의 빈도 및 다양성을 관찰

뇌성마비인의 놀이 기술이나 일상 생활에서의 행동 관찰을 통해 의사소통 기능을 파악한다. 뇌성마비인이 가정에서만 의사소통을 하는지, 다른 장소에서도 의사소통을 하는지 여부와 이때 어머니와 같이 제한된 사람과만 의사소통을 하는지 또는 다른 사람들과도 적극적으로 의사소통 하는지 여부와 의사소통의 다양성 및 빈도를 조사한다. 또한 의사소통 상황에서 구어로 의사소통을 하는지, 발성만을 수반하는지 또는 눈맞춤과 같은 비구어적인 방법만 사용하는지 여부 등을 조사한다.

② 감각과 비정상적인 움직임 패턴을 파악

뇌성마비인의 제한된 의사소통 능력에 운동 기능과 감각이 끼치는 영향이 크기 때문에, 언어재활과 관련된 감각 및 운동 기능의 파악이 필요하다. 뇌성마비인의 제한된 감각이 경험의 미숙함인지 아니면 미성숙인지 여부를 진단하고 구강의 과민성(hypersensitivity) 또는 둔감성(hyposensitivity)을 포함한 구강의 병리적인 문제점 여부를 파악한다.

2) 구강기관의 구조 및 기능 평가

(1) 표준화된 방법을 사용한 평가

뇌성마비인의 주 장애로 인한 자세 및 운동성의 제한으로 실시에 어려움이 있을 수 있으나 SMST를 포함한 표준화된 방법을 사용하여 구강기관의 구조 및 기능을 파악한다.

(2) 섭식을 사용한 평가

뇌성마비인의 제한된 구강 기능을 평가하기 위하여 표준화된 검사도구를 실시하는 것이 발달의 정도를 파악하기 위하여 매우 유용할 수 있으나, 주 장애로 인해 구강 조음기관의 기능 평가에 제한이 있을 수 있다. 이때 섭식 동안의 구강기관의 기능과 조음기관 기능과의 관련성에 대해서 여러 선행연구가 이루어지고 있어서 섭식 때의 구강 기능 평가가 뇌성마비인에게 유용할 수 있다.

① 섭식 동안의 자세 긴장도와 환경 요인의 평가

뇌성마비인이 섭식 동안 자세 긴장도의 변화가 섭식에 끼치는 영향을 파악한다. 또한 구강기관의 기능과 섭식에 소요되는 시간 및 보호자나 양육자와 뇌성마비인과의 상호작용에 대해 면밀하게 관찰한다.

② 섭식 재질과 방법에 따른 구강 기능 평가

보호자 및 양육자가 뇌성마비인에게 1회에 제공하는 음식의 양과 삼킴의 적절성, 한 번에 꿀꺽 삼켜서 처리하는지 또는 나누어 삼키는지 여부를 포함한 음식의 처리 능력도 구강기관의 협응과 밀접한 관련이 있다. 이때 뇌성마비인이 선호하는 음식과 선호하지 않는 음식을 제공하여 구강기관의 기능 및 의사소통 기능을 직·간접적으로 알아보고, 특히 혀를 강하게 내미는 반응(tongue thrust)이나 과도한 긴장성 깨물기 반사(tonic bite reaction) 등과 같은 구강에서의 병리적인 문제점을 살펴본다.

③ 필요에 따른 추가 검사

필요에 따라서 비디오투시조영검사(Video Fluoroscopic Swallowing Study: VFS)를 포함한 기기를 사용한 삼킴기능 검사 의뢰 여부에 대해서도 파악하고 의뢰한다.

3. 치료계획 및 실시

1) 치료 방향 설정

뇌성마비인의 재활 치료 전반에서의 치료 목적은 각 뇌성마비인들이 자신들의 지각과 운동 발달을 구조화하여 환경에 적응하는 능력을 높여서 자세와 움직임을 포함한 구강기관의 기능, 호흡, 발성, 조음 및 의사소통 영역에 대한 스스로의 움직임을 조절(self control)하는 것이다(Bobath Centre, 2000). 이를 위하여 언어재활 영역에서도 뇌성마비 특성에 따라 자세와 움직임을 반드시 고려해야만 하고, 이러한 자세와 움직임이 호흡, 발성, 공명, 조음 및 의사소통 영역에 미치는 영향을 파악해야 한다. 이후 의사소통에 관련되는 요소들을 자세나 움직임에 대한 고려하에 각각 분리하여 치료하는 것이 아닌 전인적인 차원에서 접근해야 한다.

뇌성마비인을 치료하는 언어재활사는 조음기관의 섬세한 움직임(mobility)의 기초가 되는 정적인 안정성(static stability)을 부여하기 위해 자세(posture) 유지에 중점을 둔 언어재활을 주로 실시하게 된다. 그리고 뇌성마비 하위 유형에 따라 나타나는 신체적인 양상이 다르기 때문에 각 뇌성마비 하위 유형을 고려한 자세 조절하에 언어재활을 실시해야 한다.

2) 치료 절차

(1) 자세 조절

주 장애로 인한 자세 및 움직임의 제한은 뇌성마비인의 전반적인 발달과 의사소통 기능에 영향을 끼칠 수 있다. 특히 뇌성마비인의 자세가 호흡 기능과 발성에 끼치는 영향은 높으며(남현욱, 2009; 정진엽 외, 2013; 정진엽 외, 2016; 최명수, 2009; Winstock, 2005) 이와 관련하여 다양한 보조기구들(equipments)이 소개되고 있다.

체간과 자세의 정렬(aligment)을 위해서 사용되는 도구에는 프론스텐더(prone stander)나 각 뇌성마비인별로 제작한 특수 휠체어 등이 있고, 이러한 보조기구 사용 시에는 담당 물리치료사와의 논의가 유용할 것이다. 체간의 정렬과 지지가 제공되어도 구강기관의 원활한 움직임 유도를 위해서는 고개 조절이 필요하다. 이를 위하여 뇌성마비인의 앞, 옆, 뒤에서 고개 조절(oral control)을 실시하면 뇌성마비인의 눈맞춤, 침흘림 조절 및 섭식 등에도 긍정적인 영향을 끼칠 수 있다([그림 14-1] 참고).

[그림 14-1] **옆, 앞에서의 고개 조절 실시의 예**

출처: Winstock (2005).

① 앞에서의 고개 조절

이 방법은 고개 조절이 어느 정도 가능한 뇌성마비인에게 적용하면 유리하고, 이러한 지지 방법은 보호자와 뇌성마비인이 서로 마주 보게 되므로 의사소통 상황에서 얼굴을 보고 대화할 수 있게 하며, 먹는 동안의 구강기관의 움직임을 관찰할 수 있도록 하는 장점이 있다. 치료사의 가운데 손가락을 뇌성마비인의 턱 밑에 대어서 아래턱을 닫을 수 있도록 하고 혀가 입 밖으로 나오는 것을 억제시켜 주는 역할을 수행한다. 집게손가락은 뇌성마비인의 측두하악관절(Tempormandibular joint)에 위치시켜서 먹이는 사람의 손에 안정성을 부여한다. 마지막으로 엄지손가락은 아랫입술에 위치하도록 하여 고개가 쏠리는 것을 방지하고 입을 다물게 하며 아랫입술에 안정성을 제공한다.

② 옆에서의 고개 조절

이 방법은 아동에게 충분한 지지를 제공하는 동시에 눈맞춤이나 섭식 장면을 관찰할 수 있어서 언어재활 상황에서 일반적으로 빈번하게 사용할 수 있다. 앞에서 고개 조절을 지지하는 것과 동일하게 치료사의 중지손가락을 뇌성마비인의 턱 밑에 대어주어 입을 다무는 것을 도와주는 동시에 혀가 입 밖으로 나오는 것을 억제시켜 주며 섭식 동안 혀의 움직임과 함께 정확한 삼킴 기능을 확인할 수 있다. 집게손가락은 아랫입술 밑에 대어주어 아랫입술을 안정화시키며 입술 벌리는 것을 도와줄 수 있다. 그러나 뇌성마비인의 입술을 일부러 벌려주는 것과 같이 뇌성마비인의 입술을 치료사 임의로 과도하게 움직이도록 하는 것은 자제해야 한다. 또한 집게손가락을 아랫입술에 대어주어 목 뒤쪽을 신전시켜 정확한 고개 조절을 도모할 수 있다. 엄지손가락은 그림에서처럼 볼쪽에 위치하도록 하고 지지하는 손의 손바닥은 측두하악관절에 위치하여 뇌성마비인의 턱의 위치를 안정화시키는 데 도움이 되도록 한다.

③ 뒤에서의 고개 조절

이 방법은 아동에게 충분한 안정성을 제공한다는 측면에서 유리하지만, 긴장도와 함께 신전하는 양상을 보이는 뇌성마비인일 경우 긴장도를 더욱 높일 수 있고, 뇌성마비인의 먹기, 마시기 및 의사소통 등의 관찰에 제한을 일으킬 수 있다. 옆에서의 고개 조절과 유사한 방법으로 집게, 중지 및 엄지손가락을 뇌성마비인의 각 구강기관에 위치하도록 지도한다.

(2) 구강 기능 향상

섭식과 삼킴에는 차이점이 존재한다. 섭식(feeding)은 입 안에 음식을 넣고 씹기를 포함하여 삼킴이 시작되기 전 음식을 조작하는 구강 단계를 말하며, 구강 단계에서 혀로 음식덩이(bolus)를 구강 뒤쪽으로 밀어 넘기는 시점에 한정된 표현이다. 그러나 삼킴(Swallowing)은 입 안에 음식물이 들어가면서부터 음식물이 삼킴의 구강, 인두, 식도단계를 거쳐 위식도경계를 통해 음식물이 위로 내려갈 때까지의 전반적인 활동을 말한다는 것이다. 이러한 섭식 기능의 평가와 치료 시에는 음식의 재질과 맛에 따른 음식물을 섭취할 때 구어 기제(예: 저작 동안의 입술, 볼, 턱, 혀의 움직임) 및 비구어 기제(예: 음료수를 마실 때 호흡의 불규칙성으로 인하여 소음이 들리는지 여부)에 대한 고려가 필요하다(김선희, 2011).

발달 초기에 섭식 기능은 조음기관의 기능, 감각 및 운동 측면의 발달과 매우 밀접한 관련이 있으며(Morris & Klein, 2000), 최근 뇌성마비의 주요 원인이 되는 조산에 의한 뇌성마비 아동들은 발달의 초기부터 섭식의 문제를 보이게 된다(송영진 외, 2018; 이혜정, 김화수, 2014; 정진엽 외, 2013; 정진엽 외, 2016; Sullivan & Rosenbloom, 1994).

이러한 조음기관의 기능과 발달에 밀접한 영향을 끼치는 섭식 기능에 영향을 주는 요소 중에서 특히 음식의 재질과 섭식 방법이 있다(김선희, 2020).

① 숟가락으로 먹기

뇌성마비인에게 숟가락을 사용하여 먹이기 전에 머리와 체간의 정렬을 반드시 확인해야 하고, 이후 숟가락으로 먹이기 위해서는 뇌성마비인의 앞쪽에서 눈높이보다 약간 내린 상태에서 주어야 먹는 동안 고개를 위로 드는 것을 방지할 수 있다([그림 14-2] 참조). 또한 이러한 자세는 고개를 쉽게 앞으로 숙일 수 있도록 하여 윗입술의 움직임을 촉구할 수 있다. 이때 뇌성마비인이 윗입술을 사용하지 않을 경우, 음식이 담긴 숟가락을 입술 모서리쪽으로 돌려서 제공하면 입술이 쉽게 숟가락에 닿게 하여 입술의 움직임을 촉구할 수 있다. 숟가락으로 음식을 먹고 삼키는 활동의 지도는 /ㄷ,ㅌ,ㄸ,ㅁ,ㅂ,ㅍ,ㅃ/ 음들의 조음 지도 시에 유용하다.

주의사항은 숟가락의 음식을 제거하기 위해 고개의 과도한 굴곡을 억제하고 윗입술의 움직임을 촉구하기 위해 음식을 숟가락의 2/3만 제공하고, 뇌성마비인의 입 안에 들어가는 부분이 너무 깊지 않은 숟가락을 선택하는 것이다. 또한 긴장성 깨물기 반사(tonic bite

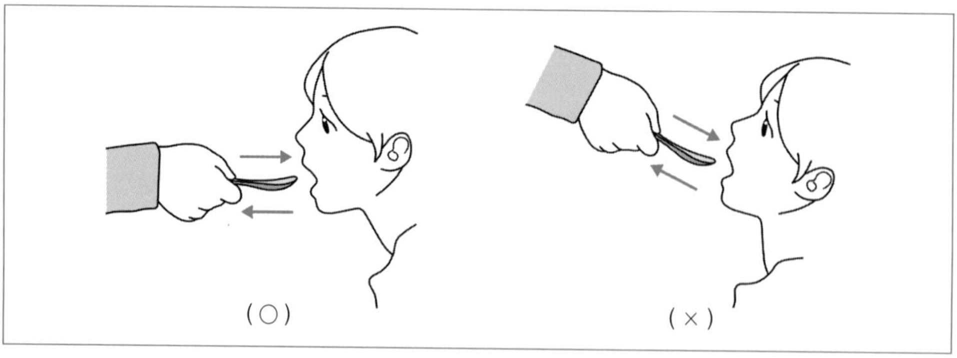

[그림 14-2] 숟가락으로 음식을 제공할 때의 주의사항

출처: 윤병완(1997).

reflex)가 있는 경우 실리콘으로 코팅되어 있는 숟가락 선택이 뇌성마비인의 치아 손상 방지와 섭식에 대한 부정적인 경험을 예방할 수 있다.

② 컵으로 마시기

이 방법은 마시는 동안 구・비강 호흡을 조절하며 윗입술과 혀의 협응되고 조절된 움직임을 지도하는 데 유용하게 사용할 수 있다. 그러나 컵으로 주로 마시는 음식 재질인 액체는 고개 조절이 미흡하거나 구강기관과 호흡 기능의 협응이 부족할 경우 흡인(aspiration)을 유발할 가능성이 높아서 뇌성마비인들이 섭취 시에 가장 어려워하는 방법이기도 하다. 컵으로 마시기는 아동이 좋아하는 음료수나 빈 컵부터 시도하여 컵 사용 자체에 익숙해지도록 하면서 뇌성마비인의 고개 위치보다 다소 아래에서 음식을 제공하는 것이 필요하다. 이때 사용하는 컵은 작고 부드러우며 먹는 양을 관찰할 수 있는 투명한 재질로 만들어진 것으로, 얼굴에 컵이 닿지 않도록 입구를 자른 것이 유리하다.

먹이는 순서는 빈 컵이나 꿀을 한 방울 넣은 컵을 사용하여 마시기부터 시작해서 이후 걸쭉한 액체와 물의 순서로 진행하고, 마시는 양도 점차 증가시켜 나간다. 앞서 언급한 모서리를 자른 컵을 사용한 마시기에 익숙해질 경우, 일반적으로 사용하는 컵으로 마시도록 한다. 이때 컵을 아랫입술에 살짝 대어준 후에 약간의 물을 구강에 제공하여 삼키는 능력을 확인한 후 윗입술을 사용하여 컵에 든 액체를 입 안으로 끌어당겨 먹도록 한다. 뇌성마비인이 컵을 사용한 액체 마시기에 익숙해지면 연속적으로 액체를 삼키도록 음식을 제공한다. 컵을 사용하여 음식을 다 마셨을 경우, 컵을 천천히 아래쪽으로 빼어 뇌성마비인이 입을 스스로 다물 수 있도록 유도한다. 컵으로 마시기 동안 이로 컵의 모서리 쪽을 깨물거나 혀로 음료수를 빨아들이는 듯한 양상으로 먹지 않도록 주의한다([그림 14-3] 참조).

[그림 14-3] **컵으로 마시기를 할 때의 주의사항**

출처: 윤병완(1997).

③ 저작하기

이 방법은 구강기관의 협응되고 긴밀한 움직임을 가르치고 연속적인 침삼킴을 지도할 때 유리하다. 치발기와 같이 고무로 만든 장난감이나 손가락으로 핑거 푸드(finger food)를 먹는 것도 좋고, 안전하고 조절된 저작 활동을 유도하기 위해 거즈로 음식을 싸서 구강 옆쪽으로 제공하는 것도 유용하다(Winstock, 2005). 거즈로 음식을 주머니처럼 싸서 제공하는 방법을 'muslin pouch technique'이라고 하며, 이때 거즈로 싼 음식물을 제공할 때는 대상자가 선호하는 주스나 음식에 음식을 싼 거즈를 담갔다가 대상자의 구강에서 상대적으로 기능이 좋은 쪽부터 음식을 제공한다. 이때 구강의 좌우에 동일하게 씹는 경험을 제공해야 하고, 저작하기에 사용하는 음식 재질은 너무 쉽게 으깨지지지 않는 단감이나 사과 등의 과일 또는 야채를 사용하는 것이 좋다(Morris & Klein, 2000).

(3) 의사소통 기능 향상

뇌성마비인의 의사소통 기능을 개선시키기 위해서는 몇 가지 고려사항이 있다. 첫째, 각 뇌성마비인이 발성에 유리한 자세를 고려해야 하고, 둘째 의사소통을 위한 노력을 감소시키기 위해 발성이 즐겁고 편안해야 하며, 셋째 정상적인 구강 내 감각 입력과 함께 정상적인 섭식 기능을 제공하고, 마지막으로 뇌성마비라는 주 장애를 고려하여 아동의 발화를 기다려주는 인내심도 요구된다. 또한 뇌성마비인이 의사소통에 대해 긍정적인 경험과 상호작용을 경험하게 하는 것도 필요하다. 뇌성마비인의 장애 유형, 장애 정도와 수반 증상 등을 고려하고, 발달 및 생활 연령과 환경과의 관련성에 주의를 기울여서 의사소통의 욕구를 증진시킬 수 있는 환경을 조성하는 것이 필요하다.

뇌성마비인의 경우 보호자가 주로 대화 상대자가 되고, 신체적인 제한으로 인해 보호자, 특히 어머니의 지지를 오랫동안 받게 되어서 의사소통 방법 지도 시에 보호자 특히 어머님 교육이 필요하다(황수진, 하승희, 2013). 또한 뇌성마비인은 장기적으로 다영역간 접근이 필요하고 중추신경계 손상에 의한 인지적인 제한이 있기 때문에 각 뇌성마비인이 처한 환경중심 의사소통 중재가 반드시 고려되어야 한다.

뇌성마비인의 주 장애를 고려하여 발성 및 발화를 통한 의사소통이 제한적일 때, 보완대체의사소통(Augmentative and Alternative Communication: AAC)을 사용해야 하고, AAC 적용을 위해서는 뇌성마비의 담당 작업치료사나 물리치료사의 도움을 받아서 뇌성마비인의 시지각, 소근육, 대근육 및 인지 등과 보호자의 요구도를 고려한 접근이 필요하다(박주혜, 2019).

4. 보고서 작성

뇌성마비인의 경우 주 장애로 인하여 재활의학과, 정형외과, 소아과 등의 의료적인 접근과 물리치료사, 작업치료사, 특수교사 등을 포함한 다학문적인 접근이 평가와 치료 영역 모두에서 필요하다. 이에 뇌성마비인의 평가 보고서를 작성하기 위해서는 보호자 상담과 다학문적 접근을 위한 재활 관련 진단 소견서 취합, 의료진 및 재활치료 전문가 간 상담과 회의 등이 이루어져야 한다.

1) 진단보고서

앞의 평가 영역에서 언급한 바와 같이 뇌성마비인의 치료에는 출생 주수, 출생 시 체중, 뇌전증 유무와 관련 약물 복용력과 복용량 및 기타 의료적인 조처 등을 포함한 의료력(medical history)에 대한 정보가 영향을 끼칠 수 있으므로 진단보고서 작성 시에 관련 사항을 반드시 포함하여 작성되어야 한다. 또한 뇌성마비인에게도 표준화된 언어 능력 관련 검사를 실시해야 하지만 신체적인 제한으로 인한 눈맞춤, 응시하기, 검사 시 손으로 지적하기 및 마비말장애로 인한 발성과 조음의 제한으로 인한 의사소통 능력의 평가에 어려움이 발생할 수 있다. 이에 각 뇌성마비인의 조음기관 기능, 조음 능력 및 언어 능력을 평가하기 위한 비구조적인 평가를 담당 언어재활사들이 참고문헌을 통하여 임의로 제작할 필요가 있을 수 있다. 또한 담당 물리치료사, 작업치료사, 특수교사와 특히 보호자 등과의 상담이 필요하고 뇌성마비인에 대한 면밀한 관찰이 요구된다.

2) 장단기 치료계획서

뇌성마비인의 장단기 치료계획서 수립 시에도 다른 의사소통장애 하위 유형과 마찬가지로 진단보고서의 내용을 기초로 하고, 부모의 요구도 및 사회환경적 수준을 고려한 치료 목표를 수립해야 한다. 그러나 뇌성마비인의 언어재활을 위한 장단기 치료계획서에는 조음기관 기능, 호흡, 발성, 의사소통 기능에 영향을 끼치는 각 뇌성마비인의 하위 유형에 따른 자세 조절 및 움직임에 대한 고려가 반드시 포함되어야 한다.

실제 언어재활 임상현장에서 뇌성마비인의 언어재활을 부담스럽게 하는 가장 큰 요인은 뇌성마비인의 의사소통 능력 자체보다 뇌성마비인이 보이는 과도한 긴장도와 이에 수반되는 신전 및 굴곡 양상과 불수의적인 움직임을 포함한 제한된 운동 양상이다. 그런 만큼 언어재활 장면에서 자세 조절을 위해 사용할 수 있는 다양한 보조기구[예: 코너의자(corner seat), 각 뇌성마비인에 따라 제작된 inner가 부착된 특수 휠체어 등]를 사용하는 것도 유리하고, 이러한 자세 조절이 반드시 장단기 계획서에 반영되어야 할 것이다. 또한 이를 위해 물리치료사 및 부모님 등과의 긴밀한 협조가 필요하다.

3) 회기별 치료계획서

뇌성마비인의 언어재활 현장에서 아무리 강조해도 지나치지 않은 것이 자세 조절일 것이다. 그러나 치료 전 자세 조절에 지나치게 긴 시간이 소요될 경우 언어재활사에게는 부담이 될 수 있고, 아무리 좋은 자세라고 해도 뇌성마비인이 치료 시간 내내 동일한 자세를 유지하는 것은 어려울 수 있다. 그러므로 보호자에게 도움을 요청하는 것이 유리하고, 이를 위해 함께 치료실에 입실하는 것이 도움이 될 수 있다. 또한 뇌손상으로 인하여 언어재활 진전이 누드러지지 않다고 여겨질 수 있으므로, 회기별 목표를 세분화하여 진전 정도를 파악하는 것이 필요하다.

4) 진전보고서

앞서 언급한 바와 같이 뇌성마비인의 경우 언어재활 시에 일반적으로 진전이 두드러지지 않을 수 있다. 또한 언어재활사가 뇌성마비인의 자세 조절에 대한 부담으로 언어재활 영역에서의 진전이 더 느리다고 판단될 수 있으나, 회기별 치료 진전 보고와 연계하여 진전 정도에 대한 면밀한 관찰, 부모 상담 및 가정과의 치료 연계로 진전을 유도하고 확인할 필요가 있다.

5. 보고서 작성 예시

1) 진단보고서 예시

진단보고서

1. 일반적인 정보

성 명(성별): 김○○(남)	생년월일: 2010년 11월 22일(11세 7개월)
장애유형: 뇌성마비로 인한 언어발달장애	치 료 사: ○○○
진단기간: 2022년 07월 12일 ~ 08월 15일	작성일자: 2022년 08월 20일

2. 배경정보 및 행동관찰

1) 배경 정보

아동은 출생 전 · 중 · 후에는 별다른 문제가 없었으나, 생후 6개월경 뇌수막염으로 인하여 경직형 사지마비로 판정을 받았다.

아동의 전반적인 신체발달은 느린 편이며, 주 양육자의 도움이 있어야만 앉기, 서기, 목 가누기 등이 제한적으로 가능하다고 하였다. 아동은 운동상의 제한으로 2018년 03월 21일 ○○병원에서 고관절 수술을 받았고, 청력은 정상이며 현재 난시와 사시로 인하여 안경을 착용 중이라고 하였다. 관련하여 이름을 부르면 눈을 돌리며 반응을 할 수 있으나 타인과 눈맞춤은 정확하지 않다고 하였다. 아동은 삼킴기능 검사에서 물 섭취 동안 흡인의 위험이 있어 죽과 씹는 과자 등의 고체는 정확하게 삼키지만 물이나 침 같은 액체를 삼키는 것에 어려움을 보인다고 하였다. 아동은 저작 기능 자체에는 어려움이 없으나 과자와 밥 종류를 정확하게 씹지 않는다고 하였다. 아동은 현재 일반식 중이나 밥과 물을 먹는 양이 다소 적으며 변비 상태를 종종 보이지만 정기적으로 복용하는 약은 없다고 하였다. 아동이 선호하는 것은 노래, 음악, 피아노 소리 등이며, 의사소통 방법은 가정에서 필요한 것이 있을 때 주로 원하는 사물을 눈으로 쳐다보거나 /아/ 발성하기라고 하였다.

2) 행동 관찰

아동은 스스로 목 가누기와 앉기 등에서 어려움을 보여서 치료사에게 안겨서 치료실에 입실하였으며 치료사의 도움을 받아야만 벤치에 착석이 가능하였다. 아동은 주 장애로 인해 고개 조절에 어려움이 있으며 사시로 인해 치료사가 제시한 사물을 지속적으로 응시하지 못하였다. 치료사가 발성을 유도할 경우, 발성을 위해 갑자기 자세 긴장도가 높아져서 팔과 다리를 뻗치는 듯한 모습을 종종 보였다. 또한 치료 도중 갑자기 목 뒤쪽 근육의 긴장도가 높아지면서 시선을 위로 향하는 모습을 빈번하게 보였고, 아동 스스로 시선을 조절하는 것에 어려움을 보여서 치료사의 보조가 필요하였다.

3. 언어 평가

1) 언어 검사 결과

(1) 영 · 유아 언어발달 검사(Sequenced Language Scale for Infants: SELSI, 김영태 외, 2003)

보호자에 의한 본 검사 실시 결과, 아동의 수용언어 획득 점수 19점, 등가연령 11개월로 현재 생활 연령 11세 7개월과 비교하였을 때 10세 8개월 지체된 것으로 나타났으며, 표현언어 획득 점수 2점, 등가연령 2개월로, 현재 생활 연령 11세 7개월과 비교하였을 때 11세 5개월 지연된 것으로 나타났다. 아동의 수용 및 표현언어 백분위 점수는 아동의 원점수가 낮고, 생활 연령이 검사 가능한 최고 연령을 초과하여 산출할 수 없었다. 아동의 전체 언어 원점수 21점, 등가연령 6개월로 현재 생활 연령 11세 7개월과 비교하였을 때 11세 1개월 지연된 것으로 나타났으며, 백분위 점수는 아동의 생활 연령이 검사 가능한 최고 연령을 초과하여 산출할 수 없었고 전체 언어에서 −2SD 이상으로 나타나 '언어발달지체'로 산출되었다. 아동은 다양한 발성이나 조음 산출에 어려움이 있어서 표현언어 영역에서 두드러진 제한을 보였다고 유추된다.

(2) M-B CDI-K 영아용(The MacArtur-Bates Communicative Development Inventory-Korean, 배소영 외, 2006)

보호자에 의한 본 검사 결과, 아동은 표현낱말에서 원점수 279점 중 0점, 이해낱말에서는 284점 중 원점수 157점을 보였으나 제스처와 놀이에서는 총 72점 중 3점을 획득하였고 아동의 생활 연령이 검사 가능한 최고 연령을 초과하여 백분위 점수를 산출할 수 없었다. 검사 동안 아동의 발성과 조음 산출에서의 제한으로 표현 부분에서 어려움을 나타내었다.

2) 조음기관 구조 및 기능 검사 및 섭식 결과

(1) 조음기관의 구조 및 기능

아동은 얼굴 전반에서 다양하고 긴밀한 움직임의 관찰이 거의 없었으며, 웃는 모습 이외에 다양한 얼굴 표정은 관찰되지 않았다. 얼굴의 좌우 대칭은 관찰되었고 자세 긴장도와 다르게 구강 안쪽의 긴장도는 낮은 것으로 여겨진다. 입술은 휴식 동안에는 좌우 대칭성을 보였으나, 이때 윗입술 주름이 거의 나타나지 않았고, 평상 시에 입을 주로 벌리고 있어 침흘림을 빈번하게 관찰할 수 있었다. 거즈로 싼 껌을 사용한 지속적인 저작 동안에는 윗입술의 경미한 움직임이 나타났다. 혀를 관찰하였을 때, 주로 앞뒤의 움직임이 우세하였고 혀의 위아래 및 좌우 측으로의 수의적인 움직임은 관찰되지 않았다. 치료사가 거즈에 싼 과자를 주었을 때 제한적인 혀의 외측 움직임이 관찰되었으나, 긴밀하고 신속한 움직임은 관찰되지 않았고, 볼 안쪽을 빈번하게 씹은 듯한 상처가 관찰되었다. 보호자의 보고에 의하면 아동이 자신의 볼을 지나치게 씹다 보니 덩어리진 음식의 저작에 어려움을 보인다고 하였다. 연구개는 주 장애로 인한 지시 수행 곤란과 수의적인 구강 움직임의 저하로 관찰에 어려움이 있었으나, 구 · 비강 호흡 분리가 가능하여 별다른 기능상의 제한은 없는 것으로 여겨졌다. 경구개는 구강 좌우의 면적에 비하여 입천장의 높이가 높은 것으로 관찰되었다. 아동은 하악의 발달이 매우 미비하였고, 아동이 선호하는 과자를 저작하는 동안에도 긴밀한 하악의 움직임은 관찰되지 않았다.

(2) 섭식 동안 구강 기관의 움직임

보호자는 아동에게 다양한 재질의 음식을 제공하지만 볼 안쪽을 깨물어 먹는 것을 거부할 경우에는 주로 죽 상태의 음식을 먹인다고 하였다. 섭식 동안 소요되는 시간은 아동의 배고픈 정도에 따라 다르지만 죽 상태의 음식은 빠른 속도로 먹는다고 하였으나, 치료실에서 요플레를 제공하였을 경우에 다소 느린 속도로 움직였으나, 윗입술을 능동적으로 움직여서 숟가락 위의 요플레를 제거하여 먹지 못하였다. 음료수를 마시는 동안에는 치료사가 고개 조절을 도와줄 경우에도 경미한 흡인 양상을 보였다.

4. 요약 및 권고사항

아동의 언어능력을 파악하기 위해 언어 관련 검사(예: SELSI, M-B CDI-K)를 실시하였다. 영 · 유아 언어발달 검사(SELSI) 결과, 아동은 수용언어에서 등가 연령 11개월, 표현언어에서 2개월, 전체 언어 능력에서 6개월로 나타나 현재 생활 연령 11세 7개월에 비교하였을 때 수용언어 등가 연령은 10세 8개월, 표현언어 능력에서 11세 5개월, 전체 언어 능력에서 11세 1개월 지체를 보였고 백분위 점수는 아동의 생활 연령과 맞지 않아 산출할 수 없었다. M-B CDI-K 영아용 검사 결과, 아동은 표현낱말 원점수 0점, 이해낱말 원점수 157점, 제스처와 놀이 원점수 3점으로 나타났으며, 백분위 점수는 최고 연령과 아동의 생활 연령이 맞지 않아 산출에 제한이 있었다.

아동은 주 장애로 인하여 스스로 목 가누기, 앉기 등에서 어려움을 보였고, 주로 /아/ 발성과 눈 맞추기 및 고개 돌리기 등의 제한적인 방법으로 자신의 의사를 표현하였으나 정확성은 매우 낮은 것으로 사료된다. 또한 긴밀한 구강 기능의 제한을 보였고, 고개 조절하에 컵으로 마시기 동안에도 경미한 흡인 증상을 나타내었고, 저작 동안에도 리드미컬하고 긴밀한 조음기관의 움직임에 제한을 보였다. 이에 일상생활에서 필요한 사물과 그 기능을 이해하도록 아동의 시야 범위를 고려하여 자료를 제시하고, 아동의 의사소통 기능 증진을 위하여 섭식을 활용한 구강 기능 지도와 /아/ 발성 빈도를 높이며 이를 활용하여 긍정의 의미로 /아/ 발성하기와 부정의 의미로 침묵하기 및 요구하기의 의미로 '사물 쳐다보기' 등의 언어치료가 필요할 것으로 사료된다.

2) 장단기 치료계획서 예시

장단기 치료계획서

1. 일반적인 정보

성명(성별): 김○○(남)	생년월일: 2010년 11월 22일(11세 7개월)
장애유형: 뇌성마비로 인한 언어발달장애	치료사: ○○○
진단기간: 2022년 07월 12일 ~ 08월 15일	작성일자: 2022년 08월 20일

2. 장단기 치료계획서

장기목표 1	1. 아동은 언어치료에 적합한 자세를 유지할 수 있다.
단기목표	1-1) 아동은 치료사의 도움을 받아 착석하여 치료 내내 고개 조절을 할 수 있다. 1-2) 아동은 치료 내내 체간을 곧추선 자세(upright position)로 유지하며 착석할 수 있다.
장기목표 2	2. 아동은 구강 기능을 증진시킬 수 있다.
단기목표	2-1) 치료사는 아동에게 구강 마사지(예: 안쪽 뺨 늘리기 등)를 10회 이상 실시한다. 2-2) 아동은 구강 기능 향상을 위해 과자와 껌을 80% 이상 정확하게 저작할 수 있다. 2-3) 아동은 입술 기능의 향상을 위해 숟가락 위의 음식을 80% 이상 정확하게 제거하여 먹을 수 있다.
장기목표 3	3. 아동은 의사소통 기술을 증진시킬 수 있다.
단기목표	3-1) 아동은 다양한 상황에서 긍정의 의미로 /아/ 발성을 80% 이상 정확하게 산출할 수 있다. 3-2) 아동은 다양한 상황에서 부정의 의미로 2초간 침묵하기를 80% 이상 정확하게 표현할 수 있다. 3-3) 아동은 다양한 상황에서 '요구하기'를 위해 눈으로 원하는 사물을 2초 이상 바라보기를 80% 이상 정확하게 할 수 있다. 3-4) 아동은 다양한 상황에서 치료사의 질문에 해당하는 사물을 음절수에 맞게 80% 이상 정확하게 발성할 수 있다.
장기목표 4	4. 아동은 일상생활에서 사용하는 명사와 동사를 이해할 수 있다.
단기목표	4-1) 아동은 실물 또는 그림자료 수준에서 일상생활에서 빈번히 사용되는 사물의 이름을 80% 이상 정확하게 이해할 수 있다. 4-2) 아동은 실물 또는 그림자료 수준에서 일상생활에서 빈번히 사용되는 사물의 기능을 80% 이상 정확하게 이해할 수 있다. 4-3) 아동은 일상생활에서 사용하는 동사를 80% 이상 정확하게 이해할 수 있다.

3) 회기별 치료계획서 예시

회기별 치료계획서

1. 일반적인 정보

성 명(성별): 김○○(남)	생년월일: 2010년 11월 22일(11세 7개월)
장애유형: 뇌성마비로 인한 언어발달장애	치 료 사: ○○○
진단기간: 2022년 07월 12일 ~ 08월 15일	작성일자: 2022년 08월 20일

1. 치료목표

1. 아동은 언어 치료에 적합한 자세를 유지할 수 있다.

1-1) 아동은 치료사의 도움을 받아 착석하여 치료 내내 고개 조절을 할 수 있다.

1-2) 아동은 치료 내내 체간을 곧추선 자세(upright position)로 유지하며 착석할 수 있다.

2. 아동은 치료사가 제시하는 동화책에 2초 이상 시선 유지하기를 80% 이상 정확하게 수행할 수 있다.

3. 아동은 의사소통 기술을 증진시킬 수 있다.

3-1) 아동은 다양한 상황에서 긍정의 의미로 /아/ 발성을 80% 이상 정확하게 산출할 수 있다.

3-2) 아동은 다양한 상황에서 부정의 의미로 2초간 침묵하기를 80% 이상 정확하게 표현할 수 있다.

4. 아동은 일상생활에서 사용하는 명사와 동사를 이해할 수 있다.

4-1) 아동은 실물 또는 그림자료 수준에서 일상생활에서 빈번히 사용되는 사물의 이름을 80% 이상 정확하게 이해할 수 있다.

2. 치료 활동

단계	언어재활 활동 및 내용		자료	강화
	치료사	아동		
도입	○○야, 잘 지냈어? 우리 먼저 인사하고 시작하자. 차렷, 인사! 잘했어! (아동과 일상생활에 관련된 이야기를 나눈다.)	(치료사의 도움을 받아 벤치에 착석한다.) (치료사를 바라본다.) (고개를 앞으로 숙여 인사한다.)		

전개 1	사물(예: 동화책)에 2초 이상 시선 유지하기 (동화책을 제시하며) ○○야, 선생님이 동화책 읽어줄 거야. 잘 봐. (아동의 시야 범위 내에서 동화책을 제시하여 동화책을 읽는다.) (동화책을 아동의 시야 범위 내에서 흔들어 보이며) ○○야, 여기 동화책 봐. 옳지. 선생님 계속해서 읽을게. 잘 봐. (계속해서 동화책을 읽는다.)	(대답 없이 동화책을 바라본다.) (치료사만을 바라본다.) (대답 없이 동화책을 바라본다.)	동화책	아동이 동화책을 2초 이상 바라보며 정반응 시 동화책을 읽어 준다. 아동이 동화책을 보지 않고 오반응 시 아동의 시야 범위 내에서 동화책을 흔들며 "여기 봐."라고 지시를 하며 집중을 유도한다.
전개 2	긍정의 의미로 구어(예: /아/ 발성하기) 표현하기 OO야, 선생님이 과일 보여 주고 뭔지 물어볼 건데 맞으면 /아/라고 하는 거야. 틀리면 조용하기. (음식 모형 '사과'를 보여 주며) ○○, 포도네! (음식 모형에서 '사과'를 가리키며) ○○야, 이거 맞아? 맞으면 /아/. (음식 모형을 아동의 시야 범위 내에서 보여주며) ○○야, 이거 봐봐. (음식 모형 중 '사과'를 가리키며) 이거 사과 맞아? 맞으면 /아/하자. 다시 한번 해볼까? ○○ 누나 맞아? 맞으면 /아/ 하기. (아동의 발성을 촉구하기 위해 아동의 체간을 움직여 준다.) 옳지! 잘했어.	(대답 없이 치료사를 바라만 본다.) (대답 없이 사물만 바라본다.) (대답없이 천장만을 바라본다.) (소리 없이 입만 벌린다.) (긍정의 의미로 /아/ 발성을 산출한다.)	과일 모형	아동이 /아/ 발성을 하며 1회 정반응 시 사회적 강화(예: 잘했어, 옳지)를 해준다. 아동이 관심이 없는 듯이 발성하지 않고 1회 오반응 시 아동의 시야 범위 내에서 사진을 흔들어 보이며 흥미를 유도한다. 아동이 발성에 어려움이 있는 듯이 발성하지 않고 1회 오반응 시 /아/ 발성 구어 모델링을 하며 아동의 체간을 눌러주어 발성을 유도한다.

전개 3	부정의 의미로 비구어(예: 2초간 침묵하기) 표현하기 (과일 모형 중 '포도'를 보여 주며) ○○야, 이번에도 선생님이 물어본 것이 틀리면 (손가락을 아동의 입에 갖다대며) 조용하는 거야. ('포도' 모형을 가리키며) ○○야, 이거 사과 맞아? ('포도' 모형을 아동의 시야 범위 내에서 흔들며) ○○야, 이거 봐봐. ('포도'를 가리키며) 이거 사과 맞아? 사과 맞아? 아니면 조용~. 다시 한번 해볼까? '포도 맞아? 맞으면 /아/, 틀리면 조용. 옳지! 잘했어.	(긍정의 의미로 /아/ 발성을 한다.) (대답 없이 앞만 바라본다.) (시선을 거부하는 듯이 왼쪽으로 돌린다.) (소리를 내지 않는다.)	과일 모형	아동이 2초간 침묵하며 1회 정반응 시 사회적 강화(예: 잘했어, 옳지)를 해준다. 아동이 관심이 없는 듯이 반응하지 않으며 1회 오반응 시 아동의 시야 범위 내에서 모형을 먹는 시늉을 하며 흥미를 유도한다.
전개 4	명사 '연필' 이해하기 (아동의 시야 범위에 맞는 실물 '연필'을 보여 주며) ○○야, 이거는 '연필'이야. (종이에 연필로 선을 그리며) 이렇게 종이에 그림을 그리거나 글씨를 쓸 때 사용하는 거야. (아동에게 연필을 보여 주며) ○○야, 이거 연필 맞아? (아동의 시야 범위 내에서 연필을 흔들어 보이며) ○○야, 이거 '연필'이야. '연필'. (아동의 손을 잡고 함께 종이에 선을 그리며) 이렇게 종이에 그림을 그리거나 글씨를 쓸 때 사용하는 거야. (아동에게 연필을 보여 주며) ○○야, 이거 연필 맞아? 옳지! 잘했어.	(대답 없이 치료사를 바라만 본다.) (계속해서 대답 없이 치료사만 바라본다.) (대답 없이 연필만을 바라본다.) (대답의 의미로 /아/ 발성을 한다.)	연필	1회 정반응 시 사회적 강화(예: 맞았어, 잘한다)를 해준다. 1회 오반응 시 아동의 시야 범위 내에서 연필을 흔들어 보이며 집중을 유도하고 재차 행동 모델링을 하며 쓰임에 대해 설명해 준다. 대화하듯이 옆의 빨간색 서술처럼 어긋나게 아동과 치료사의 반응을 표시해 주시면 감사하겠습니다.

정리	○○, 오늘 너무 잘했어! 이제 인사하고 갈까? 차렷, 인사. 응, 안녕히 가세요.	(치료사를 보며 웃는다.) (고개를 앞으로 숙여 인사한다.) (치료사의 도움을 받아 치료실을 퇴실한다.)		
보호자 상담	안녕하세요, 어머님. 먼저 ○○에게 동화책을 읽어주며 사물을 2초 이상 시선 유지하기 활동을 진행했습니다. ○○의 시야 범위 내에서 동화책을 읽어주며 동화책을 눈으로 바라볼 수 있도록 하여 집중할 수 있도록 유도했습니다. ○○의 의사소통기술 향상을 위해서 '긍정/부정 표현하기'를 지도하기 위해 '과일 모형'을 사용하여 사과를 보여 주며 "사과 맞아?"라고 질문하였을 때 긍정의 의미로 /아/ 발성을 유도하였는데 가정에서도 '긍정/부정 표현하기'를 /아/ 발성과 2초간 침묵하기로 지도해 주세요. 마지막으로 명사 '연필'을 지도하였습니다. 먼저 '연필'의 쓰임에 대해 행동 모델링과 구어로 설명을 해주고 "○○야, 이거 '연필' 맞아?"라고 질문하였을 때 긍정의 의미로 /아/ 발성을 하는 방법으로 진행하였습니다. 가정에서도 '예/ 아니요'에 대해 대답으로 /아/발성하기와 침묵하기 지도를 부탁드립니다.	네. 안녕하세요, 선생님. 네. 네. 알겠습니다. 네, 감사합니다. 안녕히 계세요.		

4) 진전보고서 예시

진전보고서

1. 일반적인 정보

성명(성별): 김○○(남)	생년월일: 2010년 11월 22일(12세 7개월)
장애유형: 뇌성마비로 인한 언어발달장애	치료사: ○○○
치료기간: 2022년 07월 12일 ~ 2023년 06월 30일	작성일자: 2023년 07월 03일

2. 진전보고서

장기목표 1	1. 아동은 언어치료에 적합한 자세를 유지할 수 있다.	
단기목표	1-1) 아동은 치료사의 도움을 받아 착석하여 치료 내내 고개 조절을 할 수 있다. 1-2) 아동은 치료 내내 체간을 곧추선 자세(upright position)로 유지하며 착석할 수 있다.	1-1)과 1-2) 진전 사항 아동은 스스로 고개 조절하거나 체간을 안정적으로 유지하는 것에는 어려움을 보였지만, 숟가락으로 먹기 동안이나 그림책을 응시하는 동안에는 치료사의 지지 없이도 고개를 5~10초 정도 조절하는 모습을 보였다.
장기목표 2	2. 아동은 구강 기능을 증진시킬 수 있다.	
단기목표	2-1) 치료사는 아동에게 구강 마사지(예: 안쪽 뺨 늘리기 등)를 10회 이상 실시한다. 2-2) 아동은 구강 기능 향상을 위해 과자와 껌을 80% 이상 정확하게 저작할 수 있다. 2-3) 아동은 입술 기능의 향상을 위해 숟가락 위의 음식을 80% 이상 정확하게 제거하여 먹을 수 있다.	2-1) 진전 사항 아동은 구강 안쪽의 긴장도가 낮아서 구강 마사지가 의미가 없을 수 있으나 섭식 동안 볼 안쪽을 깨물지 못하도록 마사지를 통해 볼 안쪽의 공간을 확보하기 위해 실시하였고, 이후 볼 안쪽을 깨무는 빈도가 감소하였다. 2-2) 진전사항 아동은 치료사의 고개 조절하에 과자와 거즈에 싼 껌을 좌우 교대로 5회 이상 저작할 수 있었고, 이때 침 삼킴과 윗입술의 움직임 증가를 보였다. 2-3) 진전사항 스스로 잠시 동안 고개 조절을 하며 숟가락 위의 음식을 윗입술을 사용하여 2회 연속 제거하고 삼킬 수 있게 되었다
장기목표 3	3. 아동은 의사소통 기술을 증진시킬 수 있다.	

단기목표	3-1) 아동은 다양한 상황에서 긍정의 의미로 /아/ 발성을 80% 이상 정확하게 산출할 수 있다. 3-2) 아동은 다양한 상황에서 부정의 의미로 2초간 침묵하기를 80% 이상 정확하게 표현할 수 있다. 3-3) 아동은 다양한 상황에서 '요구하기'를 위해 눈으로 2초간 바라보기를 80% 이상 정확하게 할 수 있다. 3-4) 아동은 다양한 상황에서 치료사의 질문에 해당하는 사물을 음절수에 맞게 80% 이상 정확하게 발성할 수 있다.	3-1) 진전사항 아동은 익숙한 제한적인 사물 수준에서 긍정의 의미로 /아/발성의 정확성은 80% 이상을 보였으나 그 외 상황에서는 컨디션의 영향과 함께 정확성이 낮았다. 3-2) 진전사항 3-1)과 마찬가지로 제한된 사물 수준에서는 부정의 의미로 침묵하기가 80% 이상 가능하였으나 구강 기능 저하 및 발성 자체의 제한과 연계되어서 정확성 파악에 제한이 있었다. 3-3) 진전사항 눈으로 2초 이상 바라보기 시에 증가된 고개 조절과 함께 과자 및 제한된 사물 수준에서는 80% 이상의 정확도를 보였다. 3-4) 진전사항 치료사가 재미있는 소리를 들려줄 때는 섭식 기능 지도에 따라 다소 다양한 발성이 출현하였으나 일반적인 상황에서의 발성 자체에는 제한이 있었다.
장기목표 4	4. 아동은 일상생활에서 사용하는 명사와 동사를 이해할 수 있다.	
단기목표	4-1) 아동은 실물 또는 그림자료 수준에서 일상생활에서 빈번히 사용되는 사물의 이름을 80% 이상 정확하게 이해할 수 있다. 4-2) 아동은 실물 또는 그림자료 수준에서 일상생활에서 빈번히 사용되는 사물의 기능을 80% 이상 정확하게 이해할 수 있다. 4-3) 아동은 일상생활에서 사용하는 동사를 80% 이상 정확하게 이해할 수 있다.	4-1)과 4-2) 진전사항 아동은 제한된 사물 수준에서는 사물의 이름과 기능을 이해하는 듯이 응시하거나 /아/ 발성으로 80% 이상 정확하게 표현하였다. 4-3) 진전사항 주 장애로 인한 신체적인 기능의 저하와 눈맞춤의 제한으로 인해 진전이 매우 미비하였다.

• 요약 •

이 장에서는 뇌성마비인의 언어재활을 위하여 평가와 치료 영역에서의 다양한 고려점을 살펴보았다. 뇌성마비가 출생 전 · 중 · 후의 뇌손상에 의한 자세 및 움직임의 이상이 발생한 질환 및 질환군인 만큼 초기 면담에서부터 의료진, 물리치료사, 작업치료사, 교사, 부모 등의 다학제적 접근이 필요하다. 또한 주 장애로 인해 언어재활 영역에서도 자세 조절을 반드시 고려해야 하며 발성과 조음 산출의 원활함을 위해서 섭식 활동을 접근해야 할 필요가 있으며, 평가와 치료에서 다음과 같은 사실들이 포함된다.

1. 뇌성마비는 출생 전 · 중 · 후의 미성숙하고 비진행성의 뇌손상으로 인하여 자세 및 움직임에서의 이상이 발생한 질환 및 질환군으로 다양한 영역의 전문가들 간 협의가 필요하다. 이로 인하여 초기 면담 시부터 뇌성마비인의 의료력을 포함한 정보 파악이 필요하다.
2. 의사소통 기능 평가에서 섭식 기능이 조음 산출과 밀접하게 관련되고, 표준화된 검사도구의 사용과 함께 섭식 활동을 사용한 비표준화된 평가가 유용할 수 있으므로 섭식 관련 구강 기능 평가를 위한 정확한 정보 습득이 필요하다.
3. 뇌성마비인의 언어재활에서 뇌성마비인의 주 장애를 고려하여 언어재활 전이나 도중에 자세 및 움직임에 대한 안정성 제공 이후에 의사소통 기능 증진이 이루어져야 한다.

연습문제

1. 조산으로 인한 뇌성마비의 경우 초기 면담 동안 파악해야 할 내용은 무엇인가?

2. 뇌성마비인의 평가와 치료에서 구강기관 기능, 의사소통 능력 등의 파악 이전에 반드시 파악해야 할 내용은 무엇인가?

3. 고개 조절(oral control)을 실시하는 방법 세 가지는 무엇이며, 각 방법의 특성은 무엇인가?

4. 평가 및 치료 동안 사용한 섭식 방법 중에서 호흡과 구강기관의 협응이 무엇보다 중요한 요소가 되는 것은 무엇인가?

5. 시지각, 소근육 및 대근육 발달과 보호자의 요구도를 고려하여 구어가 제한될 때 뇌성마비인의 의사소통을 위해 사용할 수 있는 방법은 무엇인가?

참고문헌

김선희(2011). 뇌성마비 아동용 한국형 섭식 기능 평가 도구 개발의 기초 연구. 대구대학교 대학원 박사학위논문.

김선희(2020). 경직형 뇌성마비 아동의 조음능력 관련 변인 연구. **재활치료과학, 9**(1), 79-90.

남현욱(2009). 뇌성마비 유형별 구어산출 하위체계 특성 비교. **언어치료연구, 18**(2), 17-50.

남현욱(2015). 읽기과제에서의 뇌성마비 유형별 호흡 및 발성의 청지각적 특성. **심리행동연구, 7**(1), 31-45.

박주혜(2019). 뇌성마비인 언어 중재 연구 동향 분석. **특수교육논총, 37**(4), 43-63.

송영진, 박은정, 우희순, 윤인진, 민경철, 오종치(2018). **삼킴장애**(3판). 서울: 계축문화사.

윤병완(1997). **뇌성마비 언어장애와 치료**. 대구: 요한바오로2세어린이집.

이혜정, 김화수(2014). 경직형 뇌성마비 아동의 초기 섭식능력과 조음기관 구조평가 및 말 명료도와의 관련성 연구. **디지털융복합연구, 12**(5), 281-293.

정진엽, 왕규창, 방문석, 이재희, 박문석(2013). **뇌성마비**. 서울: 군자출판사.

정진엽, 황정민, 김기정, 신형익, 박문석 외(2016). **알기 쉬운 뇌성마비**. 서울: 군자출판사.

최명수(2009). 뇌성마비 아동의 씹기 능력 관련 요인. 연세대학교 대학원 석사학위논문.

황수진, 하승희(2013). 뇌성마비 아동의 재활치료에 있어서 부모 참여에 대한 고찰. **재활복지, 17**(3), 309-328.

Bobath Center (2000). *Course Note*. The Bobath Center, London: U.K.

Morris, S. E., & Klein, M. D. (2000). *Pre-feeding skills: A comprehensive resource for mealtime development*. Texas: Therapy Skill Builders.

Sullivan, P. B., & Rosenbloom, L. (1994). *Feeding the disabled child*. 나은우, 정한영 역(2004). **장애아동의 섭식**. 서울: 을유문화사.

Winstock, A. (2005). *The Practice management of eating and drinking difficulties in children*. U.K.: Winslow.

제15장

구순 · 구개열 임상실습

김 시 영

이 장의 학습목표

- 구순 · 구개열 아동의 전반적 언어능력과 조음영역 중 말소리 패턴이 어떤 오류에 해당하는지 평가할 수 있다.
- 평가결과를 바탕으로 구순 · 구개열 아동의 각 언어영역에 관한 치료계획을 수립하고 수행할 수 있다.
- 보상조음을 이해하여 이에 대한 치료계획을 수립하고 수행할 수 있다.

핵심 용어

- 연인두 폐쇄부전(velopharyngeal inadequacy) 원인이 무엇이든 간에 비정상적인 연인두 기능을 총칭하는 용어로 연인두 기능장애(velopharyngeal dysfunction)라고도 한다.
- 연인두 기능부전(velopharyngeal insufficiency) 구개열 및 수술 후 구조적 결함, 편도, 아데노이 등의 메커니즘 이상, 구개인두 불균형, 암이나 외상으로 구개를 제거하는 병인으로 인하여 연인두 밸브를 제대로 움직이지 못하는 현상을 말한다.
- 연인두 기능부전(velopharyngeal incompetence) 신경운동조절 및 운동프로그래밍 장애로 인하여 연인두 밸브를 제대로 움직이지 못하는 현상을 말한다.
- 연인두 학습오류(velopharyngeal mislearning) 조음패턴을 잘못 학습하여 연인두 폐쇄가 부적절한 경우로 언어치료가 필요하다.
- 특정음소 비누출(phoneme specific nasal emission) 구조적 원인이나 생리적 원리보다는 연인두 학습오류 때문에 생기는 비누출. 구강음 대신 후비강 마찰음으로 산출하며, 주로 /s/와 /tɕ/에서 나타난다.
- 발달적 오류(developmental errors) 아동의 음운발달에서 전형적으로 나타나는 오류 형태이다.
- 보상적 오류(compensatory errors) 연인두 형성부전이나 부정교합과 같은 비정상적 해부학적 구조나 연인두 기능부전과 같은 비정상적 생리적 기능에 대한 반응으로 비정상적 위치에서 산출되는 조음형태. 능동적 말 특성이라고도 한다.
- 필연적 오류(obligatory errors) 말소리의 조음위치는 정상이지만 비정상적인 구조(예: 치열 부정교합, 연인두 형성부전, 구비강 천공) 등으로 인하여 말소리에 오류가 나타나는 경우로 과다비성, 비누출, 자음약화, 짧은 발화길이가 해당된다. 필연적 왜곡(obligatory distortion) 또는 수동적 말 특성이라고도 한다.

구순 · 구개열 아이는 정상적인 입술 및 구개가 형성되지 않고 갈라져 파열된 상태로 출생한다. 출생 때 나타나는 기형 중 네 번째로 많으며 안면기형 중에서 발생 빈도가 가장 높다. 발생률은 인종마다 다르지만, 미국의 경우 600명마다 1명 정도로 보고된다(Kummer, 2014). 파열 유형으로는 구순 · 구개열(CLP, 46%) 발생이 가장 많고, 구개열(CP, 33%), 구순열(CL, 21%) 순이며, 좌측파열 발생빈도가 가장 높고, 양측파열이 가장 적다. 즉, 좌측 완전파열의 발생이 가장 많다(권도하 외, 2005).

구순 · 구개열의 원인은 유전 및 환경적 요인이 결합한 경우가 많다. 환경적인 요인으로는 알코올, 흡연, 엽산부족(falic acid deficiency), 스테로이드, 항우울제, 방사선 조사, 스트레스 등이 영향을 줄 수 있다. 구순열의 경우 아버지의 연령과 관련이 있다는 보고도 있다(권도하 외, 2005). 그러나 이러한 원인은 각 대상자에게 다르게 작용된 결과이므로 원인에 대한 부분은 부모상담에서 특히 주의해야 한다. 또한 대상자에게 죄책감 등의 여러 부정적 감정들을 불러올 수 있기 때문에 조심스럽게 다루어야 한다. 이에 과거로의 원인보다 현재의 상태를 정확하게 파악하고 앞으로의 치료방향에 대한 상담에 주안점을 두는 것이 필요하다고 생각한다.

구순 · 구개열 아이들은 생후 수많은 문제에 직면하게 되며 아동의 초기 음성은 비정상적인 구강으로 인해 왜곡되어 산출되기 쉽다. 아이들은 구강과 비강이 서로 분리되지 않아 대부분의 자음 산출에서 요구되는 구강압을 충분히 형성하지 못하는 문제를 갖게 되며(황영진, 김하경, 2009) 이러한 문제를 연인두폐쇄부전이라고 한다. 연인두폐쇄부전(연인두 기능장애, velopharyngeal dysfunction)의 원인은 구개파열, 경구개 및 연구개 천공(누공, fistula), 확장된 편도, 신경학적 손상, 잘못된 학습으로 인한 비누출(Phoneme Specific Nasal Emission: PSNE) 등이다.

학생임상가는 구순 · 구개열 대상자가 언어장애 혹은 말장애가 있는지를 평가해야 한다. 평가결과 문제가 있다면 그 문제의 특성이 무엇이고 그 정도는 어떠하며, 치료가 필요한지 여부 등을 결정해야 한다. 이러한 평가에는 초기 면담, 언어샘플 수집, 청력평가, 구강안면평가, 조음평가, 음성 및 공명평가, 언어발달평가, 연인두 기능평가 등을 포함한다(권도하 외, 2014).

1. 초기 면담

1) 초기 면담 시 정보수집

구순 · 구개열은 복합적인 요인에 의해 발생하는 만큼 초기 면담에서 발생원인, 임신 및 출생, 발달, 의료처치, 치료경력 및 동반장애 유무, 가족력 등과 같은 아이에 대한 기본적인 정보, 사례력, 행동특성을 개괄적으로 파악해야 한다.

필자는 구순 · 구개열 아동의 초기 상담에서 아이 엄마가 임신 9개월에 시어머니와 심한 언쟁이 있었는데 자녀의 구개열 원인이 그때의 스트레스 때문이라는 말을 들은 경험이 있다. 이런 경우 구개 형성이 임신 초기에 이루어진다는 설명을 할 필요가 있다. 부모의 잘못된 믿음과 비합리적 생각이 인간관계에서 부정적 영향을 갖게 할 수 있기 때문이다. 학생임상가는 구개발달 기전과 형성에 대한 이해를 할 필요가 있으며, 부모의 잘못된 견해에 대해서는 정확한 정보를 제공할 수 있어야 한다.

가족 중에 구개열자가 있었는지, 임신 시기 및 임신 중에 질병이나 사고가 있었는지, 혹은 임신 중 복용한 약물이나 방사선 검사를 받은 적이 있는지, 수유문제나 영양 상태는 어떠했는지, 신체발달 및 운동발달 수준이나 기타 사회성은 어땠는지 혹은 현재 중이염을 앓고 있는지 수술을 받은 경험이나 어떤 종류의 수술을 언제 받았는지 등에 대한 정보들을 질문을 통해 수집해야 한다(Kummer, 2014). 〈표 15-1〉의 질문지를 초기 면담에서 이용하면 도움이 될 것이다.

〈표 15-1〉 **부모용 질문지**

주 호소	• 자녀의 말 중에 제일 걱정하는 문제는 무엇입니까? • 자녀가 평가를 받아볼 것을 권한 사람은 누구이며, 어떤 문제를 지적했습니까?
발음	• 아이 말을 모두 알아듣겠습니까? 대부분 알아듣겠습니까? 약간 알아듣겠습니까? 거의 알아듣기 힘듭니까? • 낯선 사람은 아이의 말을 얼마나 알아듣습니까? • 아이가 특별히 말하기 어려워하는 발음이 있습니까?
의학력	• 구개수술을 받은 적이 있다면 언제, 어떤 수술을 받았습니까? • 정기적으로 복용하는 약이 있습니까? 있다면 어떤 문제 때문입니까? • 아이의 귀가 감염되었던 적이 있습니까? 그렇다면 어떤 치료를 받았습니까?

발달력	• 첫 돌 무렵에 낱말을 사용하기 시작하였습니까? • 첫돌 무렵 걷었습니까? 신체발달이 다른 아이들과 비교할 때 비슷했습니까, 늦었습니까? • 유치원이나 학교에서 학습하는 데 문제는 없습니까?
섭식 및 구강 운동기술	• 씹기, 빨기, 삼키기에 문제는 없습니까? • 섭식 문제가 있었던 적이 있습니까? • 일과 중에 침을 흘리거나 입을 벌리고 있습니까?
언어	• 아이가 몸짓, 낱말, 짧은 구, 문장 중 어떤 수준으로 의사소통을 합니까? • 한 번에 보통 몇 개의 낱말을 연결하여 말합니까? • 문장을 말할 때 조사를 사용합니까? • 아이가 또래랑 말하는 데 어려움이 있습니까?
공명	• 아이가 코로 소리를 내는 것 같습니까? 감기에 걸린 소리 같습니까? • 말할 때 코로 바람이 나온다고 생각합니까? • 콧속에서 거품 끓는 마찰음된 소리를 들은 적이 있습니까? • 아이가 편도나 아데노이드 절제술을 받은 적이 있습니까? 이후 말이 달라졌습니까? • 날씨, 알러지, 피로감 등에 따라 말소리가 달라집니까?
기도 확보	• 아이가 밤에 코를 곱니까? • 아이가 일과 중에 입으로 숨을 쉬는 것 같습니까, 아니면 코로 숨을 쉬는 것 같습니까? • 아이가 일과 중에 숨을 쉴 때 소음이 들립니까?
치료 이력	• 언어평가나 치료를 받아 본 적이 있습니까? • 현재 언어치료를 받고 있습니까? 만약 받고 있다면, 치료의 목표는 무엇입니까? • 최근 6개월 이내에 말이 좋아졌습니까? 만약 그렇다면, 어떻게 좋아졌습니까?

출처: Kummer(2014).

이러한 질문지를 통해 부모나 가족으로부터 정보를 수집할 수 있다. 의학력을 통해 선천적인 문제의 존재유무와 종류 그리고 치료경력, 수술중재의 유무 및 종류, 중이염의 존재유무 및 치료경험에 대한 정보를 얻을 수 있다. 또한 섭식장애의 유무 및 섭식형태, 발육 상태 등에 관한 정보도 수집 가능하다.

더불어 아동의 심리사회적 문제를 살펴보아야 한다. 가족들은 슬픔과 죄책감, 그리고 혼란함과 우울함 등을 경험하면서 자존감이 낮아지게 되며 더욱이 타인과의 교류를 피하게 되는 심리사회적인 문제를 겪을 수 있다. 그리고 이러한 영향은 고스란히 아동에게 전달되기 때문에 구순 · 구개열 아동을 대하는 부모의 태도에 대한 면담도 함께 이루어져야 한다(강은희 외, 2018; 권도하 외, 2014).

2) 구순 · 구개열 팀에서 언어재활사의 역할 인식

구순 · 구개열 대상자는 전 생애적으로 다양한 전문가의 도움을 받을 필요가 있다. 따라서 학생임상가들이 구순 · 구개열의 부모님과 상담할 때 필요한 기본적인 관련 전문가의 정보들을 〈표 15-2〉에 제시하였다. 학생들이 상담에 활용하기를 희망한다. 대상자의 연령에 따라 필요한 구순 · 구개열 팀의 전문가에 대한 정보를 제시하여 대상자가 각 중재의 시기를 놓치지 않고 처치를 받게 되길 바란다.

〈표 15-2〉 **생애 시기별 관련 전문가의 지원 내용**

연령	관련 전문가	전문가 지원 내용
출생~1세	소아과 의사	부모와 아이의 건강상태에 대한 토의
	간호사, 영양사	섭식문제 음식위생법 교육
	(성형)외과 의사	입술봉합(10의 규칙)
	이비인후과 의사	청각기관 평가 관리
	청각사	청력평가
	언어재활사	초기 음운발달 촉진을 위한 활동 안내
1~2세	소아과 의사	부모와 아이의 건강상태에 대한 토의
	간호사, 영양사	섭식문제 음식위생법 교육
	(성형)외과 의사	입술수술 평가, 구개열 수술(치과전문의와 협력)
	이비인후과 의사	청각기관 평가 관리
	청각사, 치과 의사	청력평가
	언어재활사	연인두 기능평가
2~6세	소아과 의사	부모와 아이의 건강상태에 대한 토의
	(성형)외과 의사	연인두 기능평가 후 2차 수술(언어재활사와 협력)
	이비인후과 의사	청각기관 평가 관리
	청각사	청력평가
	언어재활사	조음 및 비성에 초점, 언어발달촉진 환경제공을 위한 교육
6~12세	소아과 의사	부모와 아이의 건강상태에 대한 토의
	(성형)외과 의사	성형수술(입술수술-성형, 구개수술-연인두폐쇄 능력 향상)
	이비인후과 의사	청각기관 평가 관리/청각검사
	구강외과/치과 의사	치조궁 복원, 교합 등 관리
	언어재활사	VPI 진단
	사회복지사	재정 관련 지원 안내, 필요한 관련 서비스 안내
	임상심리사	심리문제 상담

12~18세	구강외과/치과의사 임상심리사 청각사	치열교정 자아정체감 상담, 아동과 부모관계 지원 청력평가
18세 이상	치과 의사 유전학자 청각사 기타	치과적 서비스 유전학자 청력평가 및 관리 상담(결혼에 대한 부분)

출처: 권도하 외(2005).

소아과 의사는 아동의 전반적인 건강관리와 의료적 치료를 담당한다. (성형)외과 의사는 구개열 대상자의 파열을 봉합하고 재건을 위한 외형적 수술을 실시한다. 입술 봉합술을 실시할 때 10의 규칙이 있는데, 체중 10파운드(kg으로는 4.5kg) 이상, 헤모글로빈 10g 이상, 생후 10주 이후에 수술하라는 지침이다. 그러나 현재는 생후 10주 전에 입술수술을 완료하는 것으로 보고된다. 구강외과의는 치조궁 등의 구강에 심한 파열이 있는 경우에 수술을 담당한다. 만약 대상자가 구강외과의와 지속적인 진료를 받고 있다면 아마 치조에 파열이 심했다는 것을 반영할 수도 있다(권도하 외, 2005).

시기별로 구어, 안면성장, 치아교합 등을 고려한 외과적 치료가 필요한데, 0~3세에 입술 및 구개 1차 수술, 4세 이후에 입술 성형 및 입천장 재수술, 인두피판술, 인두 성형술을 포함하는 구개성형이 이루어진다. 치조궁에 심각한 파열이 있는 경우에는 6~11세에 치조수술, 16~18세에 턱수술이 이루어진다. 치과교정의는 치열교정을 담당한다. 비교적 어린 나이에는 치열에 문제가 없었다고 하더라고 안면 골격이 성장하면서 하악이 상악에 비해 발달을 많이 하게 되어 하악돌출을 나타내는 경우가 많다. 이를 대비하여 예방교정들이 필요하기 때문에 지속적인 치과진료가 필요하다. 구개열 영아의 수유는 매우 중요한데 영양사 및 간호사가 섭식문제 음식위생법을 교육한다(황영진, 김하경, 2009).

구순·구개열 아이는 구개조직의 결함으로 중이염 등의 청각질환을 더 많이 경험하기 때문에 이비인후과 의사의 역할은 중요하다. 이들은 고막절개술(배수, 기압조절) 등을 실시하여 청력을 유지하여 언어발달에 지연이 나타나지 않도록 도움을 준다. 임상심리사는 구순·구개열 아동의 가족상담을 담당하고, 사회복지사는 외부의 수술비 지원 등의 원조 프로그램을 연결한다. 구순·구개열 치료에서 언어재활사의 역할이 매우 중요하다. 생후 초기에는 간접치료로 초기 음운 발달 촉진을 위한 활동을 안내하고, 1세 이후부터는 연인두 기능을 평가한다. 또한 아동의 발화가 시작되면 말소리 오류패턴을 분석하여 보상적 조음이 출현하는지를 꼭 살펴야 할 필요가 있다. 직접적인 언어치료는 아동에게 비발달적 음운패턴이나 보상적 오류가 출현할 때 필수적이며, 조기에 중재할수록 효과가 좋다. 6세 이후 연인두 기능부전을 진단할 때 대상자의 협조가 가능하고, 구어표현 능력이 좋고, 연인두 패턴이 안정적이기 때문에 여러 좋은 점이 있지만 그 이전 시기에 연인두 기능평가도 필요하다.

2. 평가계획 및 실시

1) 언어샘플 수집

구순 · 구개열 대상자의 말과 언어 특성은 다양한 언어샘플을 통해서 살펴보아야 한다. 언어샘플에는 구순 · 구개열 대상자의 특성이 잘 반영되어야 하기 때문이다. 적절한 언어샘플을 수집하기 위해서는 연속된 구어, 구순 · 구개열 언어 오류에 민감한 특수 샘플링 문맥, 표준화된 검사를 이용한 음소목록 파악, 사극빈응도 검사 등을 실시할 수 있다.

연속된 구어는 자발화에서 샘플을 얻을 수 있는데 명료도, 오류의 일관성, 오류음이 발생하는 음성학적 문맥 등을 평가하는 데 유용하며 음질 및 공명장애를 판단하는 데 이용할 수 있다. 4세 미만의 대상자일 경우 아이의 자연스러운 발화나 타인과의 상호작용을 샘플링한 자발화 표본이 유용하다. 4세 수준 이상일 경우 이야기 회상산출에 의한 자발화 분석을 이용하는 것이 좋다(권도하 외, 2014).

특수 샘플링 문맥은 구순 · 구개열 대상자의 오류음에 민감하게 반응하도록 잘 구조화되어 있을 뿐만 아니라 과다비성, 고압력 자음에서의 비누출 정도를 평가하고, 보상 오조음의 유형과 구강음의 후방화 유형, 기타 일반적인 오조음의 유형 등을 찾는 데 매우 유용하게 사용할 수 있다. 삼십일, 삼십이처럼 30부터 50까지의 숫자세기를 하도록 하거나, 고압력 구강자음으로 구성된 문장을 활용한 읽기과제를 이용할 수 있다. 이러한 샘플은 특정음소의 비누출이 나타나는지를 찾는 데 유용하다.

이처럼 다양한 문맥에서 샘플링을 하는 이유는 말소리 자체가 매우 복잡한 행동 과제이기 때문에 신뢰할 수 있고 치료를 계획하는 데 유용한 데이터를 수집할 수 있기 때문이다. 대화나 문장 읽기 등이 가장 좋은 언어샘플들이지만 대화에 잘 참여하지 못하거나 읽기를 잘하지 못하는 경우에는 숫자 세기나 요일 말하기 등과 같은 평가과제를 통해 언어샘플을 수집한다.

표준화된 검사는 구순·구개열 대상자의 조음 및 음운발달 상태를 확인할 수 있고 말소리 오류를 진단하고 살펴보는 데 유용하다. 자극반응도 검사는 대상자의 운동 능력을 파악할 수 있을 뿐만 아니라 치료의 출발점을 결정하는 데 유용하게 사용할 수 있다(이윤경 외, 2010).

2) 구강구조 평가

구순·구개열 아이는 조음, 언어발달장애, 공명 및 음성장애 등이 함께 유발되기도 한다. 따라서 구순·구개열 아동들의 언어 및 말장애를 평가할 때는 조음평가, 언어발달평가, 공명 및 음성평가 등이 함께 이루어져야 한다. 그러나 이러한 평가에 앞서 반드시 실시해야 하는 것이 바로 구강구조를 살펴보는 것이다.

입술, 코, 치아, 교합, 혀, 경구개 및 치조, 연구개 및 구개협궁을 살펴보아야 하는데, 조음기관 구조·기능선별검사(SMST; 신문자 외, 2019) 등의 공식 평가도구를 이용할 수 있다. 특히 시지각 평가에서 구개의 천공을 확인해야 하기 때문에 장갑, 치과용 거울, 손전등, 설압자 등을 이용하여 구강 내 검사(Intra-oral examination)를 실시한다. 과다비성과 비누출은 연인두 기능부전이나 천공 때문에 나타날 수 있고, 문제의 원인에 따라 치료를 위한 권고사항이 달라지므로 정확한 원인을 판정하는 것이 중요하다(권도하 외, 2014).

천공의 크기도 말에 미치는 영향을 판단하는 요소 중 하나이다. 천공이 작은 경우 증상을 일으키지 않을 수 있다. 그러나 천공의 크기가 지름 5mm 이상이면 일부 압력 자음을 산출할 때 비누출이 나타날 수 있다. 천공이 절치공 부위에 있는 경우에는 전방음을 산출할 때 증상이 나타나며, 천공이 큰 경우에는 과다비성도 함께 나타난다. 천공의 위치도 말에 영향을 미치는데 절치공 부위의 천공은 매우 흔하며, 치경음을 조음할 때 혀가 상승하면 비누출이 나타날 수 있다. 또한 말을 산출하는 동안 혀끝으로 천공을 막으려고 하는 노력이 설측음화 왜곡을 나타내기도 한다. 또한 설측음화 왜곡과 함께 경구개음으로 조음위치를 이동시켜 구개음화 현상이 나타날 수 있다. 그러나 흔하지는 않지만 구강의 후방에 있는 천공은 후방자음이 거의 없기 때문에 영향을 덜 미친다. 천공이 말에 영향을 미치는지 확인하기 위해 껌으로 천공을 일시적으로 막아보고 평가할 수도 있다. 그러나 천공이 있는 경우 연인두 기능평가를 어렵게 만든다는 것은 사실이다(Kummer, 2014).

구강구조 평가에서 언어재활사들이 주의해야 할 부분은 점막하 구개열의 평가이다.

점막하 구개열이란 구개는 구조적으로 완전한 것처럼 보이지만 뼈, 근육결함이 있는 것이다. 경구개에서 뼈의 함요(골절흔, bony notch), 연구개의 정중선에서 옅은 남빛의 선(bluish line), 이중목젖, 연구개의 길이가 약간 짧고, 인두강은 다소 깊으며, 연구개의 두께가 얇은 등의 증후가 있다(권도하 외, 2005). 대부분의 구순 · 구개열은 출생 시 발견되어 관리되지만 점막하 구개열은 언어재활사가 발견하는 증례가 매우 많다. 그 이유는 점막하 파열이 비성 이외의 문제를 갖지 않기 때문이며, 비성 산출만 문제되지 않는다면 점막하 파열로 일생을 살아가는 데 전혀 문제되는 바가 없기 때문이다.

3) 구어평가

구순 · 구개열 아동은 말소리 산출, 공명, 음성장애를 흔히 보인다. 그러므로 이 영역이 평가의 초점이 되어야 한다.

(1) 청지각적 평가(perceptual assessment)

조음평가의 경우 조음오류의 유형을 정확하게 평가하는 것이 중요하고, 어떤 조음오류의 유형에 해당하는지 확인이 필요하다. 오류 유형에는 발달적 오류, 보상적 오류, 필연적 오류가 있다. 구조이상이 있으면 보상조음이나 필연적 오류 유무도 판단해야 하기 때문에 오류의 원인을 파악하는 것도 중요하다. 구순 · 구개열 아동의 조음오류 원인에는 구강구조의 결함, 청력손실, 음운발달 수준, 언어발달장애 등이 있다. 평가자는 압력자음 산출 시 비누출이 나타나지는 않는지도 살펴보아야 한다. 공식평가는 표준화된 검사 도구인 우리말 조음음운검사(UTAP-2), 아동용(APAC) 발음평가, 한국어 표준 그림 조음검사(KS-PAPT) 등을 이용한다(김영태 외, 2021; 김민정 외, 2007; 석동일 외, 2008).

- 발달적 오류(developmental errors): 아동의 음운발달에서 전형적으로 나타나는 오류로 '사탕' → [타탕], '옥수수' → [옥추추] 등이다.
- 보상적 오류(compensatory errors): 연인두 형성부전이나 부정교합과 같은 비정상적 해부학적 구조나 연인두 기능부전과 같은 비정상적 생리적 기능에 대한 반응으로 비정상적 위치에서 산출되는 조음형태이다. 능동적 말 특성이라고도 한다. 〈표 15-3〉에 보상조음의 종류를 제시하였다.
- 필연적 오류(obligatory errors): 말소리의 조음위치는 정상이지만 비정상적인 구조

(예: 치열 부정교합, 연인두 형성부전, 구비강 천공) 등으로 인하여 말소리에 오류가 나타나는 경우로 과다비성, 비누출, 자음약화, 짧은 발화길이가 해당된다. 필연적 왜곡(obligatory distortion) 또는 수동적 말 특성이라고도 한다. 모음을 산출하는 데 비성이 함께 산출되는 경우 등이다(김수진, 신지영, 2015).

〈표 15-3〉 **보상조음의 종류**

성문파열음	입술, 치조 등의 조음점 대신에 성대의 닫힘과 갑작스러운 열림을 통해 산출되는 소리이며 전형적으로 구강 고압력 파열음 대신에 산출된다.
인두파열음	혀의 등 부분이 연구개 대신에 인두벽을 접촉함으로써 산출되는 소리로서 보통 연구개음 /ㄱ, ㅋ, ㄲ/의 대치로서 나타난다.
인두마찰음	혀의 등 부분이 인두벽에 접촉하지는 않고 근접하여 좁은 공간을 만들어 공기의 마찰이 가미된 소리로써 보통 /ㅅ, ㅆ/ 대신에 산출된다.
인두파찰음	성대 파열음과 인두 마찰음이 결합된 소리로서 다른 보상조음에 비해 드물게 나타나며 /ㅈ, ㅉ/ 대신에 산출되기도 한다.
후비강마찰음	연인두 부위에 조그만 공간으로 공기가 빠져나가면서 마찰 소음이 가미된 소리로서 혀 뒷부분을 뒤로 움직여 연인두 폐쇄를 이루고자 하는 조음 움직임에 의해 나타난다.
혀 등과 구개상이의 파열음	혀의 등 부분이 경구개 부분을 접촉함으로써 산출되는 소리로서 보통 치경음 /ㄷ, ㅌ, ㄸ/이나 연구개음 /ㄱ, ㅋ, ㄲ/ 대신에 산출된다. 경구개에 위치한 천공을 보상하기 위해서 산출되거나 구개열 대상자에게서 흔하게 관찰되는 윗턱에 비해 아래턱이 돌출된 부정교합으로 인해 산출된다.

구순·구개열 음성 특성은 과다비성, 과소비성, 맹관공명(cul-de-sac), 혼합비성, 비누출을 주의해서 살펴야 한다. 과다비성은 모음이나 유음에 지나치게 비성이 나타난다. /이/와 /우/와 같은 고모음이 연인두 기능부전으로 인한 과다비성에 더 영향을 받기 쉽다. 맹관공명은 인두 주변이나 비강에서 소리가 공명되나 구강이나 비강의 앞쪽 부위에 위치한 막힘으로 인해 소리가 밖으로 나오지 못하는 현상으로, 흔히 입을 벌리지 않고 웅얼거리면서 말하는 것처럼 들린다. 원인으로 크기가 큰 편도선이나 비강 내 막힘과 함께 나타난 연인두 기능부전이다. 혼합비성은 구강자음을 산출할 때는 과다비성이나 비누출이 나타나고, 비음을 산출할 경우에는 과소비성의 현상이 나타나는 경우이다. 크기가 큰 아데노이드가 비인두 부위를 막고 있거나 연인두 기능부전, 실행증이 혼합비성의 원인이 될 수 있다. 인두피판술과 같은 2차 구개열 수술을 받았거나 보철기를 착용한 구개열 대상자에게서도 흔히 관찰되는 말 특성이다.

비누출은 파열음, 마찰음, 파찰음과 같은 고압력 자음을 산출하는 동안 공기가 비강으로 빠져나가는 현상으로서, 들리는 비누출과 들리지 않는 비누출로 나뉜다. 들리는 비누출의 경우에는 공기가 비강으로 들어가면서 자음에 소음이 가미되어 지각된다. 반면, 들리지 않는 비누출은 비강 내 공기가 소음을 일으키지는 않지만, 말 산출 시 치과용 거울이나 작은 거울을 대상자 코 바로 밑에 두면 거울 위에 김이 서려 시각적으로 확인할 수 있다. 1차 구개열 수술 후에도 남아 있는 해부학적 기능적 문제와 관련한 연인두 기능부전과 경구개 쪽에 위치한 천공으로 인해 산출될 수 있다.

또한 뇌손상으로 인한 마비말장애의 한 증상으로 나타나는 연인두 기능부전으로 인해 비누출이 발생할 수도 있으며, 비정상적인 신경 또는 구조적인 문제없이 잘못된 학습으로 인해 비누출이 나타날 수 있다. /ㅅ, ㅆ, ㅈ. ㅉ/와 같은 말소리 중에서 습득이 가장 늦고 어려운 마찰음, 파찰음을 산출할 때에만 비누출이 나타나는 경우도 있는데, 이때를 특정음소 비누출이라고 하고 언어치료로 개선될 수 있다(Ruscello, 2008).

〈표15-4〉 **정옥란의 비성화 평가**

구개파열자를 위한 비성화 진단

성 명		생년월일		연령		성별	
검사자		검 사 일		구강 및 구개 상태(수술유무)			

Ⅰ. 콧김방출 여부 검사(Nasal Emission): 다음의 단어를 발음할 때 콧김이 동반되는지를 검사한다. 콧김이 동반된 단어나 음절에 ㅇ표하시오(손가락이나 얇은 종이를 코 밑에 대고 검사한다).

밥		법		부부		보리		복숭아	
포도		파도		피리		푸르다		피아노	
※ 유아는 /p/를 반복시켜 평가: /p/, /p/, /p/, /p/, /p/, /p/, /p/, /p/, /p/									

Ⅱ. 과다비성화 검사(Hypernasality Test): 다음의 단어를 읽을 때 모음을 길게 연장시킨다. 이때 코를 잡아 소리의 변화를 듣는다. 소리가 변하는 모음에 ㅇ표하시오(ㅇ표된 부분은 연인두 폐쇄부전의 증거).

비~		베~		뵈~		배~		브~	
버~		바~		부~		보~		뷔~	
※ 유아는 /i/, /u/를 반복시켜 평가: /i/, /u/ /i/, /u/ /i/, /u/ /i/, /u/									

Ⅲ. 과소비성화 검사(Hyponasality Test): 다음의 음절을 반복하다가 코를 잡는다. 이때 소리가 변하지 않는 음소에 ㅇ표하시오(ㅇ표된 부분은 비강로가 막힌 증거).

밈~		멤~		뫰~		맴~		믐~	
멈~		맘~		뭄~		몸~		뭠~	
※ 유아는 /m/, /n/를 반복시켜 평가: /m/, /n/ /m/, /n/ /m/, /n/ /m/, /n/									

Ⅳ. 발성 검사(Phonation Test): 다음의 음소를 길게 연장시킨다.

- +: 정상, -: 비정상
- 이상 반응: ex) 기식화(aspiration), 목쉰 소리(hoarseness)

	연장	이상 반응
/i/		
/a/		
/u/		

Ⅴ. 조음오류 선별검사(Error Pattern Screening Articulation Test)

C	정확한 발음	D	왜곡	GS	심한 대치
I	콧김을 동반한 정상 발음	O	생략	SS	단순 대치

조음방법	목표음소	단 어	C	I	D	SS	GS	O
파열음	/ㅍ/	아 파						
	/ㅂ/	가 방						
	/ㅃ/	아 빠						
	/ㅌ/	물 통						
	/ㄷ/	자 두						
	/ㄸ/	머리띠						
	/ㅋ/	바 퀴						
	/ㄱ/	가 구						
	/ㄲ/	들 깨						
마찰음	/ㅅ/	호 수						
	/ㅆ/	눈 썹						
파찰음	/ㅈ/	모 자						
	/ㅉ/	한 쪽						
	/ㅊ/	자동차						
설측음	/ㄹ/[ɾ]	기 린						
	/ㄹ/[l]	마 을						
비음	/ㅁ/	가 마						
	/ㄴ/	그 네						
	/ㅇ/	강						

구순 · 구개열은 적절하게 폐쇄를 이루지 못하는 연인두 부위로 인해 성대를 통과한 공기가 구강 대신 비강 밖으로 빠져나가 소모된다. 때문에 이를 보상하기 위해 구개열 대상자들은 호흡량을 증가시키거나 보다 자주 숨을 내쉬는 행동을 보이기도 한다. 연인두 기능부전을 보이는 구개열 대상자는 빈번한 호흡으로 인해 긴 문장을 산출하는 데 어려움을 보일 수 있다.

또한 잘못된 말하기 습관으로 성대 결절이 생기기 쉽고 거칠거나 쉰 소리와 같은 음성장애를 보이기 쉽다. 그 밖에 비누출이나 과대비성을 감소시키기 위해 보상적인 전략으로서 기식성음성(breathy voice)으로 말을 하는 대상자도 있을 수 있다. 〈표 15-4〉에 제시한 구개파열자를 위한 비성화 진단 도구를 선별검사로 활용할 수 있다.

(2) 보충적 절차

시각적 탐지(시진) 방법으로 거울검사, 바람갈퀴검사, see scape 등을 이용할 수 있다. 거울검사는 압력자음을 산출할 때 콧구멍 아래에 치과용 거울을 대는 방법으로 실시한다. 거울에 김이 서리면 비누출이 있음을 나타낸다. 거울은 대상자가 말하기 시작할 때 콧구멍 아래에 대어주어야 하는데, 이는 코로 정상적으로 호흡할 때도 거울에 김이 서리기 때문이다. 발화를 끝내면 빠르게 거울을 떼야 한다. 바람갈퀴검사는 종이를 잘라 바람 갈퀴를 만들어 고압력 자음이 포함된 음절을 반복하여 산출하면서 콧구멍 아래에 대어준다. see scape은 시판되는 상품으로 비누출의 출현 여부를 관찰하도록 해 준다.

촉각적 탐지(촉진) 방법으로 대상자의 코 측면에 손가락을 살짝 갖다 대어 과다비성이 나타날 때의 진동을 느끼게 한다. 이 방법으로는 맹관검사, 청진기, 청취관, 빨대를 이용한 검사를 실시한다. 맹관검사는 대상 아동이 코를 막지 않은 상태에서 구강음을 산출하게 하고, 그 뒤 콧구멍을 손가락으로 막아 동일한 말소리를 산출하게 하여 실시한다. 이 검사로 과다비성을 평가하기 위해서는 아동에게 모음을 연장하게 하거나 비음이 없는 문장을 반복하게 하면 된다. 청진기를 이용할 때는 청진기의 드럼 부분을 코의 양 측면이나 코 아래에 댄다. 구강음의 산출 시 과다비성이나 비누출이 있으면 청진기를 통해 분명하게 들린다. 병원에서 사용하는 흡입용 튜브를 청취용 튜브로 이용할 수 있는데 한쪽 끝은 아동의 콧구멍 입구부분에 대어주고, 다른 쪽 끝은 검사자의 귀에 가까이 댄 상태에서 아동으로 하여금 구강음 음절이나 구강음 문장을 산출하도록 한다. 빨대를 이용할 때는 구부려지는 빨대의 짧은 쪽 끝부분을 대상자의 콧구멍에 대고 다른 한쪽 끝은 평가자의 귀에 대면 소리가 청진기에서처럼 증폭되어 매우 약한 비누출이나 간헐적으로 나타나는 연인두 폐쇄도 감지할 수 있다.

(3) 기계를 이용한 평가

① 직접적인 방법

비디오 조영검사(videofluoroscopy)는 연속 비디오 영상과 x-ray촬영이 결합된 평가도구로 연구개, 인두벽, 혀 성도부위의 종단면을 한꺼번에 측면으로 관찰 가능하며 모음이나 /스/를 연장하여 검사한다. 비인두경검사(nasopharyngoscopy)는 인두벽을 위에서 관찰하는 것으로 인두벽 측면, 뒷면을 볼 수 있다. 폐쇄 시 공간크기 측정이 유용하나, 코로 삽입 시 거부감이 있을 수 있다. MRI를 이용하기도 한다(황영진, 김하경, 2009).

② 간접적인 방법

음성 혹은 공기역학적 자료를 바탕으로 연인두 부위의 기능을 정하는데 나조미터, 공기역학적 기구를 이용할 수 있다(황영진, 김하경, 2009).

■ 나조미터(nasometer)

〈표 15-5〉 **나조미터 검사문장의 예**

	문장내용	비성도 평균	
		남성	여성
토끼문장	거북이와 토끼의 달리기 이야기죠. 토끼가 자기하고 달리기 시합하자고 크게 소리치자 거북이가 그러자고 했어요	13.08%	12.87%
아기문장	아기가 엄마 팔에 잠들어 있을까요. 우리 아기 예쁜 아기 새근새근 잠자요	24.71%	26.53%
엄마문장	엄마는 항상 레몬 잼을 만들어 이모랑 누나랑 나누어 줍니다. 우리 엄만 좋은 엄마.	48.48%	52.30%

출처: 황영진(2007).

■ 공기역학적 기구(aerodynamic instrumentation)

말을 산출하는 동안 발생하는 구강압력과 비강의 공기 속도를 바탕으로 특정 구강 자음 시 관찰되는 연인두 개방 시의 크기에 해당하는 수치를 계산할 수 있다. orifice size가 $20mm^2$ 이상인 경우 구강 공기압이 감소되어 [m]음절과 연관된 비강 기류와 중첩되어 과

대비성으로 예측된다. orifice size가 10~20mm^2 사이인 경우 경계선에 해당되며, orifice size가 10mm^2 이하인 경우 압력과 공기흐름 패턴은 정상으로 간주된다(황영진, 김하경, 2009).

4) 언어발달평가

구순 · 구개열 아동의 경우, 초기 언어발달이 지체되어 있을 가능성이 있기 때문에 정기적으로 언어발달평가를 실시하는 것이 좋다. 왜냐하면 구순 · 구개열 아동들은 중이염을 앓고 있는 경우가 많고, 중이염으로 인한 청력손실 여부가 언어발달에 영향을 줄 수 있기 때문이다. 따라서 구순 · 구개열 아동의 연령에 따라 부모용 질문지를 이용하여 언어선별검사를 하거나 일반적으로 임상 현장에서 많이 사용하는 검사도구를 이용하여 언어발달검사를 실시하는 것이 좋다.

5) 기타 평가

청각평가를 실시해야 한다. 각 실험실습실에 청각검사기가 배치되어 있지 않다면 Ling 6 검사 등을 이용할 수 있다.

3. 치료계획 및 실시

1) 치료방향 설정

구순 · 구개열 대상자 치료는 대상자의 연령과 특성에 따라 다양한 치료방법을 적용할 수 있다. 신생아의 경우에는 섭식문제에 대한 부모교육을 포함시켜야 한다. 섭식은 정상적인 신체발달에 필요한 영양분을 공급하는 과정일 뿐만 아니라 구강 운동 기능 발달 및 언어발달에 필요한 타인과의 상호작용을 증진시킬 수 있는 기회를 제공해 주기 때문이다. 따라서 구순 · 구개열 아동의 부모교육에는 구순 · 구개열 아동용 젖병이나 젖꼭지를 선택하는 요령이나 이를 이용한 수유법 등에 대한 정보를 제공하는 것이 좋다. 그뿐만 아니라 구순 · 구개열 아동은 구강압을 형성하지 못하고 혀와 구개를 접촉하지 않은 상태에서 말소리를 산출할 수 있기 때문에 초기 음운발달에 관심을 가져야 한다(권도하, 2014).

언어 및 조음 문제가 발생할 수 있으므로 언어발달의 결함이 있는 경우 언어발달에 관련된 치료를 실시하는 것이 좋은데 이에 대해 초기 어휘를 증진시키기 위한 다양한 접근법을 안내할 수 있다. 만약 구순 · 구개열 아동이 보상조음을 나타낸다면 매우 어린 나이라고 하더라도 이에 대한 치료가 꼭 필요하다는 것을 기억해야 한다.

구개열 언어치료에서는 연인두 근육의 강도, 지구력, 부피를 증가시킴으로써 연인두 근육을 변화시키고, 연인두 근육의 협응, 움직임 속도, 연인두 폐쇄의 일관성을 향상시켜 조절과 통제 능력을 갖추게 해야 한다. 또한 호흡, 발성, 조음 방식을 변화시킴으로써 말의 비성을 감소시키는 것을 목표로 정할 수도 있다. 보상조음을 제거하고 보상조음을 정확한 음으로 산출하게 하며, 후설음화된 구강음을 수정하거나 제거하고, 학습된 비강기류 유출을 제거하는 것을 목표로 정하기도 한다.

필연적 오류일 때는 비정상적인 구조 때문에 나타나므로 구조를 교정해야만 문제를 없앨 수 있다. 언어치료로는 필연적 오류를 제거할 수 없으니 무리한 언어치료를 제공하지 않아야 한다. 천공이 말에 영향을 주는 경우에도 언어치료보다 외과수술을 우선적으로 시행해야 한다. 예외인 경우에는 수술적 치료를 거부하는 경우뿐이다. 이 경우에도 언어치료가 대상자의 말 명료도를 향상시키기 위한 보상 전략을 개발하도록 돕는 것일 뿐이다. 수술적인 접근 이전에 언어치료를 통해 공명 문제를 향상시킬 수 있는 경우는 과대비성의 심각도가 낮고 비일관적인 비누출을 보이는 잘못된 학습으로 인해 비성문제를 나타내는 경우이다. 특정 자음에서만 비누출을 나타내거나 마비말장애나 말실행증으로 인한 과다비성을 보이는 경우, 보상조음과 함께 공명 문제가 나타나는 경우는 언어치료의 대상이 된다(황영진, 김하경, 2009).

보상적 오류는 조음위치의 문제로 나타나는 오류문제이다. 연인두폐쇄부전이 특정 말소리를 산출하는 데 필요한 구강내압이 부족해지면 구강 내의 조음위치가 기류가 적절한 부위인 인두 쪽으로 바뀌기도 한다. 보상적 오류는 기능적 오류이다. 그러므로 조음위치를 정상으로 바꿔주려면 언어치료가 필요하다. 연인두 학습오류와 특정 음소 비누출에 대해 더 많은 정보를 얻기 위해서는 언어치료를 필수적으로 수행해야 한다. 발달적 오류도 당연히 언어치료의 대상이다.

2) 치료절차

기본적으로 구개열 대상자에게 적용하는 언어치료기법은 다른 말소리장애 치료에 적용하는 것과 다르지 않다. 다만 구개열 대상자에게 특징적으로 나타나는 과다비성 및 비누출, 보상조음 문제를 주의해서 다루면 된다.

(1) 일반적 원리

첫 번째 목표 음소는 말 명료도에 가장 큰 영향을 미치는 사용빈도가 높은 음소를 선택한다. 또한 자극반응도가 높은 말소리로 시작한다. 발달적 오류를 지니는 조음음운장애의 경우에는 자극반응도가 낮은 음소로 시작하여 일반화 효과를 높이는 경우가 일반적이지만 구개열의 조음치료에서는 자극반응도가 높은 음소를 먼저 선택한다. 또한 후방음보다 전방음을 먼저 치료하는데 이는 일반적인 조음음운장애의 경우와 유사하다. 그러나 일반적 조음음운장애 아동은 가시도가 높은 음을 배우기 쉽기 때문에 전방음을 우선적인 목표음으로 선정하는 데 반해, 구개열의 경우는 후방음을 가르칠 때 아동의 보상조음을 유도할 가능성이 있으므로 전방음을 목표음으로 먼저 선정한다(석동일 외, 2013).

목표음을 선정한 후에는 아동이 정확한 말소리와 부정확한 말소리를 변별할 수 있는지 확인한다. 그다음으로 조음방법보다 조음위치를 중심으로 먼저 가르친다. 조음위치는 설명하기가 비교적 쉽기 때문이다. 독립음 수준에서 먼저 치료한 후 음절 수준에서 치료하는데, 말소리는 초성 위치에서 먼저 치료하기 시작한다. 모음으로 옮겨가는 자음으로는 주로 /ㅎ/를 이용한다. 자음에서 모음으로 옮겨가기 어려워하면 모음 앞에 /ㅎ/를 첨가함으로써 자음과 모음을 분리시킨다. 그 후 점진적으로 둘 간의 간격을 좁혀 음절을 만든다. /ㅂ/+/ㅎ~~ 아/에서 시작하여 /ㅂ/+/ㅎ 아/, 이후에 /바/로 발화하도록 지도한다(/ㅂ/+/ㅎ 아/ → [바]).

일단 산출 위치를 습득하면 초성 위치에서 말소리를 훈련한다. 그다음 단계로 어중 초성과 종성 중 어떤 위치에서 더 쉽게 발음하는지 판단하여 목표 음소를 선정한다. 모음 사이 위치인 어중 초성에서는 목표 낱말을 먼저 음절로 분리한다. 모음 사이 위치에 오는 소리는 음운맥락에 따라 산출이 달라질 수 있다. 종성 위치에서 훈련할 때는 목표 낱말에서 목표 음소를 분리한다. 음이 습득되면 말소리 부류를 치료하는 것이 수월하다. 즉, /ㅂ/가 확립되었다면 다음 음소로 /ㅍ, ㅃ/ 등을 이용하는 것이 좋다. 동일한 말소리 부류 내의 다른 말소리로 이동할 때 한 번에 하나의 자질만 변화시킨다. 이후 목표 음소를 전달 구, 문장으로 언어학적 단위를 높여가며 산출하도록 한다.

한 번의 회기 중에 정확한 산출을 가능한 한 많이 하도록 유도하는데, 문장으로 연습할 때 구조화된 문장구조를 먼저 이용하고, 이후에 구조화되지 않은 말을 이용하여 전이시킨다. 전 과정에 부모와 보호자를 참여시켜 가정에서의 일반화에 도움이 되도록 한다.

(2) 피드백

공명치료 방법으로 청각적, 시각적, 촉각적 피드백을 이용할 수 있다. 청각적 피드백은 샘플을 직접 들려주거나 녹음을 해서 들려주는 방법을 이용한다. 빨대나 투명 튜브를 이용한 관을 이용하여 자신의 코와 자신의 귀에 대게 할 수 있다. 큰 우유통을 전화기 모양으로 만들거나 청진기를 이용하는 등 무엇이든 사용 가능하다. 시각적 피드백은 거울, 나조미터, See Scape, 바람갈퀴를 이용할 수 있다. 바람갈퀴는 종이를 빗 형태로 잘게 잘라서 사용하는데, 아동의 콧김방출을 잘 느낄 수 있도록 해야 한다. 이에 다양한 재질의 종이를 선택할 수 있다. 다만, 호흡할 때 코로 숨을 쉬기 때문에 숨을 쉰 후 말을 시작할 때 갈퀴를 대주어야 한다. 거울을 사용할 때도 거울을 냉장고에 두면 김 서림을 잘 볼 수 있다. 다만 이때도 발화할 때 거울을 코 아래에 대야 한다. 촉각적 피드백은 설압자로 눌러주거나, 발화를 할 때 손가락을 코 측면에 대어 진동을 느끼게 하거나 코 앞에 손가락을 대어 기류를 느끼도록 하는 데 활용한다. 구개열 대상자는 본인이 말할 때 기류의 방향을 자각하도록 하는 활동이 필요할 수 있다.

(3) 보상적 조음의 구체적 치료기법

구개열 대상자에게 나타나는 보상적 조음 중 성문파열음, 인두파열음, 인두마찰음, 비음화의 치료방법을 소개하고자 한다.

성문파열음은 입술, 치조 등의 조음점 대신에 성대의 닫힘과 갑작스러운 열림을 통해 산출되는 소리이며 전형적으로 구강 고압력 파열음 대신에 산출된다. 성문파열음 소거를 목표로 선정했다면 아동에게 말소리 산출을 인식하는 활동부터 시작해야 한다. 거울로 자신의 목과 치료사의 목을 보여 주고 차이를 느끼게 하는 시각적 피드백 방법을 사용한다. 또한 목 부위에 손을 대게 해서 차이를 느끼게 하는 촉각적 방법, 성문파열음과 아닌 음을 번갈아 들려주어 판별하고 웃는 얼굴과 찡그린 얼굴을 지적하게 하는 청각적 피드백을 사용한다. 아동에게 모음 없이 무성파열 /ㅂ/를 산출하게 한다. 무성파열음을 산출한 후 /ㅎ/를 넣어 모음을 산출하도록 한다. '바'를 [ㅂㅎ~~~~아]로 산출한다. 산출되면 /ㅂ/에서 다음 모음으로 옮겨가는 시간을 점차 줄인다. 더 이상 성문파열음이 나타나지 않고 음절을 산출할 수 있을 때까지 점차 자음에서 모음으로 이동해 가는 시간을 줄인다. 무성음이 쉽게 산출되기 시작하면 그다음은 유성파열음으로 옮겨간다. 목 부위의 느낌을 느껴보고 거울을 보고 소리를 들으면서 유성파열음을 천천히 속삭이게 한다. 아동에게 유성파열음을 속삭이다가 점차 부드러운 발성을 첨가하여 /ㅎ/를 삽입하여 부드럽게 모음을 산출하게 한다. 피드백으로 보고, 듣고, 느끼게 한다.

인두파열음은 혀 등 부분이 연구개 대신에 인두벽을 접촉함으로써 산출되는 소리로서 보통 연구개음 /ㄱ, ㅋ, ㄲ/을 대치하여 나타난다. 인두파열음 소거방법은 아동에게 인두파열음의 말소리 산출을 인식하게 한다. 거울을 통해 /ㄱ/를 말할 때 자신의 입모양과 치료사의 입모양을 비교하는 시각적 피드백을 제시한다. 또한 아동의 턱 아래에 손을 얹어보게 하고 소리를 낼 때의 꿈틀거림을 느껴보게 하며, 치료사의 턱 아래를 만져보게 하는 촉각적 피드백을 제시한다. 그리고 주의해서 들어보라고 청각적 피드백을 준다. 먼저 /ㅇ/을 이용하여 조음 위치를 확립한다. 아동이 /ㅇ/을 정확하게 산출하지 못할 경우 혀의 앞 부위에 설압자를 대고 뒤로 밀어준다. 또한 혀의 바닥 부위 아래에 해당되는 턱에 엄지손가락에 갖다 댄 뒤 세게 눌러 준다. 아동에게 치료사가 턱 아래를 누르는 동안 말소리를 산출하라고 한다. 코를 막은 상태에서 연구개음을 산출한다. 코 집게를 이용하면 비강기류를 요하는 인두파열음의 산출을 막을 수 있다. /ㅇ/의 조음위치를 확립한 뒤, /ㅇ/을 산출하다가 혀를 떨어뜨리라고 한다. 인두파열음을 산출할 때 나타나는 것처럼 뒤에서 앞으로 움직이기보다는 혀 뒷부분을 위아래로 움직이는 과정을 반복한다. 아동에게 코를 막고 숨을 들이마신 뒤 혀를 /ㅇ/위치에 오게 하여 /ㄱ/산출을 위해 재빨리 내리라고 한다. 아동이 여러 차례 산출할 수 있게 되면 코를 막지 않은 상태에서도 산출해 보게 한다(Kummer, 2014).

인두파열음/마찰음 또는 비강파열음/마찰음은 혀 등 부분이 인두벽에 접촉하지는 않고 근접하여 좁은 공간을 만들어 공기의 마찰이 가미된 소리로 보통 /ㅅ, ㅆ/ 대신에 산출된다. 아동에게 지금 목에서 소리가 나고 있음을 알려주고 혀로 입 앞쪽에서 소리를 만드는 게 목표라고 알려준다. 거울을 통해 /ㄷ/를 산출하는 동안 혀끝을 보게 한다. 거울로 혀끝의 움직임을 보도록 하는 시각적 피드백을 준다. 코를 막고 /ㄷ/ 뒤에 /ㅅ/소리를 산출하고 입 앞쪽에 아동의 손을 갖다 댄다. 말소리를 산출할 때 나오는 기류를 느껴보라고 한다. 투명 튜브(청취관)를 이용해 아동의 콧구멍에 빨대나 튜브의 한쪽 끝이 오게 하고, 다른 쪽 끝은 아동의 귀에 댄다. 빨대나 튜브의 한쪽 끝은 언어재활사의 코에 다른 쪽 끝은 아동의 귀에 오도록 하여 청각피드백을 준다. 콧구멍을 막은 상태에서 아동이 /ㅅ/소리를 시도하게 한 다음 콧구멍을 열어 인두기류가 아니라 구강기류를 느끼게 한다. 아동에게 혀끝의 움직임에 주목하면서 /ㅅ/소리를 산출한다. 아동에게 치아를 닫은 상태에서 /ㄷ/를 산출하게 한다. 그러면 /ㅈ/소리가 산출될 것이다. 만약 잘 안 될 때는 빨대를 대고 /ㄷ/소리를 내면서 빨대 안으로 계속해서 공기를 내보내라고 한다. 빨대를 통해 공기가 나가면 /ㅈ/소리가 들릴 것이다. 아동에게 이를 다문 채 계속해 보라고 한다. 아동에게 /ㅈ~~~/를 길게 오래 지속시키라고 한다. 아동에게 소리를 연장하게 하고 아동이 말소리를 산출하는 동안 혀의 위치와 혀끝을 통해 나오는 기류에 주목한다. 마지막으로 /ㄷ/를 위한 혀 움직임을 없앤다(신혜정 외, 2023).

비성화된 음소는 연인두 폐쇄부전으로 인한 필연적 오류이다. 이 경우 언어치료는 부적절하다. 그러나 연인두 폐쇄부전을 위한 수술 이후에도 비음화가 지속되는 경우는 잘못된 학습으로 인해 특정 음소에 국한된 오류로 나타날 수도 있다. 아동에게 혀 뒷부분이 입을 막고 있어 입안으로 소리가 충분히 들어가지 못하고 있음을 말해 준다. 목표는 입의 뒤쪽이 열리도록 혀 뒷부분을 아래로 내리는 것이다. 언어재활사가 펜 라이트로 혀를 비추면서 혀를 가능한 한 밖으로 뺀 상태에서 '애~' 소리를 산출할 때 아동으로 하여금 치료사의 입안을 쳐다보게 한다. 아동에게 치료사의 혀 뒷부분이 아래로 내려가 있어 소리가 모두 입안에서 나오게 하는 것을 주목하게 한다. 아동이 연구개의 움직임을 능동적으로 통제하는 것이 가능하다고 해도 실제 그런 경우가 거의 없기 때문에 연구개를 언급하는 것은 불필요하거나 효과적이지 않다. 아동이 원래 하던 대로 말소리를 산출하는 동안 코 측면에 손가락을 대보게 해서 진동을 느끼게 하여 촉각적 피드백을 준다. 아동에게 목표 음소를 들려주고 치료사의 코를 막았을 때와 뗐을 때 소리가 차이가 나지 않음을 주목하게 하는 청각적 피드백을 제공한다. 산출에서는 비음으로 시작하는데, 양순음은 /ㅁ/, 치경음은 /ㄴ/, 연구개음은 /ㅇ/을 이용한다. 아동에게 이 말소리를 연장하는 동안 조음위치를 느끼게 한다. 그 조음위치에서 입술을 열거나 혀를 적절히 떨어뜨리게 한다. 아동에게 자신의 콧구멍을 잡고 정확한 조음위치에서 속삭인 다음 입술을 열거나 혀를 떨어뜨리게 한다. 치료연습 중에 코 집게를 이용한다. 아동에게 구강 압력이 높아짐에 주목하게 한다. 콧구멍을 막지 않은 상태에서도 목표음을 동일한 방법으로 산출해 보라고 지시한다. 크게 하품하게 하여 혀 뒷부분은 내려가고 연구개는 올라가게 한다. 아동에게 문제가 있는 말소리의 조음과 하품을 동시에 하게 한다. 아동에게 점차 하품을 더 작게 하면서 소리를 내라고 한다. 아동에게 새로운 말소리를 코를 열었다가 막았다가

하면서 산출해 보라고 한다. 차이가 느껴지면 아동에게 코를 막을 때나 막지 않았을 때 소리가 똑같아지도록 산출해 보라고 한다(Kummer, 2014).

(4) 기타 방법

수술적 치료가 최우선이지만 여러 가지 이유에서 수술을 하지 못해 언어치료를 실시해야 하는 경우가 있다. 이때 사용하는 보상적인 공명치료 방법에는 입을 크게 벌려서 말하는 방법, 크게 소리 내어 말하는 방법, 혀의 뒷부분을 낮추어서 말하는 방법, 조음점을 가볍고 빠르게 접촉하여 발음하는 방법을 활용할 수 있다.

입을 크게 벌리면 구강 저항을 감소시켜 구강공명을 증가시키기 때문에 입을 크게 벌려서 말하는 방법은 유용하다. 아동에게 "하마 입으로 말해 볼까?"라고 하면서 입모양을 과장되게 크게 요구할 수 있다. 큰 소리는 호흡량을 증가시키고 연인두 부위의 움직임을 크게 하고, 구강압력과 조음의 강도를 증가시키기 때문에 크게 소리 내어 말하면 비성이 줄어들 수 있다. 그러나 지나치게 큰 소리는 음성위생에 좋지 않기 때문에 또 다른 음성문제를 유발시킬 수 도 있으니 주의가 필요하다. 또한 혀의 뒷부분을 낮추어서 말하는 방법을 이용할 수 있다. 하품을 할 경우 혀의 뒷부분이 낮아지고 연구개가 올라가기 때문에 하품하는 것과 동시에 모음, 양순음, 치조음을 산출하게 한다. 구개열자의 말특성은 조음점을 후방화하는 경향이 있기 때문에 조음점을 가볍고 빠르게 접촉하여 발음하는 방법이 유용하다. 즉, 고압력자음(특히 파열음)을 산출하는 동안 조음점을 가볍고 빠르게 접촉하여 발음하도록 연습하면 음의 개선에 도움이 된다. 연인두 근육을 강화하는 방법 중 하나인 CPAP를 사용하기도 하는데 이 기기는 근 저항운동의 원리를 이용한 운동 생리학에 근거를 두고 있다.

4. 보고서 작성

진단보고서에는 발달력, 병력, 가족력, 치료력 등과 같은 대상자에 대한 기초정보 및 배경정보, 평가 절차 및 평가결과, 요약 및 임상적 소견, 마지막으로 권고사항 등을 포함시켜 작성한다(권도하 외, 2014). 진단보고서를 작성할 때 유의할 점은 평가에 근거하여 객관적이고 구체적이며 정확하게 기술해야 한다는 점이다. 이뿐만 아니라 구순 · 구개열 아동에게 실시한 평가 결과를 종합적으로 이해하고 판단하는 것이 무엇보다 중요하다.

아동이 나타내는 조음오류패턴이 발달적인지 필연적인지 보상적인지를 반드시 구별하고 그에 대한 목표 설정을 해야 한다. 또한 비성과 비누출의 문제가 언어치료가 선제적으로 필요한지 의학적인 수술처치가 먼저 필요한지도 결정해야 한다. 구개열 대상자의 경우 음성 및 공명문제가 잘못된 사용에 근거한 것인지도 파악해야 한다. 구개열 아동이 목쉰 음성을 주요 문제로 내원하였고 목쉰 음성은 다양한 음성장애 치료기법을 통해 개선될 수 있지만 그 원인이 구조적 결함에 따른 오조음의 결과라면 재발 가능성이 매우 높다. 즉, 조음치료를 우선적으로 실시하고 부수적으로 음성치료를 실시한다면 재발을 방지할 수 있다(권도하 외, 2014). 평가 후 아동이 언어치료 대상자가 맞는지 언어치료를 해야 한다면 어느 부분을 다루어야 하는지 결정해야 한다.

장단기 치료계획에서는 조음오류패턴이 발달적인지 필연적인지 보상적인지에 따라 치료계획을 다르게 해야 하며, 비성 및 비누출에 관한 치료를 수개월 지속한 후에도 치료에 뚜렷한 진전이 없으면 언어치료를 중단해야 한다는 사실도 기억해야 한다. 아동의 언어문제가 발달적 오류에 해당한다면 일반적인 치료와 유사하게 진행하지만, 보상적 오류에 해당한다면 앞에 기술한 구체적 치료방법을 참고하여 계획하길 바란다.

5. 보고서 작성 예시

1) 진단보고서 예시

진단보고서

1. 일반적인 정보

성명(성별): 김○○(남)	생년월일: 2016. 11. 8.(만 5세 11개월)
진단명 : 조음음운장애(구개열로 인한)	평가자: ○○○
평가일자 : 2022년 10월 7일	작성일: 2022년 10월 8일

2. 배경정보 및 행동관찰

부모님의 보고에 의하면 아동은 출생 시 좌측 1차성 및 2차성 완전파열로 태어났다. 목 가누기를 3개월경에, 걷기를 13개월경에 하였으며, 신체발달에서 또래들과 유사하게 발달하였다. 3개월에 입술봉합수술, 14개월에 구개봉합수술을 받았다고 한다. 그러나 5세가 지나도 발음의 명료도가 낮아 걱정하고 있었다고 한다. 이에 유치원 교사로부터 언어치료를 권유받아 본 센터에 방문하게 되었다고 하였다. 섭식의 문제는 없었고, 아동은 편식 없이 잘 먹는다고 한다.
담당의사는 수술이 잘 되었으며, 구조적 문제보다 아동의 발음습관의 문제로 오조음과 비성이 나타나는 것 같다고 하였다. 현재 아동은 다른 사람들과의 의사소통에 큰 어려움은 없지만 명료도가 낮아 다시 말해 달라고 요구를 받았을 때, "아니에요."를 말하거나, 아무 말 없이 못들은 척하는 것 같다고 보고하였다.
아동은 자유놀이에서 말을 많이 하지는 않았지만 활동에 잘 참여하였다. 놀잇감을 선택할 때도 적극적이었고, 자신의 의사를 표현하고, 요구할 수 있었다. 치료사의 질문에 답을 하거나 지시 따르기도 수행할 수 있었다. 그러나 아동의 발음은 명확하지 않았다.

3. 진단도구 및 진단결과

1) 조음기관 구조·기능 선별검사(Speech Mechanism Screening Test: SMST, 신문자 외, 2019)

조음기관 구조와 기능, 발성, 음성 및 조음선별, 조음교대운동상의 문제가 있는지 여부를 알아보기 위하여 실시하였다. 검사 결과, 인두 기능을 살펴보는 /우/ 소리를 계속 내면서 손가락으로 양쪽 콧구멍을 막았다 열기를 반복하는 과제에서 과다비성으로 인한 변화가 나타났다. 그러나 시범을 보이고 소리가 변하지 않게 다시 하도록 재시도를 요청하였을 때 변화가 거의 나타나지 않았다. /아/ 소리를 짧게 내는 연구개 움직임 평가에서는 연구개의 상승이 나타났다. 발성검사에서는 최대발성시간이 20초 이상이었으며, 조음선별검사에서 약간 비정상으로 별도의 조음검사가 필요한 것으로 나타났다. 경구개 및 연구개의 구조에서 시각적 평가를 했을 때 천공은 없었으며, 입천장의 높이 및 넓이는 정상이었다. 본 검사는 성인을 대상으로 표준화되어 또래 아동의 규준을 비교할 수는 없지만 /우/에서 과대비성을 조절할 수 있음과 표준화된 조음검사가 필요함을 알 수 있었다.

2) 음성 및 공명

(1) Nasometer II, 6400 kay

발성 시 공명에 문제가 있는지의 여부를 알아보기 위하여, 비성도(nasalance)로 측정하기 위해 실시하였으며, 검사 결과 정상으로 나타났다.

연구대상 / 검사내용	정상집단의 비성도(%)		대상자의 비성도(%)
	M	SD	M
바	10.26	12.52	11.23
파	7.38	7.06	8.26
빠	7.66	6.00	8.34
토끼문장(0%)	12.87	5.94	15.15

아기문장(14.3%)	26.53	8.91	31.79
엄마문장(34.7%)	52.30	7.10	54.06

정상집단 비성도 출처: 황영진(2007).

(2) 구개파열자를 위한 비성화 진단 도구

대상자가 발성과 조음에서 오류를 나타내는지 검사하였다. 검사 결과, 모음 /i/와 /u/, 즉 고모음 문맥을 발음할 때 과다비성을 나타냈으나, 재시도를 요구했을 때 과다비성이 출현되지 않았다. 또한 과소비성 검사에서는 소리의 변화를 나타내지 않았으며, 모음 /i/, /a/,/u/를 연장발성 하였을 때에도 정상으로 나타났다. 조음평가에서는 /k/, /k^h/, /k*/에서 성문파열음으로 대치가 나타났으며, /s/, /s*/에서 콧김을 동반한 정상발음 및 /t^h/로 대치를 나타냈다.

3) 우리말조음음운검사(Urimal Test of Articulation and Phonology 2: UTAP 2, 김영태 외, 2021)

조음 시 아동의 자음과 모음의 정확도, 조음오류 형태를 알아보기 위하여 실시하였다. 검사 결과, 자음 정확도는 87.5%, 모음정확도는 100%였다. 개정자음정확도는 91.6%로 나타났다. 대상자는 /s/, /s*/에서 콧김을 동반한 왜곡 및 /t^h/로 대치가 나타났으며, /k/, /k^h/, /k*/에서는 성문파열음으로의 대치가 나타났다. 음운오류패턴 분석에서 비발달적 음운오류패턴으로 후방화가 나타났다.

4) 취학전 아동의 수용언어 및 표현언어 발달 척도(Preschool Receptive-Expressive Language Scale: PRES, 김영태 외, 2003)

아동의 언어이해력 및 표현력의 발달 정도를 측정하기 위해 평가하였으며, 검사 결과 수용 49점(70 %ile), 표현 48점(68 %ile)으로 정상발달로 나타났다.

5) 청각검사

Ling 6 검사를 실시하였을 때 청력은 정상으로 나타났다.

4. 요약 및 권고사항

평가 결과, 구강 조음기관에는 별 다른 이상을 보이지 않았다. 그러나 조음평가 결과, /s/, /s*/음에서 비누출 및 /t^h/로 대치, /k/, /k^h/, /k*/음에서 성문파열음화가 나타났다. 이는 대상자가 잘못된 학습으로 인한 특정음소 비누출을 나타내고 있음을 반영한다. 따라서 /s/, /s*/음에서 기류의 방향을 확립하는 치료가 필요하다는 것을 나타낸다. 또한 /k/, /k^h/, /k*/음에서 보상조음이 나타나 이를 소거하기 위한 치료가 필요함을 알 수 있다. 따라서 발화 시 비강 및 구강의 기류산출을 인식하는 훈련과 구강개방과 혀의 전방화 활동을 통해 성문파열음을 제거하고, 새로운 /k/, /k^h/, /k*/음을 확립하는 치료가 필요하다고 권고한다.

2) 장단기 치료계획서 예시

장단기 치료계획서

■ 일반적인 정보

성명(성별): 김○○(남)	생년월일: 2016. 11. 8.(만 5세 11개월)
진단명 : 조음음운장애(구개열로 인한)	평가자 : ○○○
치료기간 : 2022. 10.17.~6개월	작성일: 2022년 10월 16일

■ 장단기 치료목표

1. 아동은 자발화 대화수준의 /s/, /s*/ 산출에서 비누출 없이 발화할 수 있다.

1-1. 아동은 /s/, /s*/ 산출에서 비누출을 시각적, 청각적, 촉각적 피드백을 통해 90% 이상 판별할 수 있다.

1-2. 아동은 단어, 구, 문장, 대화수준의 /s/, /s*/ 산출에서 비누출 없이 90% 이상 발화할 수 있다.

2. 아동은 /k/, /k^h/, /k*/ 산출에서 성문파열음을 연구개파열음으로 정조음할 수 있다.

2-1. 아동은 /k/, /k^h/, /k*/를 짧은 /ㅎ/ + /모음/과 연결하여 심한 성대접촉 없이 90% 이상 정조음할 수 있다.

2-1-1. 아동은 /t/, /t^h/를 /ㅎ~~~~ + 모음/과 연결하여 심한 성대접촉 없이 90% 이상 정조음할 수 있다.

2-1-2. 아동은 /t/, /t^h/를 짧은 /ㅎ/ + /모음/과 연결하여 심한 성대접촉 없이 90% 이상 정조음할 수 있다.

2-1-3. 아동은 /k/, /k^h/, /k*/를 /ㅎ~~~~ + 모음/과 연결하여 심한 성대접촉 없이 90% 이상 정조음할 수 있다.

2-2. 아동은 성대의 심한 접촉없이 /k/, /k^h/, /k*/를 단어, 구, 문장, 자발화 수준에서 90% 이상 정조음할 수 있다.

3) 회기별 치료계획서 예시

회기별 치료계획서

■ 일반적인 정보

성명(성별): 김○○(남)	생년월일: 2016.11.8.(만 5세 11개월)
진단명 : 조음음운장애(구개열로 인한)	평가자 : ○○○
치료기간 : 2022년 10월 17일	작성일: 2022년 10월 16일

■ 단기 치료목표

- 1-1. 아동은 /s/, /s*/ 산출에서 비누출을 시각적, 청각적, 촉각적 피드백을 통해 90% 이상 판별할 수 있다.
- 2-1-1. 아동은 /t/, /tʰ/를 /ㅎ~~~~ + 모음/과 연결하여 심한 성대접촉 없이 90% 이상 정조음할 수 있다.

■ 치료활동

회기	세부계획 및 활동	목표 언어	강화
도입	인사하기 간단한 일상대화	오늘 뭐타고 왔니? 오늘 날씨는 어때? 등	
전개	• 아동은 /s/가 포함된 10개의 단어에서 촉각적 피드백을 통해 80% 이상 비누출을 판별할 수 있다. –단어를 제시하며 '이게 뭐야?'라고 질문한다. –각 단어를 말할 때 코 측면이 진동되는지 손을 대보게 한다. –각 단어를 말할 때 코 아래에 손을 대어 기류가 느껴지도록 한다. –단어를 말할 때 코 아래 거울을 대어 거울에 김 서림이 보이도록 시각적 피드백을 준다. –단어를 말할 때 빨대(청취관 등)를 이용해 청각적 피드백을 준다. –구강 개방법을 이용하여 구강훈련하고, 구어비율을 조절한다.	목표 단어: 소, 새, 시소, 새우, 서울, 싫어, 사자, 소라, 소리, 씨름 –코 측면에 손을 대고 느낌 말하기 –코 아래 손을 대고 기류 느낌 말하기 –코 아래 거울을 대어 김 서림을 확인하기 –빨대의 짧은 쪽 끝을 아동의 코에 긴쪽 끝을 아동의 귀에 대고 소리를 듣기 –입 모양을 크게 하여 하마 입으로 말하기 –천천히 말하면서 느낌 말하기	연속강화 토큰강화

	• 어두 초성에서 /t/를 /ㅎ~~~~ + 모음/과 연결하여 심한 성대접촉 없이 90%이상 정조음할 수 있다. – /t/를 산출한다. – /t/에 /ㅎ~~~~ + 모음/을 연결하여 산출한다. – /t^h/를 산출한다. – /t^h/에 /ㅎ~~~~ + 모음/을 연결하여 산출한다.	목표 단어 – /t/ 산출 – /t/ + /ㅎ~~~~ + 아/ – /t/ + /ㅎ~~~~ + 애/ – /t/ + /ㅎ~~~~ + 오/ – /t/ + /ㅎ~~~~ + 우/ – /t/ + /ㅎ~~~~ + 이/ – /t/ + /ㅎ~~~~ + 어/ – /t^h/ 산출 – /t^h/ + /ㅎ~~~~ + 아/ – /t^h/ + /ㅎ~~~~ + 애/ – /t^h/ + /ㅎ~~~~ + 오/ – /t^h/ + /ㅎ~~~~ + 우/ – /t^h/ + /ㅎ~~~~ + 이/ – /t^h/ + /ㅎ~~~~ + 어/	
마무리	• /s/를 말하면서 코 측면, 코 아래에 손을 댔을 때 느낌을 말한다. • /t/ + /ㅎ~~~~ + 아/를 산출할 때와 /ka/를 말할 때의 목에 힘이 들어가는 차이에 대해 이야기한다. • 기류의 차이와 목에 힘이 들어가는 차이에 대해 설명한다.	-콧등과 코 아래에 손을 댔을 때의 느낌 말하기 -목의 긴장도와 심한 접촉 느낌 말하기	사회적 강화

4) 진전보고서 예시

진전보고서

■ 일반적인 정보

성명(성별): 김○○(남)	생년월일: 2016. 11. 8.(만 5세 11개월)
진단명 : 조음음운장애(구개열로 인한)	평가자 : ○○○
치료기간 : 2022.10.17.~ 2023.4.30.	작성일: 2023년 4월 30일

장기목표 1. 아동은 자발화 대화수준의 /s/, /s*/ 산출에서 비누출 없이 발화할 수 있다.

장기목표 2. 아동은 /k/, /kʰ/, /k*/ 산출에서 성문파열음을 연구개파열음으로 정조음할 수 있다.

장단기목표	치료 전	치료 후
1-1 아동은 /s/, /s*/ 산출에서 비누출을 시각적, 청각적, 촉각적 피드백을 통해 90% 이상 판별할 수 있다.	아동은 /s/, /s*/ 음소산출에서 본인의 비강기류 유출을 인식하지 못하였다.	아동은 /s/, /s*/ 음소산출에서 본인의 비강기류를 90% 이상 시각적, 청각적, 촉각적으로 피드백할 수 있다.
1-2. 아동은 단어, 구, 문장, 대화수준의 /s/, /s*/ 산출에서 비누출 없이 90% 이상 발화할 수 있다.	아동은 /s/, /s*/ 음소산출에서 100% 비누출을 나타냈다.	아동은 단어, 구, 구조화된 문장수준에서 /s/, /s*/를 100% 비누출 없이 발화한다. 그러나 자발화에서는 비누출 없이 90% 수준에서 발화한다.
2-1. 아동은 /k/, /kʰ/, /k*/를 짧은 /ㅎ/ + /모음/과 연결하여 심한 성대접촉 없이 90% 이상 정조음할 수 있다.	아동은 /k/, /kʰ/, /k*/를 성문파열음으로 대치하였다.	아동은 /k/, /kʰ/, /k*/를 짧은 /ㅎ/ + /모음/과 연결하여 심한 성대접촉 없이 100% 이상 정조음할 수 있다.
2-1-1. 아동은 /t/, /tʰ/를 /ㅎ~~~~ + 모음/과 연결하여 심한 성대접촉 없이 90% 이상 정조음할 수 있다.	아동은 /t/, /tʰ/를 정조음하였으나 가벼운 성대접촉의 개념을 이해하지 못했다.	아동은 /t/, /tʰ/에서 가벼운 성대접촉의 개념을 이해하고 100% /ㅎ~~~~ + 모음/ 연결이 가능하다.
2-1-2. 아동은 /t/, /tʰ/를 짧은 /ㅎ/ + /모음/과 연결하여 심한 성대접촉 없이 90% 이상 정조음할 수 있다.	아동은 /t/, /tʰ/를 정조음하였으나 가벼운 성대접촉의 개념을 이해하지 못했다.	아동은 /t/, /tʰ/에서 가벼운 성대접촉의 개념을 이해하고 짧은 /ㅎ + 모음/ 연결이 100% 가능하다.
2-1-3. 아동은 /k/, /kʰ/, /k*/를 /ㅎ~~~~ + 모음/과 연결하여 심한 성대접촉 없이 90% 이상 정조음할 수 있다.	아동은 /k/, /kʰ/, /k*/를 성문파열음으로 대치하였다.	아동은 /k/, /kʰ/, /k*/를 /ㅎ~~~~ + 모음/과 연결하여 심한 성대접촉 없이 100% 이상 정조음할 수 있다.
2-2. 아동은 성대의 심한 접촉없이 /k/, /kʰ/, /k*/를 단어, 구, 문장, 자발화 수준에서 90% 이상 정조음할 수 있다.	아동은 /k/, /kʰ/, /k*/를 성문파열음으로 대치하였다.	아동은 성대의 심한 접촉없이 /k/, /kʰ/, /k*/를 단어, 구, 문장, 자발화 수준에서 90% 이상 정조음할 수 있다.

• 요약 •

이 장에서는 구순 · 구개열 아동의 초기 면담, 평가, 치료계획에 관한 내용을 다루었다. 초기 면담에서 사용할 수 있는 질문지를 제시하였으며, 생애 주기별로 필요한 관련 전문가들과 대처해야 할 내용을 안내하였다. 평가에서는 샘플을 수집하는 방법, 구강안면 평가, 청지각적 평가, 객관적 평가 방법을 제시하였다. 치료절차에서는 언어치료에서 반드시 다루어야 할 오류패턴과 보상적 오류의 대표적인 치료방법을 제시하였다. 보고서 작성에서 주의할 점과 예시를 제시하여 이해를 돕고자 하였다.

이 장에서는 다음과 같은 내용을 포함한다.

1. 연인두 폐쇄부전, 연인두 기능부전, 연인두 학습오류, 특정음소 비누출에 대한 용어를 정의하였다.
2. 구순 · 구개열 아동의 조음오류패턴은 필연적 오류, 발달적 오류, 보상적 오류로 구분한다.
3. 구순 · 구개열 아동의 조음오류패턴의 원인을 파악하여 필연적 오류일 때 언어치료보다 의학적 처치를 먼저 실시하도록 하고, 보상적 및 발달적 오류일 때는 언어치료를 우선 실시하도록 권고한다.
4. 보상적 오류 중 발생빈도가 높은 성문파열음, 인두마찰음, 비음화의 치료절차를 제시하여 치료에 활용할 수 있도록 하였다.
5. 공명문제 및 비누출을 평가하는 청각적, 시각적, 촉각적 방법을 제시하였다.

연습문제

1. 구순 · 구개열 아동의 말소리 오류 패턴 유형은 무엇인가?

2. 말소리 오류 패턴 유형 중 언어치료가 우선적으로 권고되지 않는 유형은 무엇인가?

3. 성문파열음의 제거를 위해 흔히 사용하는 음과 치료절차는 무엇인가?

4. 성문파열음을 제거하는 치료활동에서 사용할 수 있는 청각적, 시각적, 촉각적 피드백 방법은?

5. 천공의 위치와 크기는 말소리 산출에 어떤 영향을 줄 수 있으며, 이를 확인하는 방법은 무엇인가?

참고문헌

권도하, 김동연, 김영태, 석동일, 정옥란(2005). **구개파열 언어치료**. 경북: 한국언어치료학회.

권도하, 신명선, 김효정, 박은실, 장현진, 신혜정, 황하정, 김수형, 이무경, 황보명, 박상희, 강은희, 손은남, 김영은, 이명순, 이옥분, 김선희, 황영진, 황상심(2014). **언어치료 임상방법**. 경북: 물과 길.

강은희, 고영옥, 권미지, 김시영, 김유경, 김효정, 박은실, 유재연, 이명순, 이옥분, 장현진, 최선영, 허명진, 황상심, 황하정(2018). **의사소통장애 진단평가**. 서울: 학지사.

김민정, 배소영, 박창일(2007). **아동용 발음평가(APAC)**. 서울: 휴브알앤씨.

김수진, 신지영(2015). **말소리장애**. 서울: 시그마프레스.

김영태, 성태제, 이윤경(2003). 취학전 아동의 수용언어 및 표현언어 발달척도. 서울: 서울장애인복지관.

김영태, 신문자, 김수진, 하지완(2021). **우리말 조음음운검사 2**. 서울: ㈜인싸이트.

석동일, 박상희, 신혜정, 박희정(2008). **한국어 표준 그림 조음음운 검사(KS-PAPT)**. 서울: 학지사.

석동일, 권미지, 김유경, 박상희, 박현, 박희정, 신혜정, 이은경(2013). **조음음운장애 치료(4판)**. 대구: 대구대학교출판부.

신문자, 김재옥, 이수복, 이소연(2019). **조음기관 구조 · 기능 선별검사**. 서울: ㈜인싸이트.

신혜정, 권미지, 김시영, 김유경, 박상희, 박현, 이은경, 이지윤(2023). **조음 · 음운장애**. 서울: 학지사.

이윤경, 배소영, 권유진, 김민정, 박혜진, 서경희, 윤효진, 이옥분, 이은주, 정경희, 정한진, 표화영(2010). **언어치료 임상실습: 이론과 실제**. 서울: 학지사.

황영진, 김하경(2009). **구개열 언어치료: 임상 가이드**. 서울: 박학사.

황영진(2007). 비성도 검사를 위한 표준화 문장개발과 정상규준치 연구. 대구대학교 대학원 박사학위논문.

Bernthal, J. E., Bankson, N. W., & Flipsen, P. (2008). *Articulation and Phonological Disorders: Speech Sound Disorders in Children* (6th ed.). 김영태, 심현섭, 김수진 역(2013). **조음 · 음운장애(제6판)**. 서울: 박학사.

Kummer, A. W. (2014). *Cleft Palate and Craniofacial Anomalies* (3rd ed.). 표화영, 한진순(2016). **구개열 및 두개안면 기형: 말과 공명에 미치는 영향**. 서울: 박학사.

Ruscello, D. (2008). *Treating Articulation and phonological disorders in children*. 김수진, 한진순, 장선아, 박상희 역(2012). **아동의 조음음운장애 치료**. 서울: 박학사.

제16장

다문화아동 임상실습

황 상 심

이 장의 학습목표

- 다문화아동 초기 면담 과정을 이해하고 설명할 수 있다.
- 다문화아동 언어평가에 대하여 이해하고 설명할 수 있다.
- 다문화아동의 중재절차에 대하여 이해하고 설명할 수 있다.
- 다문화아동 중재에서 보고서 작성에 대하여 이해하고 설명할 수 있다.
- 다양한 다문화아동 중재 사례를 이해하고 설명할 수 있다.

핵심 용어

- 다문화아동(children with culturally and linguistically diverse background) 다양한 언어, 민족, 국적, 전통, 사회 구조 및 종교를 가진 배경에서 성장하고 있는 아동을 말한다.
- 이중언어환경(bilingual environment) 두 개 이상의 언어입력을 제공하는 언어환경을 의미한다. 이중언어환경은 부모, 조부모, 학교, 지역사회 등이 조성할 수 있으며, 음악, TV 프로그램, 책, 게임 등을 통해서도 제공될 수 있다.
- 제2언어습득(second language acquisition) 두 번째 언어습득 또는 순차적 언어습득이며, 첫 번째 언어습득이 이미 확립된 후 두 번째 언어를 배우는 것을 말한다. 다른 언어를 사용하는 아동이 처음으로 유치원이나 학교에서 한국어를 두 번째 언어로 배우는 것이다.
- 준거지향적 평가(criterion-referenced evaluation) 아동의 핵심 성취기준이나 행동 목표의 도달 정도를 알아보기 위한 평가방법이며 절대평가라고 한다. 준거는 교육목표를 설정할 때 도달해야 하는 최저기준을 말한다. 교육목표나 학습목표를 설정해 놓고 이 목표에 맞추어서 아동 개개인의 달성 정도를 평가한다.

1. 초기 면담

다문화아동의 의뢰는 부모, 유치원, 어린이집, 학교 선생님, 가족센터(다문화가족지원센터) 다문화가족지원센터 종사자, 사회복지사 등 관련 전문가들이 할 수 있다. 초기 면담은 의뢰된 아동의 언어와 관련된 전반적인 배경정보를 얻는 절차이다. 초기 면담은 주양육자와 직접 대면으로 실시하나 상황에 따라 전화, 메일 또는 서면으로 진행할 수 있으며, 추가적으로 필요한 정보가 있을 경우 보충하면 된다. 〈표 16-1〉은 다문화아동 초기 면담 시 이용할 수 있는 내용이다.

초기 면담에서는 기본적으로 대·소근육의 신체발달, 사회·정서적 발달, 언어발달, 교육 및 치료서비스 등의 교육력, 병력 등에 대한 내용이 수집된다. 이와 함께 아동의 언어문제가 언어장애, 언어차이, 이중언어, 제2언어습득 등과 관련이 있는지 확인하는 것이 필요하다. 또한 아동의 일상적인 발화 수준, 부모가 염려하고 있는 언어발달문제, 부모 및 아동의 언어사용, 가정의 언어와 문화 환경, 부모와의 언어적 상호작용, 주언어, 이중언어사용 등에 대한 정보를 수집하며, 외국인 부모가 한국어에 서툰 경우에는 통역사를 참여시켜 실시할 수 있다. 통역사 참여가 어려운 경우 조부모, 가족 등과 함께 면담을 할 수 있다.

〈표 16-1〉 **다문화아동 언어환경 관련 면담 내용**

1. 주양육자는 누구입니까? ________
2. 주양육자와 아동과의 상호작용 시 어떤 언어를 사용하나요?________
3. 아동이 가정에서 가족과 어떤 언어를 사용하여 상호작용하나요?
   아버지________ 어머니________ 형제자매________ 조부모________
4. 아동이 이중언어를 사용한다면 주언어는 무엇입니까? ________
5. 아동이 이중언어를 한다면 언제부터 하였나요?
6. 아동의 이중언어 수준은 어떤가요? ________
7. 하루 중 어머니, 아버지와 언어적 상호작용 시간은 어느 정도인가요? ________
8. 조부모(외국인)와 함께 살고 있나요? ______ 몇 살부터 함께 살았나요?______
9. 어린이집이나 유치원은 몇 살에 다니기 시작했나요? ________

2. 평가계획 및 실시

1) 언어평가

우리나라에서 출생하여 성장하고 있는 다문화아동은 표준화 검사도구를 사용하여 평가를 실시하고 백분위, 언어발달연령, 표준편차 등으로 결과를 해석할 수 있다. 그러나 중도입국하여 한국어를 제2언어로 배우고 있는 아동을 대상으로 표준화 검사도구를 사용할 경우에는 여러 가지 측면을 고려할 필요가 있다. 다문화아동의 언어평가 절차에 대하여 Weddington(1987)은 시간 제한을 조정하거나, 반복하여 들려주기, 연습시간 제공, 점수의 상하한선을 없애기, 평가의 양식이나 문맥, 대답 유형도 고려할 필요가 있다고 하였다. 이중언어아동이나 중도입국 아동의 평가에서 이러한 요소가 고려되지 않았을 경우 평가 결과에 대한 타당성의 문제가 있을 수 있고, 평가 절차를 조정하였을 경우에는 평가 결과를 규준점수와 직접 비교하는 것은 어렵다. 또한 비언어적인 평가를 실시할 수 있다. 비언어적인 평가가 언어적인 능력을 필요로 하지는 않으나 다문화아동의 비언어적인 행동에는 그들이 속한 문화의 요소들이 포함되어 있다.

우리말을 제2언어로 습득하는 아동이라면 우리나라 아동을 대상으로 표준화된 검사보다 준거지향적 평가가 더 적절할 수 있다. 준거지향적 평가는 현재 아동이 처한 상황에 따라서 특정하고 독립적인 기준을 정해 두며, 평가 결과는 규준을 근거로 한 점수와 비교하기보다 사전에 결정된 기준에 의해서 비교하기 때문에 아동의 문화 및 언어적 상황을 충분히 고려할 수 있다. 준거지향적 평가에서는 가족을 포함하여 자연스러운 상태에서 아동의 발화와 의사소통능력을 해석한다. 이것은 문화와, 언어, 그리고 특별한 경험 등 세 가지 측면 모두를 고려하며(Cheng, 1987), 가족 인터뷰에서는 집에서 어떤 언어를 사용하는지, 언어발달에 가족의 도움이 있는지, 말하기 상황에서 의사소통 자신감은 어떠한지 등을 평가한다.

(1) 다양한 평가 방법의 고려

언어샘플 수집 또한 언어평가에 포함되어야 하며 다양한 의사소통 상대자와 다양한 대화주제로, 아동에게 친숙한 환경과 문화상황에서 수집되어야 한다. 아동의 언어발달 수준을 고려하여, 아동의 연령에 적합한 일, 도움 요구하기, 문화적으로 친숙한 동화 이야기 다시 말하기, 사진 설명하기, 사물 설명하기, 지나간 일 설명하기 등을 이용하여 수집할 수 있다. 이 샘플로 아동의 구문, 의미, 화용, 음운, 이야기 산출 능력을 해석한다. 한국어를 제2언어로 습득하는 아동이라면 샘플 수집과 분석에서 통역사를 훈련시켜 활용할 수 있다. 아동이 사용하는 언어를 관찰하는 것도 평가의 한 부분에 포함시켜야 하며, 각 언어 영역에 있어 관찰해야 할 내용의 예시가 〈표 16-2〉에 나와 있다. 다문화아동 평가에서 주의해야 할 것은 잘못된 평가로 인하여 아동이 언어장애로 판명되어 학업생활에 방해가 되거나 필요치 않는 언어치료 또는 다른 특별한 서비스를 받지 않도록 하는 것이다.

〈표 16-2〉 **다문화아동 행동 관찰 목록**

구분		의사소통 행동	관찰 내용
사회적 상호작용	1	눈 맞추기	
	2	인사하기	
	3	공동관심 및 참여	
	4	함께 놀기, 차례 지키기	
집중해서 듣기	5	원/탁자에 앉아 있기	
	6	활동에 참여하기	
	7	개인과제 완수하기	
언어이해	8	의사소통에 반응하기	
	9	지시 따르기	
	10	질문에 대답하기	
언어산출	11	제스처 사용하기	
	12	한 낱말 사용하기	
	13	구/문장 사용하기	
	14	명료도	
언어사용	15	의사소통 시작하기	
	16	적절하게 말하기	
	17	도움 및 정보 요청하기, 거절하기 등	
문해능력	18	이름인지(글자)	
	19	책에 관심 보이기	
	20	철자/말소리 말하기	
	21	라임 알기	

(2) 역동적 평가

문화와 언어 차이가 있는 다문화아동에게 규준지향적 평가도구로 사용하였을 때 발생하는 제한점을 고려한 대안적 방법이 역동적 평가(dynamic assessment)이다. 역동적 평가를 하는 이유는 아동의 수행력에 부정적으로 영향을 미칠 수 있는 문화, 언어, 경험 등과 같은 문제로 표준화된 평가에서 빈약한 수행력을 보일 수 있기 때문이다. 다문화아동의 역동직 평가를 위해서 평가-교육-재평가(test-teach-retest) 절차를 권고하고 있다(Paradis et al., 2011). 이 접근에서는 표준화된 평가도구를 처음에 사용하고, 점수를 기록한다. 그 후 아동들은 중재학습 경험에 참여하며, 이를 통하여 평가의 원리와 평가에 반응하는 방법을 더 잘 이해할 수 있게 된다. 아동이 특별한 평가 항목에 대답하는 방법을 교육받는 것이 아니라 언어적 지식에 접근하고, 알고 있는 것을 매우 잘 나타낼 수 있는 전략을 교육받으며, 그 결과 평가에서 완전한 잠재력을 수행할 수 있게 된다. 교육 단계 이후에 동일한 평가를 실시하고 점수를 매기며, 개선 가능성, 즉 교육의 결과로 나타나는 반응과 변화를 관찰하고 기록한다. 아동 수행력의 해석은 재평가와 개선 가능성을 근거로 한다.

(3) 언어평가에서 고려점

다문화아동 중 이중언어사용 아동의 언어장애 확인과 평가를 위해서 몇 가지 내용을 염두에 두어야 하는데(Paradis et al., 2011), 그 첫째가 두 언어에 대한 정보 수집에 관한 것이다. 발달성 언어장애는 이중언어아동의 두 언어 모두에 영향을 끼치므로 아동의 문제를 정확하게 확인하기 위해서 두 언어에서 보이는 언어장애 증상을 확인해야 한다. 둘째, 언어노출에 대한 정보를 수집한다. 동시적 이중언어와 순차적 이중언어, 소수언어와 다수언어의 경험, 가정에서 이중언어를 사용하는 것과 가정과 학교에서 이중언어 중 각각 하나의 언어를 사용하는 것 등과 같은 언어사용 형태에 따라 두 언어의 노출 정도가 매우 다를 수 있기 때문이다. 양적 및 질적 언어노출뿐만 아니라 언어학습 시간 또한 아동들의 언어습득 속도에 영향을 끼친다. 아동의 언어능력을 예측하기 위해서 아동의 과거와 현재 언어노출 형태에 대한 정보를 얻는 것이 중요하다. 이런 정보를 얻을 수 있는 가장 일반적인 방법은 부모나 교사 설문지를 이용하는 것이다. 셋째, 문화적 배경에 관한 정보를 입수한다. 다문화가정의 문화적으로 다른 자녀 양육 방식, 언어사회화 관습에 대하여 가능한 한 많은 정보를 얻어야 하며, 언제나 교차문화적인 시각으로 언어평가 내용과 평가절차를 보아야 한다.

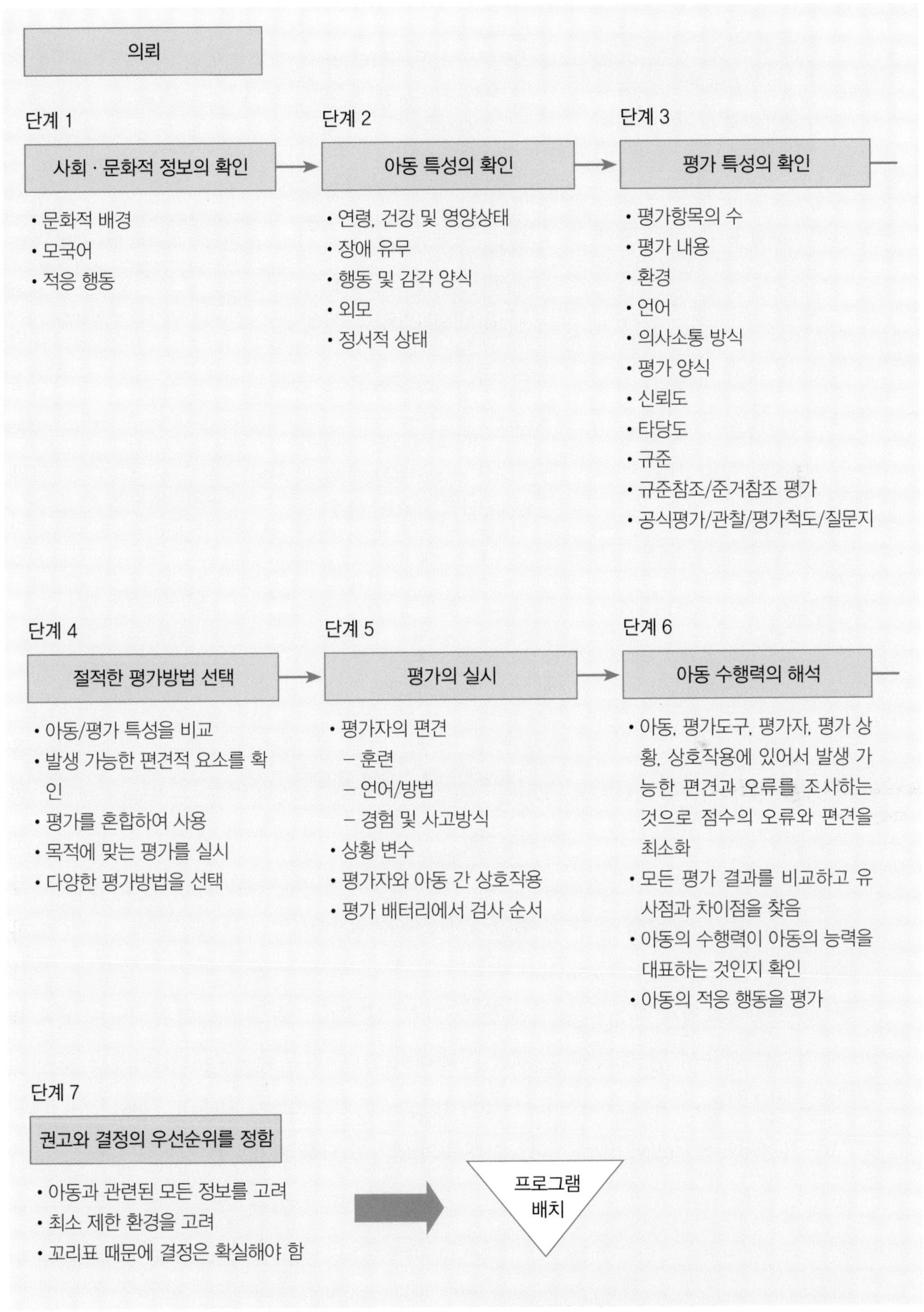

[그림 16–1] **다문화아동 평가 시 편견을 확인하고 최소화하기 위한 모델**

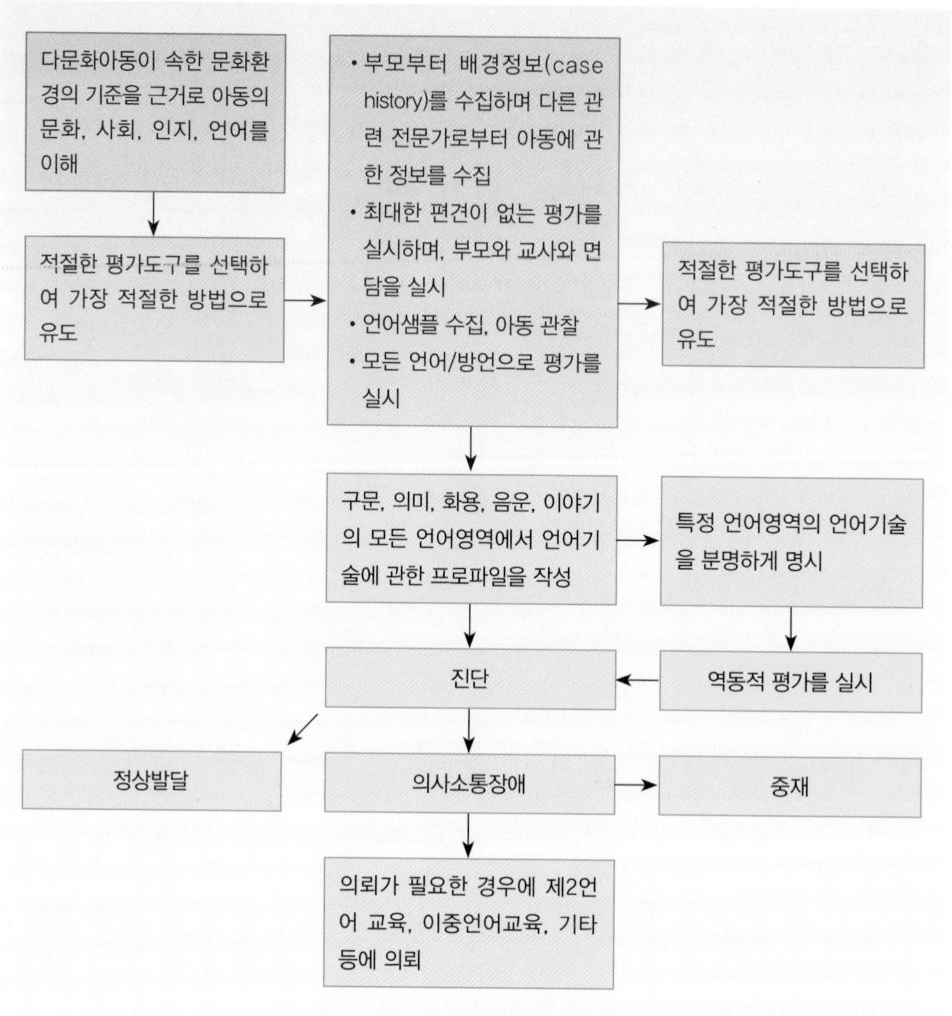

[그림 16-2] **다문화아동 평가 순서**

많은 사람들에게 적용될 수 있는 행동, 가치, 신념이 그 문화집단 모든 구성들에게 필수적으로 적용되지는 않는다는 것을 이해해야 한다. 다문화아동 평가 시 편견을 확인하고 최소화하기 위한 모델은 [그림 16-1](Iglesias & Gutierrez-Clellen, 1988)이며, [그림 16-2](Harbin & Jartley, 1978)는 다문화아동의 평가 순서를 도표화한 것이다.

3. 치료계획 및 실시

1) 장단기 목표의 설정

장기 및 단기목표는 다문화아동의 생활연령과 언어평가 결과를 근거로 설정한다. 장기 계획은 대개 6개월에서 1년 정도 아동이 달성해야 할 목표이며, 단기계획은 장기계획에 따른 구체적인 목표에 해당한다. 장단기계획은 무엇보다 실행 가능한 목표를 세워야 하고, 부모, 어린이집, 유치원, 학교 교사 등의 의견을 반영하여 목표 달성 이후 아동의 실생활에서 적용 가능성 등을 고려하여 수립하는 것이 바람직하다. 장기계획은 포괄적으로 세울 수 있으나, 단기계획은 가능한 한 구체적으로 세우는 것이 각 단기목표 달성을 위해서 좋다. 즉, 단기목표의 구체적인 목표행동, 그 목표행동의 달성 준거, 목표행동을 달성하는 데 요구되는 문맥이나 상황을 자세하게 제시하며, 목표 달성 시 제공할 강화방법, 강화인자 등에 대해서도 계획을 세우고 시작하는 것이 효율적인 중재를 위해서 필요하다. 대개 장기계획은 2~4개 정도의 목표를 세우고, 각 장기계획에 따라 구체적인 단기계획을 3~4개 정도 수립하는 것이 적절하다. 장단기계획 수립 시 크게 수용언어와 표현언어로 나누어 설정하거나, 구문, 의미, 화용, 음운, 이야기의 언어영역에 따라 작성하며, 전체적인 언어평가 결과 프로파일에서 차이가 많이 나는 언어영역에 초점을 두고 먼저 언어촉진활동을 실시하는 것이 바람직하다. 다문화아동에게 중재목표가 될 수 있는 내용을 다음과 같이 요약해 볼 수 있다.

- 일상생활에서 구어 및 비구어로 자신의 요구를 표현한다.
- 다양한 자극에 대한 변별과 인식을 증가시킨다.
- 일상적인 의사소통 상황에서 필요한 주요 어휘를 사용한다.
- 형태소와 문장을 사용하여 다른 사람들과 의사소통을 한다.
- 타인과의 의사소통에서 적절하게 화용 기능을 사용한다.
- 대화 상황에서 음운기술을 사용한다.
- 연령에 적절한 대화 수준으로 말한다.
- 연령에 적절하게 이야기를 산출한다.
- 연령에 적절하게 읽기를 한다.

2) 다문화아동의 중재

다문화아동의 중재 목적은 크게 언어촉진, 언어유지, 언어유도로 나누어 생각해 볼 수 있다(Paul, 2007). 언어촉진은 언어발달이나 언어학습의 촉진을 목적으로 하며, 촉진활동을 제공하지 않았을 경우보다 더 빠르게 정상발달 수준에 도달하게 해 준다. 유지는 감소하거나 사라질 위험이 있는 행동을 유지하는 것이 목표가 되며, 예를 들면 구강구조의 미성숙한 기관이 손상되지 않고 계속 발달할 수 있도록 도와주는 역할을 하여 이후 완전한 발달을 할 수 있도록 해 주는 것이다. 언어유도는 어떤 특별한 중재 없이는 진전이 없는 아동을 대상으로 하며, 감각이나 지각영역 등에 분명한 결함이 보이는 아동들에게 적용한다.

다문화아동의 중재를 위해서는 현재 언어발달 수준을 파악하는 것이 우선이다. 언어수준을 제대로 알기 위해서는 우리말 언어발달 과정과, 이중언어발달, 언어 차이에 대한 이해 등이 필요하다. 아동들은 대개 2세에서 5세까지 어휘력이 크게 발달하는데, 중재가 필요한 다문화아동들은 어휘발달이 기대되는 수준에 미치지 못하거나, 논리적이고 의미 있는 문장을 생산하고 이해하는 데 어려움을 보인다. 또한 문법형태소의 생략, 잘못된 사용, 습득의 어려움, 짧고 단순한 문장의 사용, 실제 상황 적용의 문제를 나타낸다. 대화, 이야기, 상황에 맞지 않는 언어, 추상적 용어 이해의 어려움, 낮은 명료도 등의 다양한 문제가 나타날 수 있다. 언어습득 지연으로 인해 다문화아동은 가정, 어린이집, 유치원 등 여러 상황과 또래관계에서 어려움을 겪을 수 있다. 다문화아동의 이러한 어려움이 언어자극의 부족, 사회경제적 수준을 포함한 환경적인 요인, 또는 실제 언어장애의 증상인지를 잘 파악해야 하며, 아동의 요구에 부합하는 중재를 제공하는 것이 필요하다.

다음은 아동들에게 언어치료 서비스를 제공할 때 고려해야 할 사항이며(한국언어병리학회, 1994), 이 내용은 다문화아동 중재 상황에서도 적용할 수 있다.

첫째, 아동의 관심과 흥미를 관찰하거나 부모에게서 정보를 얻어 그것을 중심으로 시작하여 관심영역을 점차 확대시켜 나간다.

둘째, 이해력이 낮은 아동일수록 사물이나 문장의 이해에 먼저 중점을 두고 표현으로 옮겨 가는 것이 효과적이다.

셋째, 아동에게 말을 할 때는 아동의 언어수준을 고려한다. 발화길이가 길지 않는 아동에게 어려운 말이나 긴 문장을 사용하기보다는 그 아동의 발화 수준보다 한 단계 높은 수준으로 언어적인 자극을 주는 것이 적절하다.

넷째, 중재 활동 시 현재 일어나고 있는 사건이나 상황에 대하여 언급한다. 관련 없는 상황이나 사건에 대해서 말하는 것은 아동의 주의를 끌기 어렵다.

다섯째, 아동이 완전한 형태로 말하도록 요구하거나 기대하기보다 말하는 것을 진지하게 들어주고 반응해 주어 아동으로 하여금 말하는 행위가 매우 중요하다고 느끼도록 해 준다. 발화길이가 짧고 명료도가 떨어지는 아동이 뭔가 말을 하려고 할 때 끝까지 들어주고, 말하려는 내용이 무엇인가를 파악하여 적절하게 반응해 준다.

여섯째, 목표가 되는 문법구조는 한 번에 하나씩 성취해 가도록 한다. 한꺼번에 많은 것을 지도하려 하면 아동이 혼란에 빠지기 쉬우므로 하나의 문법구조를 일상생활의 여러 측면에서 반복하여 제시해 주는 것이 좋다.

일곱째, 목표 선정 및 중재 시에 우리나라 아동의 말소리 발달과정을 고려하여 어휘 선택을 한다. 대부분의 아동이 말소리 발달 순서는 대개 유사하지만 발달 속도에서 차이를 보이기 때문에 일반적인 말소리 발달 순서를 고려하여 낱말을 선택한다. 3세경에 /ㅁ/, /ㅂ/, /ㄷ/ 계열과 /ㄴ/, /ㅇ/, /ㅎ/, 종성/ㄹ/, 4세경에 /ㅈ/ 계열, 5세 초에는 /ㅅ/계열과 어두 초성과 어중초성의 /ㄹ/가 발달한다.

3) 이중언어 및 중도입국 아동의 중재

우리나라 중도입국 아동들은 주로 제1언어가 베트남어, 중국어, 타갈로그어, 일본어 등이며 제2언어인 한국어에서 빈약한 수행력을 보여 언어재활사에게 의뢰된다. 이중언어아동 또한 대개 한국어-베트남어, 한국어-중국어, 한국어-타갈로그, 한국어-일본어 등의 이중언어사용 아동들로서 한국어 습득이 또래보다 차이를 보여 의뢰된다. 이들 아동들이 보이는 언어습득 과정이 제2언어습득 또는 이중언어습득 과정에서 보이는 정상적인 현상임에도 불구하고 부모, 어린이집 및 유치원 선생님, 학교 선생님 등으로부터 언어장애로 과잉 확인되어 의뢰되기도 한다. 이와 반대로 실제 언어장애가 있음에도 이중언어사용자 또는 제2언어습득자라는 특성 때문에 과소 확인될 가능성도 있다.

우리나라 대부분의 언어재활사들이 한국어 단일언어 사용자이기 때문에 이런 이중언어아동이 의뢰되어 왔을 때 중재에 어려움을 겪는다. 이런 경우 통역사, 부모에게 도움을 구하여 아동의 제1언어발달, 우세언어 등에 대한 정보를 얻고 중재에 도움을 받을 수 있다. 언어재활사가 통역사나 부모를 훈련시켜 아동의 중재활동에 참여시킬 수 있는데, 연구결과를 보면 이들이 제공한 음운, 어휘, 구문 등의 촉진 활동 결과가 효과적이었다

(황상심, 2017, 2018). 〈표 16-3〉은 다문화아동 중재 시 언어재활사의 역할 및 책임에 관한 내용(ASHA, 1985)이며, 〈표 16-4〉는 다문화아동 중재 시 고려사항 및 전략(Goldstein, 2000)에 관한 것이다.

〈표 16-3〉 **이중언어아동 중재에서 언어재활사의 역할**

항목	내 용
아동 평가 분야	언어평가
	구강구조의 해부학적 구조 및 기능 평가
	청각선별검사
	비구어 평가
	가족 면담
언어재활사의 역할	도움의 요청, 의뢰
	아동 지지하기
	아동에게 민감하기
	아동이 속한 문화 및 언어에 관한 조사
	최근의 자료와 이론의 활용
	편견이 최소화된 평가의 실시
이중언어 아동을 위한 대안	이중언어를 사용할 수 있는 언어재활사와 접촉을 유지
	학교 또는 관련 기관 프로그램과 협력체계 유지
	도움을 줄 수 있는 대학, 기관 등과 협력체계 유지
	심리학자, 특수교사 등 관련 분야 학제간 팀 구성
	이중언어 보조원, 학생, 가족구성원, 지역사회 주민 등 보조인력 훈련 및 활용
통역사의 활용	평가 및 중재 절차 등에 관해 통역사를 훈련
	아동 관찰, 아동과 부모의 상호작용, 또래와의 상호작용, 화용기능 등을 살펴보고 통역사를 통한 평가에 보충자료로 사용

〈표 16-4〉 **이중언어아동 중재 시 고려사항 및 전략**

구분	내용
일반적인 고려사항	교사, 통역사 등 주변의 모든 자원을 활용
	지속적으로 평가를 실시
	의미 있고 흥미로운 매체와 활동으로 구성
	다양한 사회적 상호작용 집단을 활용(소집단, 대집단, 또래집단)

	자연스러운 언어학습 활동을 구상
	서로 밀접한 관련이 있는 활동으로 구성
	이중언어 접근법을 사용
	풍부한 문해 환경을 제공
	아동을 학습자 또는 교사로 활용
가족중심 중재	가족에게 세션의 목표를 알려주기
	가족에게 질문할 시간을 주며, 그 전에 받은 질문 내용을 미리 준비
	필요할 경우에 가족을 참여시킴
	가족의 관심과 요구를 중재 목표에 포함
	문화적으로 적절한 중재를 실시
중재 전략	매체를 다양하게 활용
	아동이 가지고 있는 사전지식을 기반으로 중재
	새로운 어휘를 조절
	사회적이고 화용적인 활동을 실시
	문화적으로 적절한 책, 장남감 등의 매체의 활용
	교과 내용을 보완하여 사용
	다양한 담화양식을 사용(이야기 말하기, 옛날이야기, 자신에 대해 이야기하기 등)
	역할놀이의 활용 및 또래 교수를 이용
	소집단 협력학습을 구성
	언어 사용에 중점 두기
	읽기와 쓰기를 통한 의사소통에 초점 두기
	경험이야기(language experience stories)를 활용
	하루에 최소 15분씩 큰 소리로 읽기
	의미망(semantic webs) 및 시각적 지원(visual support)을 이용
	간식시간, 야외학습 등과 같은 특별한 사건에 초점을 둔 스크립터를 사용
	아동의 이해 정도를 자주 점검
	이전에 학습한 내용을 날마다 확인
	모든 언어양식을 사용

4) 다문화아동 중재 사례

(1) 영유아기 아동의 중재 사례

만 2세 7개월의 아동이며, 신체, 정서, 행동 등에 특별한 문제가 없었다. 첫 번째 자녀이고, 주양육자는 어머니이다. 어머니는 가정에서 한국어를 주언어로 사용하며 아동과 상호작용하였다. 어머니가 아동에게 공식적으로 한국어–베트남어 이중언어를 사용하지는 않았으나 어머니 친구들과의 모임, 어머니의 전화통화, 다문화가족지원센터 한국어 교실 등에 어머니와 함께 동반하여 베트남어에 노출되었다. 아동이 3~4개 어휘를 산출하였던 2세 때 베트남 외가를 방문하여 2개월 정도 머물렀으며, 베트남에서 돌아온 후 한동안 말이 더 없었다고 한다. 아동이 살고 있는 시골마을에는 의뢰된 아동과 다른 4세 다문화아동 1명, 2명이 전부여서 집안에서 주로 어머니와 상호작용을 하고 있으며, 가끔씩 다른 아동과 어울린다고 한다. 아동이 말을 알아듣는 것은 문제가 없었으나 12개월경에 첫 낱말 산출 이후 어휘습득이 빠르게 늘지 않았다고 한다. 초기 평가 시 사용하는 어휘 수는 약 9개였으며, 한 낱말 발화와 함께 손으로 지적하기 등의 형태로 의사소통을 하였다. 아버지는 아동이 부끄러움이 많고, 말이 늦어 고민을 하였는데, 다문화아동들이 말이 늦다는 말을 많이 들어 염려가 되어 의뢰하였다.

중재 내용	아동이 인지적으로 특별한 문제가 없었으나, 표현언어의 수준이 -2SD 이하였다. 중재는 주 2회 표현어휘 습득을 목표로 제공하였다. 아버지와 아동의 가정에서 언어적 상호작용을 위해서 월 1회 아버지 교육을 실시하였으며, 아버지와 아동과의 언어적 상호작용 형태를 정기적으로 모니터링하였다. 중재 3개월 후 표현어휘 수가 약 30개로 늘었으며, 가끔씩 두 낱말 문장 산출이 나타나고 보다 적극적인 의사소통 행동을 보였다. 약 50개 낱말 습득 이후 두 낱말 문장과 세 낱말 문장으로 확대를 계획하고 있으며, 다른 아동들과의 상호작용을 위해서 어린이집에 보내도록 하였다.
사례 이해	우리나라 다문화가정 어머니들은 모국어가 아닌 한국어를 사용하여 아동과 언어적 상호작용을 하는 경우가 많다. 가정 내에서 아동이 오직 어머니와 언어적 상호작용을 하는 경우라면 어머니의 서툰 한국어는 아동에게 풍부한 언어적 환경을 제공하기에 제한이 있다. 특히 어휘습득은 반복적인 언어적 경험을 요구하는 언어 영역이기에 제한된 언어입력의 영향을 더 많이 받는 영역이다. 이 아동이 보이는 언어발달지연은 언어장애 또는 말늦은 아동(late talker)의 증상이라기보다는 언어환경의 영향일 가능성이 있으며, 풍부한 언어환경을 제공하는 것으로 보다 빠르게 개선될 것이다.

(2) 학령기 아동의 중재 사례

초등학교 1학년 아동으로 출산 시에 특별한 문제가 없었으며 신체발달도 정상적이었다고 한다. 첫 낱말 발화시기는 또래와 유사하였으나 말이 빠르게 늘지 않아서 또래보다 말이 늦다는 생각을 하였지만 부모는 아이가 자라면 좋아질 것이라 생각하고 어린이집을 보냈으며, 그 이후 말이 많이 늘었다고 한다. 아동이 어린이집과 유치원을 다니면서 언어발달이 좋아지기는 하였으나 여전히 복잡한 문장 산출에서 어려움을 보인다고 한다. 무엇보다 아동 자신이 말을 못한다고 생각하여 말을 잘 안 하려고 하며, 형은 어머니와 중국어로 대화가 가능하고 우리말 발달에도 문제가 없다고 한다. 어머니는 아동이 말이 늦는다고 생각하여 주로 아동에게 한국어를 사용하였으며, 형과 엄마가 가정에서 중국어로 대화를 하기 때문에 중국어 몇몇 단어는 알고 있다고 한다. 아동은 일상적인 대화는 문제가 없으나 학교에서 선생님이 질문하는 내용에 엉뚱한 대답을 하거나, 조사를 생략한다거나 적절하지 않은 문장을 산출하며 읽기를 잘하지 못하였다.

중재 내용	이야기평가에서 단순하게 나열하는 형식의 이야기를 산출하였고, 발음에는 문제를 보이지 않았다. 다양한 형태의 안긴문장과 이야기문법에 따른 이야기 산출, 읽기 유창성을 목표로 하여 주 3회 중재를 제공하였다. 3개월 중재 후 구문과 이야기문법에서는 진전이 있었다. 읽기 유창성을 중심으로 중재를 할 계획이며, 학업 언어능력에 대해서도 추가적인 평가와 중재를 계획하고 있다.
사례 이해	다문화아동 중 발달 초기에 언어발달이 늦은 아동들이 연령이 증가함에 따라 언어발달에는 진전이 있으나 이야기 산출, 복잡한 문장산출은 학교에 입학해서도 해결되지 않는 경우가 있다. 또한 문해능력에서 어려움을 보이는 경우가 많은데, 가정에서 풍부한 문해 경험을 하지 못한 것이 이런 어려움을 쉽게 해결하지 못하는 하나의 요인으로 작용할 수 있다.

(3) 지적장애 아동의 중재 사례

4세 다문화아동이며, 아버지가 지적장애이다. 아동은 신체발달이 늦어 약 17개월경에 걸었으며, 2세에 첫 낱말을 산출하였다. 아동의 신체발달과 언어발달이 늦어 어머니가 어려서부터 신경을 많이 썼다고 한다. 사회성은 좋은 편이며, 또래들과 함께 노는 것을 좋아하였다. 어머니는 통역사를 하며, 아동 양육과 교육에 관심이 많아 아동에게 어머니 모국어와 한국어를 동시에 사용하였다. 아동에게 심부름을 시키거나 말을 하여도 잘 알아듣지 못하고, 또래보다 말이 늦어 2세경에 어린이집에 보냈으나 언어발달에 특별한 진전이 없어서 의뢰하게 되었다고 한다. 할머니와 할아버지는 어머니가 아동에게 모국어를 사용하는 것 때문에 언어발달 문제가 발생한 것으로 염려하고 있었다.

중재 내용	평가 결과, 아동은 경도 지적장애였으며, 주로 한 낱말 수준으로 말을 하였고, 두 낱말 모방 산출이 가능하였다. 두 낱말 산출을 목표로 중재를 하였으며, 사회성이 좋고, 모방이 가능하여 3개월 이후에 두 낱말 문장 산출을 하였다. 전체적으로 발화 명료도가 떨어지나 우선 아동의 발화길이를 늘려주는 것으로 중재목표로 잡았다. 추후 세 낱말 발화를 위한 중재를 할 계획이며, 아동이 단기간 종결이 되지 않으므로 흥미를 유지할 수 있는 다양한 중재활동을 고려할 계획이다. 아동의 명료도에 대해서는 계속적으로 모니터링을 하고 있다.
사례 이해	어머니가 자녀에게 모국어를 사용하여 아동의 언어문제가 발생한 것이 아니다. 지적장애 아동은 정신연령만큼 이중언어습득이 가능하다.

(4) 학령전기 한국어 제2언어 습득 아동의 중재 사례

아동은 어머니의 재혼으로 4세 4개월에 한국에 입국하여 재혼 가정에 입양되었다. 정상 발달하는 아동이었으나 아버지는 아동의 한국어 습득이 염려되어 입국한 지 2개월 후에 중재에 의뢰하였다. 입국 당시 중국어 통역사를 통한 평가에서 아동의 중국어의 언어발달은 빠른 편이며, 중국어 발음도 정확하다고 하였다. 입국 초기에는 한국말을 몰라서 어머니와 주로 중국어로 대화를 하였으며, 어머니 이외 다른 사람들 앞에서 말을 하지 않았다고 한다. 입국 4개월 후 어린이집에 가기 시작하였으며, 처음에는 생활환경과 문화, 언어가 갑자기 바뀐 이유 때문에 자주 울고 힘들어했으나 점차 적응하여 또래들과 어울리고 한국어도 늘기 시작했다고 한다. 아동은 매우 활달하고 호기심이 많은 편이며, 아버지가 다음 해 초등학교에 입학을 앞두고 염려가 되어 의뢰하였다.

중재 내용	아동이 중국어 모국어 사용자라 한국어 표준화 언어평가도구로 평가를 하지 않았다. 대신에 중국어 통역사에게 아동과 어머니의 중국어 대화 내용을 샘플링하여 들려주고 문장사용, 어휘, 발음 정도를 확인하도록 한 결과, 아동의 중국어는 매우 잘 발달되어 있었다. 우선 일생생활 어휘 중심으로 지도를 시작하였다. 3개월 후 60단어를 습득하였으며, 곧 2~3낱말 문장 산출이 가능하였으나 주로 전보문식 문장을 사용하였다. 문장 산출에서 한국어 어휘가 생각나지 않으면 중국어 낱말을 함께 사용하는 부호혼합을 하거나 손으로 흉내를 내면서 설명을 하였다. 6개월 후 복문으로 대화가 가능하고 몇몇 음소 이외에 발음도 정확하였으나 여전히 형태소에서는 실수를 하였다. 아동의 한국어가 느는 대신에 중국어 사용은 줄어들고 어머니와 중국어 대신에 한국어를 사용하려고 하였다. 현재 아동은 어머니와 아버지, 가족 간에 한국어와 중국어 통역사 역할을 하고 있다. 아동이 실수를 보이는 형태소 위주로 지도할 계획이며, 언어 영역 중 습득 특성상 반복적인 경험이 필요한 어휘습득에 대한 모니터링을 지속적으로 할 계획이다. 아동의 한국어 습득과 동시에 중국어 감소 현상을 보이고 있어 추후 중국어 유지를 위한 지속적인 모니터링과 부모교육을 실시할 계획이다.

사례 이해	한국어를 제2언어로 배우기 시작한 아동에게 한국어 표준화된 언어평가도구를 사용하여 결과를 해석하는 것은 적절하지 않으며, 한국어 표준화된 언어평가도구를 사용하기 위해서는 아동의 한국어가 상급 수준이거나 최소한 한국어에 3년 이상 노출된 이후에 사용해야 한다. 한국어 제2언어 습득 아동들의 제1언어 능력은 통역사를 훈련시켜 이용할 수 있다.

(5) 학령기 한국어 제2언어 습득 아동의 중재 사례

필리핀에서 입국한 초등학교 2학년 아동이며, 한국에서 태어나 필리핀 외할머니 집에서 성장하였으며 초등학교 2학년 때 한국으로 귀국하였다. 필리핀에서는 한국어 교육을 따로 받지 않았다. 아동은 영어와 타갈로그를 사용하며, 타갈로그가 제1언어이고 한국어는 '엄마, 아빠, 안녕하세요' 등 몇 개 단어를 알고 있었다. 입국 후 6개월 뒤 초등학교 2학년 반에 들어갔으며, 수업시간에 한국어를 몰라 수업 따라가기가 어려워 학교 가는 것을 힘들어하였다. 집에서는 어머니와 주로 타갈로그와 영어를 사용하며, 아버지는 타갈로그와 영어 둘 모두에 유창하지 않아서 아동과 대화가 잘 되지 않는다고 한다. 아동은 타갈로그로 읽기 · 쓰기가 가능하다고 한다.

중재 내용	아동은 정상 발달하는 아동이었으나 한국어를 빠르게 배워서 학교생활에 적응할 수 있도록 중재를 받기를 원했다. 중재 서비스를 받은 6개월 뒤 간단한 문장으로 또래나 성인과 의사소통이 가능하였다. 그러나 수업시간에 사용하는 학업언어에는 어려움이 있었으며, 읽기 · 쓰기에는 진전이 있었다. 추후 아동이 실수를 보이는 문법형태소, 학업어휘를 포함한 어휘, 읽기 · 쓰기를 중심으로 중재를 진행할 계획이다.
사례 이해	한국어를 제2언어로 배우는 아동들의 발달특성을 언어장애나 언어지연 현상으로 오해해서는 안 되며, 이들 아동들이 보이는 오류는 발달 단계상 적절한 것이다. 또한 구어언어와 대화언어가 언제나 일치하지 않기 때문에 대화언어에는 문제를 보이지 않지만 학교에서 필요한 학업언어에는 어려움을 겪을 수 있다. 이들이 보이는 이러한 현상을 학습장애로 오해해서는 안 된다. 아동의 제2언어인 한국어 읽기 · 쓰기 습득이 염려가 된다면 아동의 제1언어의 읽기 · 쓰기 습득 정도에 대한 정보를 얻는 것이 좋다. 제1언어의 문해습득에 문제가 없었다면 대개 제2언어도 문제없이 잘 배운다.

4. 보고서 작성

다문화아동을 의뢰받아 평가를 실시하고 그 결과를 근거로 중재계획을 세우고 중재활동을 하기까지 다양한 형태의 보고서를 작성한다. 보고서는 언어치료 서비스를 제공하는 기관에 따라 형식에서 차이가 있을지 모르나 보고서에 포함되는 내용은 거의 유사하다. 보고서는 다문화아동을 의뢰받아 종결하기까지 그 과정에 따라 다른 형식의 보고서를 작성한다.

1) 진단보고서

일반적으로 아동을 처음 의뢰받은 이후에 초기 면담을 실시하고, 면담과 아동 관찰 후 공식 및 비공식 평가절차를 통하여 언어진단평가를 실시한다. 진단평가 이후 진단보고서를 작성하게 되는데 진단보고서는 아동의 언어결함 특성뿐만 아니라 상대적인 강점, 현재 언어발달 수준, 앞으로의 중재 방향, 다른 관련 영역과의 팀접근 방향 등을 파악할 수 있는 매우 중요한 보고서이다.

2) 장단기 치료계획서

진단보고서 작성 이후 진단평가에서 파악한 아동의 현재 언어수준을 근거로 부모 및 대상 아동과 관련된 전문가 등의 요구를 수용하여 장단기 치료계획을 작성한다. 장단기 치료계획은 아동들이 약 6개월에서 1년 정도의 기간 동안 달성해야 할 매우 현실적인 중재목표를 설정해야 하며, 단기 계획서는 실제적인 중재활동을 위한 계획이다. 장단기 계획서는 한 번 작성한 것으로 끝나는 것이 아니라 추후 수정될 수 있다. 그것은 장단기 계획 이후 중재를 실시하는 과정에서 평가절차 중에 미처 파악하지 못한 아동의 언어능력을 발견하거나 예측하지 못하였던 빠른 진전이 일어날 수 있기 때문이다.

3) 진전보고서

장단기 계획에 따라 중재를 실시하고 중재효과를 알아보기 위해서 진전보고서 또는 종결보고서를 작성하는데, 이를 통하여 아동들의 중재효과를 객관적으로 파악할 수 있다. 이러한 다양한 보고서의 독자는 서비스를 제공하는 언어재활사 자신이 아니라 부모, 서비스 대상 아동, 의사, 물리치료사, 작업치료사, 특수교사, 유치원 선생님, 사회복지사 등 관련 전문가들이다. 따라서 보고서를 작성하는 언어재활사는 독자를 위해 객관적이고 정확한 정보를 전달하려 노력해야 하며, 이를 위해서 적절한 용어의 선택, 간결하면서도 어법에 맞는 명확한 문장을 사용하여 보고서를 작성해야 할 것이다.

5. 보고서 작성 예시

1) 진단보고서 예시

진단보고서

이 름: ○○○	생활연령: 2;11
진 단 명: 언어발달지연	치 료 사: ○○○
진단기간: ○○○○년 ○일~ ○월 ○○일	작성일자: ○○○○년 ○월 ○일

1. 배경정보 및 행동관찰

1) 배경정보

어머니의 보고에 의하면 아동은 임신 전, 임신 중, 출산 시 특별한 문제가 없었다고 한다. 아동이 돌 무렵에 첫 낱말을 산출하였으나 그 이후에 언어발달 속도가 빠르지 않았다고 하며, 형과 비교하였을 때 말이 빠르게 늘지 않았다고 한다. 대근육이나 소근육 발달에 문제는 없으며, 또래보다 키가 작고 마른 편이라고 한다. 또래나 형과 함께하는 놀이나 관계형성에 문제가 없으나 수줍음이 많다고 하며, 폐렴을 앓은 것 이외에는 큰 병을 앓은 경험도 없다고 한다. 현재 아동의 언어수준은 가끔씩 두 낱말 문장 발화를 하지만 주로 낱말 수준으로 표현을 하며, 발화 명료도가 떨어져 아동을 모르는 사람들은 아동이 하는 말을 잘 알아듣지 못한다고 한다. 어머니는 집에서 주로 한국어를 사용하여 아동과 상호작용한다고 한다. 일 년에 1회 정도 베트남 외가에 가서 약 1달 정도 머무르며 베트남어에 노출된 경험이 있으며, 형은 베트남어를 이해하고 사용할 수 있으나 아동은 베트남어 인사말이나 간단한 단어 이외에는 잘 모른다고 한다. 현재 집에 아버지, 어머니, 할머니, 할아버지, 형과 함께 살고 있고 아동이 말이 늦어 가족들이 아동과 우리말로 놀이를 하거나 상호작용하는 일에 노력을 기울이고 있다고 한다.

2) 행동관찰

아동은 어떤 상황에서 원하는 것을 요구하거나 거부할 수 있으며, 놀이활동에도 적극적이었다. 주변에 있는 그림책에 관심을 보였으며, 원하는 것이 있을 때는 "이거, 이거"라고 말을 하거나 주로 낱말 수준으로 표현을 하였다. 함께 놀이, 지시 따르기, 차례 지키기 등을 잘 하였고, 하나의 사물이나 놀이에 집중을 하는 것도 문제가 없었다. 아동이 산출하는 낱말의 명료도가 떨어져 알아듣지 못하여 아동에게 다시 말해주기를 요구하였을 때 얼버무리거나 다른 곳으로 가버리는 등의 행동을 하였다. 평가 시 평가 도구에 관심을 보였으며 특별한 문제행동을 보이지 않았다.
(중략)

3. 평가결과

1) 언어이해

취학전 아동의 수용 및 표현언어 발달척도 검사 결과, 수용언어 29개월, 영유아 언어발달 검사 결과, 수용언어 21개월, 백분위 1%ile 이하였다. K-M-B CDI 평가에서 아동이 이해한 어휘는 362개였다.

2) 언어표현

PRES 검사 결과, 표현언어 26개월, 백분위 2%il, SELSI 검사에서는 표현언어 연령이 17개월, 백분위 1%ile 이하로 나타나 수용언어능력에 비하여 표현언어에서 더 낮은 결과를 보였다. K-M-B CDI 결과, 표현하는 어휘가 89개로 또래에 비하여 산출하는 어휘수가 적었다. 아동이 산출하는 어휘는 주로 의성어, 의태어, 가족, 동물, 음식물 등과 관련된 어휘였다. 아동의 명료도가 낮아 우리말 조음음운 평가를 실시한 결과 주로 /ㅅ/, /ㅈ/ 계열의 음소를 /ㄷ/ 계열의 음소로 대치하거나 어두 초성, 어중 초성, 어말 초성에서 /ㄹ/ 음소를 생략하는 형태를 나타내었다. 생략, 대치 이외에 명료도가 많이 떨어져 전사가 불가능한 평가 어휘도 있어 자음정확도를 산출할 수 없었다.

4. 요약 및 권고사항

아동은 생활연령 35개월로 수용언어와 표현언어 모두 백분위 30%ile 이하였으며, 특히 표현언어에서 더 낮았다. 그러나 임상가가 아동을 직접 관찰한 경험과 임상적인 판단으로 보았을 때 일상적인 상황을 이해하고 지시를 따르거나 행동을 하는 것에는 문제가 없었다. 말소리 명료도가 많이 낮기는 하나 아동의 연령이 말소리 발달 과정에 있으며, 말소리 명료도보다는 어휘습득과 2~3 낱말 문장 산출이 우선이라 판단되어 중재는 표현어휘를 늘려주는 것과 2~3낱말 문장 산출을 중심으로 계획할 것을 권고한다.

2) 장단기 치료계획서 예시

장단기 치료계획서

이름: ○○○	생활연령: 2;11
진단명: 언어발달지연	치료사: ○○○
진단기간: ○○○○년 ○일~ ○월 ○○일	작성일자: ○○○○년 ○월 ○일

언어발달 수준

PRES 검사 결과, 수용언어 29개월, 표현언어는 26개월이었다. SELSI에서는 수용언어 21개월, 백분위 1%ile이하, 표현언어 17개월, 백분위 1%ile 이하로 나타나 공식 평가 결과, 수용언어보다는 표현언어에서 수행력이 낮았다. K-M-B CDI 평가에서는 표현하는 어휘가 89개였다. 언어발달 이외에 말소리 말명도가 낮고 /ㅅ/, /ㅈ/, /ㄹ/ 계열의 말소리에서 대치와 생략 오류가 있었다. 사회성, 놀이, 신체 및 정서발달은 정상적이었다.

장기목표 1. 아동은 일상생활에 필요한 어휘 80개를 이해하고 말할 수 있다.

장기목표 1에 따른 단기목표
1-1. 아동은 그림자료를 보는 상황에서 탈것과 관련된 어휘 10개를 이해하여 90% 이상 말할 수 있다. 1-2. 아동은 그림책을 보는 상황에서 먹는 것과 관련된 어휘 20개를 이해하여 90% 이상 말할 수 있다. 1-3. 아동은 그림자료를 보는 상황에서 입는 것과 관련된 어휘 20개를 이해하여 90% 이상 말할 할 수 있다. 1-4. 아동은 그림자료를 보는 상황에서 외부사물과 관련된 어휘 20개를 이해하여 90% 이상 말할 수 있다.

장기목표 2. 아동은 두 낱말 의미관계 문장을 이해하여 말할 수 있다.

장기목표 2에 따른 단기목표
2-1. 아동은 그림책을 보는 상황에서 행위자-행위 문장을 이해하여 10번의 기회 중 8회 이상 말할 수 있다. 2-2. 아동은 찰흙놀이를 하는 상황에서 실체-서술 문장을 이해하여 10번의 기회 중 8회 이상 말할 수 있다. 2-3. 아동은 소꿉놀이를 하는 상황에서 대상-행위 문장을 이해하여 10번의 기회 중 8회 이상 말할 수 있다.

장기목표 3. 아동은 세 낱말 문장을 이해하고 말할 수 있다.

장기목표 3에 따른 단기목표
3-1. 아동은 그림책을 보는 상황에서 주어-목적어-서술어 문장을 이해하여 10번의 기회 중 8회 이상 말할 수 있다.

3-2. 아동은 그림자료를 보는 상황에서 주어-부사어-서술어 문장을 이해하여 10번의 기회 중 8회 이상 말할 수 있다.
3-3. 아동은 찰흙놀이를 하는 상황에서 부사어-목적어-서술어 문장을 이해하여 10번 의 기회 중 8회 이상 말할 수 있다.

3) 회기별 치료계획서 예시

회기별 치료계획서

이름: ○○○	생활연령: 2;11
진단명: 언어발달지연	치료사: ○○○
진단기간: ○○○○년 ○일~ ○월 ○○일	작성일자: ○○○○년 ○월 ○일

단기목표

1-1. 아동은 그림자료를 보는 상황에서 탈것 관련 어휘 10개를 90% 이상 말할 수 있다.
1-2. 아동은 그림자료를 보면서 먹는 과일관련 어휘 30개를 90% 이상 말할 수 있다.
2-3. 아동은 놀이 상황에서 대상-행위 문장을 10회 기회 중 8회 이상 말할 수 있다.

세부계획	목표 언어	강화 절차	기타
1-1, 1-2 그림자료, 찰흙놀이, 자동차 놀이 상황 1. 아동에게 그림자료, 찰흙 등을 제공하여 함께 놀이 상황을 구성함. 2. 아동에게 '귤 먹어' 등과 같은 문장을 사용하여 목표 어휘(귤)를 강조하여 들려줌. 3. 아동에게 그림자료를 보거나 놀이를 하면서 목표 어휘 '귤'을 말하도록 요구함. 4. 아동이 목표 어휘 산출 요구에 반응하지 않거나, 명료도는 떨어지나 유사하게 산출, 또는 구어적인 반응이 아니더라도 어떤 반응을 보이면 목표 낱말을 시범 보여 줌.	-귤, 사과, 수박 등의 과일 관련 어휘 -기차, 트럭 등의 탈것 관련 어휘	-치료사의 요구에 모방발화, 자발발화, 제스처 등 어떠한 형태이든 반응한 경우 칭찬, 라바 스티커 제공	
1-2. 그림자료, 그림책, 소꿉놀이 상황 1. 그림책을 보여주며, '대상-행위' 문장을 시범 보여줌. 2. 아동에게 그림책을 보여주며 두 낱말 의미관계 문장으로 말하도록 요구함. 3. 아동이 한 낱말로 말하거나 명료도는 떨어지나 유사하게 산출한 경우에 목표 문장을 확장하여 들려 줌.	-사과 먹어, 포도 먹어, 빵 먹어 등의 대상-행위 의미 관계 문장		

4) 진전보고서 예시

진전보고서

이름: ○○○	생활연령: 2;11
진단명: 언어발달지연	치료사: ○○○
진단기간: ○○○○년 ○일~ ○월 ○○일	작성일자: ○○○○년 ○월 ○일

장기목표 1. 아동은 일상생활에 필요한 어휘 80개를 이해하고 말할 수 있다.

단기목표	중재 전	중재 후
1-1. 아동은 그림자료를 보는 상황에서 탈 것과 관련된 어휘 10개를 이해하여 90% 이상 말할 수 있다. 1-2. 아동은 그림책을 보는 상황에서 먹는 것과 관련된 어휘 20개를 이해하여 90% 이상 말할 수 있다. 1-3. 아동은 그림자료를 보는 상황에서 입는 것과 관련된 어휘 20개를 이해하여 90% 이상 말할 할 수 있다. 1-4. 아동은 그림자료를 보는 상황에서 외부사물과 관련된 어휘 20개를 이해하여 90% 이상 말할 수 있다.	1-1. 중재 전 탈것 목표 어휘 10개 중 1개를 이해하고 표현하였음. 1-2. 중재 전 먹는 것과 관련된 어휘 4개를 이해하고 표현하였음. 1-3. 중재 전 입는 것과 관련된 어휘 3개를 이해하고 표현하였음. 1-4. 중재 전 외부사물 관련 어휘 3개를 이해하고 표현하였음.	1-1. 15회기 중재 후 목표 어휘 10개 중 8개를 표현하였음. 1-2. 18회기 중재 후 목표 어휘 20개 중 15개를 표현하였음. 1-3. 12회기 중재 후 목표 어휘 20개 중 18개를 표현하였음. 1-4. 15회기 중재 후 목표 어휘 20개 중 12개를 표현하였음.

장기목표 2. 아동은 두 낱말 의미관계 문장을 이해하여 말할 수 있다.

단기목표	중재 전	중재 후
2-1. 아동은 그림책을 보는 상황에서 행위자-행위 문장을 이해하여 10번의 기회 중 8회 이상 말할 수 있다. 2-2. 아동은 찰흙놀이를 하는 상황에서 실체-서술 문장을 이해하여 10번의 기회 중 8회 이상 말할 수 있다. 2-3 아동은 그림자료를 보는 상황에서 대상-행위 문장을 이해하여 10번의 기회 중 8회 이상 말할 수 있다.	2-1. 중재 전 행위자-행위 문장을 10번의 기회 중 1회 이해하고 표현하였음. 2-2. 중재 전 실체-서술 문장을 10번의 기회 중 2회 이해하고 표현하였음. 2-3. 중재 전 대상-행위 문장을 10번의 기회 중 2회 이해하고 표현하였음.	2-1. 15회기 중재 행위자-행위 문장을 10번의 기회 중 8회 이해하고 표현하였음. 2-2. 15회기 중재 후 실체-서술 문장을 10번의 기회 중 7회 이해하고 표현하였음. 2-3. 18회기 중재 대상-행위 문장을 10번의 기회 중 9회 이해하고 표현하였음.

장기목표 3. 아동은 세 낱말 문장을 이해하여 말할 수 있다.

단기목표	중재 전	중재 후
3-1. 아동은 그림책을 보는 상황에서 주어-목적어-서술어 문장을 이해하여 10번의 기회 중 8회 이상 말할 수 있다. 3 2. 아동은 그림사료를 보는 상황에서 주어-부사어-서술어 문장을 이해하여 10번의 기회 중 8회 이상 말할 수 있다. 3-3. 아동은 찰흙놀이를 하는 상황에서 부사어-목적어-서술어 문장을 이해하여 10번의 기회 중 8회 이상 말할 수 있다.	3-1. 중재 전 주어-목적어-서술어 문장을 10번의 기회 중 1회 이해하고 표현하였음. 3-2. 중재 전 주어-부사어-서술어 문장을 10번의 기회 중 1회 이해하고 표현하였음. 3-3. 중재 전 부사어-목적어-서술어 문장을 10번의 기회 중 1회 이해하고 표현하였음.	3-1. 중재 후 주어-목적어-서술어 문장을 10번의 기회 중 4회 이해하고 표현하였음. 3-2. 중재 후 주어-부사어-서술어 문장을 10번의 기회 중 3회 이해하고 표현하였음. 3-3. 중재 후 부사어-목적어-서술어 문장을 10번의 기회 중 3회 이해하고 표현하였음.

• 요약 •

우리나라 다문화아동들의 언어습득 형태가 다양해짐에 따라 언어치료 서비스 제공을 위해서는 단일언어 및 이중언어 발달, 언어와 문화 차이를 고려한 공식 및 비공식 평가절차와 그에 따른 평가 결과 해석, 언어와 문화 차이 등에 대한 이해와 지식이 필요하다. 또한 언어장애와 언어 차이에 대하여 분명하게 인지하고 적절한 평가절차를 통하여 다문화아동이 언어장애로 과잉 확인 또는 과소 확인되지 않도록 해야 한다. 다문화아동 중재 시에는 가정의 언어와 문화적 배경에 대한 충분한 정보를 확보하고 대상자의 요구에 부합하는 중재서비스를 제공하는 것이 중요하다.

1. 다문화아동 초기 면담에서는 대·소근육의 신체발달, 사회정서발달, 언어발달, 교육력, 병력 등에 대한 기본적인 정보수집과 함께 아동의 언어문제가 언어장애, 언어 차이, 이중언어, 제2언어습득 등과 관련이 있는지 확인하는 것이 필요하다. 또한 부모와 아동의 언어사용, 언어와 문화 환경에 대한 정보를 수집하며 필요한 경우 통역사의 도움을 받는다.
2. 우리나라에서 출생하여 성장하고 있는 다문화아동은 표준화 검사도구를 사용하여 평가를 실시하고 백분위, 언어발달연령, 표준편차 등으로 결과를 해석할 수 있다. 그러나 중도입국하여 한국어를 제2언어로 배우고 있는 아동을 대상으로 표준화 검사도구를 사용할 경우에는 여러 가지 측면을 고려할 필요가 있다. 부모면담, 관찰, 자발화 샘플분석, 역동적 평가 등 다양한 비공식 평가를 함께 실시하여 아동의 현재 언어발달 수준을 파악한다.
3. 장기 및 단기 목표는 다문화아동의 생활연령과 언어평가 결과를 근거로 설정한다. 장기계획은 대개 6개월에서 1년 정도 아동이 달성해야 할 목표이며, 단기계획은 장기계획에 따른 구체적인 목표에 해당한다. 장단기계획은 무엇보다 실행 가능한 목표를 세워야 하고, 부모, 어린이집, 유치원, 학교 교사 등의 의견을 반영하여 목표 달성 이후 아동의 실생활에서 적용 가능성 등을 고려하여 수립하는 것이 바람직하다.
4. 다문화아동의 중재를 위해서는 우리말 언어발달 과정과, 이중언어발달, 언어 차이에 대한 이해 등이 필요하다. 다문화아동들은 어휘습득, 논리적이고 의미 있는 문장 생산, 문법형태소의 생략, 잘못된 사용, 습득의 어려움, 짧고 단순한 문장의 사용, 대화, 이야기, 상황에 맞지 않는 언어, 추상적 용어 이해의 어려움, 낮은 명료도 등의 다양한 문제가 나타날 수 있다. 이러한 어려움이 언어자극의 부족, 환경적인 요인, 또는 실제 언어장애의 증상인지를 잘 파악하여 아동의 요구에 부합하는 중재를 제공한다.
5. 다문화아동을 의뢰받아 의사소통능력을 평가하고 그 결과를 근거로 중재계획을 설정하고 그에 따라 중재를 진행하는 과정에서 다양한 형태의 보고서를 작성한다. 보고서에는 진단보고서, 장단기 치료계획서, 회기 치료계획서, 종결 또는 진전보고서가 있으며, 언어치료 서비스를 제공하는 기관에 따라 형식에 다소 차이가 있으나 보고서에 포함되는 내용은 거의 유사하다.

연습문제

1. 다문화아동 초기 면담 절차에 대하여 설명하라.

2. 다문화아동 의사소통능력 평가계획에 대하여 설명하라.

3. 다문화아동 언어평가 시 고려해야 할 점에 대하여 설명하라.

4. 다문화아동 중재 계획에 대하여 설명하라.

5. 다문화아동 중재절차에서 보고서 작성에 대하여 설명하라.

6. 한국어를 제2언어로 습득하는 아동의 중재 사례에 대하여 설명하라.

참고문헌

한국언어병리학회(1994). 언어장애아동의 가정지도. 서울: 군자출판사.

황상심(2011). 다문화아동의 언어발달특성. 서울: 이담북스.

황상심(2017). 이중언어아동의 교육 서비스 지원을 위한 언어발달지도사의 요구 탐색. 언어치료연구, 26(1), 145-160.

황상심(2018). 다문화가정의 이중언어 사용에 관한 질적 탐색. 언어치료연구, 27(1), 99-113.

American Speech-Language-Hearing Association (ASHA). (1985). Clinical management of communicatively handicapped minority language populations. *American Speech-Language Hearing Association, 27*(6), 29-32.

Cheng, L. (1987). Cross-cultural and linguistic considerations in working with Asian populations. *American Speech-Language Hearing Association, 29*(6), 33-38.

Goldstein, B. (2000). *Cultural and Linguistic Diversity Resource Guide for Speech-Language Pathologists*. USA: THOMSON.

Harbin, G., & Jartley, J. (1978). *Model for identifying and minimizing potential sources of child evaluation bias.* Chapel Hill, NC: University of North Carolina.

Iglesias, A., & Gutierrez-Clellen. V. (1988). The cultural-linguistic minority student. In D.

Yoder & R. Kent (Ed.), *Decision making in Speech-language pathology* (pp. 90-91). Toronto: Decker.

Paradise, J., Genesee, F., & Crago, M. B. (2011). *Dual language development and disorders: A hand book on the bilingualism and second language learning* (2nd ed.). Baltimore: Paul H. Brookes Publishing Co. 황상심 역(2012). **이중언어발달과 언어장애**. 서울: 박학사.

Paul, R. (2007). *Language disorders* (3rd ed.). Philadelphia: Mosby, Inc.

Weddington, G. (1987). Guidelines for use of standardized tests with minority children. In L. Cole & V. Deal (Eds.), *Communication disorders in multicultural populations* (pp. 21-22). American Speech-Language Hearing Association.

찾아보기

인명

내용

저자 소개

강은희(Kang, Eunhee)
제주국제대학교 언어치료학과 교수

김선희(Kim, Sunhee)
계명문화대학교 언어치료과 교수

김수형(Kim, Soohyung)
대림대학교 언어치료학과 교수

김시영(Kim, Siyung)
대구보건대학교 언어치료학과 교수

김영은(Kim, Yeongeun)
전) 춘해보건대학교 언어치료과 교수

김유경(Kim, Yukyung)
순천제일대학교 언어치료과 교수

김효정(Kim, Hyojung)
고신대학교 언어치료학과 교수

박은실(Park, Eunsil)
광주여자대학교 언어치료학과 교수

신명선(Shin, Myungsun)
부산가톨릭대학교 언어청각치료학과 교수

신혜정(Shin, Hyejung)
광주여자대학교 언어치료학과 교수

유재연(Yoo, Jaeyeon)
호남대학교 언어치료학과 교수

이옥분(Lee Okbun)
대구사이버대학교 언어치료학과 교수

장현진(Chang Hyunjin)
부산가톨릭대학교 언어청각치료학과 교수

허도련(Heo, Doryeon)
루터대학교 언어치료학과 교수

황상심(Hwang, Sangshim)
남부대학교 언어치료학과 교수

황하정(Hwang, Hajeong)
대구보건대학교 언어치료학과 교수

의사소통장애 진단 및 재활 실습

2024년 3월 20일 1판 1쇄 인쇄
2024년 3월 25일 1판 1쇄 발행

지은이 • 강은희 · 김선희 · 김수형 · 김시영 · 김영은 · 김유경 · 김효정 · 박은실
신명선 · 신혜정 · 유재연 · 이옥분 · 장현진 · 허도련 · 황상심 · 황하정

펴낸이 • 김진환
펴낸곳 • ㈜학지사
04031 서울특별시 마포구 양화로 15길 20 마인드월드빌딩
대표전화 • 02-330-5114 팩스 • 02-324-2345
등록번호 • 제313-2006-000265호

홈페이지 • http://www.hakjisa.co.kr
인스타그램 • https://www.instagram.com/hakjisabook

ISBN 978-89-997-3096-2 93370

정가 27,000원